Lofoten fotografieren –

Im Bann des arktischen Lichts

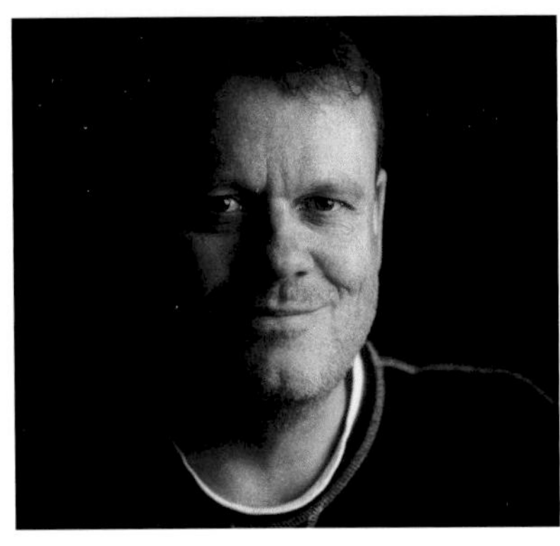

JENS KLETTENHEIMER

Jens Klettenheimer, geb. 1967 in Karlsruhe, arbeitet als Fotograf bei schiefLicht Fotografie. Seine große Leidenschaft gilt der Landschaftsfotografie in nordischen Ländern. Seit 2014 bietet der Autodidakt internationale Fotoworkshops vornehmlich auf Island und den Lofoten an. Seine natürlichen Landschaftsaufnahmen werden regelmäßig in verschiedenen Online- und Printmedien veröffentlicht.

Gemeinsam mit seiner Familie und zwei Dalmatinern lebt der studierte Technomathematiker in der Nähe von Heidelberg, wo er hauptberuflich für ein Software-Unternehmen arbeitet.

Weitere Fotos und Informationen zu seinem Workshopangebot finden Sie unter *https://schieflicht.de*.

Jens Klettenheimer

LOFOTEN FOTOGRAFIEREN

Im Bann des arktischen Lichts

Fotoscout – Der Reiseführer für Fotografen

2., erweiterte und aktualisierte Auflage

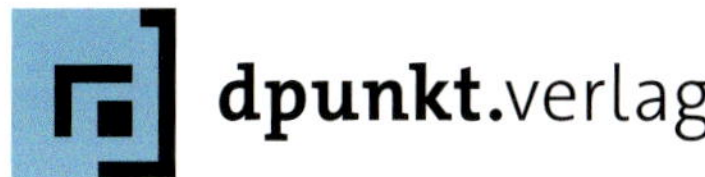

Jens Klettenheimer
jens@schieflicht.de

Lektorat: Rudolf Krahm
Copy-Editing: Friederike Daenecke, Zülpich
Satz: Birgit Bäuerlein
Herstellung: Stefanie Weidner
Umschlaggestaltung: Anna Diechtierow, unter Verwendung von Fotos des Autors
Druck und Bindung: Grafisches Centrum Cuno GmbH & Co. KG, 39240 Calbe (Saale)

Bibliografische Information der Deutschen Nationalbibliothek
Die Deutsche Nationalbibliothek verzeichnet diese Publikation in der Deutschen Nationalbibliografie; detaillierte bibliografische Daten sind im Internet über *http://dnb.d-nb.de* abrufbar.

ISBN:
Print 978-3-86490-773-9
PDF 978-3-96088-972-4
ePub 978-3-96088-973-1
mobi 978-3-96088-974-8

2., erweiterte und aktualisierte Auflage 2021

Wieblinger Weg 17
69123 Heidelberg

543210

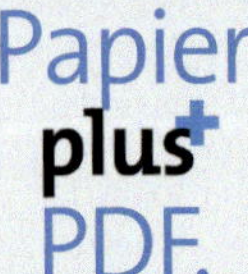

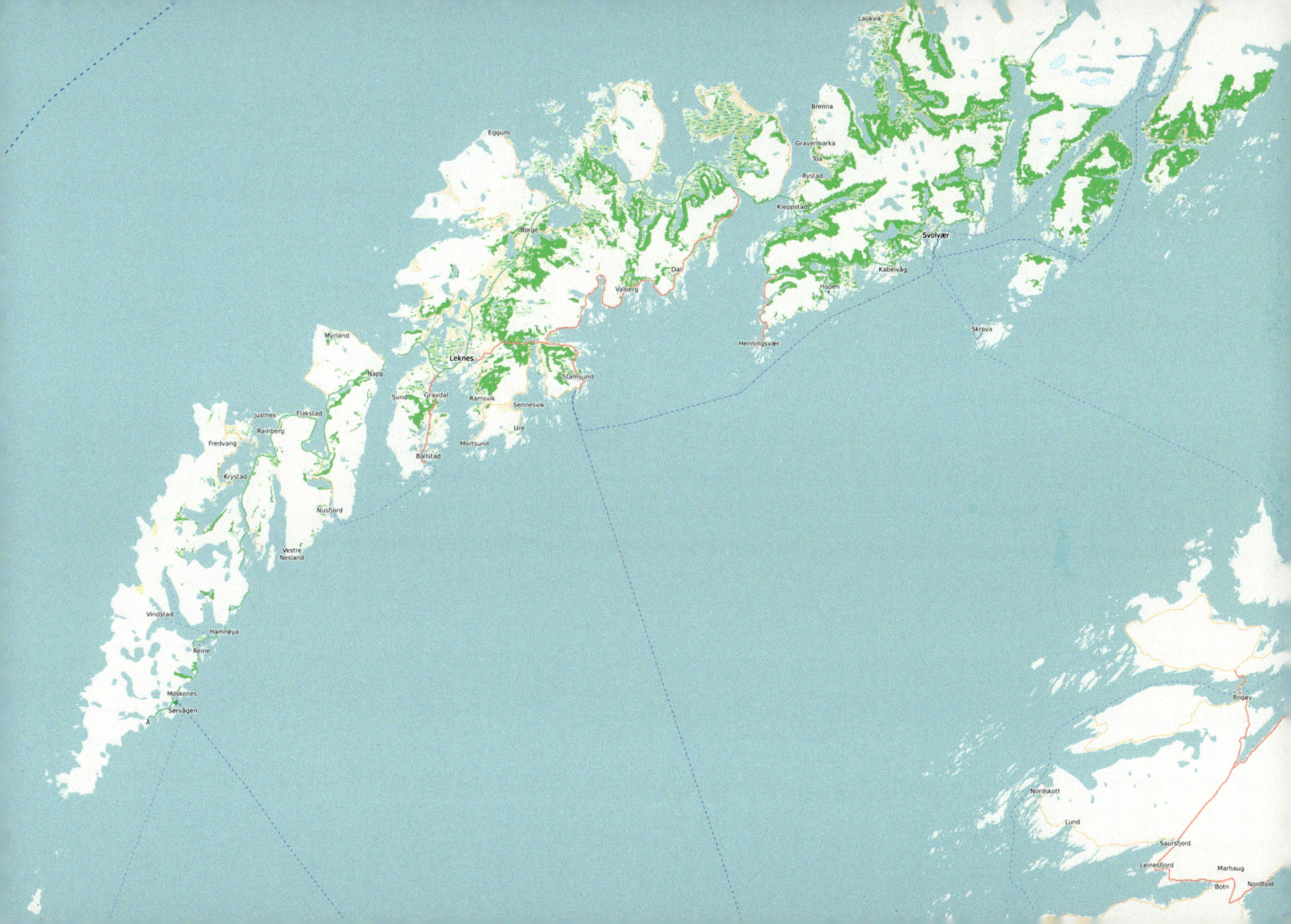

Laukvik
Brenna
Gravermarka
Toa
Rystad
Kleppstad
Svolvær
Kabelvåg
Hopen
Henningsvær
Skrova
Eggum
Borge
Dal
Valberg
Leknes
Stamsund
Myrland
Napp
Flakstad
Justnes
Ramberg
Fredvang
Krystad
Sund
Gravdal
Ramsvik
Sennesvik
Ure
Mortsund
Ballstad
Nusfjord
Vestre
Nesland
Vindstad
Hamnøya
Reine
Moskenes
Sørvågen
Å
Bogøy
Nordskott
Lund
Saursfjord
Leinesfjord
Marhaug
Botn
Nordfold

Inhaltsverzeichnis

EINLEITUNG **10**

PLANUNG **18**

- Beste Reisezeit 18
  Wetter | Licht
- Das Jahr auf den Lofoten 21
- Anreise 23
- Ausgangspunkte und Unterkünfte 24
- Aufenthalt und Fortbewegung 25
- Ausrüstung 28
  Kleidung | Fotoausstattung | Zur richtigen Zeit am richtigen Ort
- Werkzeuge zur Planung 32

TOUR 1 | GIMSØY **41**

- Die Strandkirche von Gimsøy 44
- Strände von Gimsøy 49
- Der Hafen von Gimsøy 51

TOUR 2 | VESTVÅGØY – DIE STRÄNDE VON EGGUM UND UNSTAD **53**

- Das Naturreservat von Eggum 56
- Der Strand von Eggum 58
- Der Fjord Mærvollspollen 61
- Der Strand von Unstad 63

TOUR 3 | VESTVÅGØY – DIE STRÄNDE VON HAUKLAND UND UTTAKLEIV **71**
- Vikvatnet 76
- Der Strand von Haukland 78
- Der Strand von Uttakleiv 81
- Der Strand von Vik 87
- Skreda 93

TOUR 4 | FLAKSTADØY – DER NORDEN **95**
- Der Strand von Storsandnes 98
- Der Strand von Myrland 100
- Vikten 103
- Der Strand von Vareid 106

TOUR 5 | FLAKSTADØY – RUND UM NUSFJORD **109**
- Flakstadpollen 112
- Straße nach Nusfjord 114
- Storvatnet 118
- Nusfjord 119

TOUR 6 | FLAKSTADØY – SKAGSANDEN UND RAMBERG **123**
- Flakstadpollen 126
- Der Strand von Skagsanden 128
- Der Strand von Ramberg 133

TOUR 7 | FLAKSTADØY – RUND UM FREDVANG **137**
- Die Flussschleife von Fredvang 140
- Mondaufgang am Ytresand 142
- Haus Nummer 43 144
- Zwischen den Brücken 145

TOUR 8 | FLAKSTADØY – DER STRAND VON KVALVIKA **147**
- Der Strand von Kvalvika 150

TOUR 9 | MOSKENESØY – AUF DEM WEG **153**
- Spiegelfjord 156
- Tunnelblick 158

TOUR 10 | MOSKENESØY – DIE INSELN HAMNØY UND SAKRISØY **161**
- Hamnøy – Blick auf den Hafen 166
- Hamnøy – Blick von der Brücke 169
- Hamnøy – Blick in den Fjord 173
- Toppøy 174
- Blick auf Sakrisøy 176
- Olenilsøy 178
- Sakrisøy 180

TOUR 11 | MOSKENESØY – RUND UM REINE **183**
- Mt. Olstinden 186
- Blick auf Reine 188
- Fjordblick 190
- Der Steg von Reine 193
- Reinevatnet 194
- Reine Aussichtspunkt 197
- Reinehalsen 200

TOUR 12 | VON MOSKENESØY NACH Å **209**
- Der südlichste Punkt 212

TOUR 13 | SENJA (Anreise | Unterkunft | Wetter) **215**
- Storforsen 220
- Straße 86 222
- Hütte am Bach 223
- Botnvatnet 225
- Bergsbotn 229
- Tungeneset 232
- Mefjordvær 239
- Mt. Barden 242
- Mt. Hesten 244

POLARLICHTER FOTOGRAFIEREN **250**

- Polarlicht 250
- Planung 254
  Wolken und Wetter| Sonnenaktivität
- Technik 257
  Belichtung | Schärfe
- Ausrüstung 262
  Stirnlampe | Filter gegen Lichtverschmutzung
- Beste Standorte 263

OPTISCHE FILTER IN DER LANDSCHAFTSFOTOGRAFIE **270**

- Überblick 273
  Filterstärken | Stecksystem
- Grauverlaufsfilter 276
  Von Grau zur Transparenz | Welches Filter ist das richtige?
- Graufilter 282
  Wie dunkel soll das Filter sein?
- Polarisationsfilter 287
- Fotografieren mit Filter 288
  Bestimmung der neuen Belichtungszeit | Schritt-für-Schritt-Anleitung

EINSATZ EINES STATIVS **292**

INDEX **296**

Einleitung

Tiefe Fjorde, weite Strände, majestätische Berge: Auf der Inselgruppe der Lofoten, 100 bis 300 km nördlich des Polarkreises, lässt die Kombination aus Landschaft und Licht die Herzen aller Landschaftsfotografen höherschlagen.

Wie an einer Perlenschnur aufgereiht, liegen etwa 80 Inseln vor der nordwestlichen Festlandküste Norwegens im europäischen Nordmeer. Gemeinsam mit Teilen des Festlands bilden sie den norwegischen Distrikt *Lofoten*.

Der Name Lofoten bedeutet so viel wie »der Luchsfuß«. Er setzt sich aus »ló«, altnordisch für »Luchs«, und »foten« für »der Fuß« zusammen. Lofot war auch der ursprüngliche Name der Insel Vestvågøy.

Umgangssprachlich hat sich in deutschsprachigen Ländern die Bezeichnung »*die* Lofoten« eingebürgert

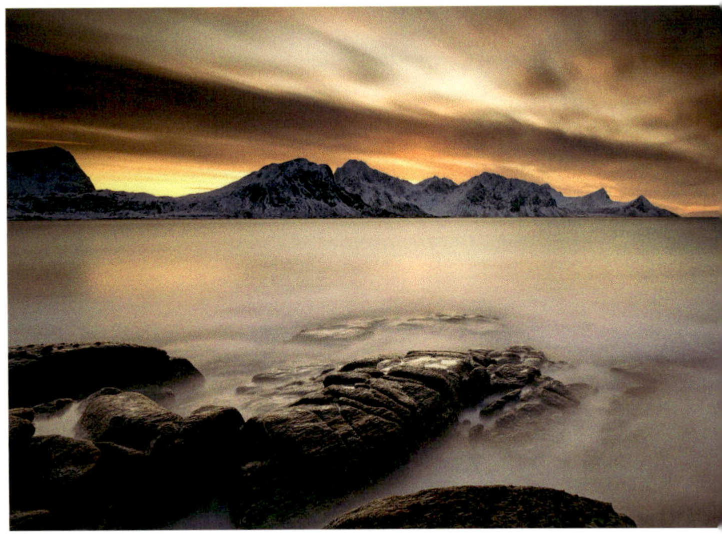

Sonnenuntergang am Strand von Haukland | 21 mm · ISO 100 · Blende 11 · 90 s | GPS: 68°11'55.66" N 13°31'29.79" E

– gemeint ist damit die aus mehreren Inseln bestehende Region.

Tatsächlich steht der Name »Lofoten« im Norwegischen aber in der Einzahl; die Endung »*-en*« steht im skandinavischen Sprachraum für einen bestimmten Artikel.

Der Einfachheit halber wird in diesem Foto-Guide der umgangssprachliche Begriff »die Lofoten« verwendet, auch wenn er grammatikalisch nicht ganz korrekt ist.

Die Betonung bei der Aussprache von »Lofoten« liegt übrigens auf der ersten Silbe. Da in der norwegischen Aussprache der Buchstabe »o« oftmals wie das deutsche »u« ausgesprochen wird, liegt die korrekte Aussprache für »Lofoten» in etwa zwischen »Luhfottn« und »Luhfuttn«.

Aber was macht die Lofoten so attraktiv als Ziel für Landschaftsfotografen? Aus meiner Sicht sind es vier Komponenten, die hier zusammenkommen:

- das außergewöhnliche Licht
- die spektakuläre Landschaft
- die hohe Motivdichte auf kompaktem Raum
- die Möglichkeit, Polarlichter zu fotografieren

Wegen der Lage nördlich des Polarkreises geht die Sonne in den Sommermonaten nie vollständig unter, im Winter verschwindet sie dagegen für mehrere Wochen unterhalb des Horizonts.

Anfang bis Mitte Januar, wenn sich die Sonne nach mehrwöchiger Abwesenheit erstmals wieder über den Horizont erhebt, findet man hier ein außergewöhnliches Licht.

Endlos wirken die Dämmerungsstunden vor Sonnenaufgang, bevor die tiefstehende Sonne über den Horizont steigt und die Landschaft in flachem Winkel für kurze Zeit in goldenes Licht taucht, und an klaren Tagen leuchtet die Landschaft pinkfarben.

Schon bald geht die Sonne wieder unter. Die goldene und die blaue Stunde laden erneut zum ausgiebigen Fotografieren ein, bevor – mit etwas Glück – in der Nacht die Polarlichter die Inselgruppe in grünem Licht erstrahlen lassen.

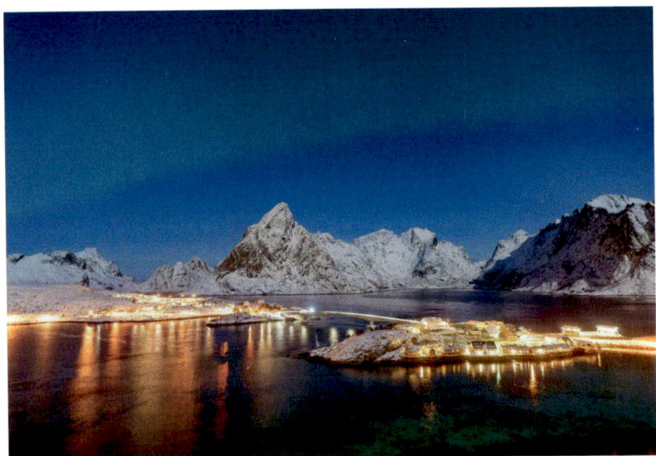

Vollmondnacht: Blick auf Sakrisøy mit dem im Hintergrund liegenden Mt. Olstinden. Am Himmel ist ein schwacher Polarlichtbogen zu erkennen. | 18 mm · ISO 2000 · Blende 2,8 · 1 s
| GPS: 67°56'20.759" N 13°6'49.81" E

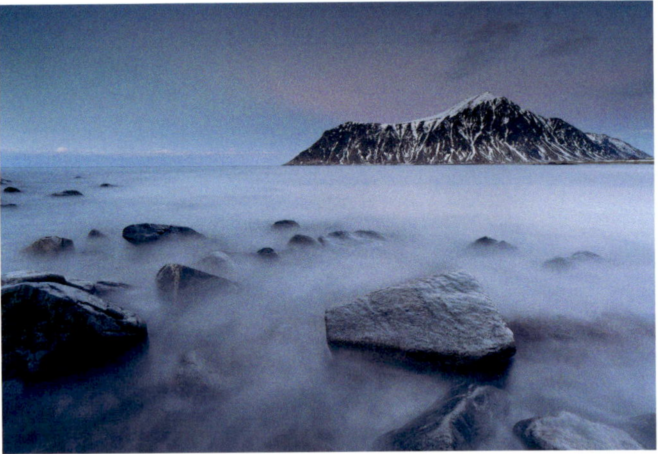

Wasserumspülte Steine am Strand von Skagsanden
| 18 mm · ISO 200 · Blende 11 · 30 s
| GPS: 68°6'16.089" N 13°17'0.602" E

Dieses außergewöhnliche Licht in Kombination mit der grandiosen Landschaft, die auf kompaktem Raum immer wieder neue atemberaubende Ausblicke und Motive zu bieten hat, machen die Lofoten zum idealen Ziel für Landschaftsfotografen: Zerklüftete Küstenlandschaften mit steil aus dem Wasser ragenden Bergen und traditionellen, rot gestrichenen Fischerhütten, die dicht ans Wasser gebaut sind, sowie ausgedehnte Fjordlandschaften und eine Vielzahl einzigartiger Strände im mittleren Teil der Lofoten laden zum

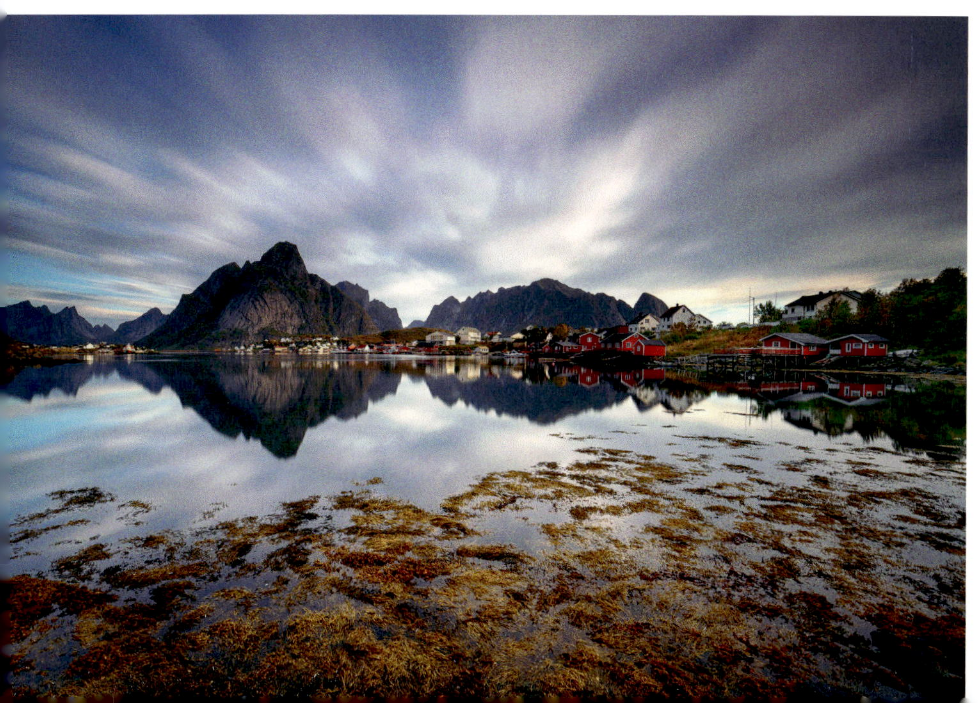

Reine
| 16 mm · ISO 100 · Blende 11 · 118 s
| GPS: 67°55′44″ N 13°5′7″ E

Verweilen und Fotografieren ein. Hinter jeder Kurve kann ein neues überraschendes Motiv auf uns warten, jede Minute kann das Wetter umschlagen und so für neue dramatische oder auch kontemplative Stimmungen sorgen.

In diesem Fotoscout stelle ich Ihnen die besten Fotospots der südwestlichen Lofoten vor. Neben einer genauen Beschreibung der einzelnen Orte gibt es zu jedem Motiv ausführliche Praxistipps zum Fotografieren und zur möglichen Bildkomposition.

Alle unsere fotografischen Ziele befinden sich entlang der gut ausgebauten Europastraße E10, die im norwegischen Teil *Kong Olav Vs vei* heißt und ganzjährig befahrbar ist.

Ausgehend von den beiden Ausgangspunkten Leknes (mittlerer bis nördlicher Teil) oder Reine (südlicher bis mittlerer Teil), ist keines der in diesem Fotoscout beschriebenen Ziele weiter als eine Fahrstunde mit dem Auto entfernt.

Dort, wo es mir sinnvoll erscheint, gebe ich auch konkrete Empfehlungen für Ausrüstungsgegenstände, Zubehörteile, Unterkünfte oder auch für Restaurants oder Cafés – alle diese Tipps basieren auf meinen persönlichen Erfahrungen, die ich im Laufe der letzten

Am Aussichtspunkt Tungeneset auf Senja treffen Kunst und Architektur aufeinander – eine hölzerne Plattform führt hinab Richtung Steinküste. Die Farbe der Holzkonstruktion ist an die der Steine angelehnt. Im Hintergrund ist die markante Silhouette der sogenannten »Teufelszähne« zu erkennen. | 16 mm · ISO 100 · Blende 13 · 120 s | GPS: 69°29'13.1295" N 17°19'59.1202" E

Jahre bei der Durchführung von mehr als zehn Foto-Workshops auf den Lofoten gemeinsam mit meinen Workshop-Teilnehmern sammeln durfte.

Nach der Planung der Fotoreise bereisen und fotografieren wir im Anschluss gemeinsam in thematisch oder geografisch gegliederten Touren die Inselgruppe der Lofoten von Gimsøy bis Å, um abschließend in den Nächten noch einmal gemeinsam Jagd auf Polarlichter zu machen.

Nach der Erkundung der spektakulären Spots auf den Lofoten wartet mit der Insel Senja noch ein weiteres fotografisch ergiebiges Ziel auf uns. In einer

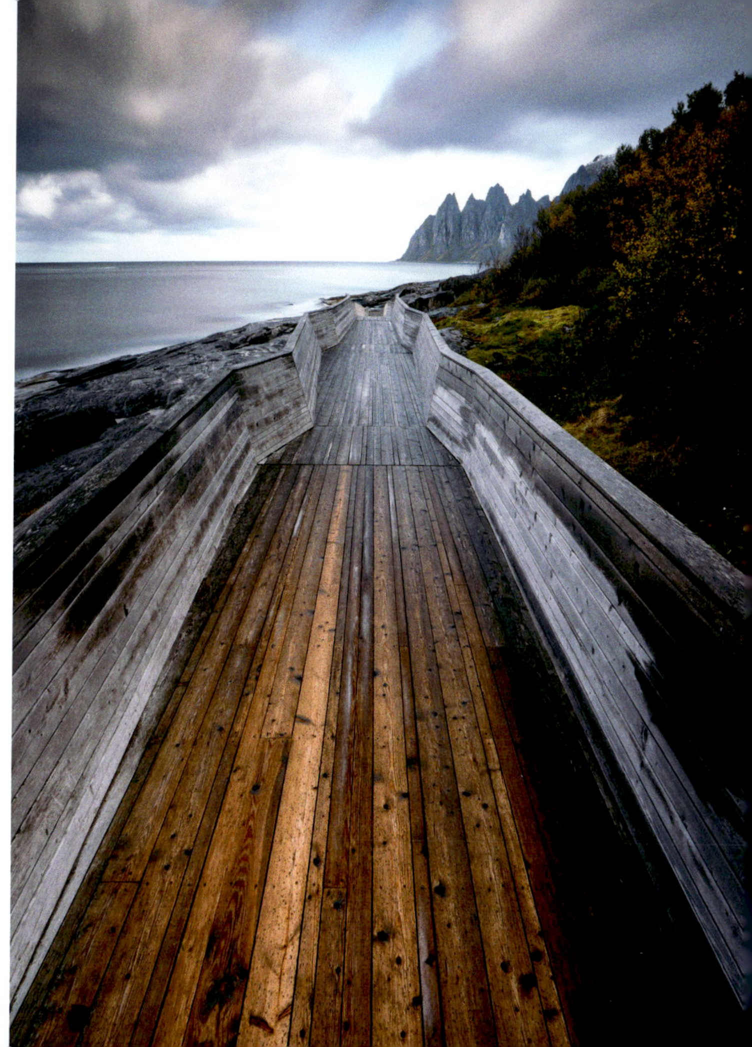

separaten Tour bereisen wir die zweitgrößte Insel Norwegens und stoßen so noch 200 km weiter in den Norden des Landes vor.

Vieles, was auf die Lofoten zutrifft, ist auch für Senja gültig, und die fotografische Herangehensweise lässt sich in vielen Punkten übertragen. Allerdings finden wir auf Senja neben Fjorden und Bergen auch viele ausgedehnte Waldgebiete. Die von Birken geprägte Landschaft leuchtet im Herbst besonders eindrucksvoll und farbenfroh.

Auch gibt es auf Senja etliche Flüsse mit größeren und kleineren Fallstufen – eine landschaftliche Besonderheit, die auf den Lofoten in dieser Form kaum anzutreffen ist und ihren besonderen Reiz besitzt.

Zu guter Letzt verfügt Senja über eine Vielzahl gut markierter Wanderwege hinauf zu den ikonischen Berggipfeln, und mit dem Ånderdalen-Nationalpark wartet ein weiterer landschaftlicher Leckerbissen auf Wanderer und Fotografen.

Abgerundet wird der Fotoscout durch Kapitel zu Grundlagen und Praxis des Einsatzes optischer Filter in der Landschaftsfotografie sowie zur richtigen Verwendung des Stativs – auch hier gibt es wieder viele wertvolle Praxistipps.

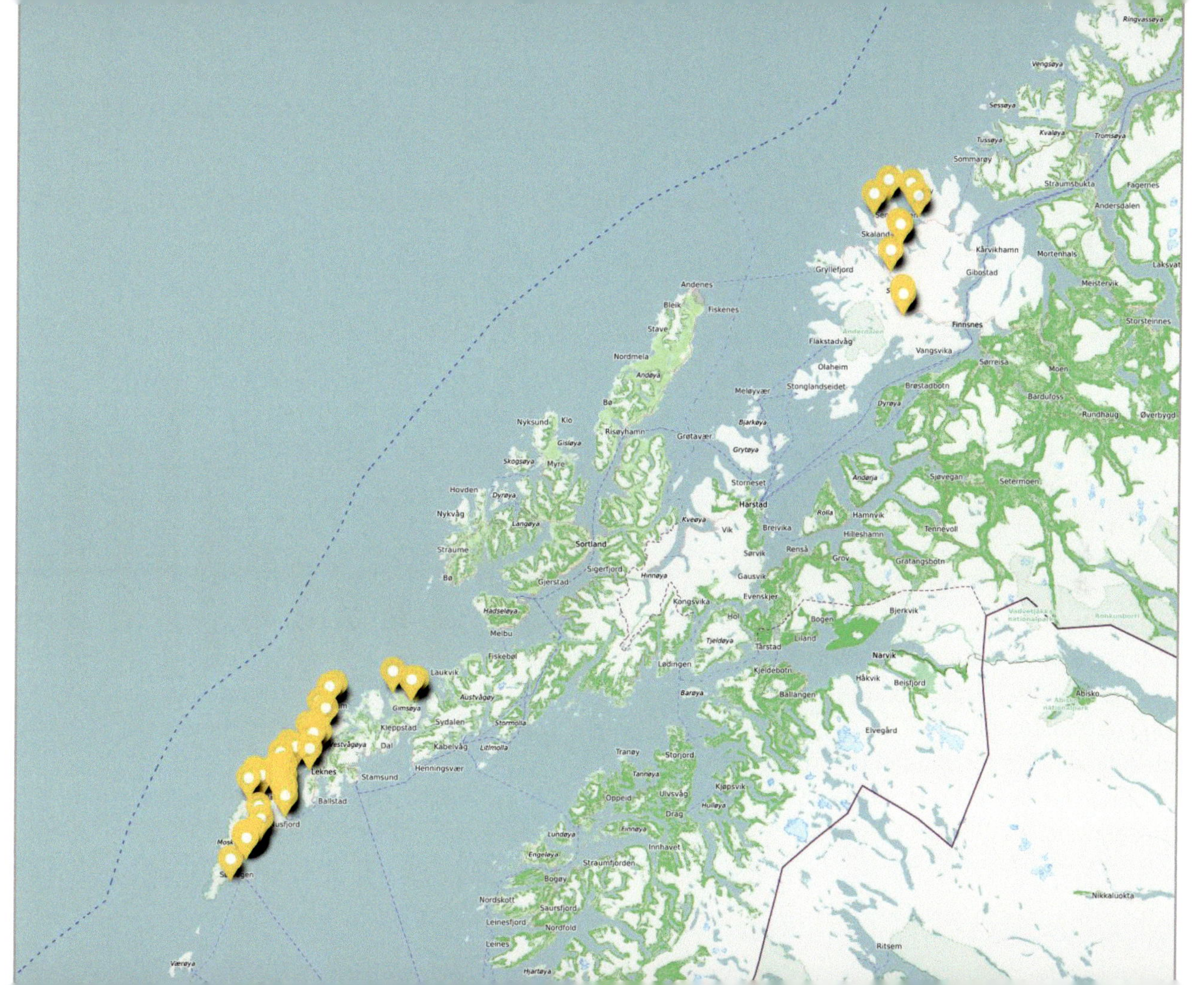
Ringvassøya
Vengsøya
Sessøya
Tussøya
Kvaløya
Tromsøya
Sommarøy
Straumsbukta
Fagernes
Andersdalen
Skaland
Kårvikhamn
Mortenhals
Laksvat
Gryllefjord
Gibostad
Meistervik
Andenes
Bleik
Fiskenes
Finnsnes
Storsteinnes
Stave
Flakstadvåg
Vangsvika
Nordmela
Olaheim
Sørreisa
Andøya
Moen
Meløyvær
Stonglandseidet
Brøstadbotn
Bø
Bardufoss
Dyrøya
Nyksund
Klo
Bjarkøya
Rundhaug
Øverbygd
Risøyhamn
Grøtavær
Gisløya
Grytøya
Skogsøya
Myre
Storneset
Andørja
Sjøvegan
Setermoen
Hovden
Dyrøya
Harstad
Nykvåg
Langøya
Kveøya
Rolla
Hamnvik
Vik
Breivika
Tennevoll
Hillesharnn
Straume
Sortland
Sørvik
Renså
Grov
Gratangsbotn
Sigerfjord
Hinnøya
Gausvik
Bø
Gjerstad
Evenskjer
Kongsvika
Bjerkvik
Hadseløya
Hol
Bogen
Melbu
Tjeldøya
Liland
Tårstad
Fiskebøl
Narvik
Lødingen
Laukvik
Kjeldebotn
Håkvik
Beisfjord
Austvågøy
Baroya
Ballangen
Abisko
Gimsøya
Kleppstad
Sydalen
Stormolla
Elvegård
Vestvågøya
Dal
Kabelvåg
Litlmolla
Leknes
Stamsund
Henningsvær
Tranøy
Stonjord
Tannøya
Ballstad
Kjøpsvik
Ulvsvåg
Oppeid
Hulløya
Drag
Finnøya
Lundøya
Innhavet
Engeløya
Straumfjorden
Bogøy
Nikkaluokta
Nordskott
Saursfjord
Leinesfjord
Nordfold
Leines
Ritsem
Værøya
Hjartøya

Planung

BESTE REISEZEIT

Was ist die beste Reisezeit für Fotografen? Abhängig von den persönlichen Vorlieben sollte man als Fotograf insbesondere Licht und Wetter bei der Wahl des optimalen Reisezeitraums in Betracht ziehen – die Unterschiede von Monat zu Monat sind extrem.

WETTER

Begünstigt durch die Ausläufer des Golfstroms, herrscht auf den Lofoten trotz der exponierten Lage ganzjährig eher mildes Klima.

Trotzdem ist das Wetter auf den Lofoten unberechenbar. Zu jeder Zeit kann es zu ausgedehnten Niederschlagsperioden (Schnee oder Regen – auch im Winter) kommen.

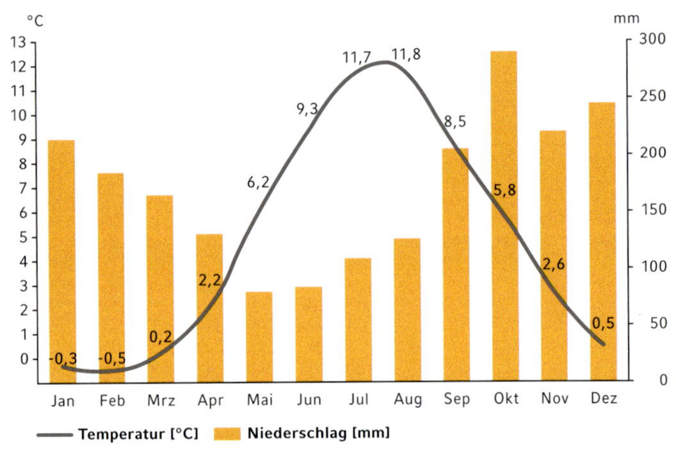

Durchschnittliche Temperaturen und Niederschlag im Zeitraum 2013–2017, gemessen in Reine – Moskenesøy, Lofoten (Quelle: Meteorologisk institutt, Oslo)

In den Wintermonaten ist die Inselgruppe immer wieder Stürmen aus südwestlicher Richtung ausgesetzt, sodass man die Unterkunft im schlimmsten Fall für mehrere Tage nicht verlassen kann.

Auch die Temperaturen können schwanken: Änderungen von −10°C bis +10°C können innerhalb weniger Tage auch in den Wintermonaten vorkommen, sodass es keine Garantie gibt, zu einer bestimmten Jahreszeit auf zugefrorene Fjorde oder schneebedeckte Berge zu treffen.

Besser ist es, ein paar Tage mehr auf den Lofoten einzuplanen. Dadurch erhöht sich die Wahrscheinlichkeit, optimale Fotobedingungen vorzufinden.

Da das Wetter so unvorhersehbar ist, kommt bei der uswahl des optimalen Reisezeitraums der Qualität des Lichts noch mehr Bedeutung zu.

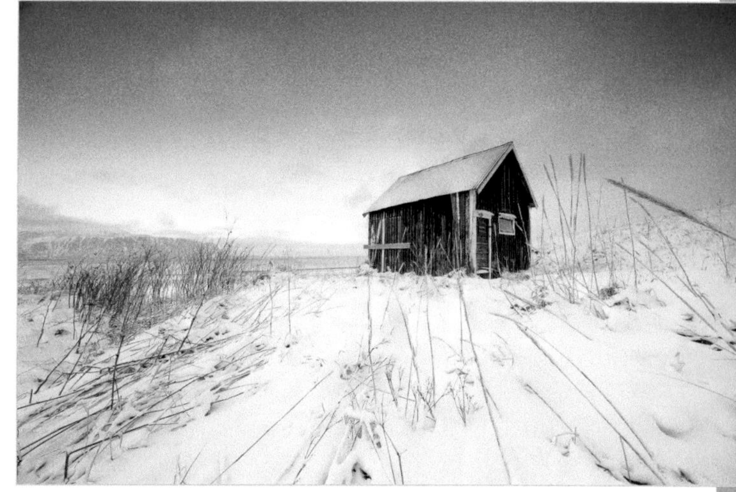

Rote Hütte am verschneiten Strand von Ramberg
| 12 mm · ISO 100 · Blende 11 · 1/8 s
| GPS: 68°5'48.228" N 13°14'38.698" E

	Jan	Feb	Mrz	Apr	Mai	Jun	Jul	Aug	Sep	Okt	Nov	Dez
Zivile Dämmerung	9:00	7:24	5:34	4:09	–	–	–	2:52	5:26	7:13	8:01	9:20
Sonnenaufgang	10:39	8:25	6:29	5:18	2:57	–	–	4:27	6:24	8:10	9:19	–
Sonnenuntergang	13:56	16:19	18:06	21:00	23:16	–	–	21:54	19:40	17:35	14:25	–
Zivile Dämmerung	15:34	17:21	19:01	22:11	–	–	–	23:26	20:37	18:32	15:43	14:46

Start und Ende der zivilen Dämmerung sowie Sonnenauf- und -untergangszeiten im Jahr 2018, jeweils bezogen auf den 15. des Monats am Standort Reine (Quelle: The Photographer's Ephemeris). Zivile Dämmerung bedeutet, dass Lesen im Freien noch möglich ist – die Sonne steht bis zu 6 Grad unterhalb des Horizonts.

LICHT

Im Januar kehrt die Sonne nach langen, dunklen Polarnächten zurück und zeigt sich erstmals wieder oberhalb des Horizonts. Aus flachem Winkel scheint sie für wenige Stunden, vornehmlich aus südlicher Richtung.

Die Anzahl der Sonnenstunden nimmt jeden Tag schnell zu, bis um den 20. März herum die Tagundnachtgleiche erreicht ist: Der lichte Tag und die Nacht dauern gleich lang.

DAS JAHR AUF DEN LOFOTEN

Für mich persönlich sind die Lofoten zu Jahresbeginn (präziser: von *Mitte Januar bis Anfang Februar*) am eindrucksvollsten.

Die Qualität des Lichts ist unvergleichlich, an klaren Tagen ist die Inselgruppe durchgängig in Pink getaucht. In wolkenfreien Nächten kann man mit etwas Glück Polarlichter fotografieren – mit den wenigen Sonnenstunden im Januar und den langen Dämmerungsphasen hat man am ehesten das Gefühl, ein »arktisches Abenteuer« zu erleben.

Februar bis Mitte März ist dann der Zeitraum, in dem die meisten Foto-Workshops der großen Anbieter durchgeführt werden – in diesen Wochen findet man einen guten Kompromiss zwischen der Anzahl der Sonnenstunden und gutem Licht bei gleichzeitig hoher Wahrscheinlichkeit, in den Nächten Polarlichter fotografieren zu können. In dieser »Hauptsaison für Fotografen« kann es schon vorkommen, dass man immer wieder auf Foto-Workshops trifft, deren Teilnehmer an ausgewählten Standorten auf Motivsuche gehen.

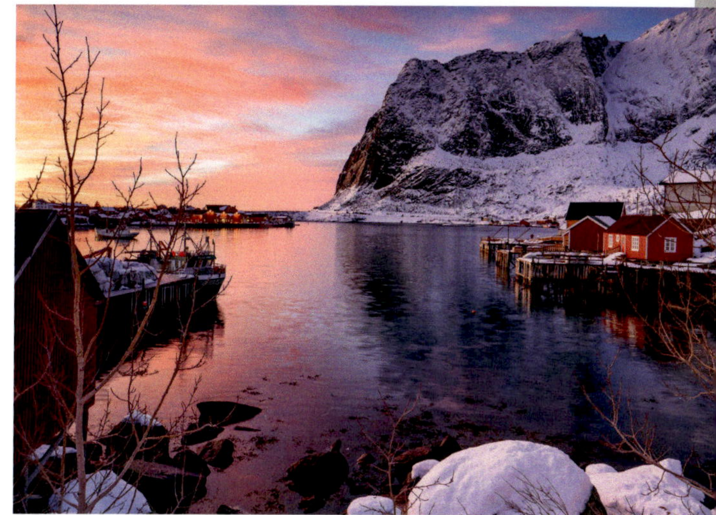

Sonnenaufgang Mitte Januar in Reine
| 21 mm · ISO 100 · Blende 11 · 0,8 s
| GPS: 67°56‘22.556“ N 13°4‘39.45“ E

Der *März* gilt als der schneereichste Monat auf den Lofoten. Gegen Ende des Monats sind die Tage erstmals wieder länger als die Nächte, und in den Nächten trifft man mit etwas Glück Polarlichter an.

Im *April* findet man so gut wie keine Touristen mehr auf den Lofoten – dennoch ist die erste Hälfte

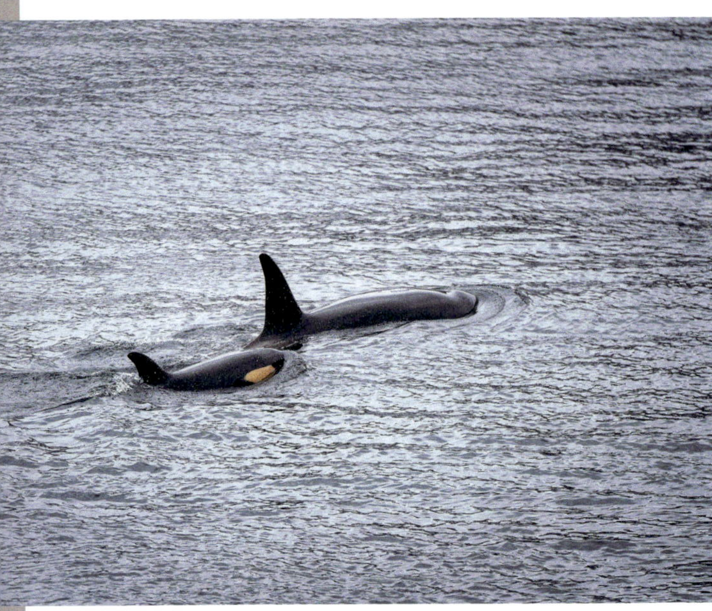

Orca mit Jungtier im Hafengebiet von Reine
| 200 mm · ISO 125 · Blende 2,8 · 1/1000 s
| GPS: 67°56'11.429" N 13°6'8.477" E

des Monats aus meiner Sicht nach wie vor hervorragend zum Fotografieren geeignet.

In dieser Zeit gibt es noch Hoffnung, am späteren Abend Polarlichter sichten zu können. Kurze Zeit danach sind die Nächte nicht mehr ausreichend dunkel, um die Himmelserscheinung wahrnehmen zu können. Mit etwas Glück lassen sich in der Gegend um Reine außerdem Orcas beobachten, die im Hafengebiet bis in den Mai immer wieder auf Heringsjagd gehen.

In den Monaten von *Mitte Mai bis August* verändern sich die Lofoten schlagartig – sie werden zu einem beliebten touristischen Ziel für Bewohner des norwegischen Festlands und anderer europäischer Staaten.

Zur Zeit der Mitternachtssonne findet man endlose Karawanen von Wohnmobilen, die wenigen Stellplätze sind überfüllt, die Wanderungen zu den nicht mit dem Auto erreichbaren Stränden überlaufen.

Mitte bis Ende September präsentieren sich die Lofoten dann aus Fotografensicht wieder von ihrer attraktivsten Seite: Die Inselgruppe ist in schöne Herbstfarben getaucht, in den Nächten zeigen sich erstmals wieder Polarlichter und auf den einzelnen Inseln sind nur noch wenige Touristen anzutreffen.

Die Monate von *Oktober bis Dezember* sind wegen der Kombination aus dunklen Tagen und instabilem Wetter für das Fotografieren weniger empfehlenswert.

ANREISE

Es gibt mehrere Möglichkeiten, die Lofoten zu erreichen – ich bevorzuge in der Regel die Anreise mit dem Flugzeug über Oslo und Bodø nach Leknes.

- **Mit dem Flugzeug** – Die Anreise mit dem Flugzeug ist für viele Besucher vermutlich die schnellste. Auf den Lofoten selbst gibt es zwei Zielflughäfen, die man ansteuern kann: Leknes (LKN) und Svolvær (SVJ). Beide Flughäfen werden täglich mehrmals von der SAS-Tochter Widerøe von Bodø (BOO) aus angeflogen. Aus dem europäischen Ausland wählt man in der Regel einen Flug, der über Oslo (OSL) und Bodø schließlich nach Leknes oder Svolvær führt. Für den letzten Abschnitt steigt man in eine Propellermaschine um, die vierzig Passagieren Platz bietet. Die Anreise über die drei beschriebenen Flugabschnitte dauert dabei z. B. von Frankfurt oder München aus im besten Fall etwas weniger als sieben Stunden. Alternativ lässt sich auch der nordöstlich der Lofoten liegende Flughafen Harstad/Narvik Evenes (EVE) anfliegen – von dort hat man dann aber noch eine knapp fünfstündige Autofahrt mit dem Mietwagen oder mit dem Linienbus vor sich, bis man Leknes erreicht.
- **Mit der Fähre** – Ab Bodø verkehren auch regelmäßige Fähren Richtung Lofoten. Angesteuert werden dabei die Orte Moskenes (südlich von Reine) und – bedient durch die Hurtigruten-Linie – auch Stamsund/Svolvær. Bei rauer See kann die etwa dreistündige Fährfahrt zur Herausforderung werden, bei ganz schlechtem Wetter kann die Fähre auch komplett ausfallen. Auf der Fähre nach Moskenes ist die Mitnahme von Autos möglich.
- **Mit dem Zug** – Von Süden kommend endet die Zugverbindung in Bodø, von wo aus man dann mit dem Flugzeug oder der Fähre die Lofoten erreichen kann.
- **Mit dem Auto** – Wer mit dem eigenen Auto anreisen will, kann entweder ab Bodø mit der Fähre übersetzen oder weiter im Norden die Fähre bei Bognes nehmen. Über Narvik erreicht man alternativ auch die Straße E10, die die Lofoten in nordöstlicher Richtung mit dem Festland verbindet.

AUSGANGSPUNKTE UND UNTERKÜNFTE

Die Auswahl an Unterkünften auf den Lofoten reicht von Hotels über B&Bs bis hin zu den landestypischen *Rorbuer* – diese klassischen, in der Regel einfach ausgestatteten ehemaligen Fischerhütten liegen oft direkt am Wasser und verfügen über mehrere Räume unterschiedlicher Größe. Wegen des anhaltenden touristischen Interesses werden immer mehr dieser aus Holz gebauten Unterkünfte zur Verfügung gestellt, die dann entsprechend auch über mehr Komfort verfügen.
Alle in diesem Foto-Guide beschriebenen Ziele sind entweder von Reine oder von Leknes aus in weniger als einer Autostunde zu erreichen, weshalb sich diese beiden Standorte besonders für eine Erkundung der Lofoten anbieten.

rorbuer.no

sakrisoyrorbuer.no

- **Reine** – In der Umgebung von Reine sind die Unterkünfte auf Hamnøy (*rorbuer.no*) und Sakrisøy (*sakrisoyrorbuer.no*) die beliebtesten – buchen kann man entweder direkt über die Webseite der Anbieter oder über eines der bekannten Buchungsportale. Die Popularität dieser Unterkünfte hat leider einen recht hohen Übernachtungspreis zur Folge.
- **Leknes** – In Leknes selbst findet sich das Scandic Leknes Lofoten Hotel, das mit einem guten Frühstücksbuffet den Start in den Tag versüßt. In Ballstad, 15 Autominuten von Leknes entfernt, kann man beispielsweise in der Hattvika Lodge (*hattvikalodge.no*) absteigen. Ein ebenfalls guter Ort zum Übernachten sind die 10 Minuten von Leknes entfernt gelegenen Skreda Rorbusuiter – diese moderne Anlage findet man wieder bei den bekannten Buchungsportalen. Von hier kann man in nur zehn Minuten die Strände von Haukland und Uttakleiv erreichen.

Ansonsten bieten einige Bewohner der Lofoten ihre Unterkünfte oder Zimmer zur Untermiete über Airbnb (*airbnb.com*) an – mit etwas Glück lässt sich hier eine gut gelegene und trotzdem günstige Unterkunft finden. Wenn Sie länger als eine Woche auf den Lofoten bleiben können, empfehle ich Ihnen, einige Tage in der Umgebung von Reine zu verbringen und im Anschluss ein Quartier in der Umgebung von Leknes zu suchen – so können Sie besonders im Januar zunächst die Sonnenauf- und -untergänge rund um Reine genießen, bevor im zweiten Abschnitt die nordwestlichen Strände im Mittelpunkt des Fotografierens stehen.

hattvikalodge.no

airbnb.com

vinmonopolet.no

AUFENTHALT UND FORTBEWEGUNG

Die Lebenshaltungskosten auf den Lofoten sind wie fast überall in Skandinavien eher hoch.

- **Alkohol** – Insbesondere alkoholische Getränke werden in Norwegen hoch besteuert, der Verkauf ist außerdem staatlich reglementiert und nur zu vorgegebenen Öffnungszeiten in Geschäften des Vinmonopolet (*vinmonopolet.no*) erlaubt, falls 4,5 % Alkoholanteil überschritten werden. Alkoholische Getränke mit geringerem Alkoholanteil sind auch in den Supermärkten erhältlich.
- **Geld** – Ansonsten kommt man auf den Lofoten in der Regel komplett ohne Bargeld aus, wenn man über eine Kreditkarte mit PIN-Code verfügt. Auch EC/Maestro-Karten werden so gut wie überall akzeptiert.
- **Sprache** – Fast alle Bewohner der Lofoten sprechen Englisch, sodass man sich überall gut verständigen kann, wenn man diese Sprache rudimentär beherrscht.

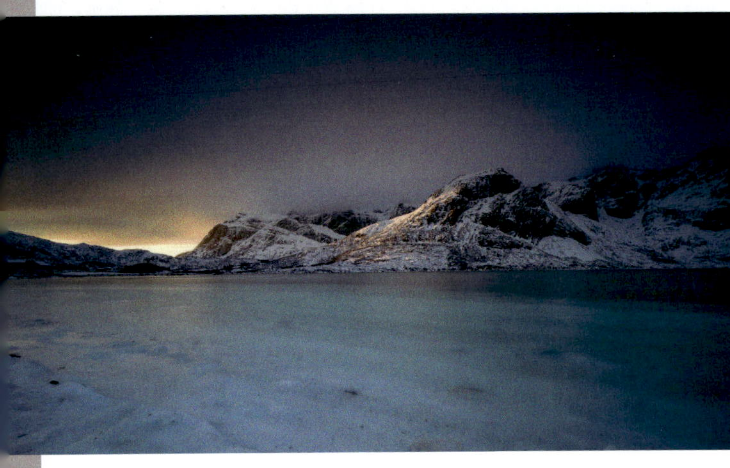

Lichtstimmung am Flakstadpollen
| 18 mm · ISO 100 · Blende 11 · 180 s
| GPS: 68°5'2.483" N 13°20'18.047" E

Alle unsere fotografischen Ziele befinden sich entlang der Europastraße E10, die im norwegischen Teil *Kong Olav Vs vei* heißt.

Die Straße, die in Å auf norwegischer Seite beginnt und in Luleå in Schweden endet, ist insgesamt 880 km lang. Davon führen 397 km durch Norwegen und 483 km durch Schweden.

Bei unserer fotografischen Erkundung befahren wir allerdings lediglich die ersten 120 km der E10.

Die Straße selbst gilt als eine der schönsten Europas, da sie immer wieder durch wunderbare Landschaften führt und herrliche Ausblicke bietet. Deshalb ist es empfehlenswert, immer die Augen offen zu halten, um selbst neue Motive oder interessante Lichtstimmungen zu entdecken.

Am einfachsten kann man sich auf den Lofoten fortbewegen, wenn man ein Auto zur Verfügung hat.

- **Mit dem Auto** – Mit dem eigenen oder dem vor Ort angemieteten Auto hat man die größte Flexibilität, um sich auf den Lofoten fortzubewegen. Die Mietwagen sind im Winter durchgängig mit spikebesetzten Reifen ausgestattet, sodass sich die kurvenreichen Straßen auch im verschneiten oder vereisten Zustand gut befahren lassen. Der Winterdienst, der bei einsetzendem Schneefall sofort entlang der E10 zum Einsatz kommt, räumt die Straßen in der Regel nicht vollständig: Es ist durchaus üblich, dass eine recht

Strukturen am Strand von Skagsanden
| 16 mm · ISO 100 · Blende 11 · 5 s
| GPS: 68°6'18.825" N 13°17'28.411" E

kompakte, dünne Schneeschicht die Straße bedeckt, was aber – dank der Spikes auf den Reifen – zu keiner nennenswerten Beeinträchtigung beim Fahren führt. Trotzdem ist es empfehlenswert, im Zweifelsfall ein bisschen langsamer zu fahren. Die Höchstgeschwindigkeiten auf den Lofoten betragen innerorts 50 km/h und außerorts 80 km/h; die Promillegrenze liegt bei 0,2. Außerdem müssen Sie durchgängig mit Tagfahrlicht fahren.

- **Mit dem Bus** – Entlang der E10 verkehren regelmäßig Busse. Die Strecke von Å bis Svolvær wird an Wochentagen in beiden Richtungen vier- bis sechsmal bedient, am Wochenende fahren die Busse seltener. Abseits der E10 fahren die Busse leider nur sehr unregelmäßig und auch nicht überall, weshalb die fotografische Erkundung der Lofoten sehr schwierig ist, wenn man ausschließlich auf Linienbusse setzen möchte.

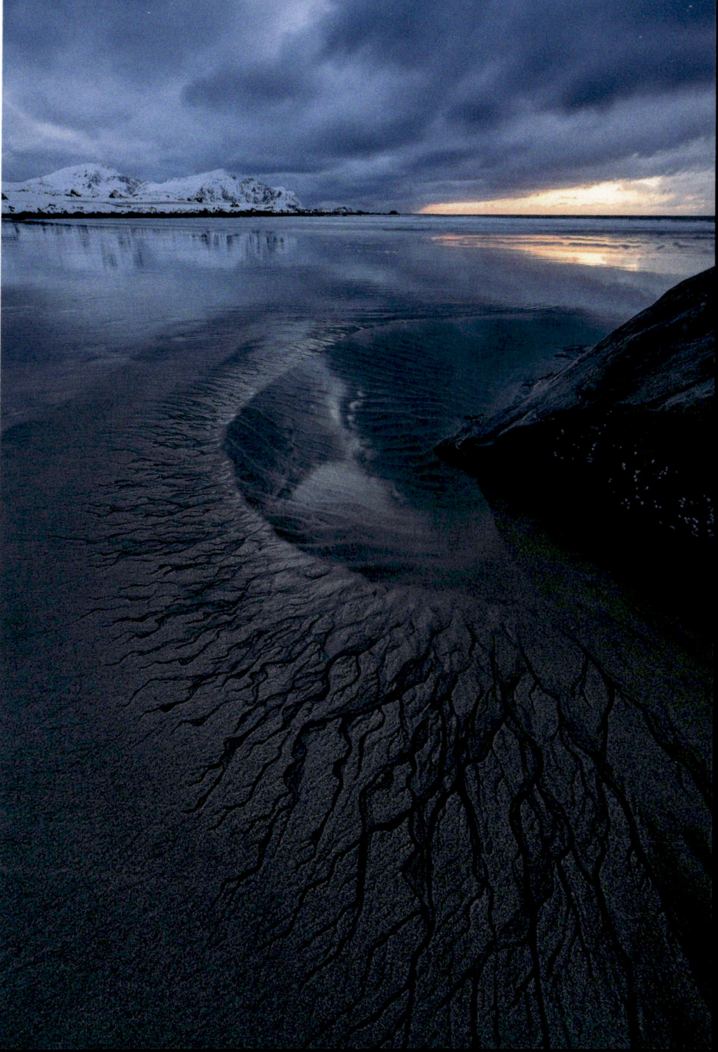

AUSRÜSTUNG

KLEIDUNG

Wenn Sie auf den Lofoten fotografieren wollen, müssen Sie unbedingt auf zweckmäßige Kleidung achten. Wenn auch die Temperaturen in der Regel nicht unter −10°C fallen, kann die gefühlte Temperatur bei gleichzeitig gehendem Wind in langen Nächten der Polarlichtfotografie deutlich tiefer liegen.

Wenn Sie unter solchen Bedingungen die Freude am Fotografieren nicht verlieren möchten, ist wärmende Funktionskleidung unverzichtbar! Am besten trägt man mehrere wärmende Schichten übereinander, um Kälte und Wind erfolgreich fernzuhalten:

- **Unterwäsche und Socken** – Merinowolle bietet sich als wärmendes Material für (lange) Unterwäsche und Socken an.
- **Mittlere Schicht** – Ein Fleece-Pullover sorgt für Basiswärme.
- **Äußere Schicht** – Eine wärmende, wind- und regendichte Funktionsjacke (z.B. aus Gore-Tex) bildet die äußere Schicht. Eine wasserdichte, warme Hose gehört ebenso zur äußeren Schicht wie eine gute Mütze.
- **Schuhe und Spikes** – Kalte Füße müssen Sie unbedingt vermeiden, weshalb Sie in wärmende Schuhe (z.B. *Kamik Cody* oder *Everest*) investieren sollten. Für besonders kalte Nächte kann man zusätzlich Fußsohlenwärmer des Herstellers *The Heat Company* (*theheatcompany.com*) einsetzen. Besonders im Winter sollte man gute Spikes für die Schuhe mit im Gepäck haben. Aus meiner Sicht empfehlenswert sind Produkte der Hersteller *Snowline* oder *Terra Hiker*. Auch Gummistiefel haben sich bewährt, um an den vielen Lofoten-Stränden trockenen Fußes fotografieren zu können.
- **Handschuhe** – Ebenfalls von *The Heat Company* gibt es empfehlenswerte Handschuhe mit abklappbaren Fingerkuppen, sodass Sie die Kamera zwischendurch immer wieder bedienen können, ohne den ganzen Handschuh ausziehen zu müssen. Auch für die Handschuhe gibt es passende Wärmekissen desselben Herstellers.

The Heat Company

FOTOAUSSTATTUNG

Wegen der teilweise tiefen Temperaturen sollten Sie immer ausreichend Ersatzakkus mitführen, wenn Sie auf den Lofoten fotografieren.

Nichts ist ärgerlicher, als unter grün am Himmel tanzenden Polarlichtern ohne funktionierende Kamera dazustehen, auch wenn sich das Spektakel natürlich auch so genießen lässt.

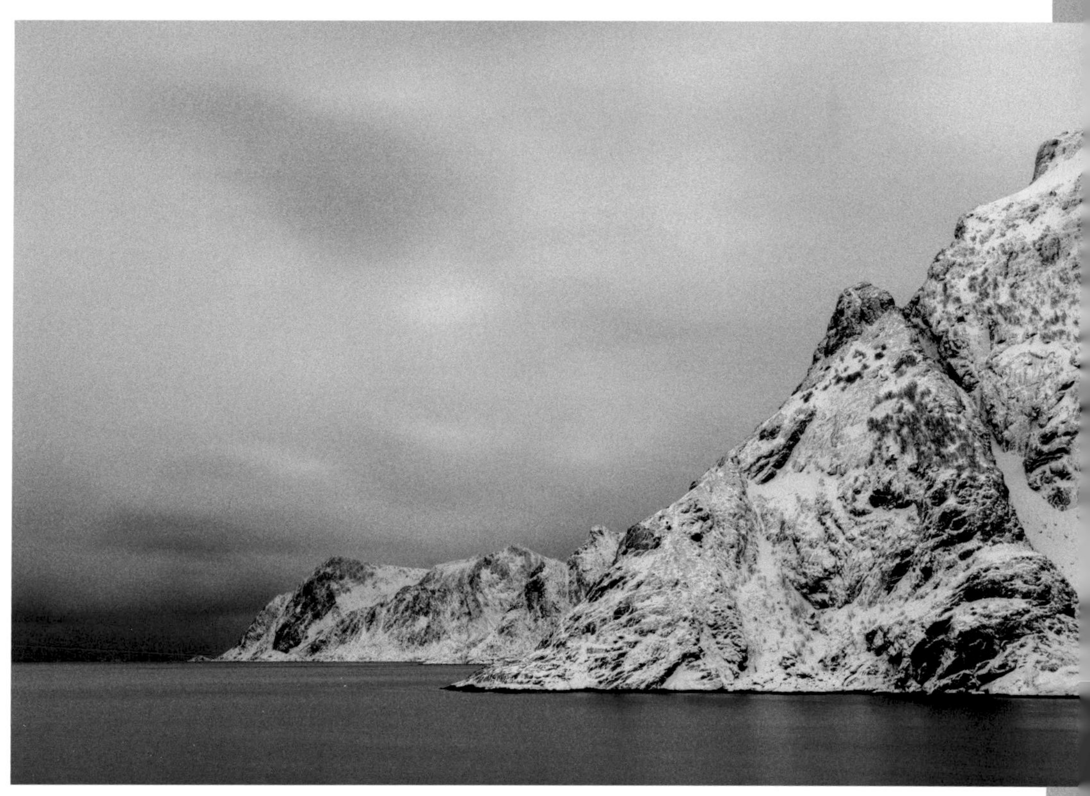

Blick auf die Fjordausläufer bei Å | 35 mm · ISO 80 · Blende 16 · 30 s | GPS: 67°52′32.08″ N 12°58′32.02″ E

Zum Fotografieren auf den Lofoten empfehle ich folgende Ausrüstung:

- **Kamera** – digital oder analog, mit oder ohne Spiegel
- **Objektive** – möglichst weitwinklig (für Landschaften) und lichtstark (für Polarlichter)
- **Speicherkarten** – in ausreichender Menge
- **Akkus** – in ausreichender Menge
- **Graufilter** – Graufilter und Grauverlaufsfilter in verschiedenen Stärken, siehe auch Kapitel »Optische Filter in der Landschaftsfotografie« ab Seite 270
- **Polarisationsfilter** – siehe auch Abschnitt »Polarisationsfilter« ab Seite 287
- **Timer-Fernbedienung** – kabellos oder mit Kabel zum erschütterungsfreien Auslösen der Kamera und für längere Belichtungszeiten als 30 Sekunden
- **Stativ mit Stativkopf** – möglichst stabil, leicht und einfach zu handhaben, siehe auch Kapitel »Einsatz eines Stativs« ab Seite 292
- **Stirn- oder Taschenlampe** – Zum Einstellen der Kamera in der Nacht

ZUR RICHTIGEN ZEIT AM RICHTIGEN ORT

Die Zeit des Sonnenauf- und -untergangs verändert sich in den Wintermonaten auf den Lofoten ebenso schnell wie die Richtung, in der die Sonne auf- und untergeht.

Auch der Winkel der Sonne über dem Horizont nimmt mit jedem Tag zu – steht sie hoch genug, werden Berggipfel in Licht getaucht, die am Tag zuvor vielleicht noch im Schatten lagen.

Besonders Anfang bis Mitte Januar liegen durch den niedrigen Stand der Sonne auf weiten Teilen der Lofoten lange Schatten, die von den steil und schroff aus dem Wasser aufragenden Bergen geworfen werden.

Die Gegend um Reine im Südosten der Lofoten wird in dieser Zeit fast ganztägig mit gutem Licht versorgt – sowohl bei Sonnenaufgang als auch bei Sonnenuntergang kann man hier wunderbar fotografieren.

Doch schon Mitte Februar findet man hier während des Sonnenuntergangs kein direktes Licht mehr, da die hohen Berge Richtung Südwesten die Sonne blockieren. Etwas weiter südlich in der Gegend um Å kann

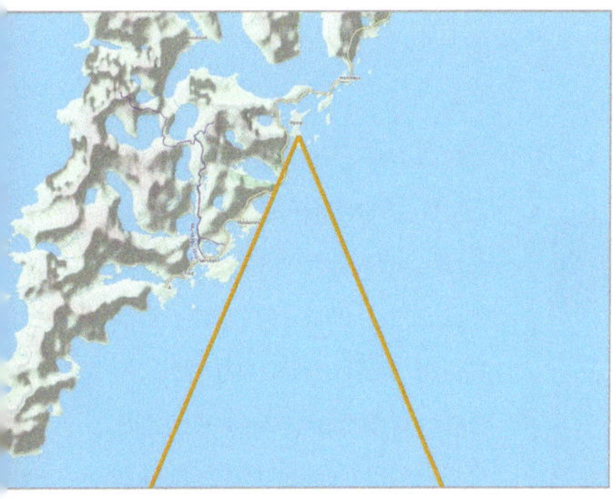
Sonneneinfall am 15. Januar

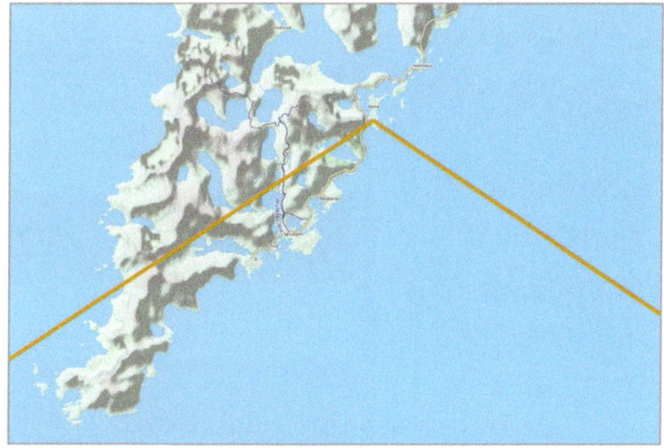
Sonneneinfall am 15. Februar

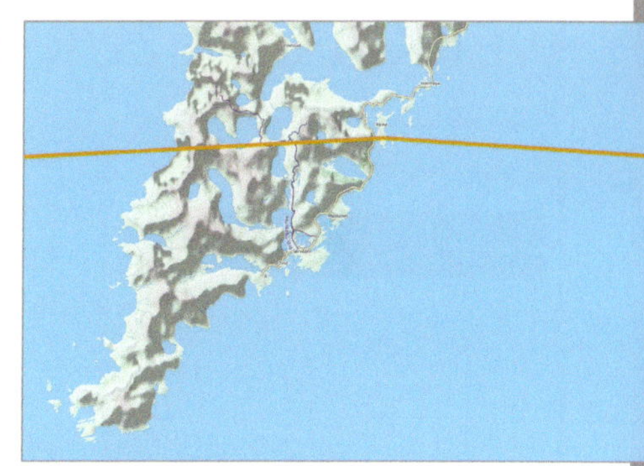
Sonneneinfall am 15. März

man hingegen mit etwas Glück noch einen farbigen Sonnenuntergang genießen.

Mitte März geht die Sonne dann fast direkt im Osten auf und im Westen wieder unter – die Strände an der Westküste der Lofoten sind ab sofort die besten Standorte, um Sonnenuntergänge zu fotografieren.

Zur richtigen Zeit am richtigen Ort zu sein, um das perfekte Landschaftsfoto aufnehmen zu können, erfordert deshalb einiges an Planung. Tagsüber interessiert man sich neben dem Wetter am meisten für den Sonnenstand (inklusive Sonnenauf- und -untergangszeit, Einfallswinkel) und eventuell für die Gezeiten, falls man bestimmte Stimmungen einfangen möchte, die nur bei Ebbe oder Flut anzutreffen sind.

In der Nacht suchen Polarlichtfotografen nach wolkenfreien Standorten mit wenig Lichtverschmutzung und hoffen auf einen möglichst hohen KP-Index (siehe auch Kapitel »Polarlichter fotografieren« ab Seite 250).

Kleine Helfer in Form von Apps, die sich auf einem Smartphone installieren lassen, vereinfachen den Planungsaufwand erheblich – meine persönlichen Favoriten finden Sie im nächsten Abschnitt.

WERKZEUGE ZUR PLANUNG

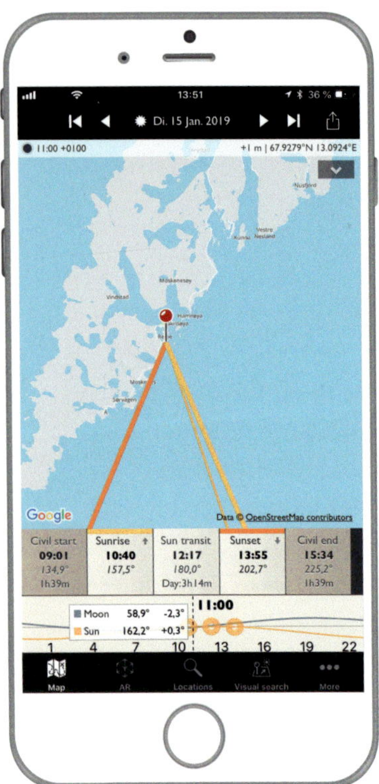

(1) The Photographer's Ephemeris – Mithilfe der App TPE lässt sich der Lichteinfall an jedem Ort der Welt zu jedem beliebigen Zeitpunkt vorhersagen. Verfügbar in englischer Sprache für iOS und Android. *photoephemeris.com*

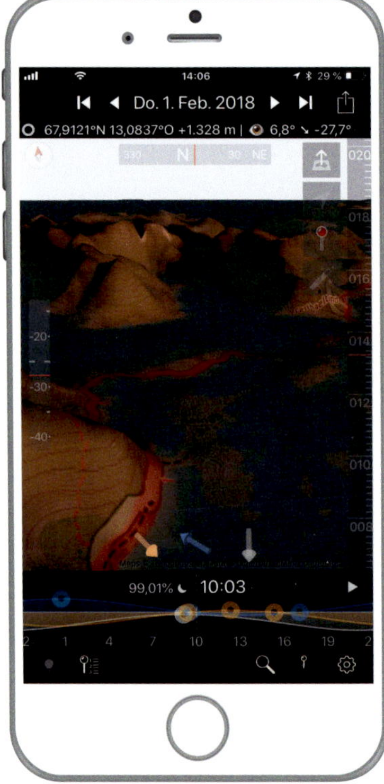

(2) The Photographer's Ephemeris 3D – Auf leistungsfähigen Smartphones von Apple lässt sich mit dieser App ein dreidimensionales Gittermodell für jeden Ort der Welt erzeugen, sodass Licht- und Schattenwürfe zu jedem Zeitpunkt zu betrachten sind. Verfügbar in englischer Sprache für iOS. *photoephemeris.com/tpe-3d*

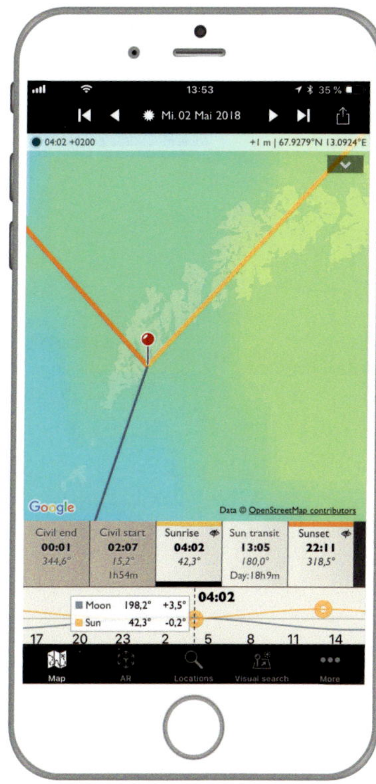

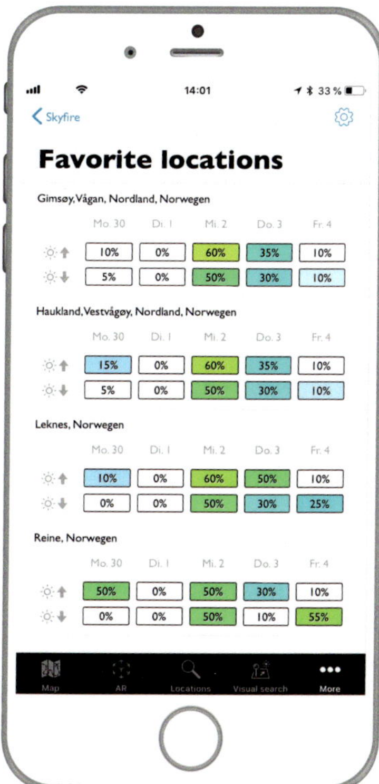

(3) Skyfire – Die Farbigkeit von Sonnenauf- und -untergängen lässt sich mithilfe dieser App prognostizieren, die sich bei mir im praktischen Einsatz mehr als bezahlt gemacht hat. Verfügbar in englischer Sprache für iOS (als Plug-in für TPE) und Android. *skyfireapp.com*

(4)

(4) AyeTides – Dies ist die einzige mir bekannte App, mit der sich unterwegs die Gezeiten verlässlich anzeigen lassen. Für die Lofoten können Sie die norwegische Station Kabelvåg auswählen. Verfügbar in deutscher Sprache für iOS.
hahnsoftware.com/ayetides/

(5)

(5) Yr.no – Das lokale Wetter in Skandinavien wird nirgendwo sonst so ausgiebig und genau vorhergesagt wie auf dieser Seite. Apps für iOS und Android in englischer Sprache sind ebenfalls verfügbar.
yr.no

(6)

(6) My Aurora Forecast – Die aus meiner Sicht beste App zur Vorhersage des KP-Index und zur Wahrscheinlichkeit, in den nächsten Stunden und Tagen Polarlichter sehen zu können. Verfügbar in englischer Sprache für iOS und Android.
jrustonapps.com/apps/my-aurora-forecast

(7)

(7) UT.no – Interaktive Wanderkarte mit ausgewählten Touren auf den Lofoten. Verfügbar in norwegischer Sprache.
ut.no/kart/

Blick über den Bunesfjorden Richtung Vindstad · Panorama aus 4 vertikalen Aufnahmen | 12 mm · ISO 100 · Blende 11 · 1/50 s | GPS: 67°58'20.98" N 12°58'47.70" E ▶

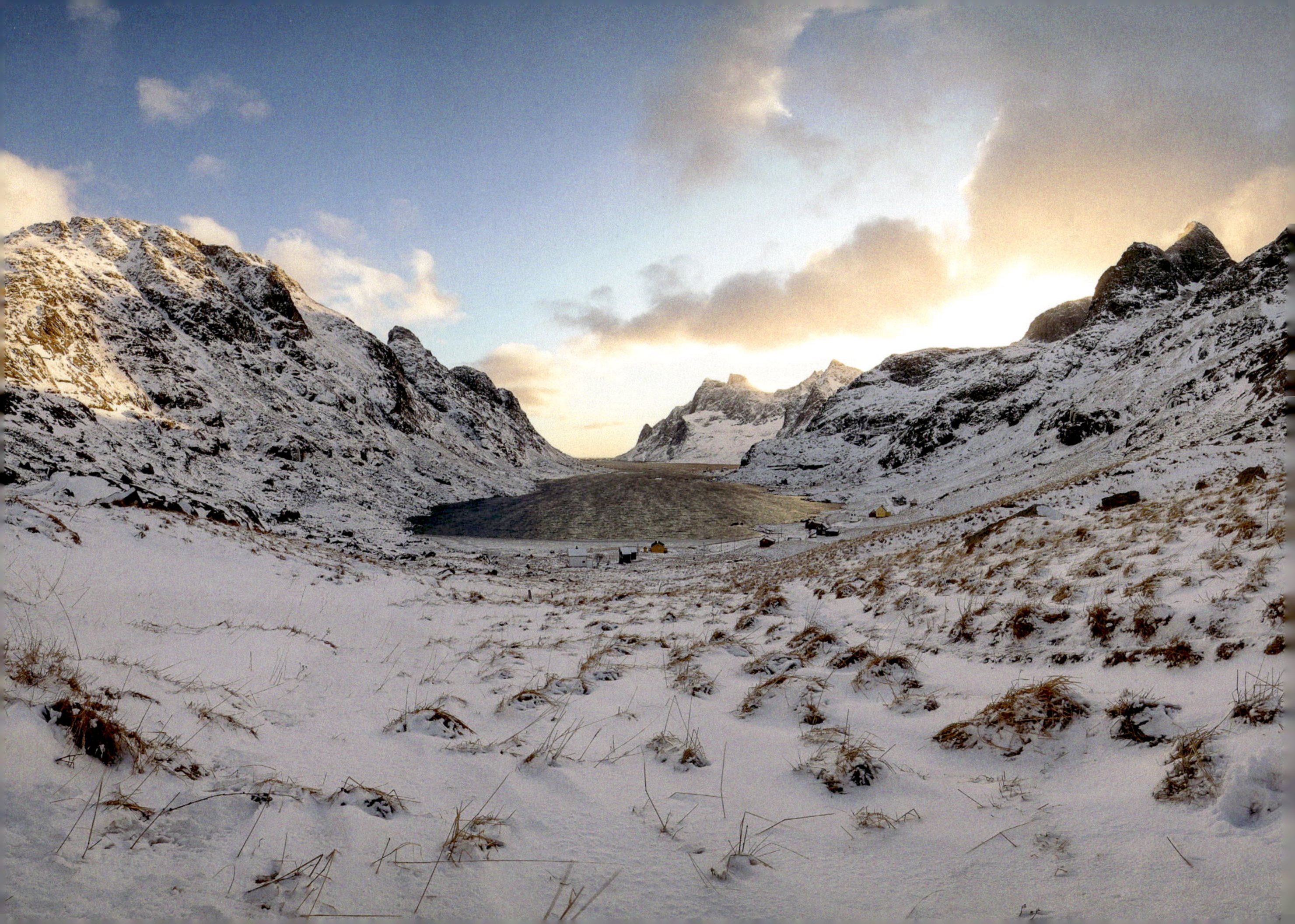

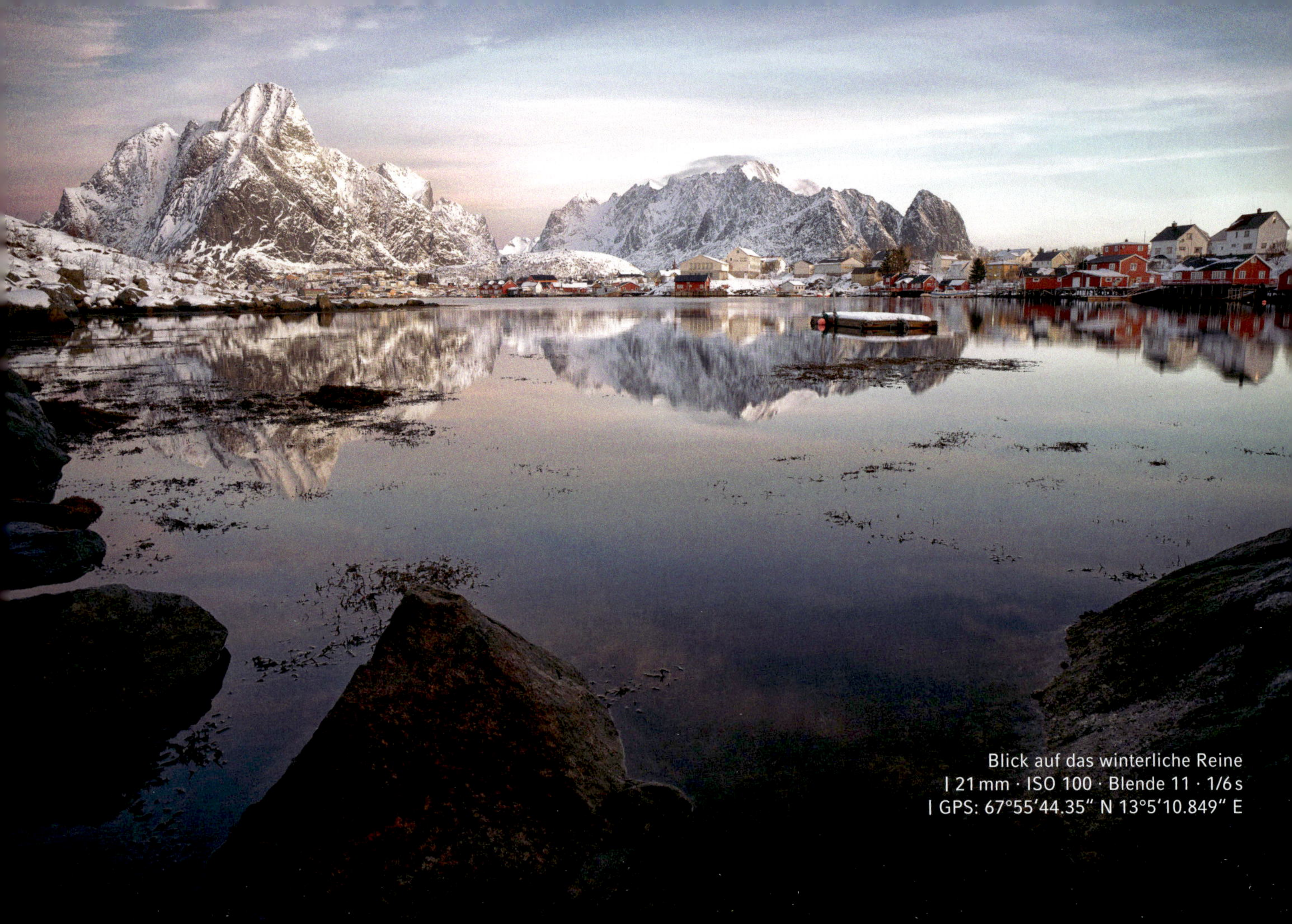

Blick auf das winterliche Reine
| 21 mm · ISO 100 · Blende 11 · 1/6 s
| GPS: 67°55‘44.35“ N 13°5‘10.849“ E

Inseln und Orte

Die einzelnen Inseln und Verwaltungsbezirke der Lofoten sind durch unterschiedliche Landschaften geprägt.

Von Norden her wird die Landschaft Richtung Süden immer zerklüfteter und wilder; die Fjordeinschnitte werden tiefer, die Berge steiler.

Natürlich gibt es auf allen Inseln der Lofoten sehenswerte Fotomotive – für mich sind aber die Inseln **Gimsøy**, **Vestvågøy**, **Flakstadøy** und **Moskenesøy** die spannendsten und abwechslungsreichsten. Aus meiner Sicht ist die Dichte spektakulärer Fotospots in diesen Abschnitten ungleich höher als in allen anderen.

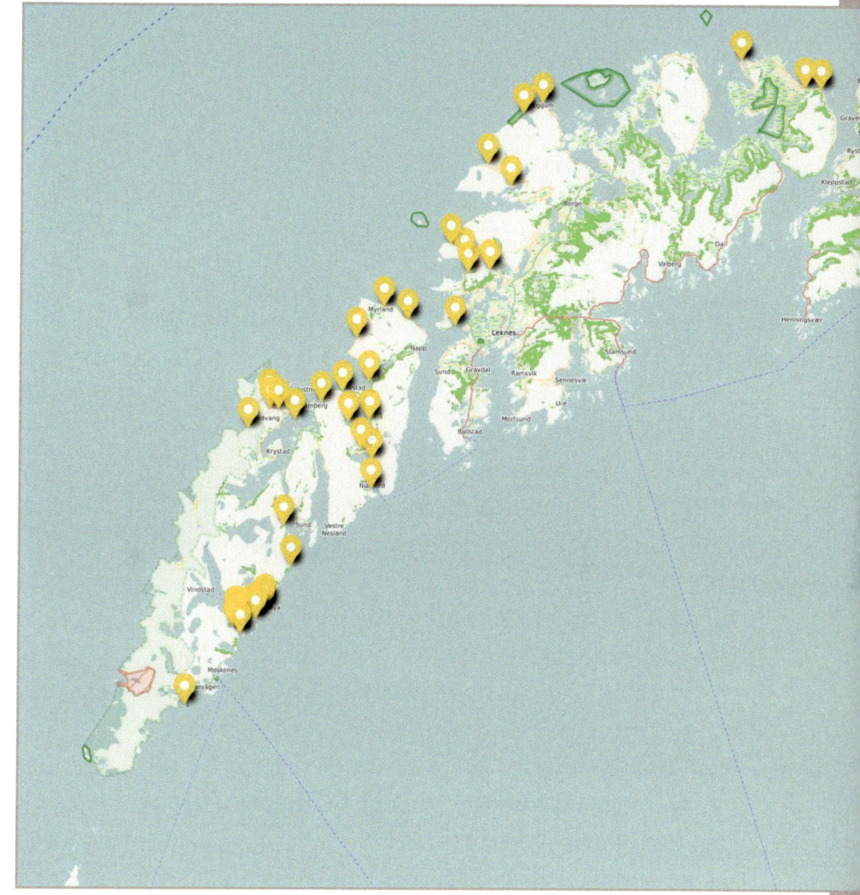

Polarlicht spiegelt sich am Strand von Skagsanden.
| 50 mm · ISO 3200 · Blende 2,8 · 15 s
| GPS: 68°6'17.27" N 13°17'21.459" E

Alle in diesem Foto-Guide beschriebenen Ziele auf den Lofoten sind mit dem Auto in maximal einer Stunde Fahrzeit zu erreichen, entweder von Leknes, dem Hauptort Vestvågøys, oder von Reine, dem Hauptort Moskenesøys. Entsprechend sind jeweils die Distanzen und Fahrzeiten von einem dieser beiden Orte (manchmal auch von beiden) bei den einzelnen Zielen angegeben.

Von Nord nach Süd steuern wir gemeinsam einige der beeindruckendsten Fotospots der Lofoten an. Die einzelnen Touren sind dabei entweder geografisch oder thematisch gruppiert.

Auch viele Motive am Weg, denen üblicherweise in Reiseführern wenig Aufmerksamkeit geschenkt wird, werden vorgestellt, sofern sie aus fotografischer Sicht spannend sind. Bei allen gezeigten Aufnahmen finden Sie Informationen zu den Kameraeinstellungen sowie die zugehörigen GPS-Koordinaten.

Der Startpunkt unserer Exkursion ist **Gimsøy** mit einer wunderbaren Strandkirche und ausgedehnten Sandstränden, bevor wir uns **Vestvågøy** widmen. Diese Insel ist geprägt durch eine Vielzahl beeindruckender Stein- und Sandstrände mit sehr guter Ausrichtung, um in langen Winternächten Polarlichter zu beobachten.

Auf **Flakstadøy** erwarten uns der berühmte Strand von Skagsanden mit seinen vielfältigen Fotomöglichkeiten sowie der malerische Fischerort Nusfjord.

Im Verwaltungsbezirk **Moskenesøy** schließlich folgt ein fotografischer Höhepunkt auf den nächsten, wenn wir uns von Hamnøy kommend über Reine dem südlichsten Ziel der fotografischen Erkundung annähern, einem kleinen Fischerort namens Å.

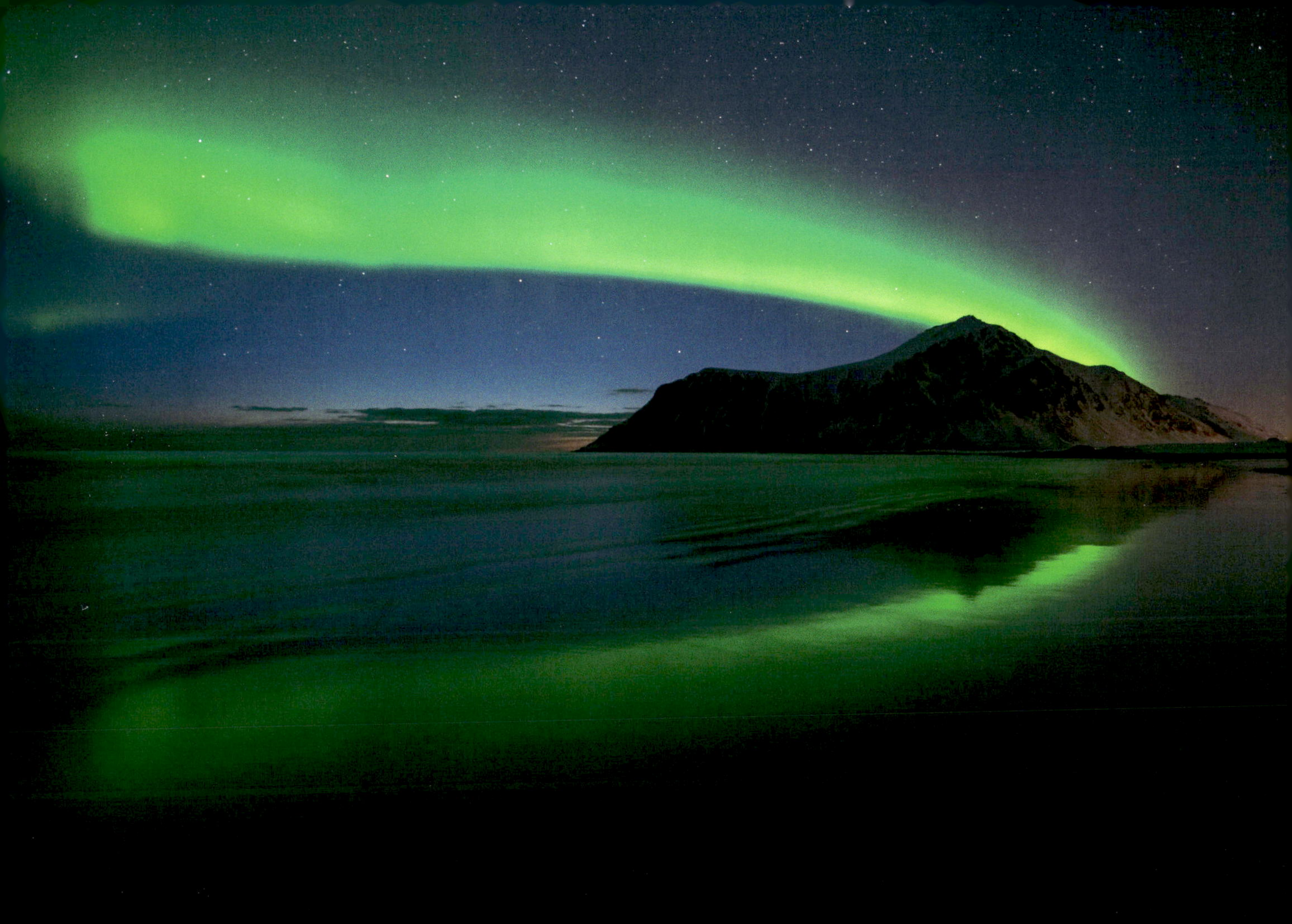

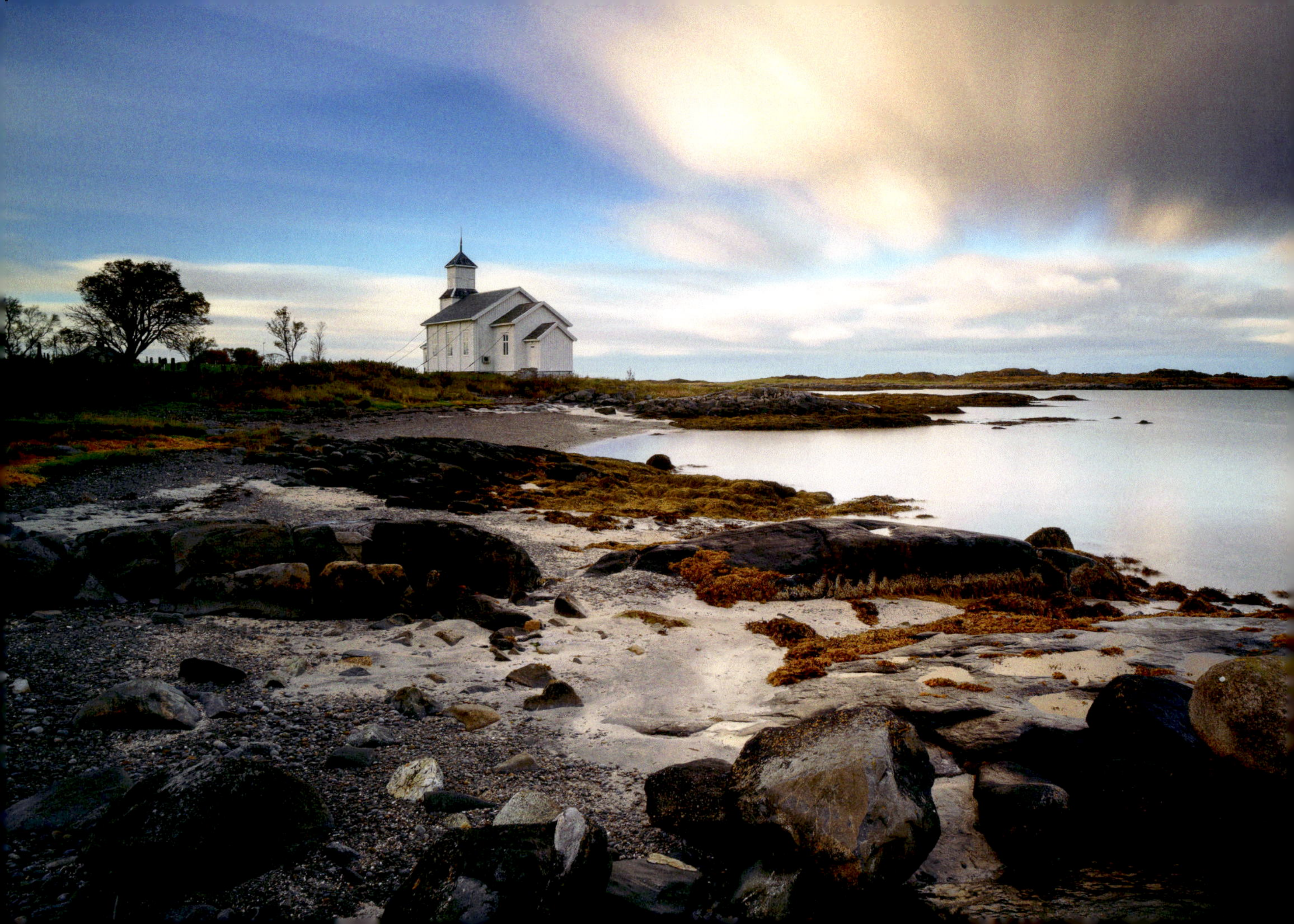

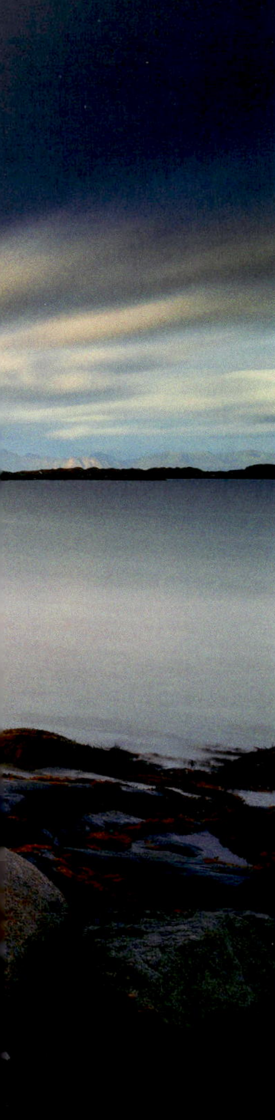

GIMSØY
TOUR 1

Unsere fotografische Erkundungstour startet auf der Insel Gimsøy, die zwischen Vestvågøy und Austvågøya etwa 50 km nordöstlich von Leknes gelegen ist.

Die nur 46,4 km² große Insel zählt ca. 200 Einwohner und verfügt über viele landwirtschaftliche Flächen. Im Nordwesten findet sich ein gut gelegener Hafen.

Im Südosten dominiert eine bis zu 767 m hohe Gebirgskette die ansonsten von Torfmooren geprägte Landschaft.

Für Fotografen besonders interessant ist die alte Holzkirche von 1876, die an der Nordostseite der Insel am offenen Meer gelegen ist. Sie stemmt sich – durch Spannseile gesichert – gegen den Wind.

Entlang der Nordküste reihen sich viele wunderbare Sandstrände aneinander, die zur fotografischen Erkundung einladen.

Durch die in Richtung Norden offene Lage ist die Insel außerdem ein gutes Ziel, um von Mitte bis Ende Juni die Mitternachtssonne zu genießen.

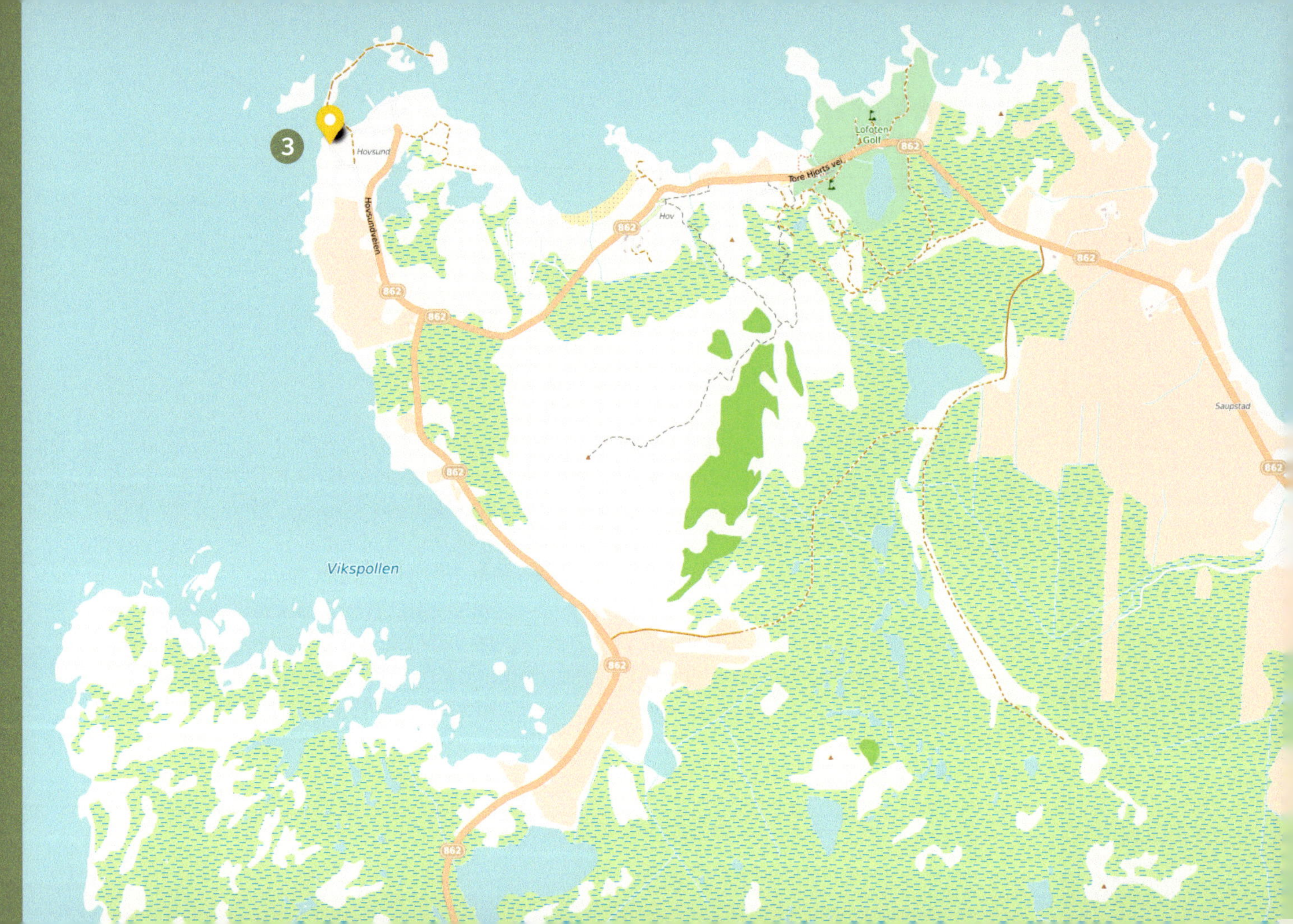
3
Hovsund
Hovsundveien
Tore Hjorts vei
Lofoten Golf
Hov
862
Saupstad
Vikspollen

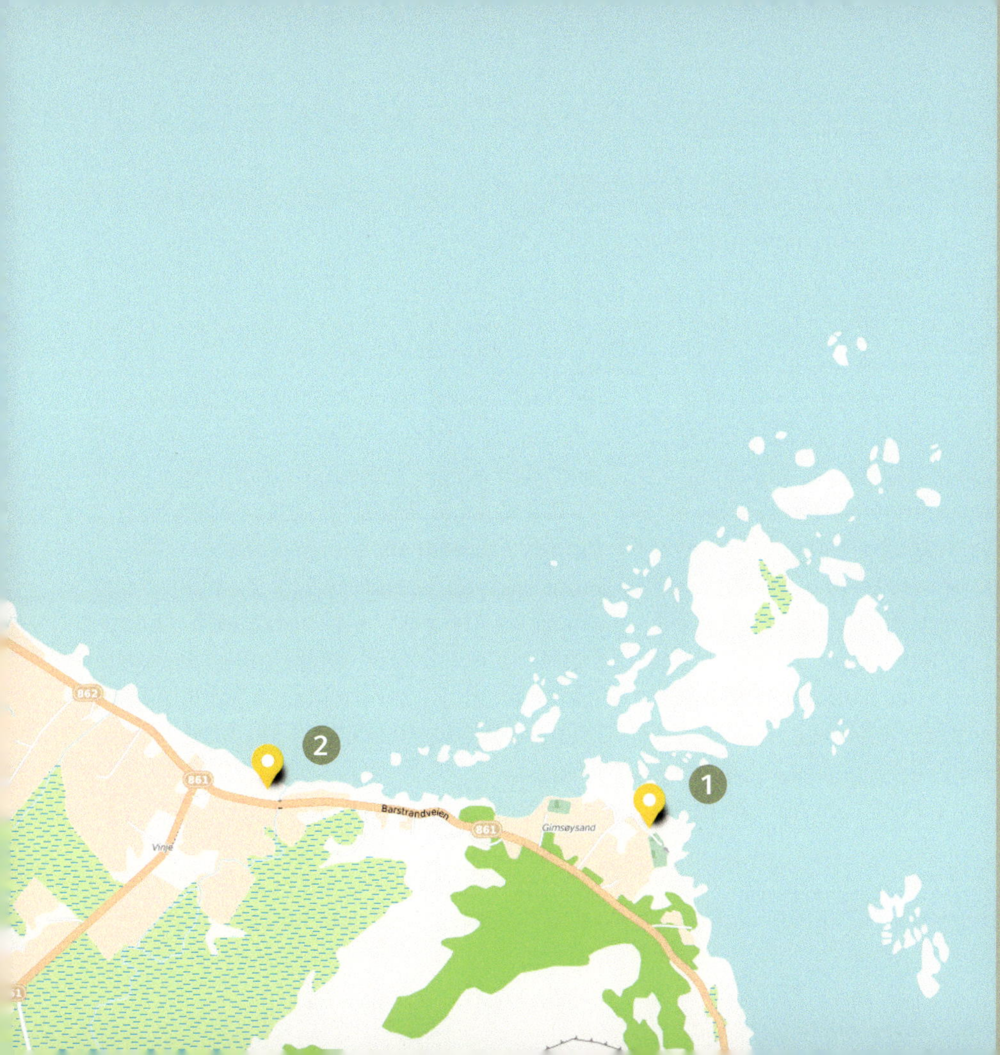

GIMSØY
TOUR 1

1. DIE STRANDKIRCHE VON GIMSØY
2. DER STRAND VON GIMSØY
3. DER HAFEN VON GIMSØY

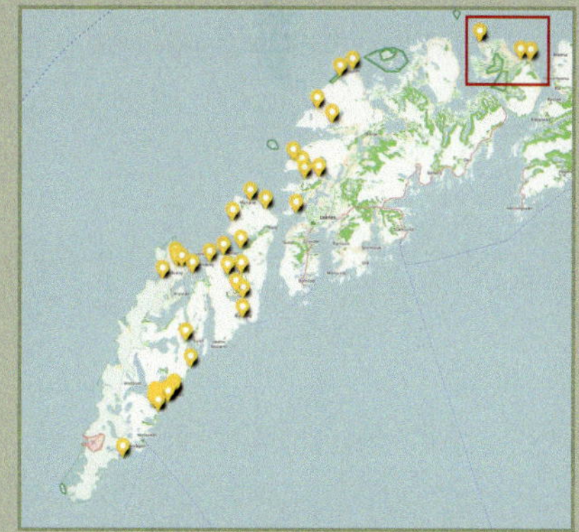

1 DIE STRANDKIRCHE VON GIMSØY

Entfernung: 55 Minuten (47 km) mit dem Auto von Leknes
Beste Tageszeit: Sonnenuntergang, nachts (Polarlicht)
Beste Jahreszeit: Februar–März, Juni–September
Bekleidungstipp: Gummistiefel
Koordinaten: 68°19‘11.13“ N 14°14‘33.3“ E

Von Leknes kommend, fahren wir auf der E10 am Flughafen vorbei in nordöstlicher Richtung und folgen der Straße bis zur Brücke Sundklakkstraumenbrua, die die Überfahrt von Vestvågøy zur Insel Gimsøy ermöglicht.

Nach dem Überqueren der Brücke haben wir die Wahl: Entweder folgen wir weiter der E10, die wir dann an der nächsten Brücke (Gimsøystraumenbrua), die nach Austvågøya führt, auf die Fv861 verlassen, oder wir biegen direkt ab auf die Fv861 Richtung Gimsøysand.

Beide Varianten führen an der gut ausgeschilderten Holzkirche von Gimsøy vorbei, die nach einer knappen Stunde Fahrzeit von Leknes aus erreicht wird. Ein Hinweisschild zeigt den Abzweig nach *Gimsøy Kirkja*.

Die Holzkirche selbst ist aus allen Richtungen schön anzusehen, sodass es sich lohnt, sich ein bisschen Zeit zu nehmen und mögliche Perspektiven zu erkunden – Sonnenstand, Spiegelungen, Wolken und Gebirgsformationen im Hintergrund sind Faktoren, die Einfluss auf die Gestaltung des Bilds haben können.

Hinter dem Kirchturm schließen sich drei versetzt gebaute, sich verjüngende Gebäudeteile an. Die Kirche ist mit Spannseilen im Erdreich verankert, um den Stürmen zu trotzen.

Kirche von Gimsøy in einer weitwinkligen Aufnahme mit viel Schnee im Vordergrund
| 17 mm · ISO 100 · Blende 11 · 30 s
| GPS: 68°19'11.718" N 14°14'36.815" E

ALTERNATIVE ROUTE

Wenn Sie ein paar Minuten mehr Zeit mitbringen, sei die alternative Route über die Straße 815 entlang der Südostküste Vestvågøys empfohlen. Die Straße zweigt im Zentrum von Leknes am Kreisverkehr mit der Esso-Tankstelle Richtung Osten ab und folgt schon bald der Küstenlinie. An der Brücke nach Gimsøy trifft sie schließlich wieder auf die E10. Die Strecke ist deutlich weniger befahren als die E10 und bietet immer wieder schöne Ausblicke auf die Gebirgsketten Austvågøyas im Nordosten.

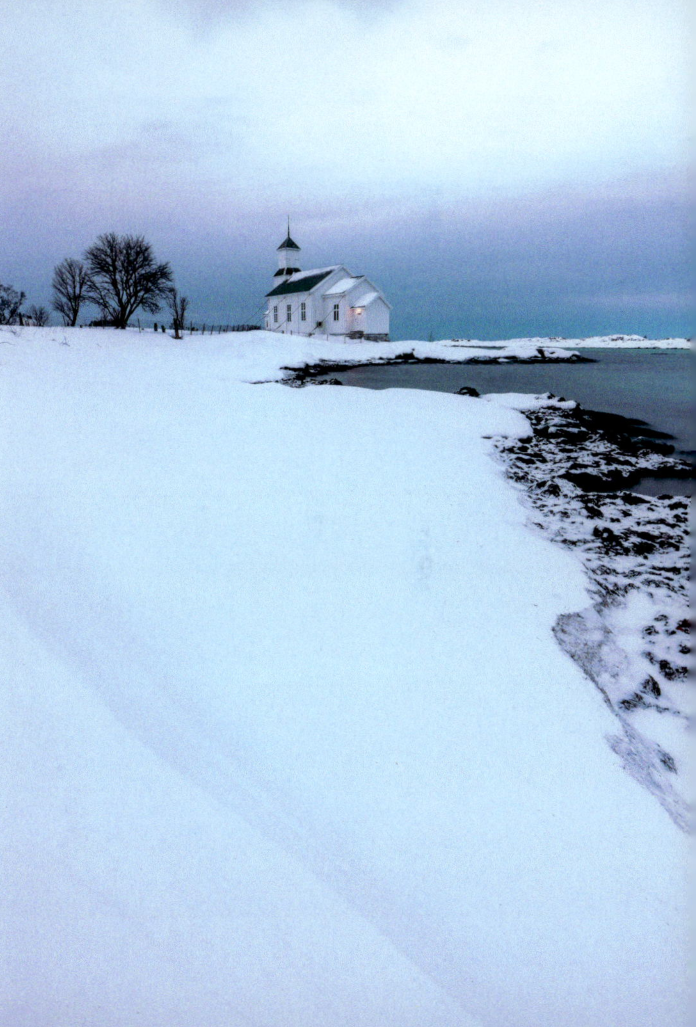

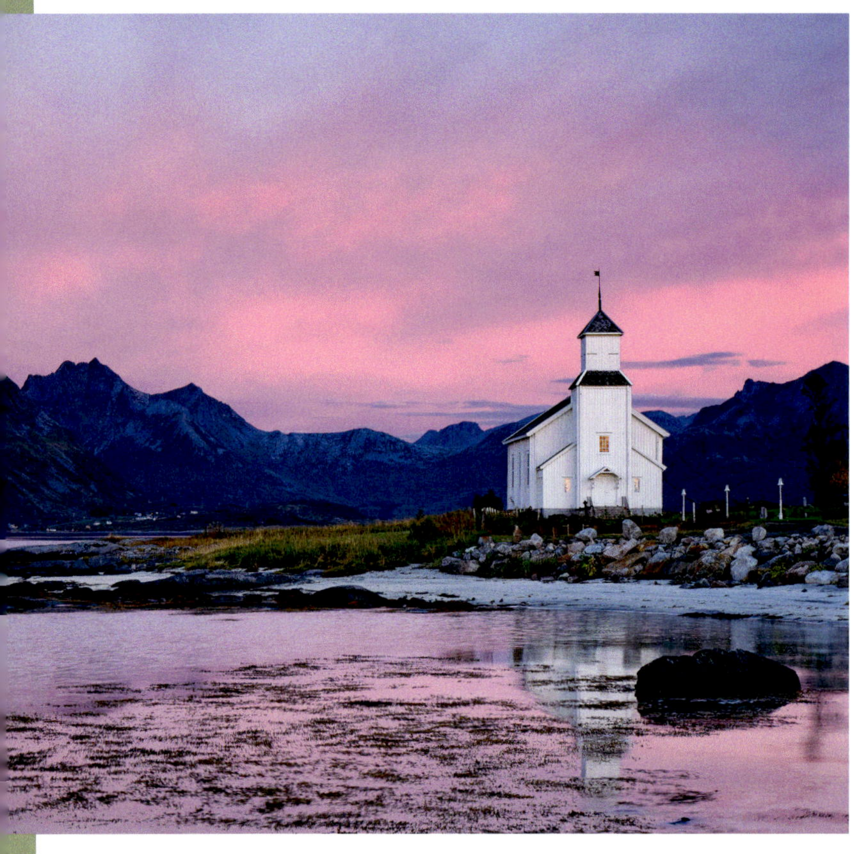

Kirche von Gimsøy, gesehen vom vorgelagerten Strand. Rechts im Vordergrund befindet sich der (autofreie) Parkplatz. | 50 mm · ISO 100 · Blende 13 · 1/5 s | GPS: 68°19'17" N 14°14'25" E

Sehr schöne Perspektiven ergeben sich vom vorgelagerten Strand aus oder auch von den kleinen Sandbänken und Riffen, die bei niedrigem Wasserstand bequem mit Gummistiefeln zu erreichen sind.

Wir betreten den Friedhof und gehen frontal auf die Kirche zu.

Auch von hier lässt sich die Kirche mit dem vorgelagerten Kirchturm – der symmetrischen Bauweise sei Dank – gut fotografieren.

Wir gehen rechts an der Kirche vorbei weiter über den Friedhof. Am hinteren Tor steigen wir über die Felsen hinab zum rückwärtigen Strand, wo uns neue Perspektiven erwarten.

Dieser Standort ist auch am besten geeignet, um die Kirche als Hauptmotiv unter tanzenden Polarlichtern zu fotografieren.

Kirche von Gimsøy, gesehen vom hinteren Strand. Durch die Langzeitbelichtung ergibt sich sowohl im Wasser im Vordergrund als auch am Himmel eine gewisse Dynamik, und das Spiegelbild der Kirche wird trotz der unruhigen See ansatzweise sichtbar. | 21 mm · ISO 100 · Blende 16 · 131 s | GPS: 68°19'11" N 14°14'33" E

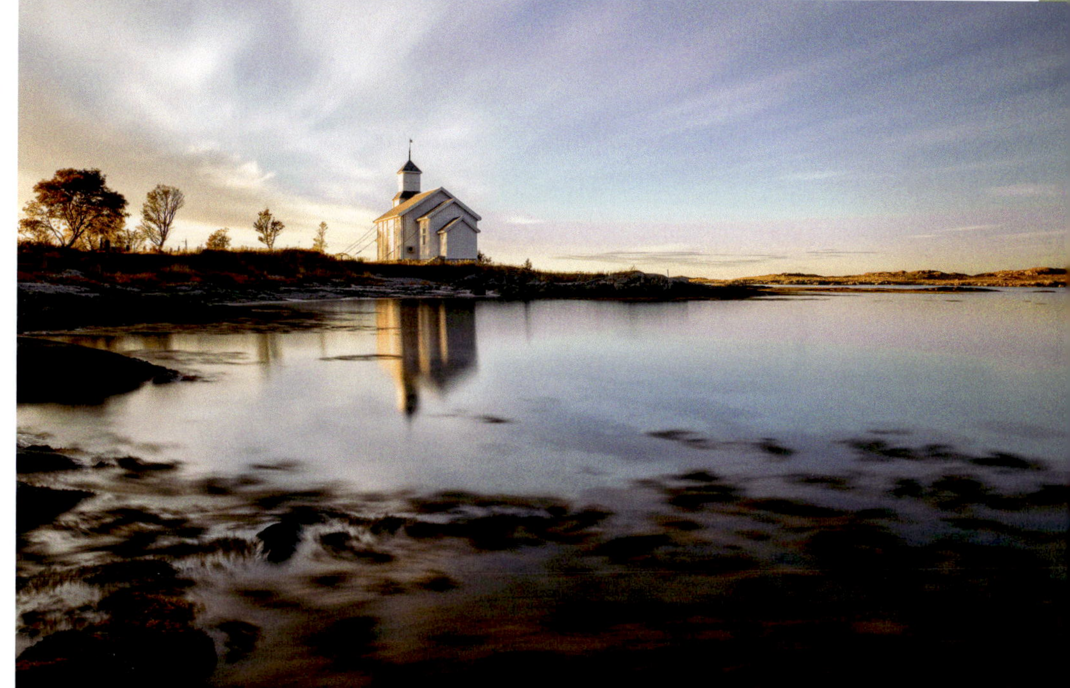

PARKPLATZWAHL

Vor der Holzkirche mit dem angeschlossenen Friedhof gibt es einen großen Parkplatz. Oft sind keine anderen Besucher vor Ort. Dann empfiehlt es sich, das Auto direkt am Anfang des Parkplatzes abzustellen, damit Sie die Kirche auch vom Strand aus ohne störende Fahrzeuge im Vordergrund fotografieren können.

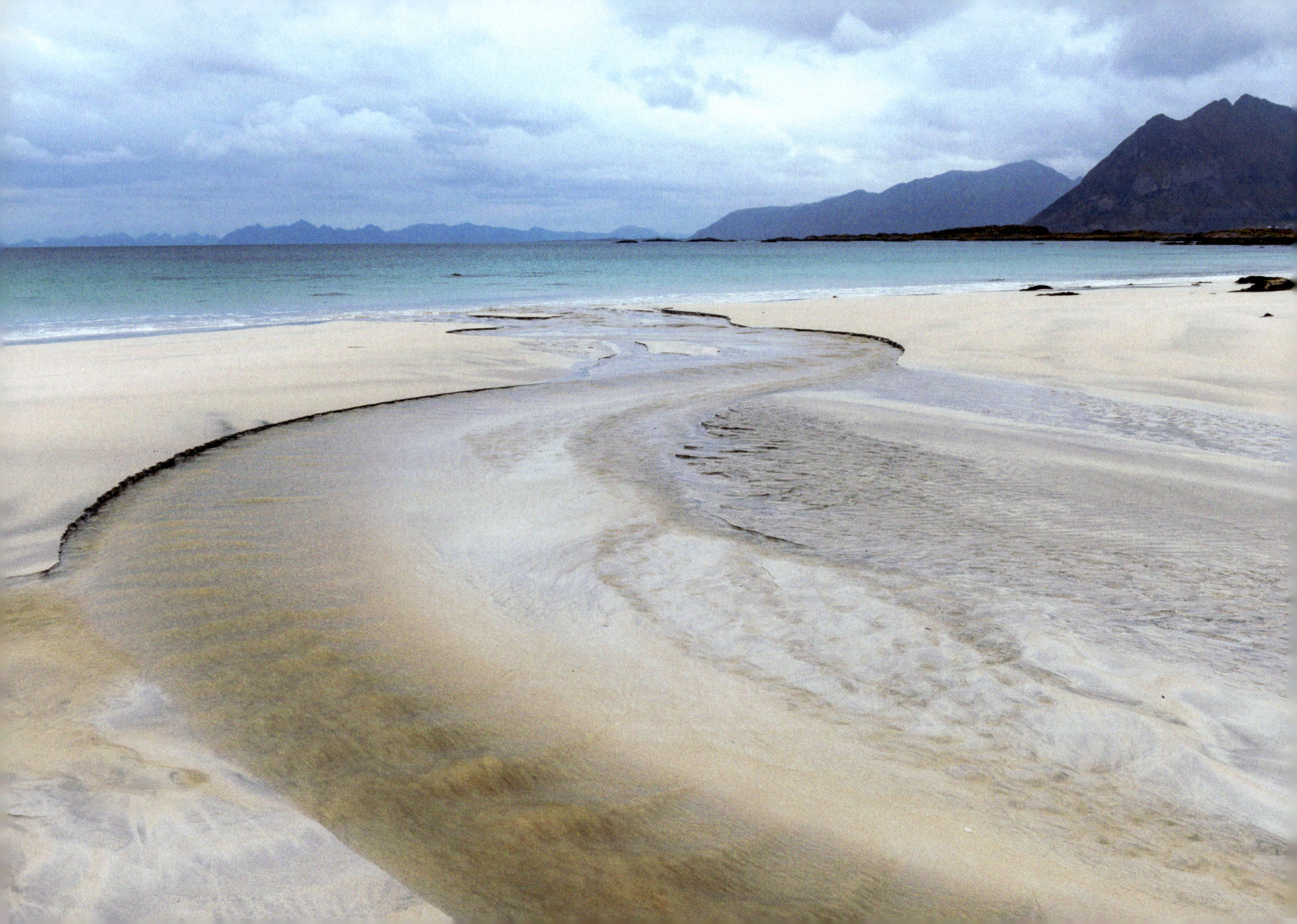

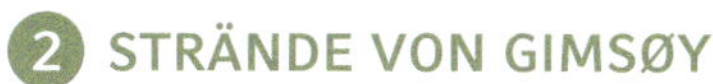

2 STRÄNDE VON GIMSØY

Entfernung: 50 Minuten (47 km) mit dem Auto von Leknes
Beste Jahreszeit: Ganzjährig
Koordinaten: 68°19'20.05" N 14°12'30.52" E

◀ Strukturen an einem der Sandstrände von Gimsøy. Der Wasserzufluss verläuft wie eine S-Kurve und führt den Blick des Betrachters ins Bild hinein.
| 28 mm · ISO 100 · Blende 11 · 1/40 s
| GPS: 68°19'20" N 14°12'31" E

Sobald wir die Kirche und ihre Umgebung fotografisch ausreichend erkundet haben, verlassen wir den Parkplatz und biegen nach rechts ab.

Die Straße führt an mehreren fotogenen Sandstränden vorbei – es lohnt sich, an einem der Strände einen weiteren Fotostopp einzulegen.

Die Straße verläuft weiter entlang der Küste und geht bald in die Fv862 über.

Ein paar Hundert Meter hinter dem Golfplatz passieren wir den ebenfalls schönen Strand Hovsvika.

AUFSTIEG ZUM HOVEN

Am Golfplatz in Hov befindet sich ein Parkplatz, von dem aus die leichte bis mittelschwere Wanderung hinauf auf den 368 m hohen Hoven ausgeschildert ist. An einem Sumpf und einigen steileren Passagen vorbei geht es schließlich hinauf zum Gipfel, der Richtung Westen steil abfällt und dem Wind ausgesetzt ist. Planen Sie ca. 2 Stunden für Auf- und Abstieg zum Hoven ein, wenn Sie die Umgebung aus erhöhter Perspektive überblicken und fotografieren möchten.

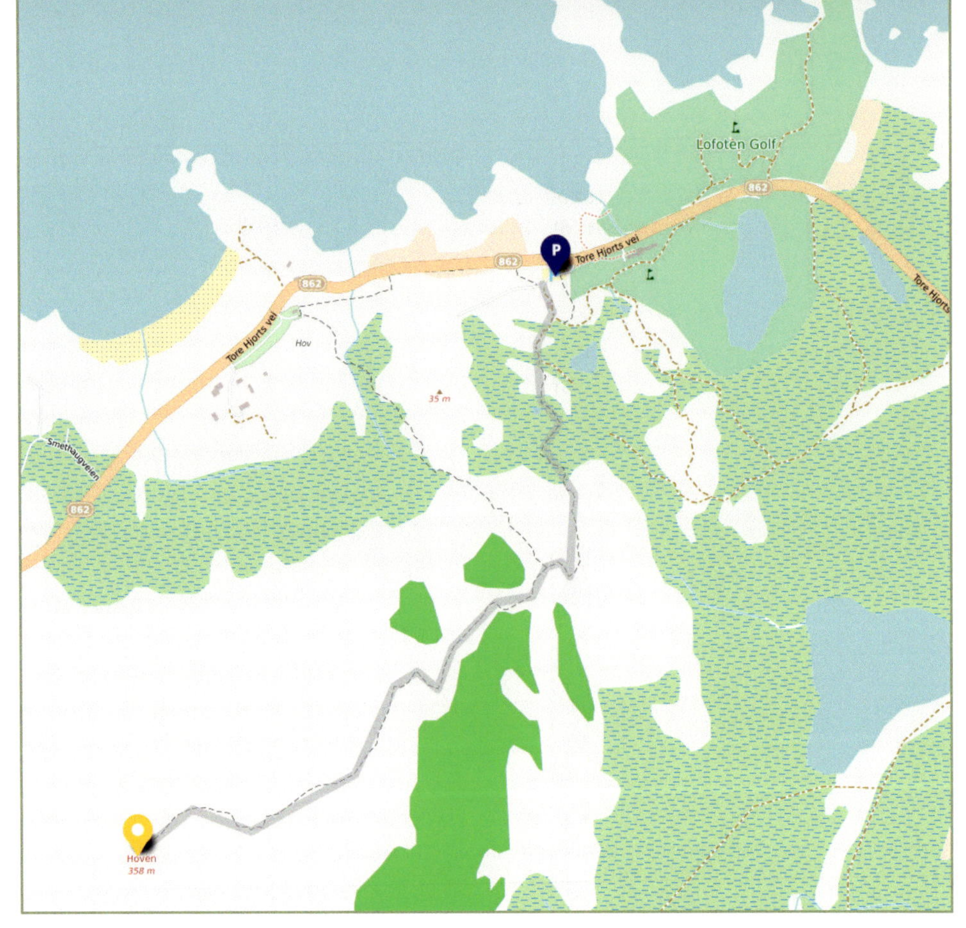

3 DER HAFEN VON GIMSØY

Entfernung: 55 Minuten (50 km) mit dem Auto von Leknes
Beste Jahreszeit: Ganzjährig
Koordinaten: 68°20'31.6" N 14°4'51.94" E

Kurz danach führt rechts ein Weg zum schön gelegenen Hafen der Insel.

Zum Sonnenuntergang oder zur Zeit der Mitternachtssonne lassen sich auch hier mit etwas Glück wunderbare Stimmungen einfangen.

Wir folgen der Fv862 weiter, bis sie wieder in die Fv861 mündet – dort biegen wir rechts ab und erreichen bald wieder die Brücke zurück nach Vestvågøy.

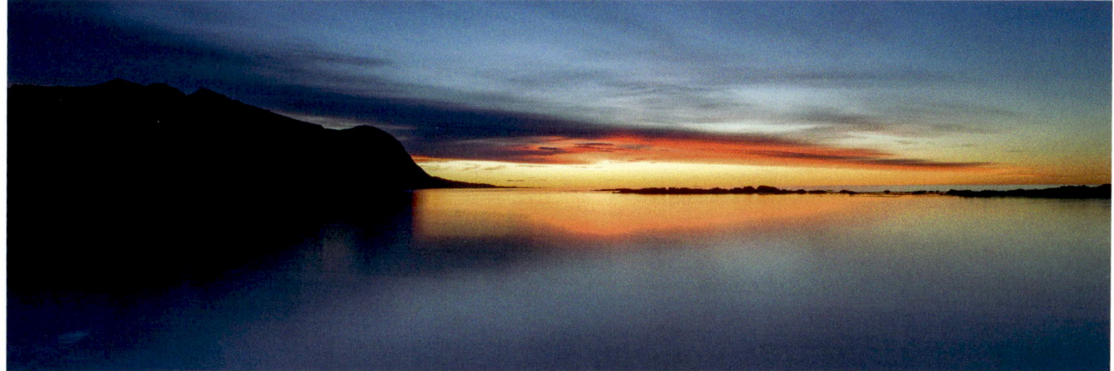

Sonnenuntergang Ende September | 21 mm · ISO 100 · Blende 14 · 30 s | GPS: 68°19'20" N 14°12'31" E

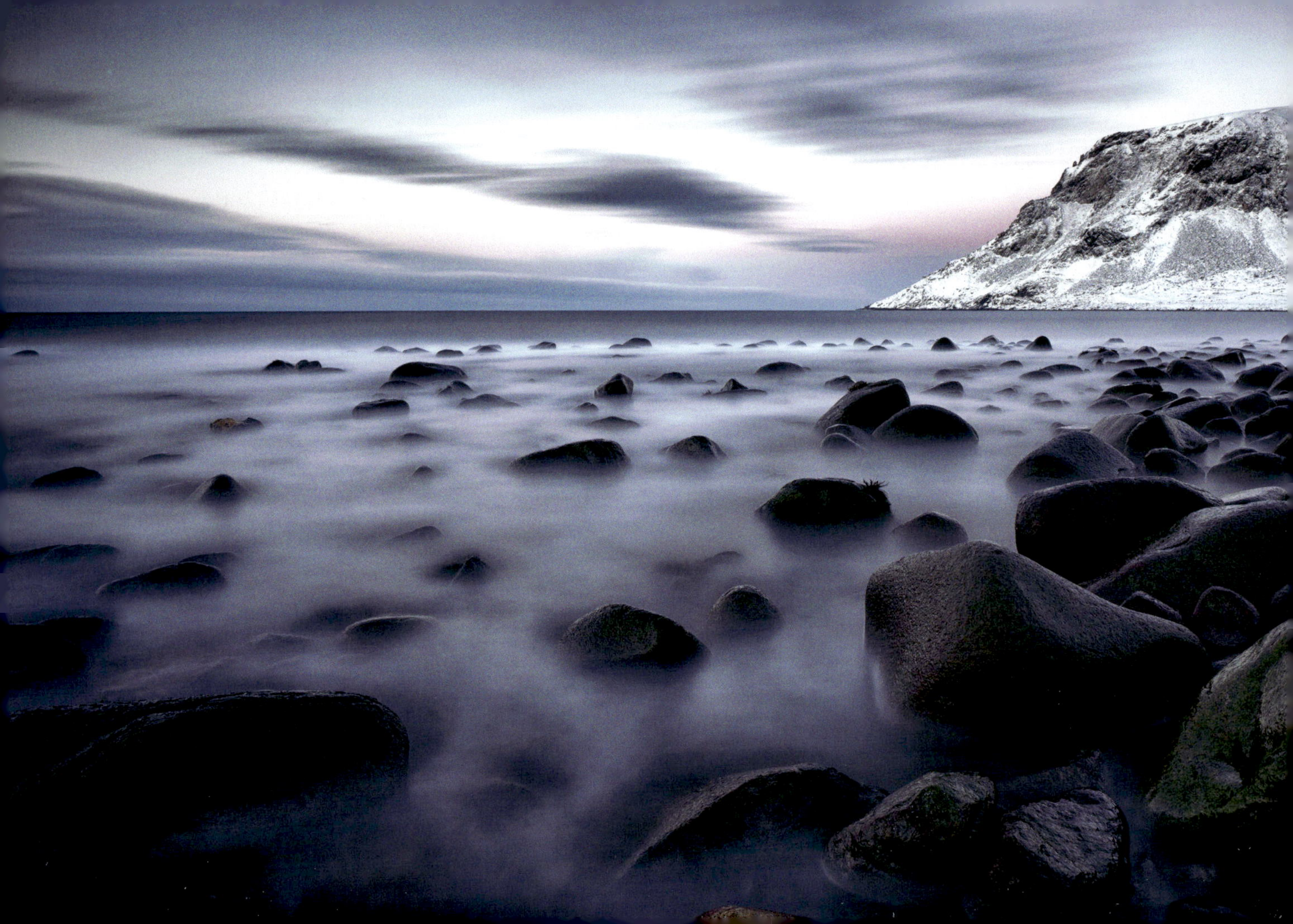

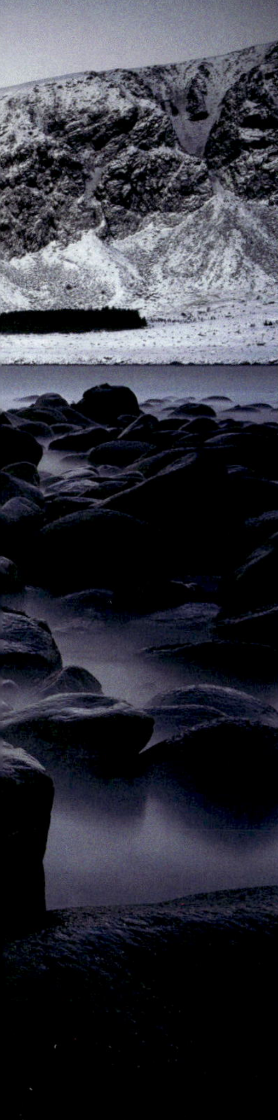

VESTVÅGØY – DIE STRÄNDE VON EGGUM UND UNSTAD

TOUR 2

Die Insel Vestvågøy ist die geografische Heimat vieler wunderbarer Strände entlang der Westküste, die nicht nur Fotografenherzen höherschlagen lassen.

Der ganz im Norden gelegene Strand von Eggum ist besonders zur Zeit der Mitternachtssonne ein bei Einheimischen und Touristen gleichermaßen beliebter Ausflugsort, da von dort mit freier Sicht Richtung Norden die tiefstehende Sonne beobachtet und auch fotografiert werden kann.

Die Küstenlinie führt in südwestlicher Richtung als Nächstes zum Strand von Unstad. Wegen der besonderen Strömungsverhältnisse bilden sich in der Bucht regelmäßig große Wellen, weshalb der Strand bei Surfern und Wellenreitern sehr beliebt ist. Das Ortsbild ist entsprechend von zwei Surf-Schulen geprägt.

Leknes ist der zentrale Ort auf Vestvågøy und gleichzeitig mit etwas mehr als 2700 Einwohnern die zweitgrößte Stadt der Lofoten. Die Stadt verfügt über einen eigenen Flug-

Eisblumen am Strand von Unstad
| 12 mm · ISO 160 · Blende 11 · 130 s
| GPS: 68°15'57.836" N 13°34'10.853" E

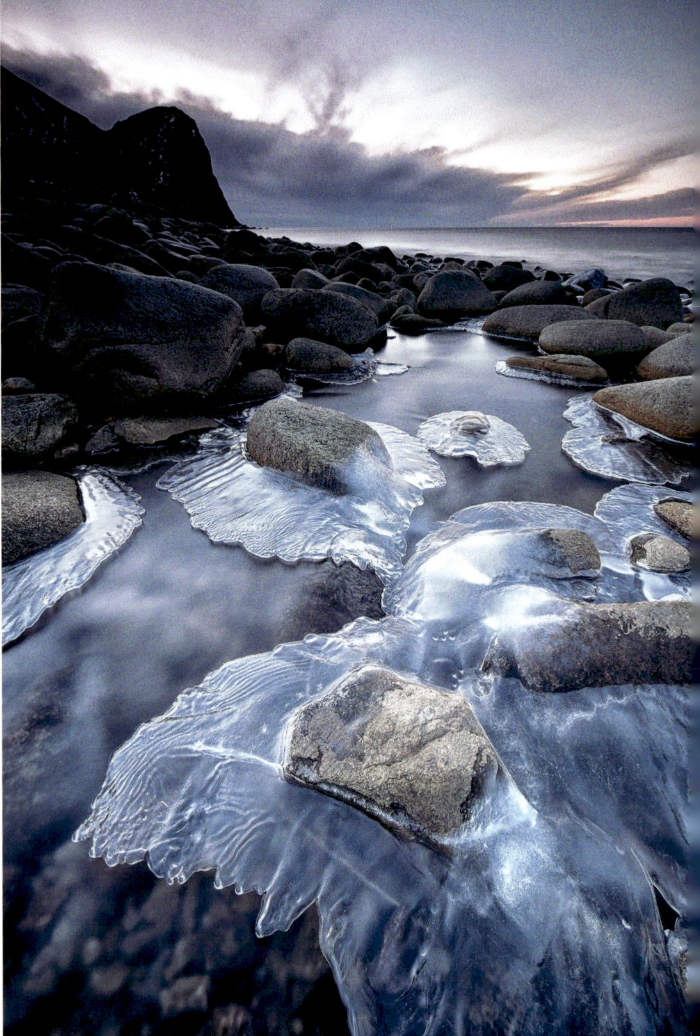

hafen (LKN), der vom Festland in erster Linie von Bodø (BOO) aus angeflogen wird. Wer mit einer der Propellermaschinen der SAS-Tochter Widerøe die Lofoten erreicht, kann bei guter Sicht direkt aus der Luft erste Eindrücke der zerklüfteten Fjordlandschaft sammeln – für mich persönlich eine der aufregendsten Arten, die Lofoten zu erreichen!

Leknes bietet sich als Ausgangspunkt für fotografische Touren an, wenn Sie den mittleren Teil der Lofoten erkunden wollen. Hier gibt es auch etliche Restaurants und mehrere große Supermärkte, um die Vorräte aufzufüllen. Am günstigsten ist dabei der östlich der Esso-Tankstelle gelegene Supermarkt Rema 1000.

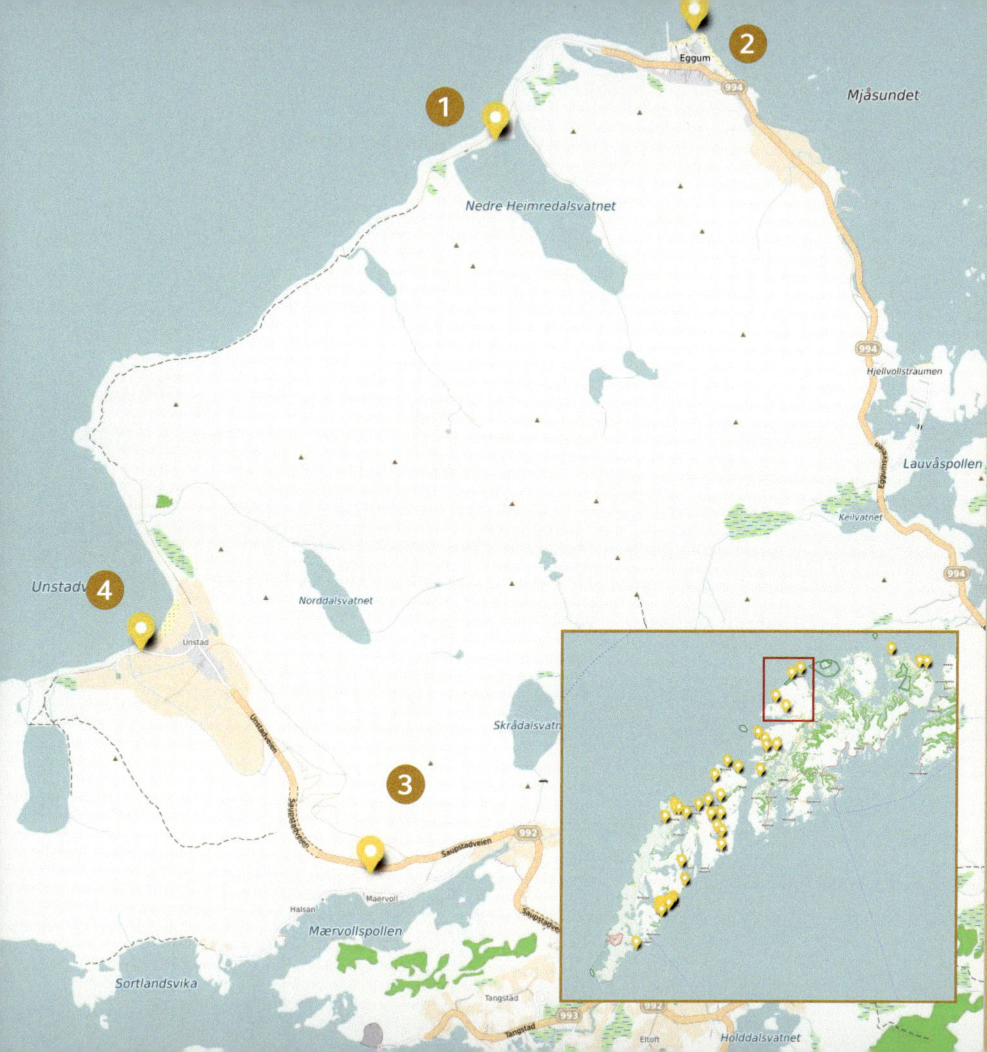

VESTVÅGØY – DIE STRÄNDE VON EGGUM UND UNSTAD

TOUR 2

1. DAS NATURRESERVAT VON EGGUM
2. DER STRAND VON EGGUM
3. DER FJORD MÆRVOLLSPOLLEN
4. DER STRAND VON UNSTAD

1 DAS NATURRESERVAT VON EGGUM

Entfernung: 30 Minuten (35 km) mit dem Auto von Leknes
Beste Tageszeit: Mitternachtssonne
Beste Jahreszeit: Januar–Februar, Mai–Juli
Koordinaten: 68°18'8.227" N 13°38'38.516" E

Unsere ersten Ziele bei der Erkundung von Vestvagøy sind der Strand von Eggum und das sich anschließende Naturreservat.

Dazu folgen wir der E10, von Leknes kommend, in nördlicher Richtung, bis ein gut ausgeschilderter Abzweig nach links Richtung Eggum weist. (Von Gimsøy kommend, biegen wir entsprechend nach rechts ab.)

An der Wasserkante entlang geht es zum großen Sandstrand von Eggum, der Richtung Norden geöffnet ist und so in langen Nächten zur Zeit der Mitternachtssonne zum Verweilen einlädt.

Wir durchqueren die Ortschaft Eggum und folgen der Straße weiter, bis sie in einen großen Parkplatz mündet. Hier beginnt das Naturreservat Borgværet, das für eine Gebühr von 20 NOK betreten werden darf.

Im Naturreservat selbst befindet sich ein bedeutendes Seevogel-Brutgebiet. Neben Kormoranen, Wildgänsen und Eiderenten wird das Gebiet auch von Silber- und Mantelmöwen als Brutplatz genutzt. Einige Entenarten überwintern auch in dieser Region.

An Botanik interessierte Besucher finden hier außerdem das nördlichste Verbreitungsgebiet der Wasser-Lobelie und des brennenden Hahnenfußes.

Im Winter für Fotografen besonders interessant ist aus meiner Sicht der See *Nedre*

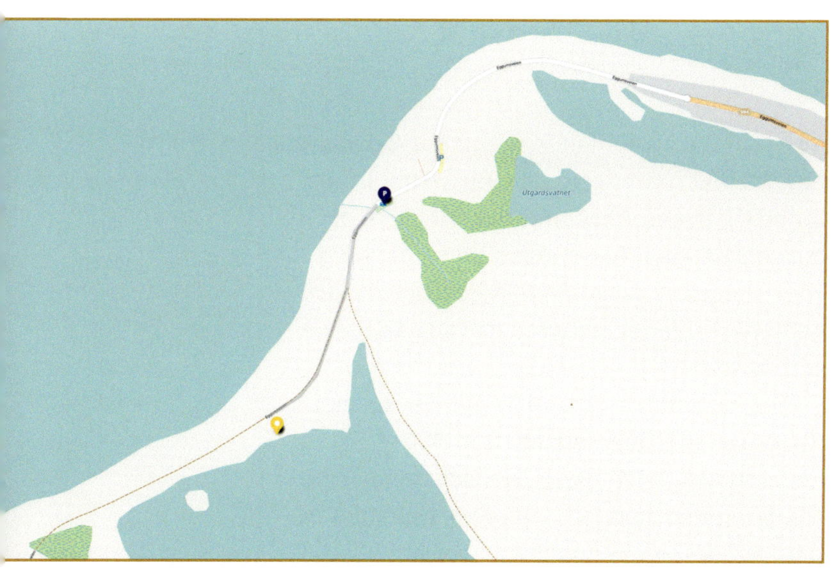

Heimredalsvatnet mit der im Hintergrund liegenden Bergkulisse. Wir erreichen ihn, indem wir dem vom Parkplatz aus gut ausgeschilderten Weg parallel zum Strand hinein ins Naturreservat folgen.

Am See befinden sich in Ufernähe zahlreiche größere Steine, die aus dem Wasser herausragen. Friert die Wasseroberfläche zu, können hier interessante Eisskulpturen entstehen, die sich mit einem Weitwinkelobjektiv besonders eindrucksvoll vor der Bergkulisse fotografieren lassen.

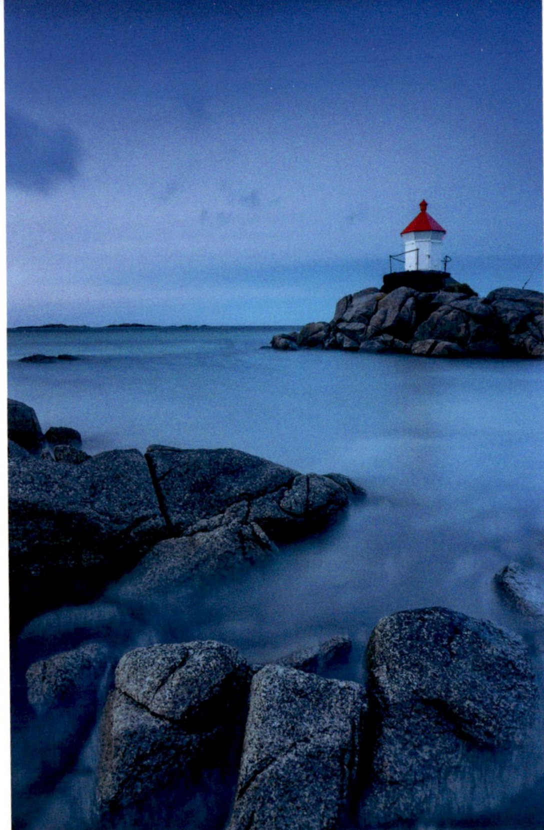

Leuchtfeuer von Eggum zur blauen Stunde
| 21 mm · ISO 100 · Blende 11 · 30 s
| GPS: 68°18'38.225" N 13°41'4.864" E

2 DER STRAND VON EGGUM

Entfernung: 30 Minuten (35 km) mit dem Auto von Leknes
Beste Tageszeit: Mitternachtssonne
Beste Jahreszeit: Januar–Februar, Mai–Juli
Koordinaten: 68°18'38.225" N 13°41'4.864" E

Auf dem Rückweg halten wir in der Ortschaft Eggum und orientieren uns Richtung Strand. Im nördlichsten Abschnitt befindet sich ein hübsches Leuchtfeuer, das sich – abhängig vom Stand der Gezeiten und der Tageszeit – auf unterschiedliche Art und Weise in Szene setzen lässt.

Der eigentliche Strand ist auf den ersten Blick arm an Höhepunkten. Zur blauen Stunde entfaltet aber auch diese Landschaft einen besonderen Reiz und lädt zum Experimentieren mit Langzeitbelichtungen ein.

Blaue Stunde am Strand von Eggum. Durch Verwendung einer geschlossenen Blende werden die entfernten Lichter sternförmig abgebildet. | 21 mm · ISO 100 · Blende 14 · 30 s | GPS: 68°18'29.574" N 13°41'24.631" E

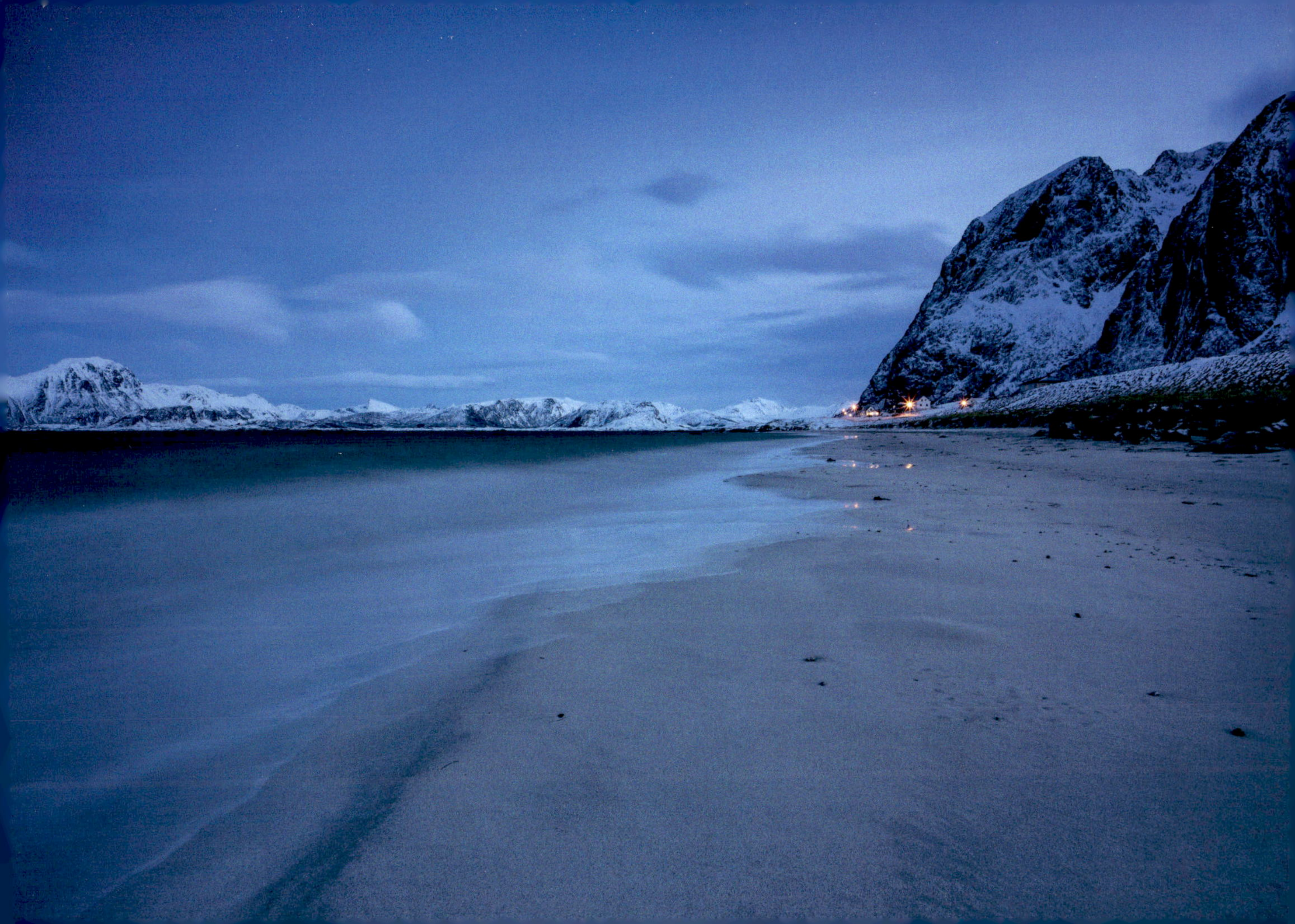

Bergkulisse am Nedre Heimredalsvatnet, aufgenommen bei starkem Schneesturm | 18 mm · ISO 200 · Blende 13 · 0,4 s | GPS: 68°18'8.227" N 13°38'38.516" E

Unsere Vestvågøy-Tour führt uns weiter Richtung Unstad.

Wir fahren entweder von Eggum zurück zur E10 und wieder zurück Richtung Leknes, oder wir starten von Leknes aus auf der E10 in Richtung Nordosten vorbei am See Ostadvatnet. Kurz dahinter biegen wir an einem unscheinbaren Wegweiser, der mit »Unstad« gekennzeichnet ist, links ab in den Steinfordveien. Wir folgen der Wegführung immer weiter geradeaus, durchqueren zwei Tunnel und erreichen schließlich den Strand von Unstad.

Auf dem Weg lohnt es sich, die Augen offen zu halten. Immer wieder spiegelt sich die Bergkulisse wunderbar in den ausgedehnten Wasserflächen, die wir passieren.

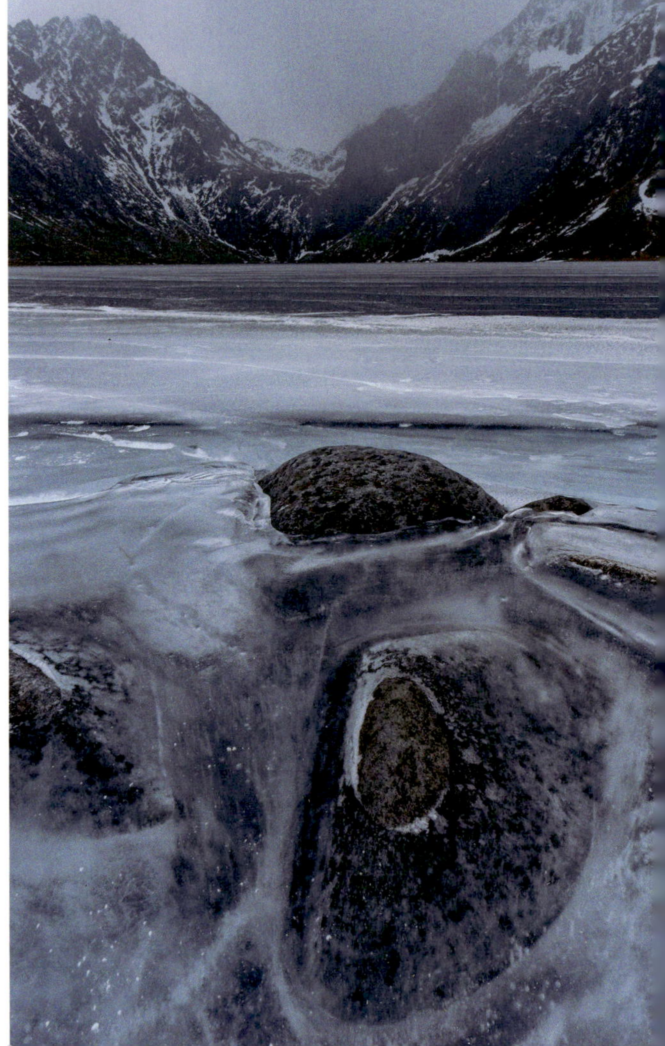

3 DER FJORD MÆRVOLLSPOLLEN

Entfernung: 20 Minuten (17 km) mit dem Auto von Leknes
Beste Tageszeit: Sonnenuntergang
Beste Jahreszeit: Januar–April
Koordinaten: 68°14'46.32" N 13°40'4.879" E

Kurz vor der Einfahrt in den zweiten Tunnel Richtung Unstad bietet sich linker Hand der Ausblick auf den Fjord Mærvollspollen. Wunderbare Motive ergeben sich besonders zum Sonnenuntergang. Neben klassischen Weitwinkelaufnahmen kann man hier auch gut mit leichten Telebrennweiten experimentieren, um die hintereinanderliegenden Bergausläufer optisch zu komprimieren.

Nach Passieren des zweiten Tunnels wartet häufig eine Überraschung auf den Besucher: Das Bergmassiv fungiert gleichzeitig als Wetterscheide, sodass die Bedingungen auf der anderen Seite des Tunnels schwer vorhersehbar sind. So kann es vorkommen, dass man im Winter bei strahlendem Sonnenschein in den Tunnel fährt, um auf der anderen Seite von heftigem Schneetreiben überrascht zu werden – aber auch der umgekehrte Effekt ist möglich.

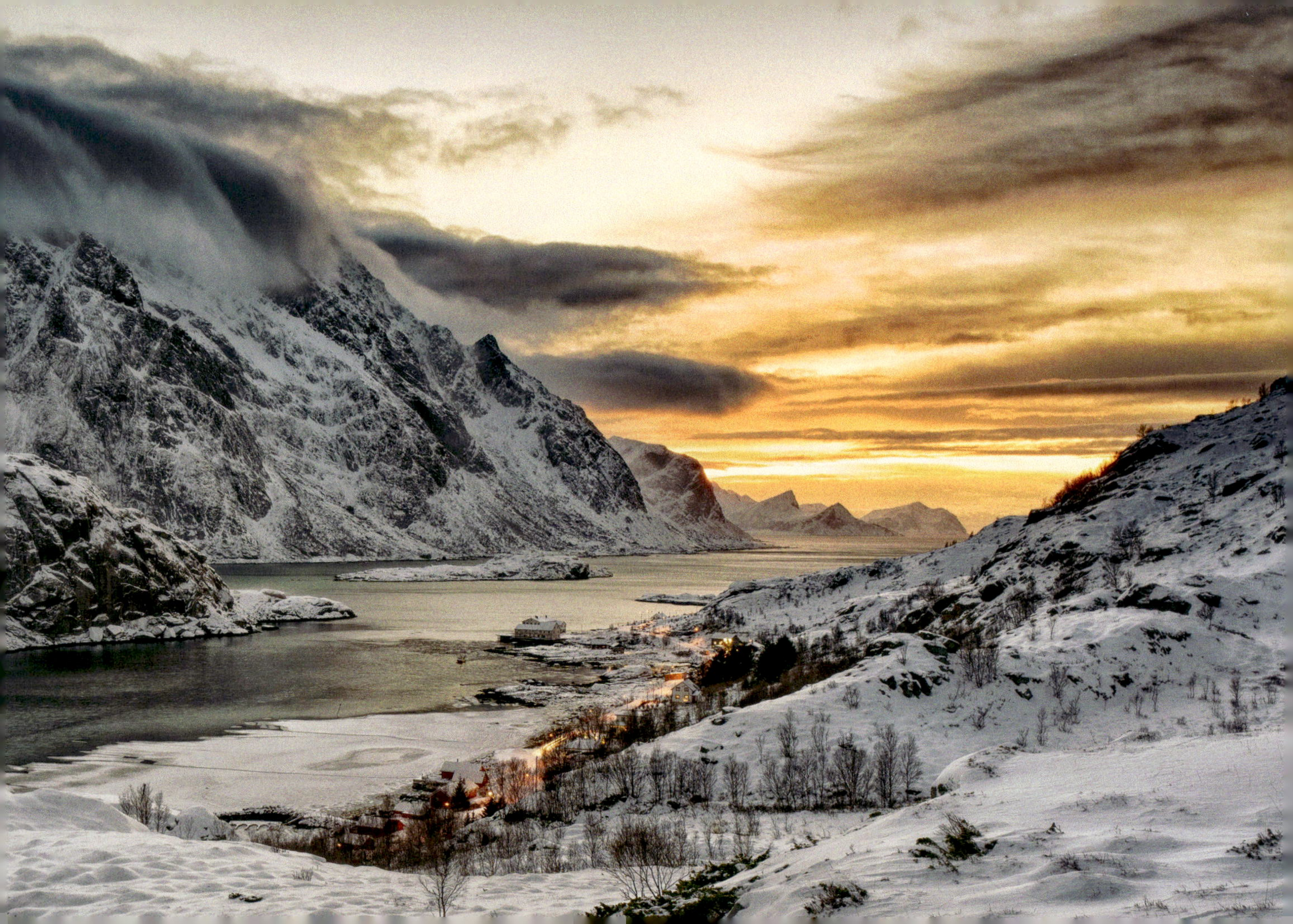

◀ Der Fjord Mærvollspollen ist besonders bei Sonnenuntergang ein spannendes Motiv. Die beleuchteten Häuser heben sich reizvoll von der strengen Linienführung der Aufnahme ab.
| 21 mm · ISO 100 · Blende 11 · 3,2 s
| GPS: 68°14‘46“ N 13°40‘5“ E

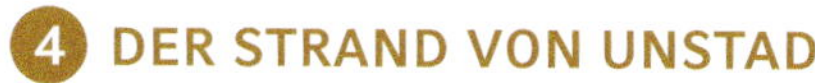

4 DER STRAND VON UNSTAD

Entfernung: 25 Minuten (20 km) mit dem Auto von Leknes
Beste Tageszeit: Sonnenuntergang
Beste Jahreszeit: Januar–April, August–September
Koordinaten: 68°16‘3“ N 13°34‘36“ E

So oder so erwartet uns die ausgedehnte Bucht, die sich in Richtung Nordwesten öffnet und von beiden Seiten durch Bergausläufer begrenzt wird.

Der Strand von Unstad, der wegen des starken Wellengangs auch bei Surfern zu jeder Jahreszeit sehr beliebt ist, gliedert sich in drei Abschnitte.

Während der von den Surfern genutzte Mittelteil eher sandig ist, sind die Abschnitte links und rechts durch große, runde Steine geprägt, die bis ins Wasser reichen und von den Wellen umspült werden. So ergeben sich für den Landschaftsfotografen reizvolle Motive.

Je nach Witterung und anderen Umwelteinflüssen ist am Strand teilweise mit Schaumbildung oder massivem Algenvorkommen zu rechnen.

In der Regel lassen sich trotzdem schöne Perspektiven zum Fotografieren finden. Auch schwierige Witterungsbedingungen sollten nicht vom Fotografieren abhalten. Gelingt es, die Linse (oder aufgesetzte Filter) für die Dauer der Belichtung frei von Schneeflocken oder Wassertopfen zu halten, entstehen hier auch in dichtem Schneetreiben stimmungsvolle Aufnahmen mit interessanten Schärfe-/Unschärfeeffekten.

Langzeitbelichtung des Strandes von Unstad mit Blickrichtung Norden. Durch die lange Belichtungszeit von ca. 3 Minuten verschwimmen die Wellen und resultieren in einem leicht nebligen Effekt auf den abgerundeten Steinen. Am Himmel hat sich durch die Wolkenbewegungen ein interessanter Effekt ergeben, der den Blick des Betrachters ins Bild hineinführt.
| 16 mm · ISO 100 · Blende 13 · 181 s
| GPS: 68°15'60" N 13°34'14" E

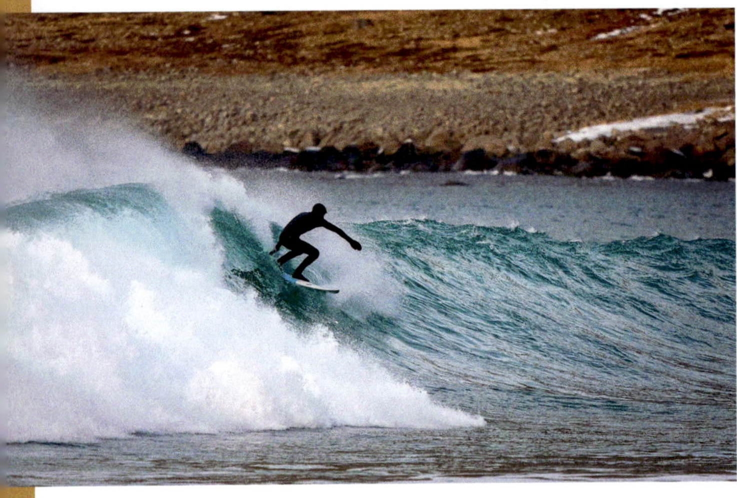

Surfer am Strand von Unstad
| 400 mm · ISO 6400 · Blende 5,6 · 1/800 s
| GPS: 68°16'2.098" N 13°34'31.71" E

Besonders gelungene Kompositionen gelingen, wenn man über die Steine bis zur Wasserkante klettert. Aber Vorsicht: Die vom Wasser umspülten und manchmal mit Algen besetzten Steine sind häufig sehr glatt, und so muss jeder Schritt mit Bedacht gesetzt werden.

Auch die Gezeiten dürfen nicht vergessen werden: Bei einsetzendem Hochwasser ist der Weg zurück über die Steine, den wir halbwegs trockenen Fußes genommen haben, schnell von Wasser überflutet.

Der Strand von Unstad verläuft nach links und rechts in einem tief ausgeschnittenen Bogen, der sich gut als führende Linie in den Bildaufbau integrieren lässt.

Ich selbst suche in der Regel zunächst unterhalb des Parkplatzes (eine Parkgebühr in Höhe von 20 NOK ist vor Ort zu entrichten) nach geeigneten Perspektiven mit Blick Richtung Norden bzw. Sandstrand. Der 361 m hohe Bergrücken des Kleivheia fällt hier sanft zum Wasser hin ab, was mögliche Kompositionen recht harmonisch wirken lässt.

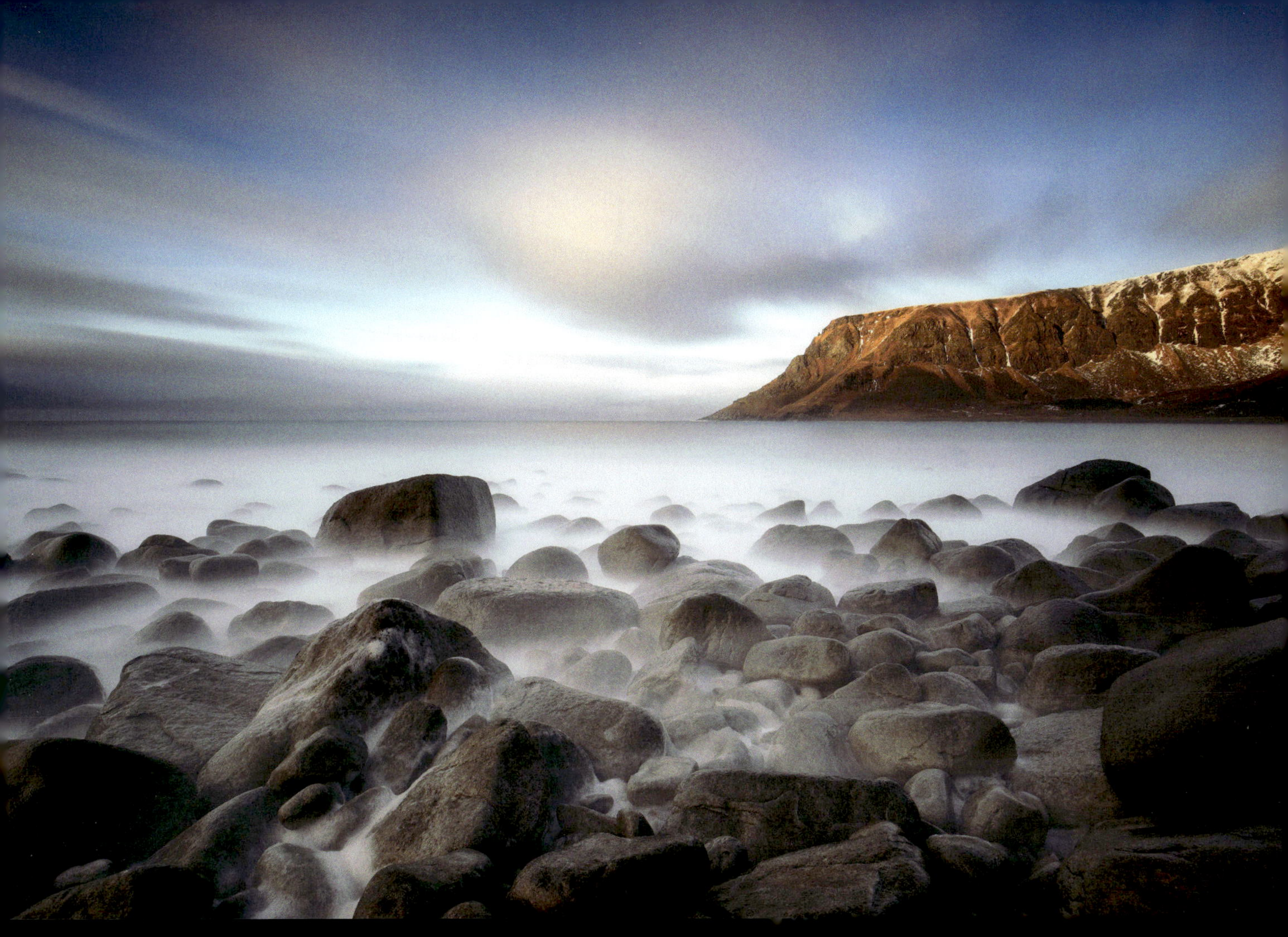

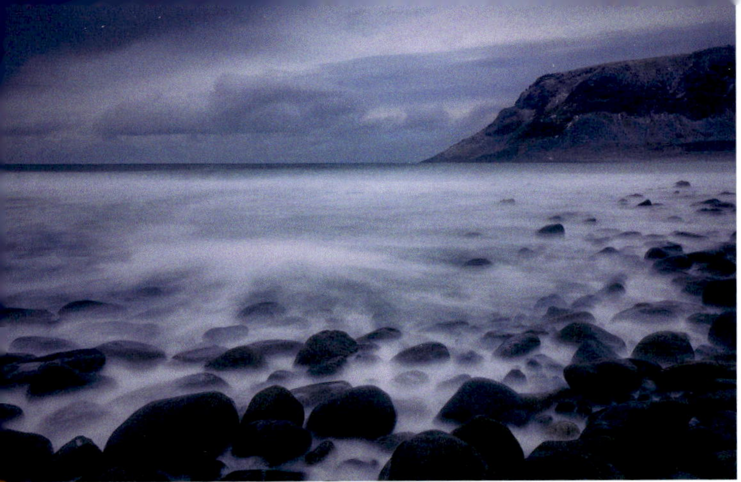

Bei stürmischem Wetter und nur 15 Sekunden Belichtungszeit zeigt sich der Strand von Unstad von einer anderen Seite. Der Verlauf der Steinkante deutet eine leichte Kurve an, die durchs Bild führt und mit der Dynamik der brandenden Wellen kontrastiert.
I 21 mm · ISO 100 · Blende 11 · 15 s I GPS: 68°16'3" N 13°34'36" E

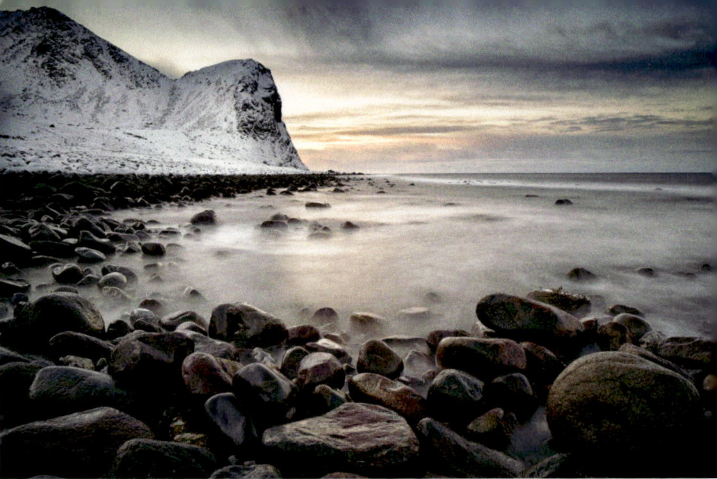

Auch in Richtung Süden lässt sich die gebogene Küstenlinie in den Bildaufbau integrieren. Der markante Høgskolmen bestimmt das Bild.
I 21 mm · ISO 100 · Blende 7,1 · 30 s I GPS: 68°15'57" N 13°33'36" E

Der Blick nach links (und damit Richtung Süden) zeigt ein komplett anderes Bild: Markant wird der Strand von der gezackten Silhouette des Høgskolmen begrenzt.

Je weiter wir uns dem Berg nähern, desto wilder werden die Wellen und umso größer die Felsen, die bis ins Wasser reichen.

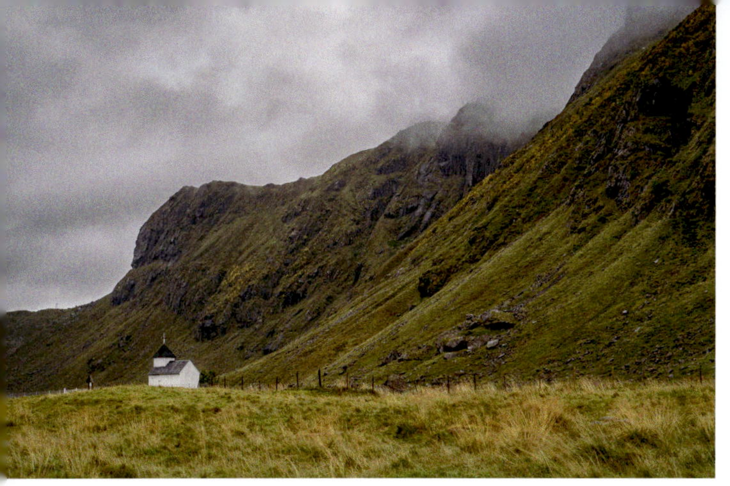

Kapelle am Strand von Unstad
| 50 mm · ISO 100 · Blende 13 · 1/30 s
| GPS: 68°15'56" N 13°34'13" E

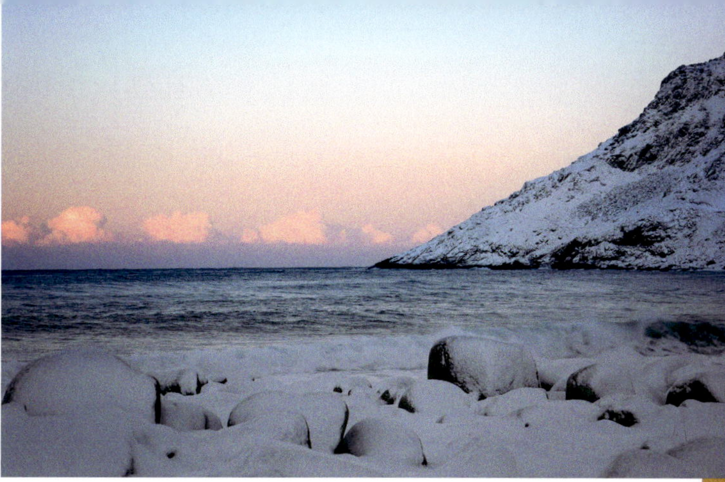

Detailaufnahme schneebedeckter Steine – in manchen Situationen lassen sich auch in der Landschaftsfotografie leichte Telebrennweiten einsetzen.
| 85 mm · ISO 100 · Blende 11 · 1/20 s | GPS: 68°15'57" N 13°34'7" E

Hinter dem linken Strandabschnitt befindet sich auch eine kleine Kapelle, die vor der mächtigen Bergkulisse zum fotografischen Experimentieren einlädt. Im Winter präsentiert sich der Strand ebenfalls sehr fotogen. Sind die umliegenden Berge von Schnee bedeckt, ergeben sich reizvolle Kontraste zu den dunklen, wasserumspülten Steinen.

Von Anfang März bis Mitte Mai sowie von Anfang August bis Mitte Oktober sind direkt vom Strand aus Sonnenuntergänge zu beobachten. Aber auch in den Wochen davor und danach können sich zur Zeit des Sonnenuntergangs herrlich bunte Farbstimmungen ergeben, wenn die untergehende Sonne den Himmel in kräftige Farben taucht.

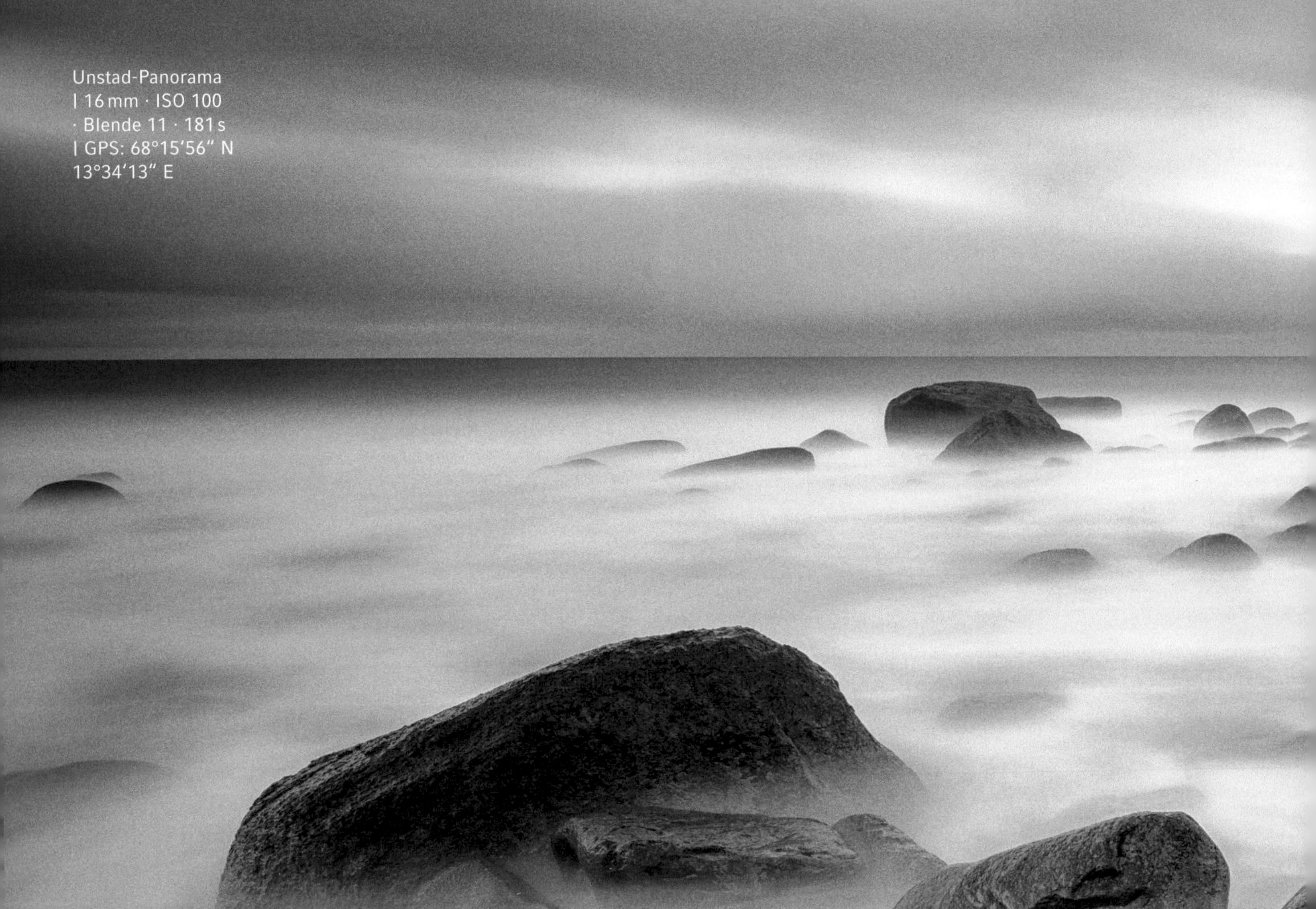

Unstad-Panorama
| 16 mm · ISO 100
· Blende 11 · 181 s
| GPS: 68°15'56" N
13°34'13" E

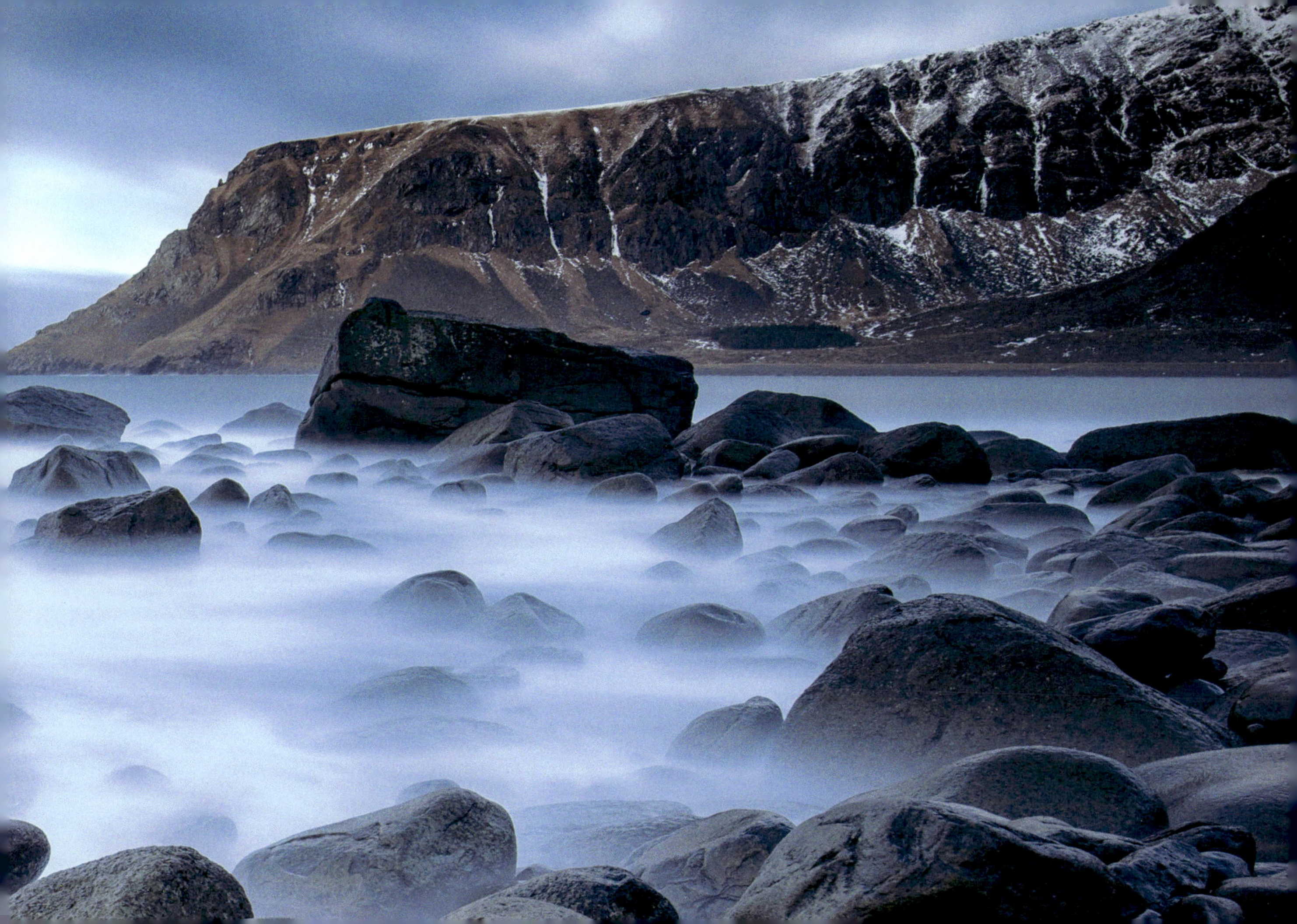

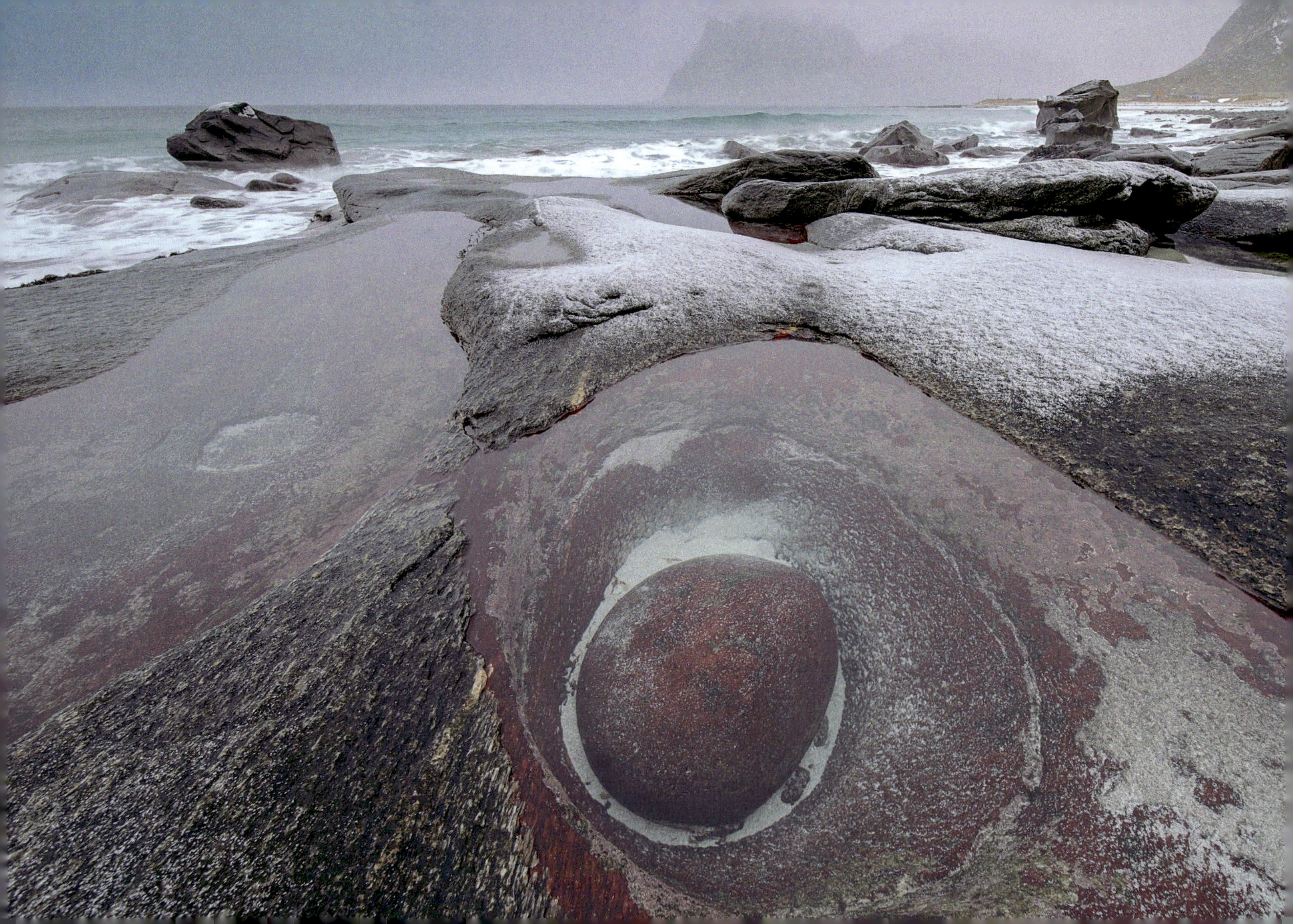

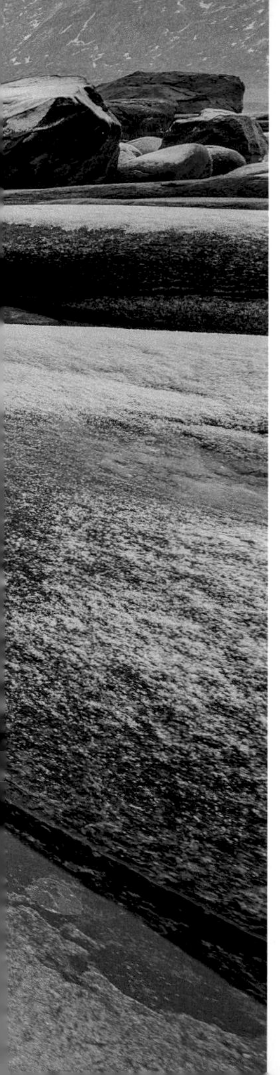

VESTVÅGØY – DIE STRÄNDE VON HAUKLAND UND UTTAKLEIV

TOUR 3

Südlich von Unstad folgen nahe beieinander die Strände von Uttakleiv, Haukland und Vik, die von Leknes aus mit dem Auto in etwa zwanzig Minuten zu erreichen sind.

Die an der Ostküste von Vestvågøy gelegenen Buchten um Stamsund, Sennesvik und Ballstad sind – aus fotografischer Sicht – nicht ganz so reizvoll, aber auch hier lassen sich natürlich immer wieder schöne Motive entdecken.

Besonders die Straße 815, die von Gimsøy entlang der Süd-Ost-Küste nach Leknes führt, bietet immer wieder reizvolle Motive und ist eine landschaftlich empfehlenswerte Alternative zur E10. In der Gegend um Nedredal finden sich schöne Ansichten in Richtung des Bergs Vågakallen.

Das sumpfige Küstengebiet in dieser Gegend friert im Winter teilweise zu. Die einsetzende Flut hebt die erstarrten Eisplatten aus dem Wasser, sodass sich mit etwas Glück bizarre, mosaikartige Formationen ergeben

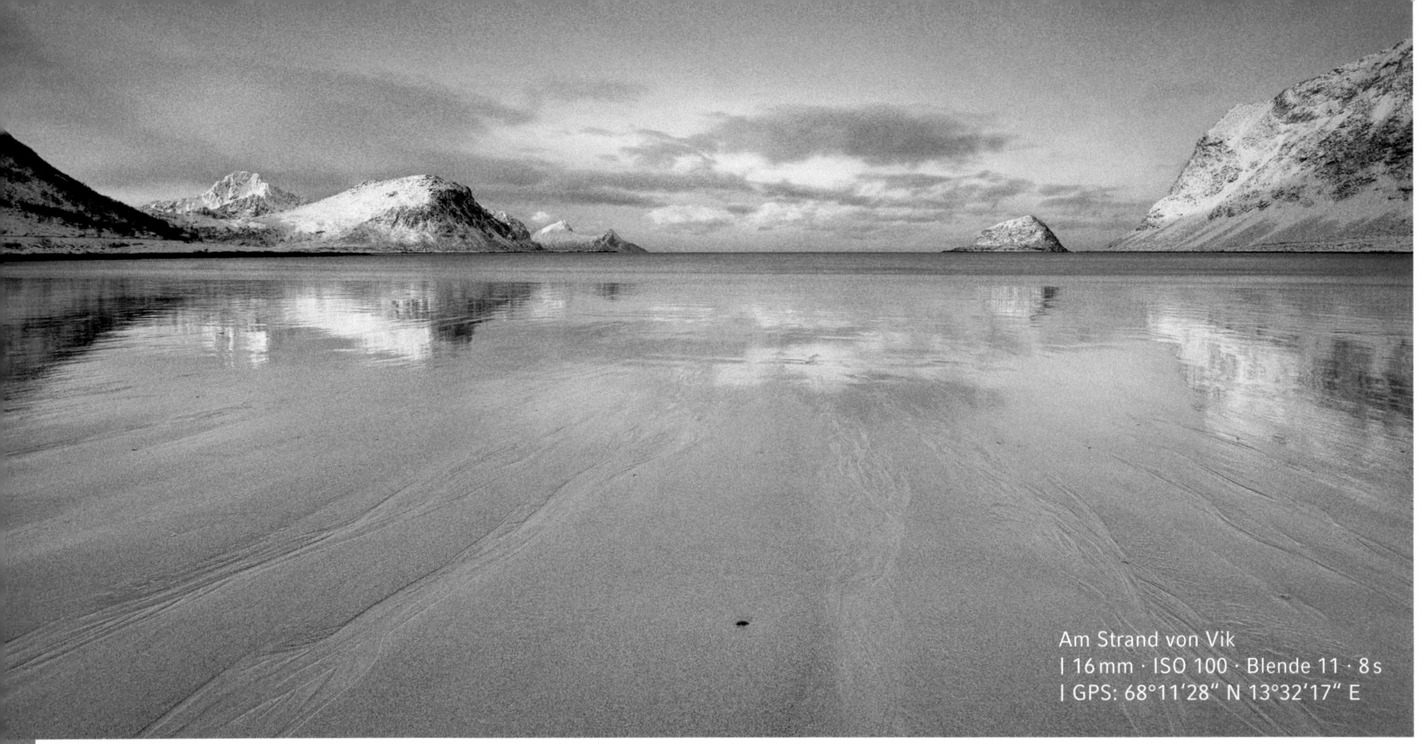

Am Strand von Vik
| 16 mm · ISO 100 · Blende 11 · 8 s
| GPS: 68°11'28" N 13°32'17" E

können, die an Gemälde von Caspar David Friedrich erinnern.

Von Unstad kommend, fahren wir auf der E10 Richtung Leknes. Südlich des Sees Farstadvatnet biegen wir nach rechts in den Leiteveien (825) ein. Ein Hinweisschild weist den Weg Richtung Uttakleiv.

Der Weg führt bald dicht am Wasser entlang. Wieder empfiehlt es sich, hier aufmerksam die Landschaft nach

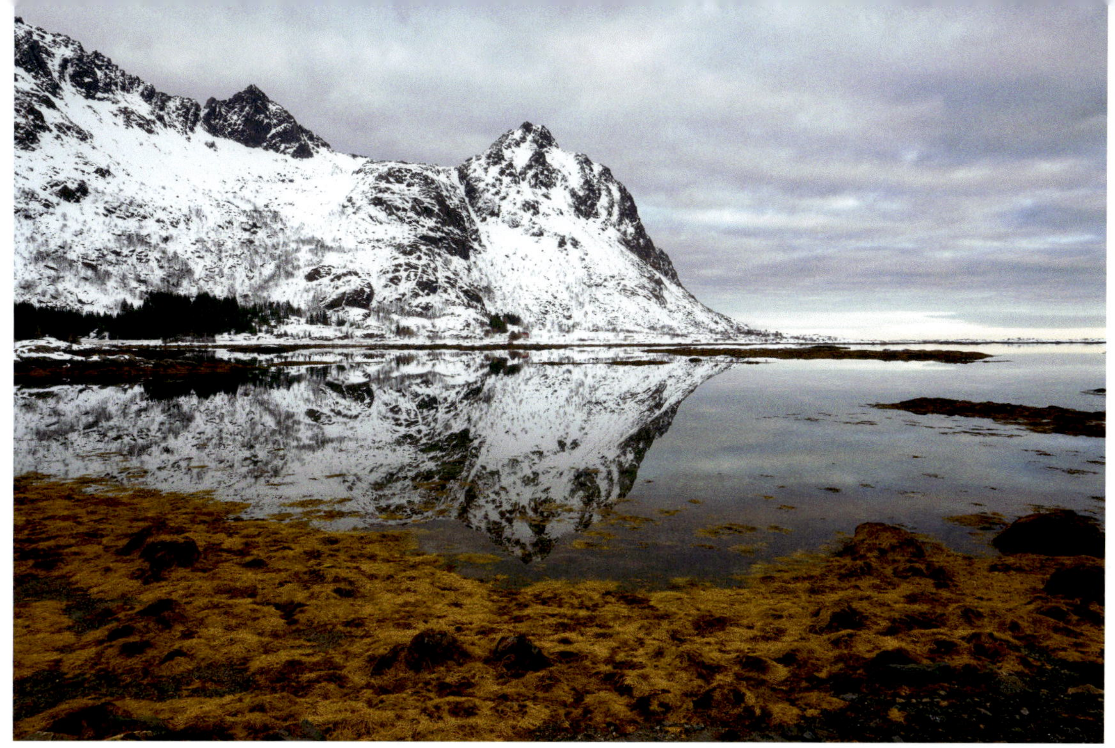

Spiegelung in der Nähe von Nedredal | 24 mm · ISO 100 · Blende 11 · 1/6 s | GPS: 68°11'32.244" N 13°52'14.715" E

interessanten Motiven abzusuchen. Im Winter können sich an dieser Stelle – ähnlich wie in der Gegend um Nedredal – Eisplatten übereinanderschieben, da das Wasser mit dem offenen Meer verbunden und somit den Gezeiten ausgesetzt ist. Im Sommer kann es dagegen bei wenig Wind zu schönen Spiegelungen der Bergkulisse im Wasser kommen.

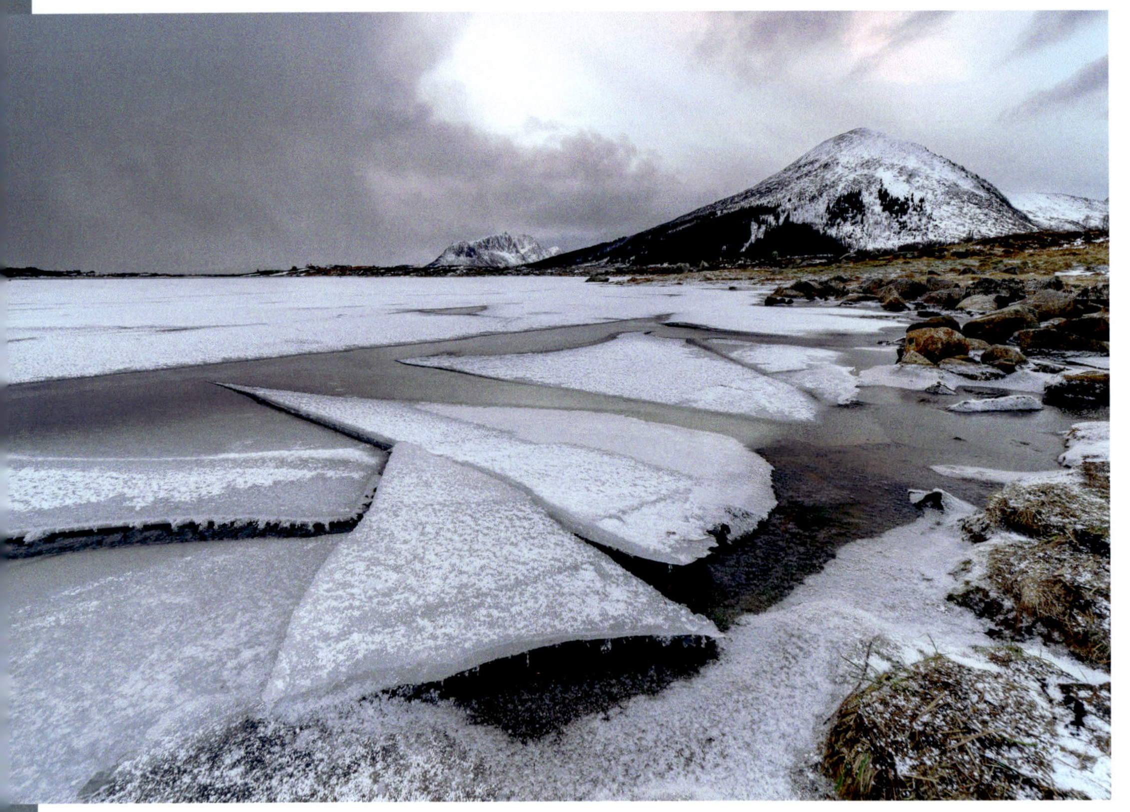

Schneebedeckte Eisplatten entlang der 825 – die einsetzende Flut hat das Eis aufgebrochen und die Platten übereinandergeschoben.
| 12 mm · ISO 100 · Blende 11 · 1/4 s | GPS: 68°11'8" N 13°36'32" E

In einer Linkskurve bei der kleinen Ortschaft Leitebakken geht die Straße in den Holandsveien (weiterhin 825) über.

Wir nehmen allerdings eine Abkürzung und fahren im Ort erst rechts, dann sofort wieder links in die schmale Straße Vikveien. Die Straße führt über einen Bergsattel direkt zum Strand von Haukland.

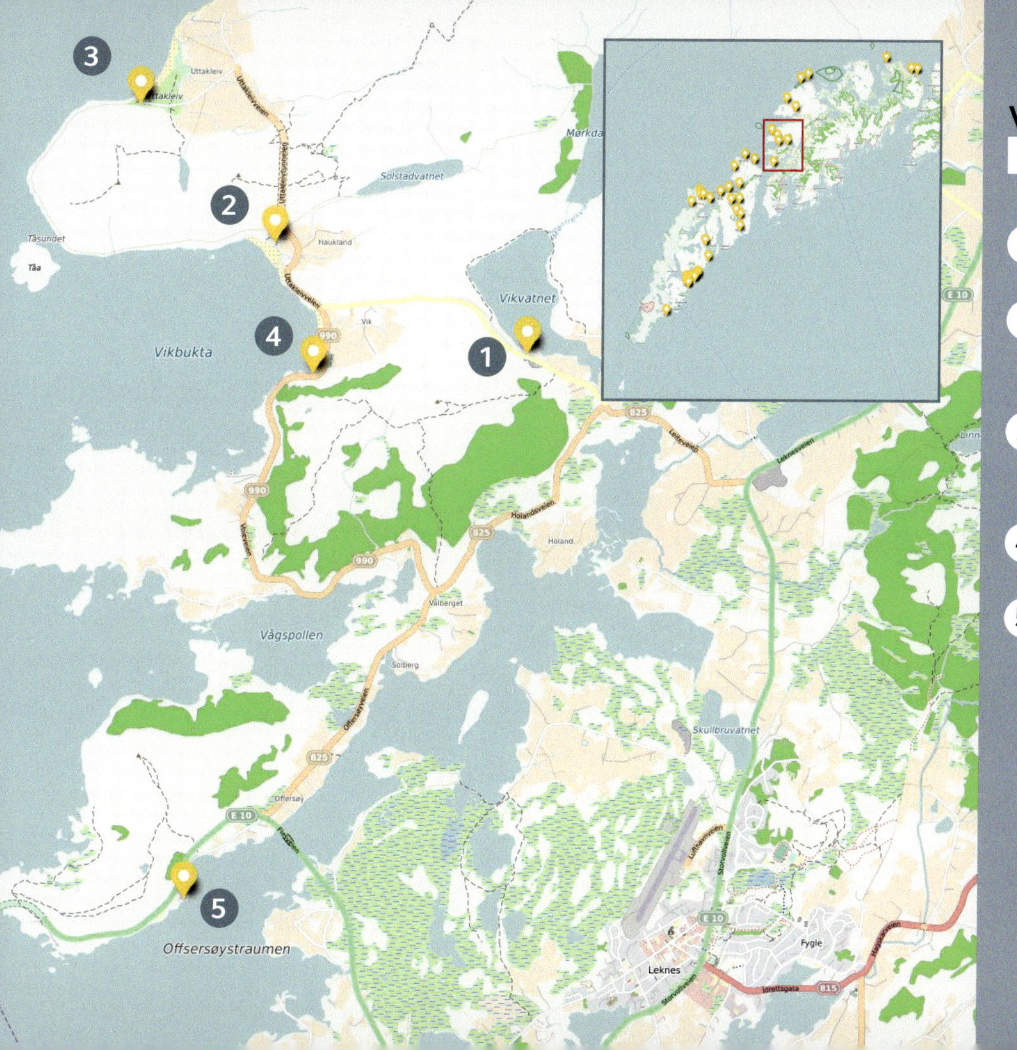

VESTVÅGØY

TOUR 3

1. VIKVATNET
2. DER STRAND VON HAUKLAND
3. DER STRAND VON UTTAKLEIV
4. DER STRAND VON VIK
5. SKREDA

① VIKVATNET

Entfernung: 10 Minuten (7 km) mit dem Auto von Leknes
Beste Tageszeit: Ganztags
Beste Jahreszeit: Januar–April
Koordinaten: 68°11'28.341" N 13°34'54.962" E

Auf dem Weg passieren wir den See Vikvatnet. Auf Höhe eines kleinen Elektrizitätswerks am rechten Straßenrand lohnt sich ein Stopp und der Abstieg zum Ufer des Sees. Auch hier lassen sich im Winter mit etwas Glück spannende Eisskulpturen vor der imposanten Bergkulisse finden und fotografieren.

Jenseits des Sattels haben wir direkten Blick auf die Strände von Vik (links) und Haukland (rechts), bald danach biegen wir rechts ab Richtung Haukland.

Eisskulptur am Vikvatnet ▶
| 18 mm · ISO 100 · Blende 13 · 20 s
| GPS: 68°11'28.341" N 13°34'54.962" E

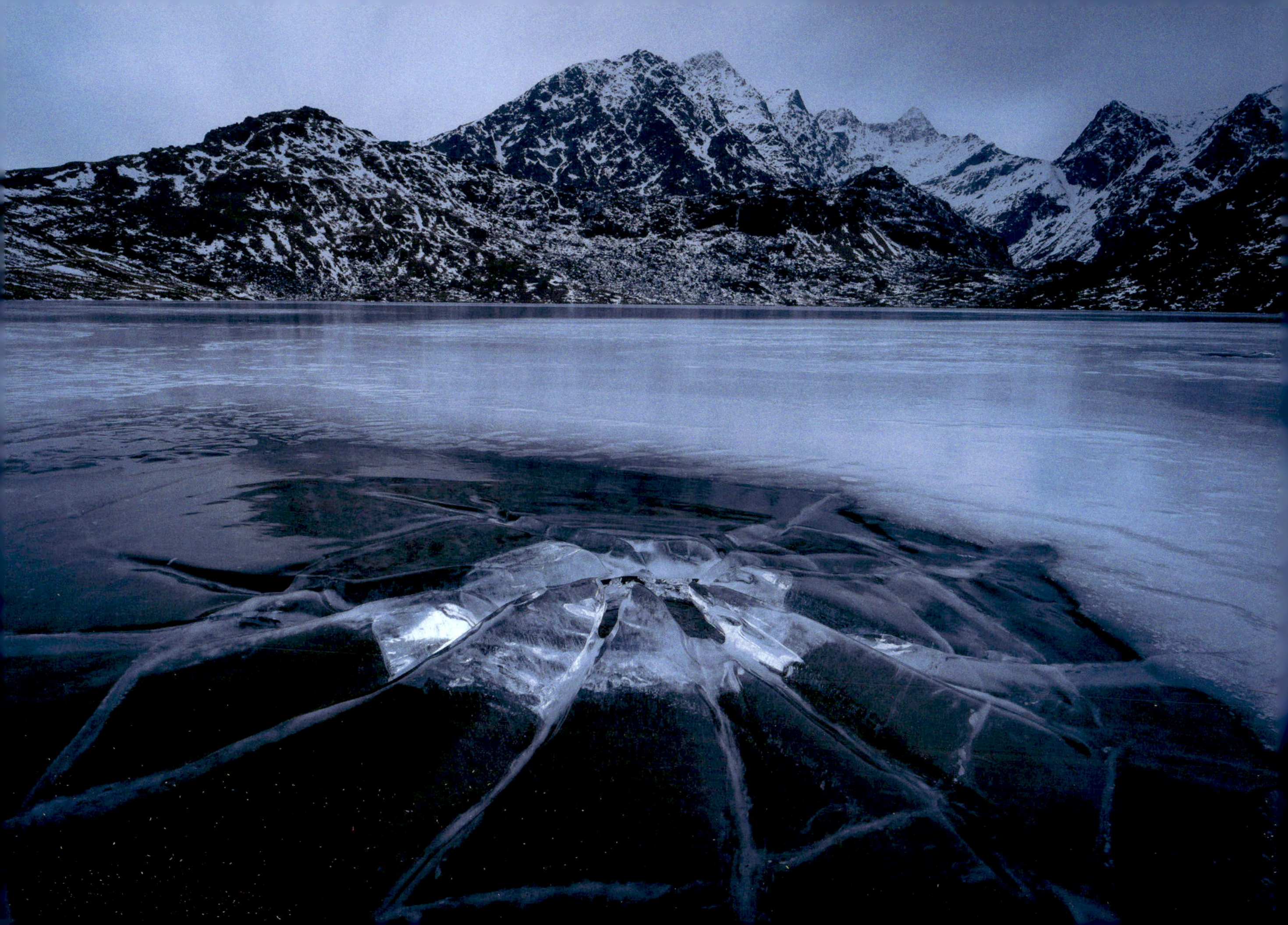

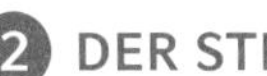

DER STRAND VON HAUKLAND

Entfernung: 20 Minuten (14 km) mit dem Auto von Leknes
Beste Tageszeit: Sonnenuntergang, nachts (Polarlicht)
Beste Jahreszeit: Januar–April, September–Oktober
Koordinaten: 68°11'56" N 13°31'29" E

Ein paar Hundert Meter weiter erreichen wir schließlich den eigentlichen Strand von Haukland. Kurz vor einer Tunneleinfahrt gibt es linker Hand einen großen Parkplatz. Von hier aus sind es nur noch wenige Meter bis zum Wasser.

Der Strand von Haukland ist ein beliebtes Ziel, um Sonnenuntergänge zu fotografieren. Fast ganzjährig ergeben sich hier durch die Südwestausrichtung und den offenen Blick aufs Meer wunderbare Licht- und Farbstimmungen.

Im rechten Strandabschnitt ragen kleinere Felsformationen ins Wasser hinaus, die sich beim Bildaufbau berücksichtigen lassen.

Oft entstehen bei einsetzender Ebbe durch das an den Steinen abfließende Wasser interessante Strukturen im Sand, die sich unter Einsatz eines Weitwinkelobjektivs aus kurzer Distanz als bildführendes Motiv anbieten. Ähnlich verästelte Strukturen findet man auch am Strand von Skagsanden (vgl. Tour 6 ab Seite 128).

Sonnenuntergangsstimmung Anfang Februar am Strand von Haukland | 21 mm · ISO 100 · Blende 11 · 91 s | GPS: 68°11'56" N 13°31'29" E ▶

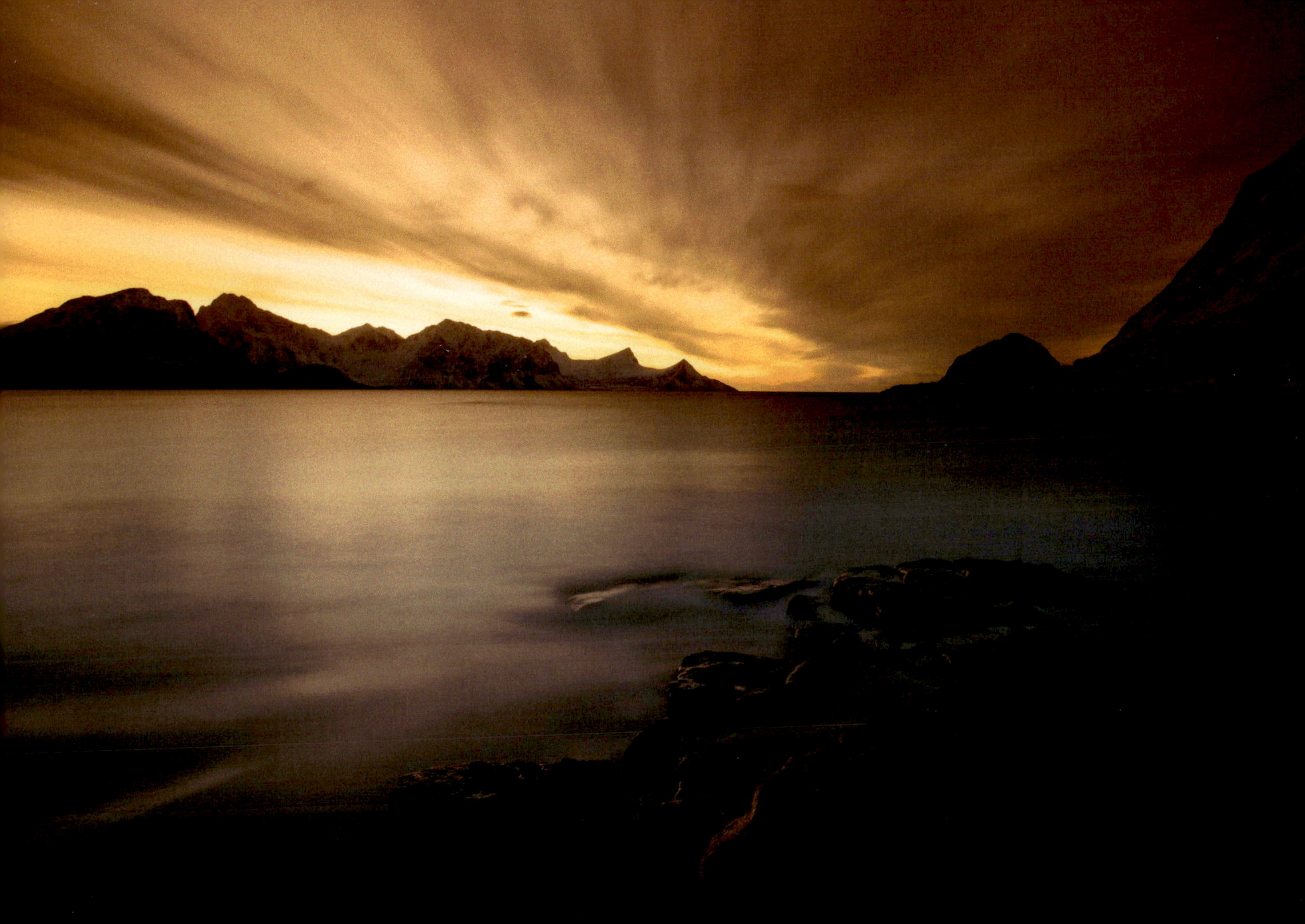

Sonnenuntergang Ende September – durch die Wahl einer kurzen Belichtungszeit wirkt das Wasser im Vordergrund dynamisch. Der Effekt des Sonnensterns ist charakteristisch für das jeweils verwendete Objektiv und die Lamellenbauweise der Blendenmechanik. Etwa ab Blendenöffnung 11 und weiter geschlossen ist der Sterneffekt zu beobachten. I 16 mm · ISO 100 · Blende 16 · 4 s I GPS: 68°11'56" N 13°31'30" E

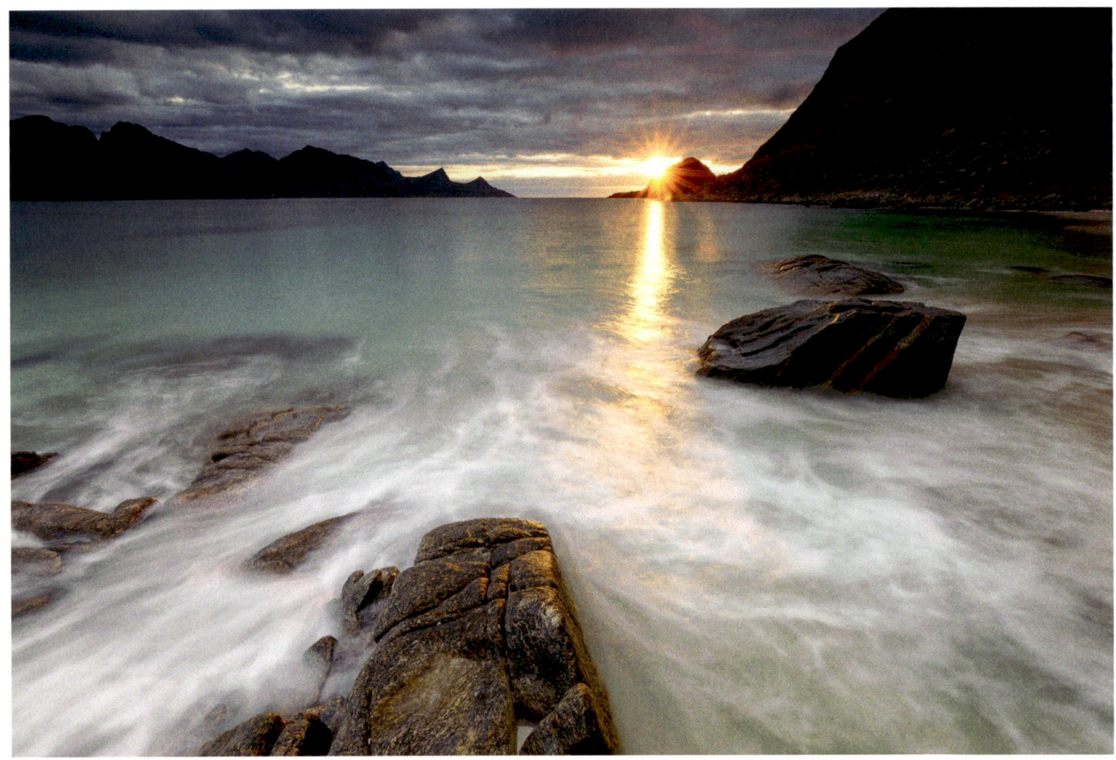

3 DER STRAND VON UTTAKLEIV

Entfernung: 20 Minuten (15 km) mit dem Auto von Leknes
Beste Tageszeit: Sonnenuntergang, nachts (Polarlicht)
Beste Jahreszeit: Februar – Oktober
Koordinaten: 68°12'35.7" N 13°30'1.42" E

Wir verlassen den Parkplatz und fahren weiter durch den in den Felsen gehauenen Tunnel zum letzten Strand der heutigen Route – Uttakleiv.

Kurz nach Durchfahrt des Tunnels zweigt die Straße nach links zum Parkplatz am Strand von Uttakleiv ab. Für die Nutzung des Parkplatzes am Ende der Straße wird für PKW eine Gebühr in Höhe von 50 NOK fällig, die an einem modernen Kassenhäuschen per Kreditkarte zu entrichten ist.

Am Parkplatz angekommen, erkennen wir sofort, weshalb Uttakleiv unter Fotografen als einer der attraktivsten Strände der Lofoten gilt: Die steinige Küstenlinie zieht sich malerisch vom linken Strandabschnitt über den eher sandigen mittleren Bereich hin bis zum Berg Høgskolmen, der am nördlichen Horizont aus dem Wasser aufragt (582 m). Seine markante Silhouette prägt die Landschaft – ähnlich wie am Strand von Unstad.

Besonders der felsige Abschnitt auf der linken Seite bietet nahezu unbegrenzte Möglichkeiten zur Bildkomposition. Die ins Wasser reichenden Felsen sind an diesem Strand noch größer und bizarrer als an den anderen Stränden, die wir schon besucht haben.

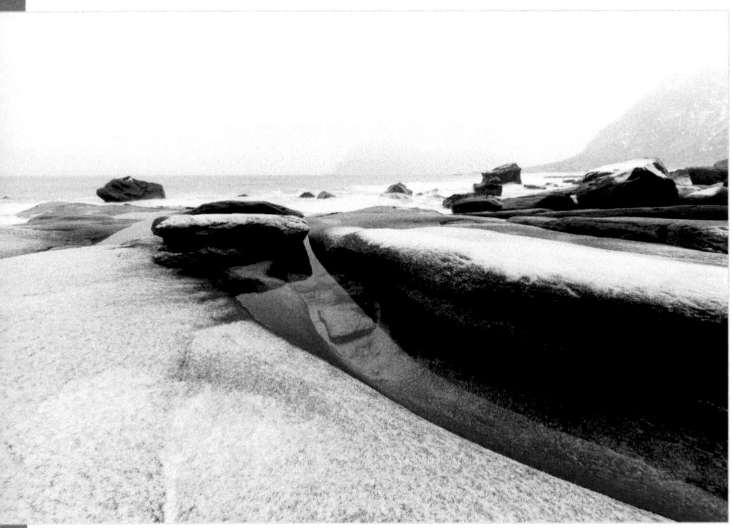

Verschneite Landschaft am Auge von Uttakleiv
| 12 mm · ISO 64 · Blende 11 · 1 s
| GPS: 68°12'35.095" N 13°29'56.168" E

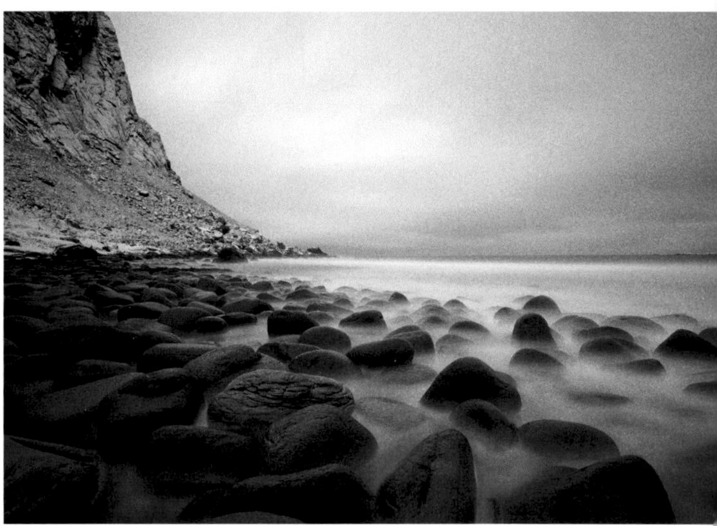

Blick von der Strandmitte Richtung Südwesten. Durch die Belichtungszeit von ca. 3 Minuten wirkt die raue See nur noch wie ein sanfter Nebel, der die aus dem Wasser ragenden Gesteinsblöcke umspielt.
| 21 mm · ISO 100 · Blende 11 · 181 s | GPS: 68°12'36" N 13°30'1" E

Zwischen den Felsen finden sich immer wieder Wassereinschlüsse, in denen sich die Kulisse spiegelt.

Auch das sogenannte »Auge von Uttakleiv« lässt sich bei Ebbe in diesem Abschnitt finden: In einer ovalen, in die Länge gezogenen Felsausbuchtung, in der sich ein großer, rund geschliffener Stein befindet, sammelt sich während der Flut das kristallklare Meerwasser, sodass der Betrachter an die Form eines Auges erinnert wird.

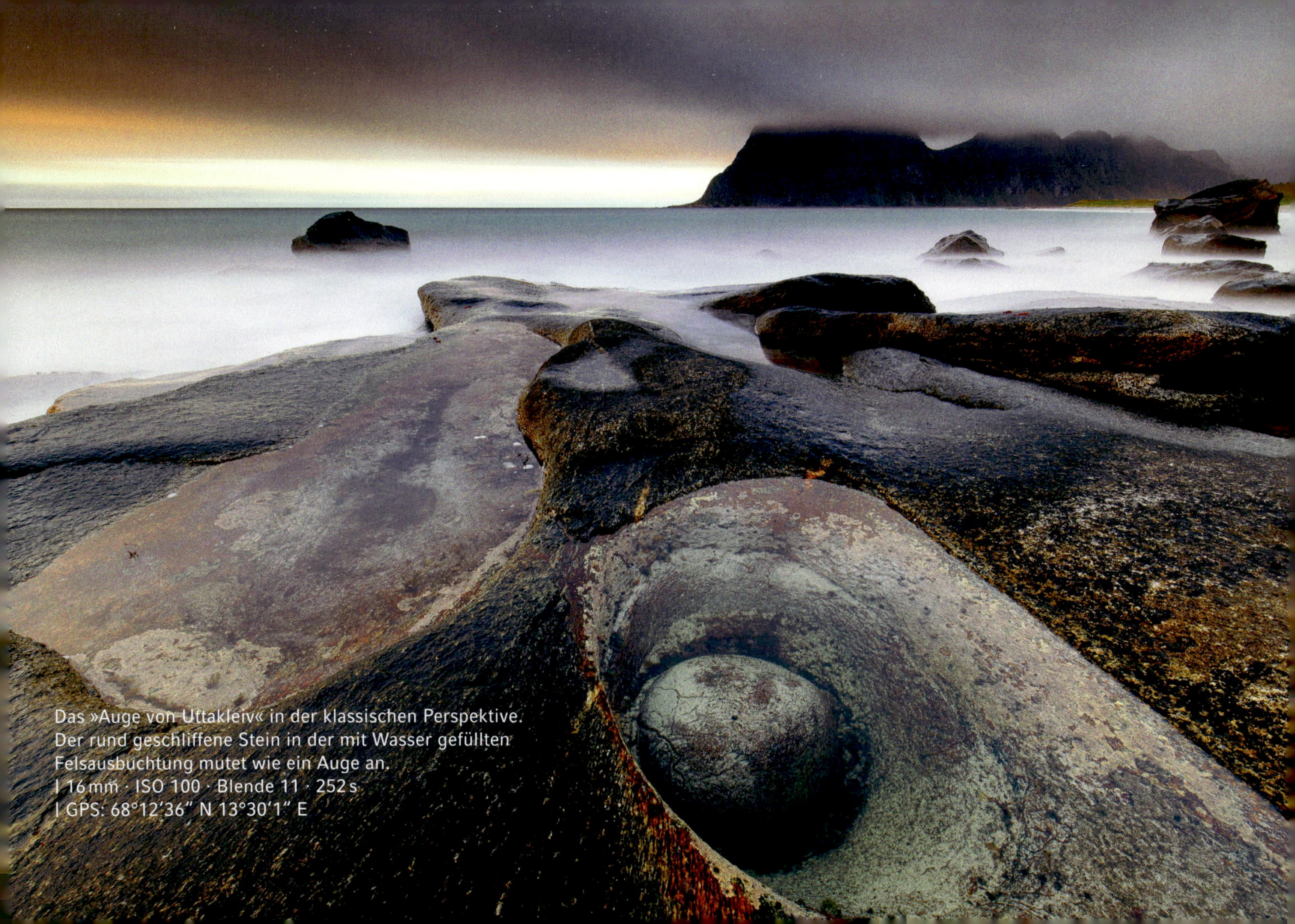

Das »Auge von Uttakleiv« in der klassischen Perspektive. Der rund geschliffene Stein in der mit Wasser gefüllten Felsausbuchtung mutet wie ein Auge an.
| 16 mm · ISO 100 · Blende 11 · 252 s
| GPS: 68°12′36″ N 13°30′1″ E

Das »Auge« bietet sich entsprechend auch zum Experimentieren im Hochformat an.

Der nach Nordwesten offene Horizont macht den Standort auch für die Nordlichtfotografie interessant (siehe auch Tour 5, ab Seite 111). Besonders attraktiv ist die Möglichkeit, in kurzer Zeit zwischen Haukland und Uttakleiv hin- und herzufahren, sollten sich die Wetter- oder Lichtbedingungen auf einer Seite des Bergs verändern oder das Polarlicht in einem tiefen Bogen stehen, der von Haukland aus durch die Berge verdeckt und

BILDKOMPOSITION MIT WEITWINKEL

Um solche Motive gut einfangen zu können, empfiehlt es sich, mit Weitwinkelbrennweiten von 18 mm und darunter zu experimentieren. Bei einer gelungenen Komposition sollten Vorder- und Hintergrund in optisch ausgewogenem Verhältnis zueinander stehen. Bei einem extremen Weitwinkel von 15 mm und weniger tut es dem Bildaufbau gut, wenn die Entfernung zum Vordergrundmotiv möglichst gering gehalten und die Kamera gegebenenfalls stärker nach vorne geneigt wird, um alle wichtigen Bildteile einzufangen. Das Motiv im Vordergrund erhält dadurch optisch stärkeres Gewicht und wirkt im Vergleich zu den Motiven im Hintergrund größer. Solange sich das Vordergrundmotiv in der Nähe der vertikalen Bildachse befindet, ist der Effekt stürzender Linien kompositorisch vernachlässigbar – im schlimmsten Fall wird die Aufnahme später in der »digitalen Dunkelkammer« passend transformiert.

deshalb nicht sichtbar sein könnte. Zurück durch den Tunnel machen wir uns auf den Rückweg Richtung Leknes. Diesmal fahren wir entlang der Küstenlinie und erreichen schon bald den Sandstrand von Vik.

Diese klassische Aufnahme im Hochformat ist Ende September am späten Nachmittag entstanden. Eine diagonale Linie führt von rechts vorne ins Bild hinein; die durch die Langzeitbelichtung verwischten Wolken scheinen sich auf den Betrachter zuzubewegen.
| 16 mm · ISO 100 · Blende 13 · 182 s
| GPS: 68°12′36″ N 13°30′1″ E

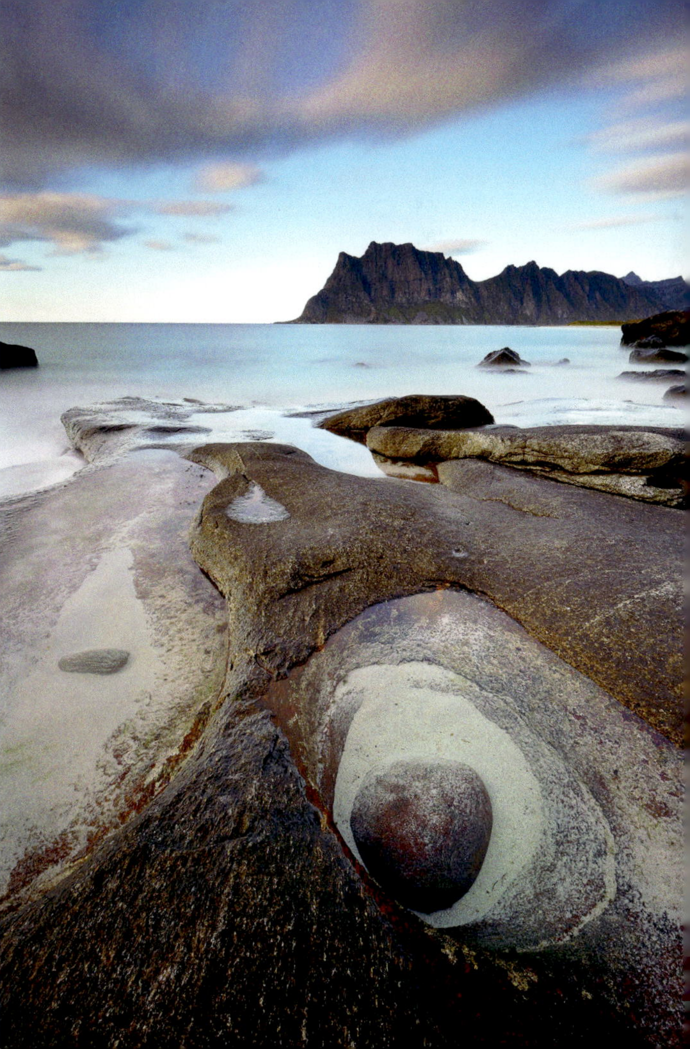

Blick in Richtung Norden entlang des steinigen Felsstrandes von Uttakleiv | 21 mm · ISO 100 · Blende 11 · 30 s | GPS: 68°12'37" N 13°30'3" E

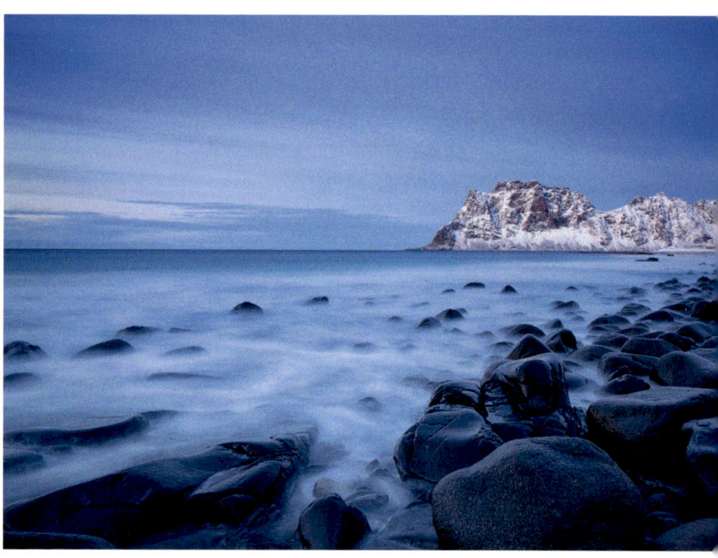

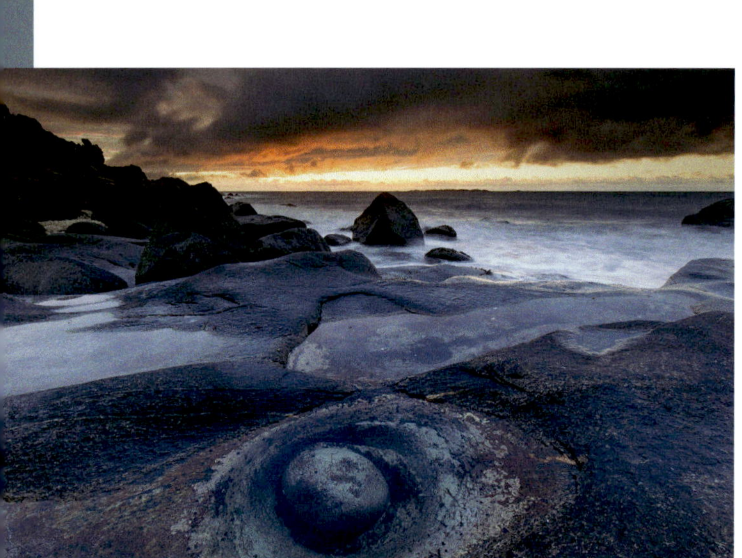

Der Blick in Südwestrichtung mit dem »Auge« als bildgestaltendem Motiv wird eher selten fotografiert. In dieser Aufnahmesituation hat sich die Perspektive wegen des dramatischen Wolkenhimmels angeboten. | 16 mm · ISO 100 · Blende 11 · 3,2 s | GPS: 68°12'36" N 13°30'1" E

4 DER STRAND VON VIK

Entfernung: 15 Minuten (10 km) mit dem Auto von Leknes
Beste Tageszeit: Sonnenuntergang, nachts (Polarlicht)
Beste Jahreszeit: Januar–Oktober
Koordinaten: 68°11'28.57" N 13°32'17.069" E

STATIV AM SANDSTRAND

Bei Verwendung des Stativs am Sandstrand sollten Sie auf festen Halt (oder nicht zu lange Belichtungszeiten) achten, da das Stativ mit der Zeit unmerklich tiefer in den Sand einsackt und die Aufnahmen so verwackeln können. Nach einigen Minuten an derselben Stelle steht das Stativ aber auch hier stabil, sodass auch längere Belichtungszeiten ohne Verwacklungsunschärfe möglich sind.

Der im Sommer fast schon karibisch anmutende weiße Sandstrand mit dem türkisblauen Wasser würde beinahe zum Baden einladen, wenn die Wassertemperaturen nicht doch etliche Grad unter denen in der Südsee lägen. Dennoch wagt der eine oder andere (vornehmlich einheimische) Besucher im Sommer die erfrischende Abkühlung im arktischen Meer.

Fotografen genießen eher den weiten Horizont und die Spiegelungen der Bergkulisse im wasserüberspülten Sandstrand.

Rechts der Straße folgen bald etliche Parkbuchten, die sich zum Erkunden des felsigen

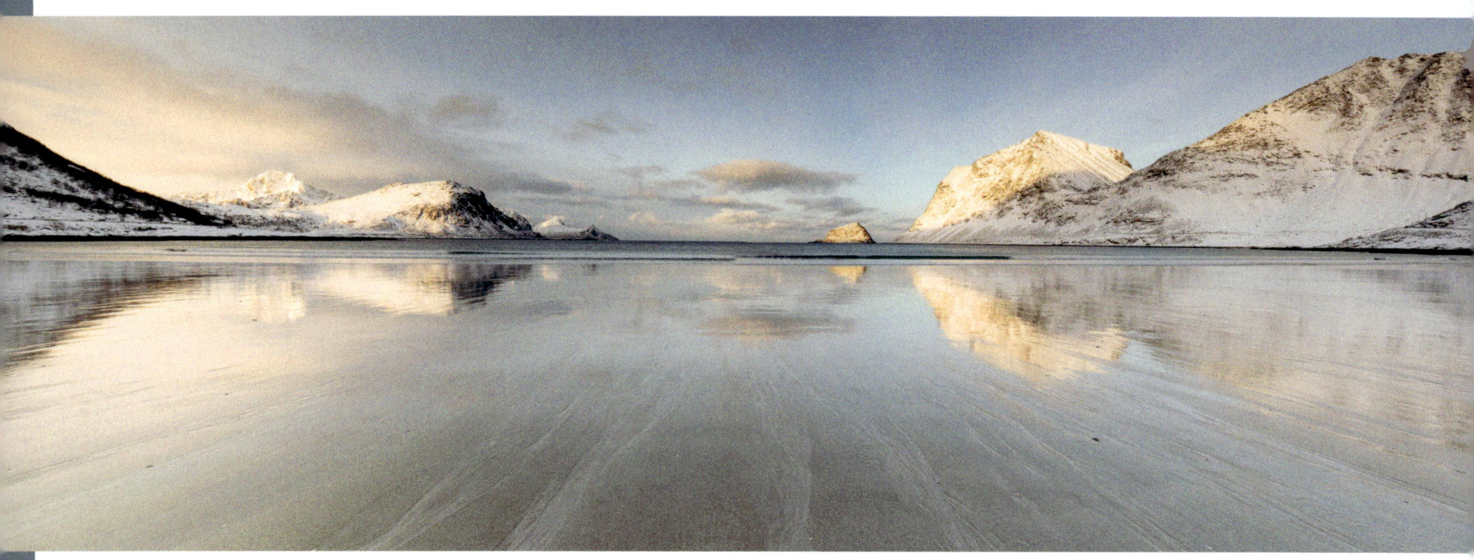

Spiegelung am Strand von Vik
| 16 mm · ISO 100 · Blende 11 · 1/20 s
| GPS: 68°11'29" N 13°32'17" E

Die vom Wasser überspülten Felskanten bieten sich als Vordergrundmotiv an. Oft braucht es mehrere Anläufe, um die richtige Belichtungszeit zu finden und die Dynamik des Wassers ansprechend einzufangen.
| 18 mm · ISO 100 · Blende 11 · 1,6 s
| GPS: 68°11'18" N 13°31'43" E

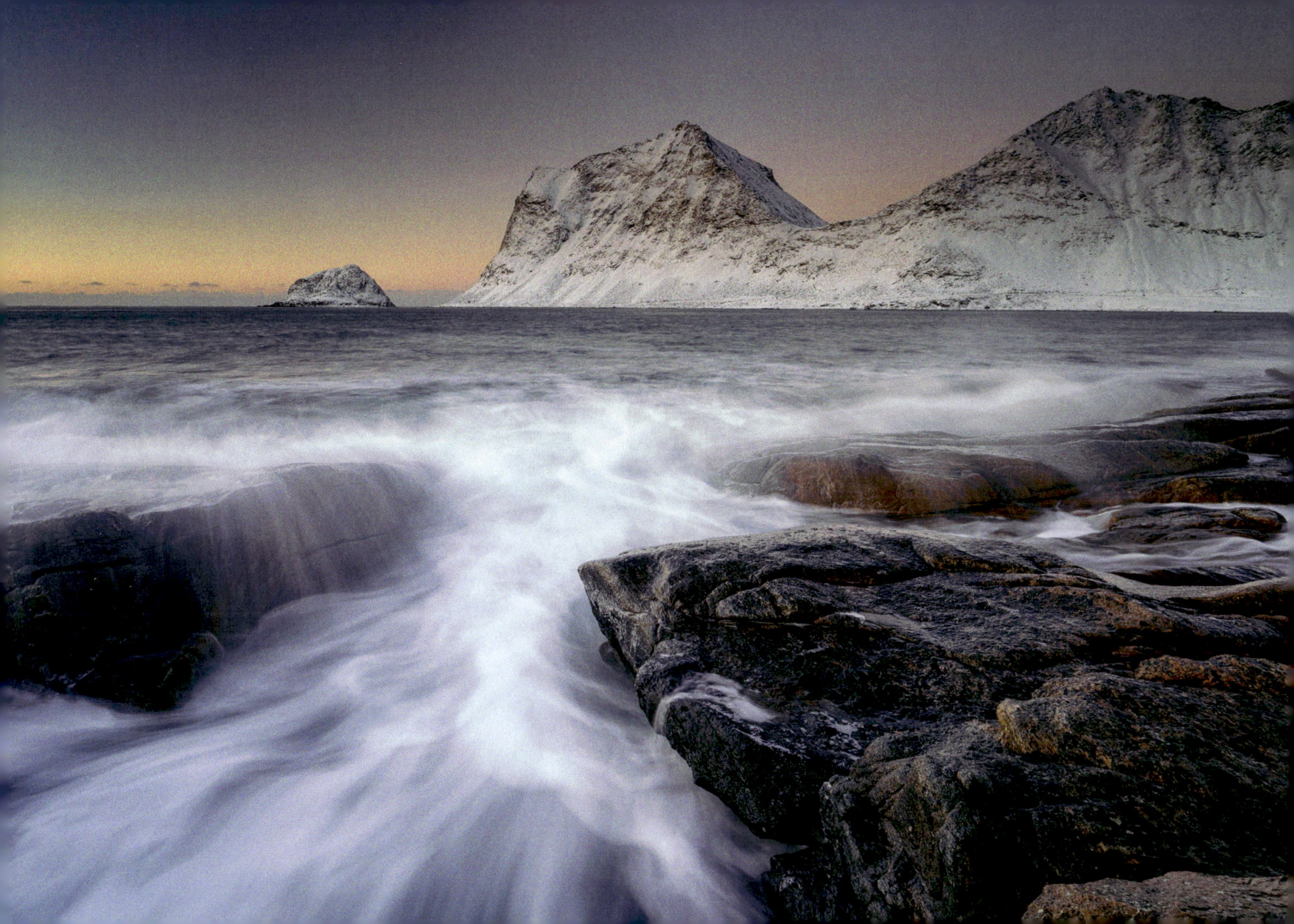

Die von der Nachmittagssonne gefärbte Wolke weist auf das Bergpanorama.
| 21 mm · ISO 80 · Blende 14 · 2 s
| GPS: 68°11'18.93" N 13°31'46.63" E

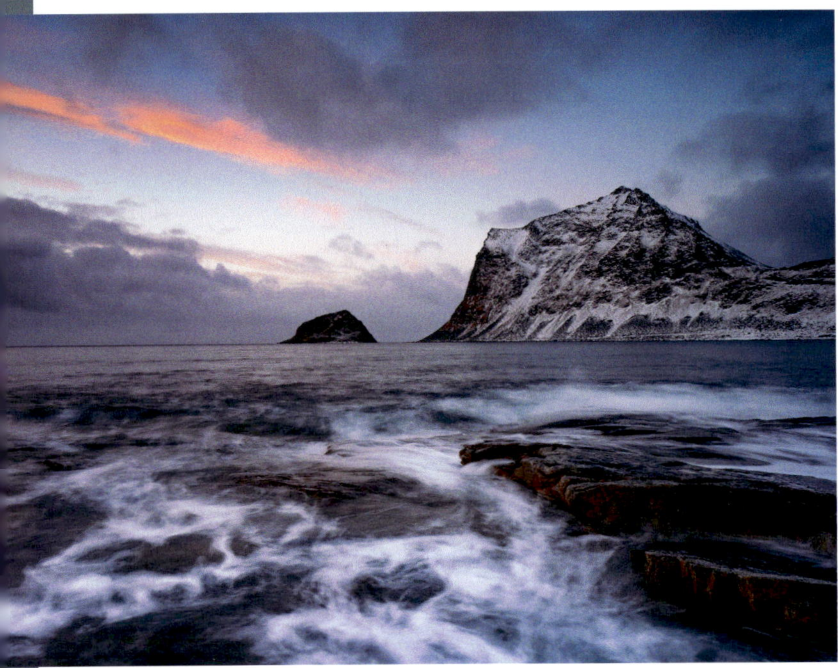

Strandabschnitts anbieten. (In dunklen Nächten sind hier oft auch andere Fotografen unterwegs, die geduldig auf einsetzendes Nordlicht warten. Die schöne, nicht zu hohe Bergkulisse Richtung Nordwesten, das Wasser im Vordergrund, das Fehlen von Lichtverschmutzung und die Nähe zu Leknes machen diesen Strandabschnitt zu einem idealen Fotospot für Polarlichter; siehe Abschnitt »Beste Standorte« ab Seite 263.)

Vorsichtig steigen wir über die Leitplanke und klettern über die Felsen zur Wasserkante. Auch hier ist wieder Obacht geboten, da die von Algen besetzten Felsen sehr rutschig sein können. Die Wellen brechen unberechenbar an den Felsen, und die Gischt spritzt manchmal höher als erwartet. Die Umgebung (und auch die Fotoausrüstung) im Auge zu behalten erfordert volle Konzentration.

Es lohnt sich, nach geeigneten Perspektiven Ausschau zu halten: Wie ist die Fließrichtung und -geschwindigkeit des Wassers; gibt es interessante Motive, die sich in den Vordergrund integrieren lassen; spiegelt sich der Hintergrund in geeigneten Wasserflächen?

An diesem Strandabschnitt kann man problemlos mehrere Stunden verbringen und dabei immer wieder neue Motive entdecken. Wir setzen unsere Fahrt fort und biegen an der Kreuzung mit der 825 nach rechts in den Offersøyveien ab. Die enge, unbefestigte Straße verfügt über zahlreiche Haltebuchten, sodass man dem Gegenverkehr ausweichen kann – vorausschauendes Fahren ist empfehlenswert.

Kurz vor dem Nappstraumen-Tunnel befinden sich auf der linken Seite die Siedlung

STRASSENBEFESTIGUNG

Die Straßen auf den Lofoten sind häufig sehr schmal und auch an den Rändern unbefestigt. Besonders im Winter, wenn viel Schnee gefallen ist, lassen sich die Straßenränder unter der geschlossenen Schneedecke nur noch schwer ausmachen. Es empfiehlt sich, auf die markierten Haltebuchten (eckige Schilder mit weißem »M« auf blauem Grund) zu achten, um nicht im weichen Schnee abzurutschen und stecken zu bleiben. Kaum einer bekommt dann ohne fremde Hilfe das Fahrzeug wieder frei.

Rote Fischerhütten im Morgenlicht
| 35 mm · ISO 100 · Blende 16 · 1,6 s
| GPS: 68°9'1" N 13°30'39" E

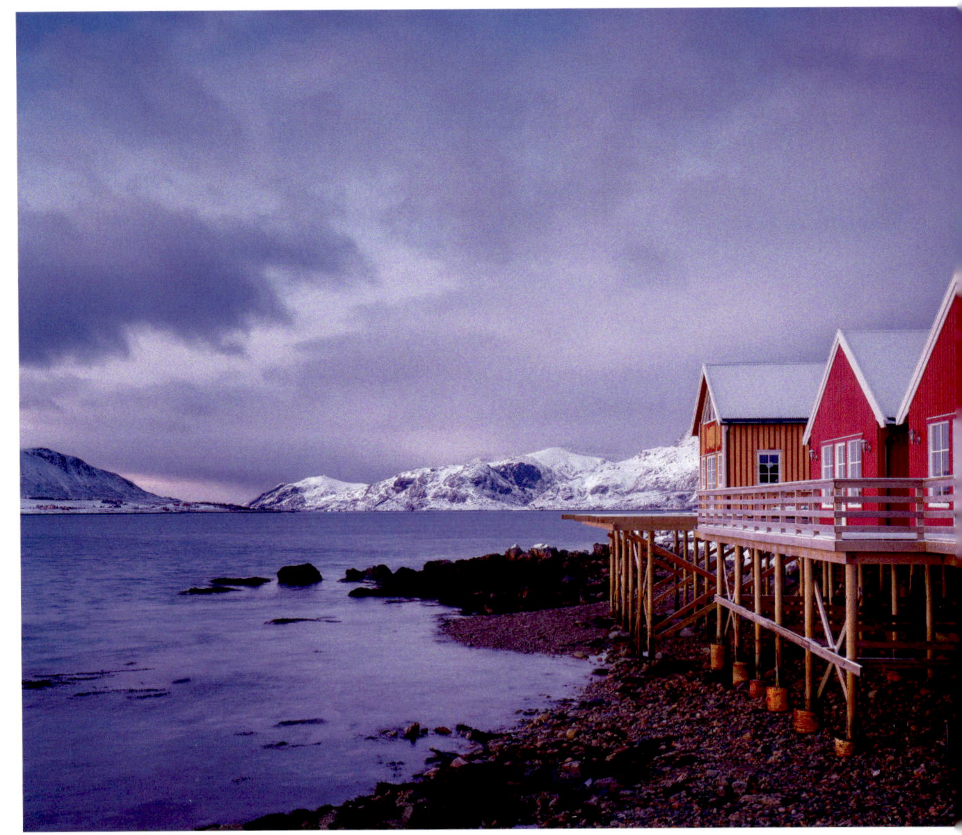

Skreda sowie ans Wasser gebaute Rorbuer – die rot gestrichenen, traditionellen Fischerhütten sind auf Holzstelzen zum Teil ins Wasser gebaut. Hier lohnt sich ein letzter Abstecher, bevor unsere erste Tour zu Ende geht.

5 SKREDA

Entfernung: 7 Minuten (7 km) mit dem Auto von Leknes
Beste Tageszeit: Sonnenaufgang
Beste Jahreszeit: Januar – Februar
Koordinaten: 68°9'1.39" N 13°30'39.199" E

AUFSTIEG ZUM OFFERSØYKAMMEN

Wenn Sie Lust auf eine kleine Wanderung haben und 436 Höhenmeter nicht scheuen, können Sie von Skreda aus zurück zur E10 laufen, wo ein gut sichtbarer Pfad steil durch ein Birkenwäldchen ansteigt. Oberhalb der Baumgrenze verläuft der Weg weniger steil bis zum Gipfel des Offersøykammen, von wo aus Sie den Strand von Haukland und die eindrucksvolle Nordküste genießen und fotografieren können.

Das Wasser rund um die Hütten ist oft sehr klar und schimmert türkisblau. Am Meeresboden sieht man zahlreiche Seesterne und auch Seeigel. Die symmetrischen, flach auf dem Wasser liegenden Bootsanleger bieten sich als minimalistisches Fotomotiv an.

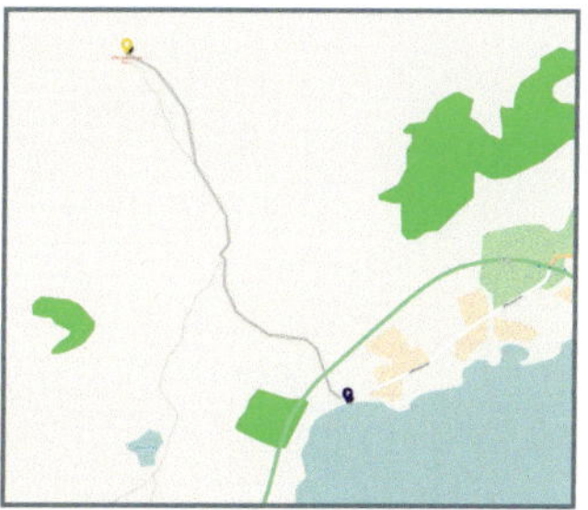

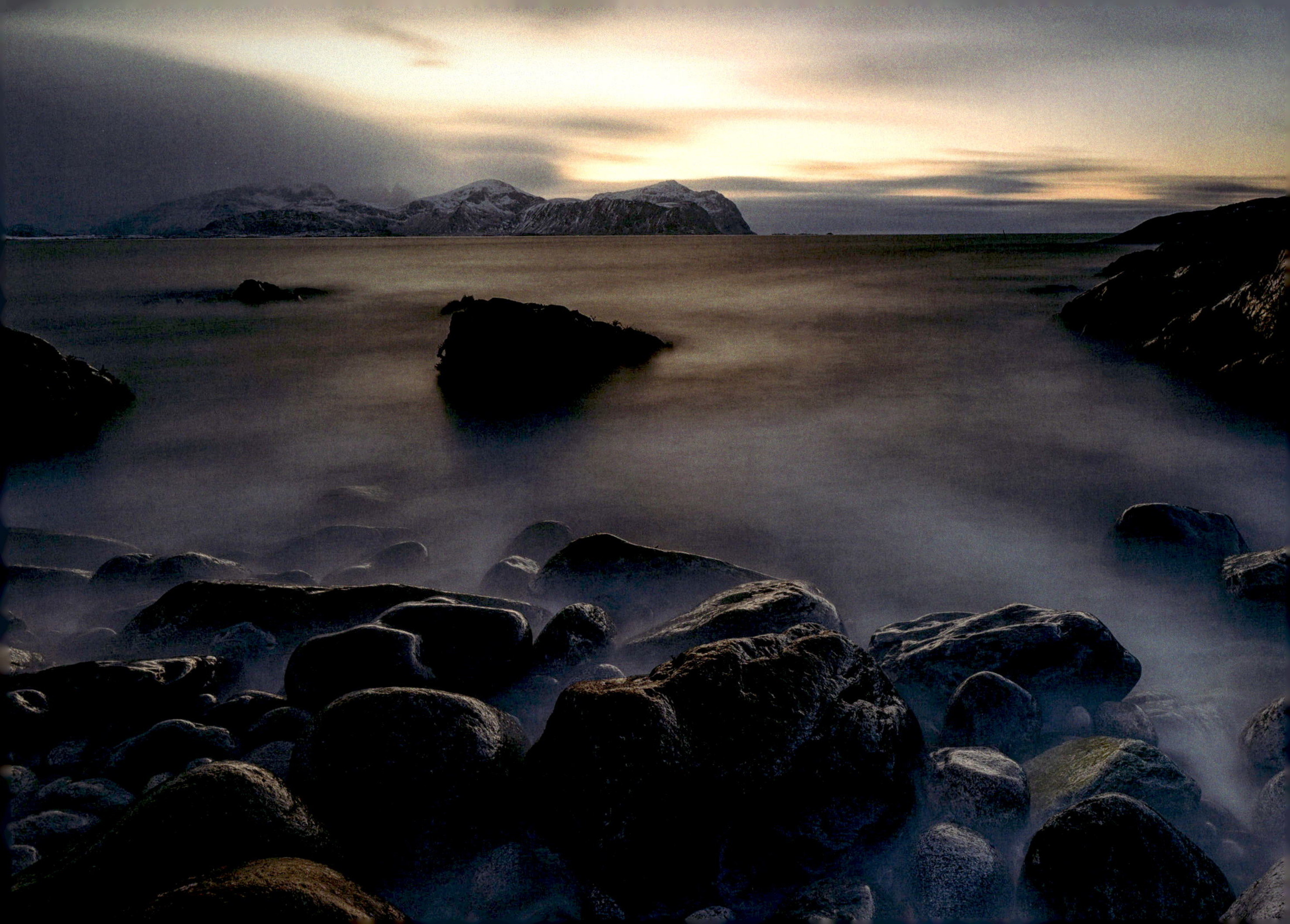

FLAKSTADØY – DER NORDEN

TOUR 4

Wir unterqueren das europäische Nordmeer durch den Tunnel, der die Inseln Vestvågøy und Flakstadøy miteinander verbindet. Das Bild der Lofoten verändert sich hier: Wir treffen auf steilere Berge entlang tief eingeschnittener Fjorde. Insgesamt wirkt die Landschaft wilder.

Die Haupteinnahmequelle ist auch hier der Fischfang. Gleich das erste Dorf, das wir nach dem Tunnel passieren, ist durch einen industriellen Hafen geprägt: Napp ist das größte Fischerdorf der Insel.

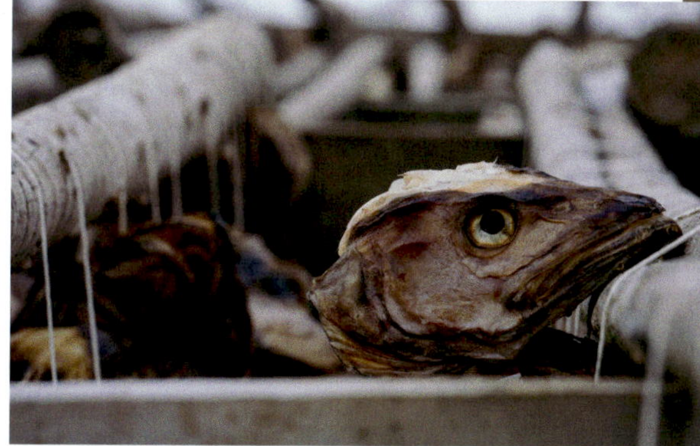

Im Frühjahr sind die Fisch-Trockengestelle entlang der Straße mit Kabeljau besetzt.
| 200 mm · ISO 100 · Blende 11 · 1/40 s

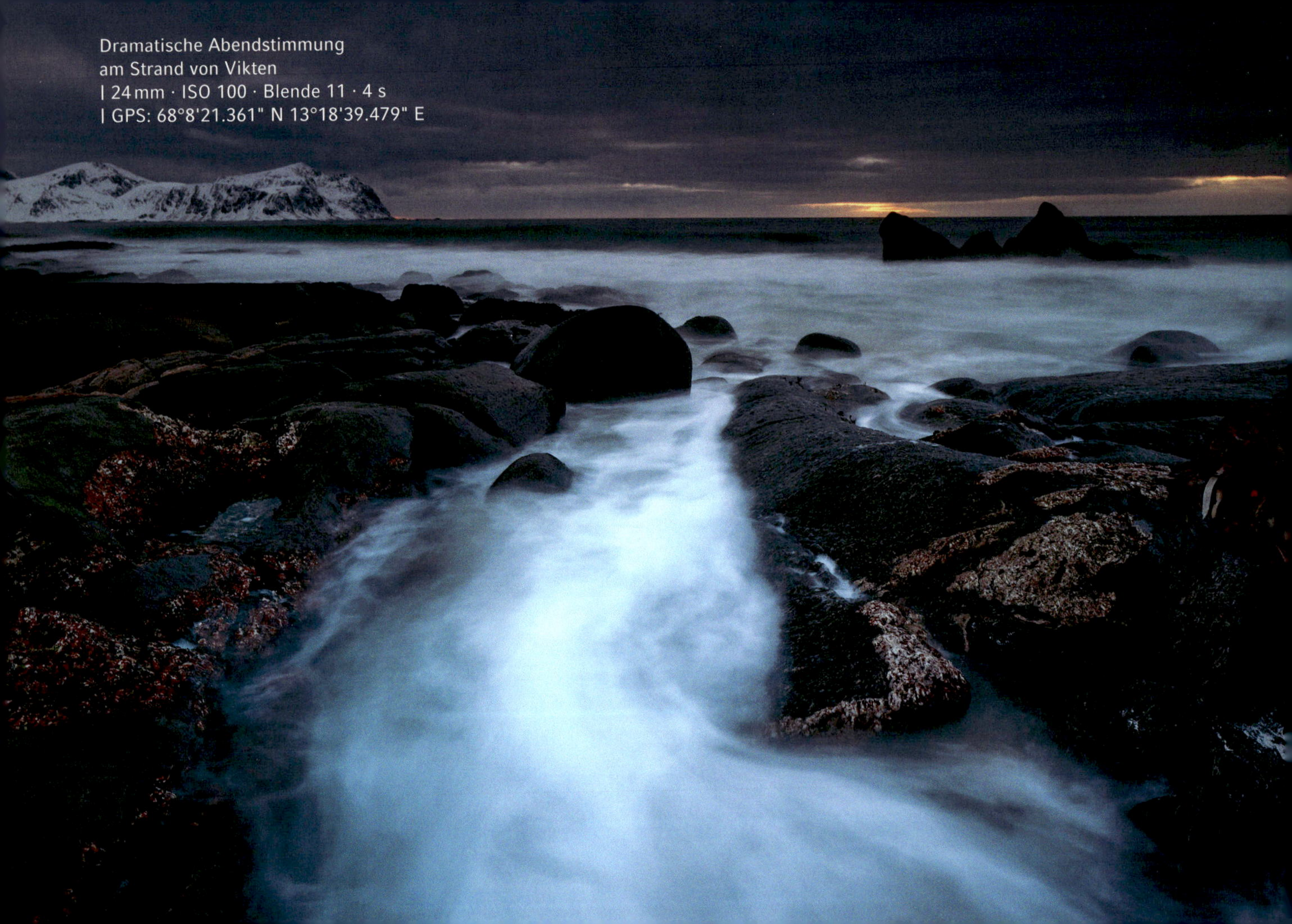

Dramatische Abendstimmung
am Strand von Vikten
| 24 mm · ISO 100 · Blende 11 · 4 s
| GPS: 68°8'21.361" N 13°18'39.479" E

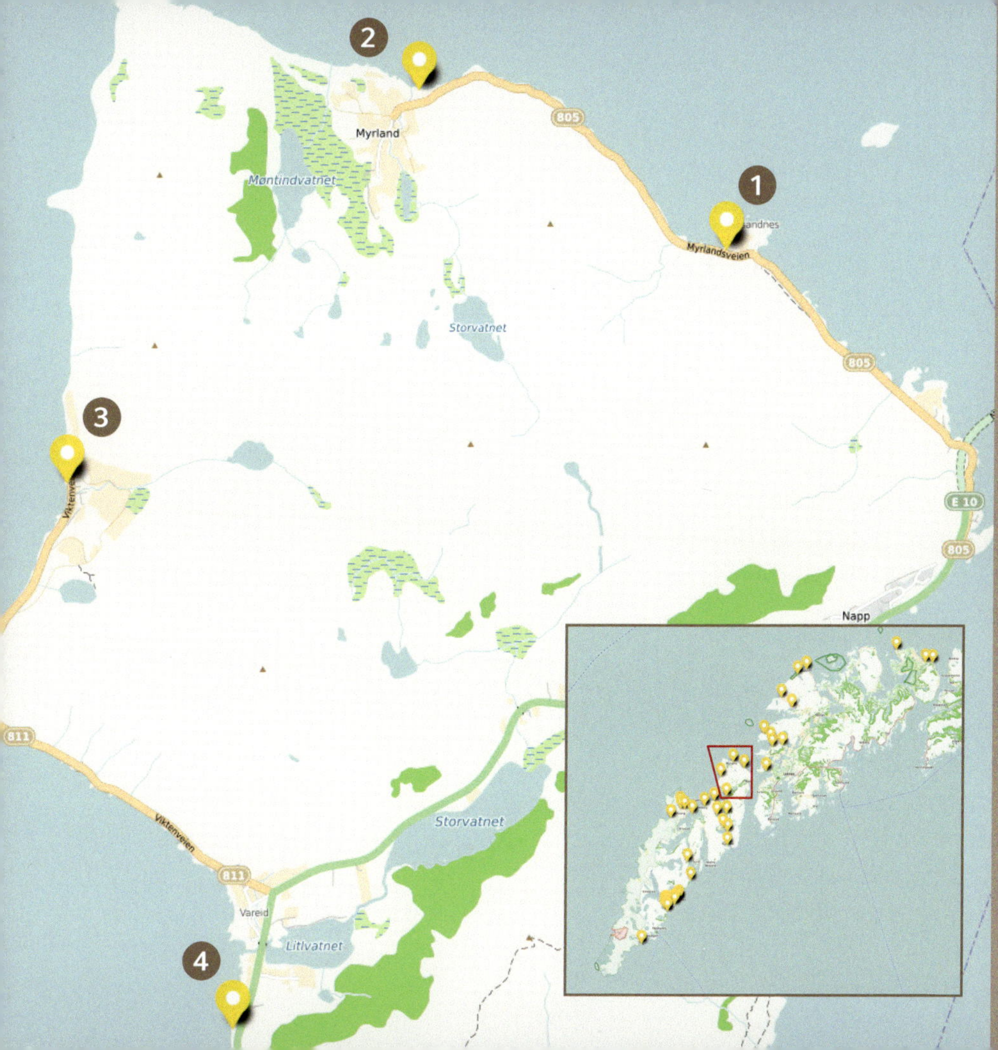

FLAKSTADØY – DER NORDEN

TOUR 4

1. DER STRAND VON STORSANDNES
2. DER STRAND VON MYRLAND
3. VIKTEN
4. DER STRAND VON VAREID

① DER STRAND VON STORSANDNES

Entfernung: 15 Minuten (13 km) mit dem Auto von Leknes
Beste Tageszeit: Nachts (Polarlicht)
Beste Jahreszeit: Januar–April
Koordinaten: 68°9'20.104" N 13°24'52.044" E

Unmittelbar nach dem Tunnel, der uns nach Flakstadøy bringt, weist ein Wegweiser nach links zum Strand von Myrland.

In einer Spitzkehre wenden wir uns zurück Richtung Fjord, überqueren den Tunnel und fahren dann auf der Straße 805 immer an der Nordostküste entlang. Zunächst passieren wir den Strand von Storsandnes, der ebenfalls reizvolle Fotomotive bietet und auch gut für Polarlichtaufnahmen geeignet ist (siehe auch Abschnitt »Beste Standorte« ab Seite 263).

Polarlicht am Strand von Storsandnes ▶
| 24 mm · ISO 1000 · Blende 1,4 · 13 s
| GPS: 68°9'19.615" N 13°24'47.1" E

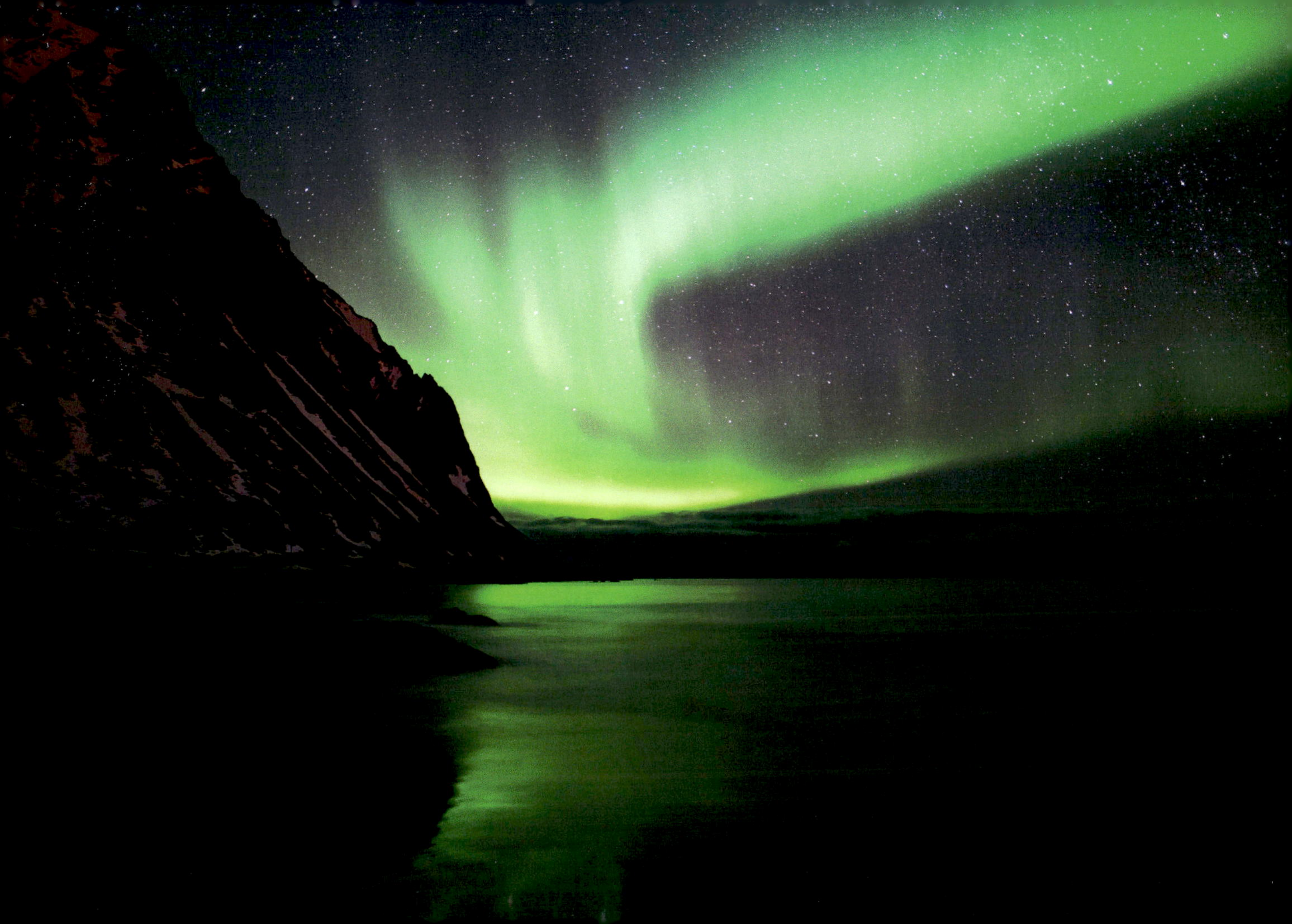

2 DER STRAND VON MYRLAND

Entfernung: 20 Minuten (16 km) mit dem Auto von Leknes
Beste Tageszeit: Mitternacht (im Sommer), nachts (Polarlicht)
Beste Jahreszeit: März–September
Koordinaten: 68°9'53" N 13°22'8" E

Wir fahren weiter, bis wir den Strand von Myrland erreichen. Kurz vor dem gleichnamigen Ort gibt es einen kleinen Parkplatz auf der rechten Seite. Ein gut erkennbarer Weg führt durch die sandige Landschaft hinab zum Strand.

Der kleine Strand ist unter Fotografen eher ein Geheimtipp. Die Kombination von feinem Sandstrand und großen, rund geschliffenen Felsen im Wasser macht die Kulisse einzigartig. Durch die Nordausrichtung lassen sich von hier aus auch sehr gut Polarlichter fotografieren (siehe auch Abschnitt »Ausrüstung« ab Seite 262).

Im linken Strandabschnitt gibt es einen kleinen Felsen, der sich ebenfalls gut in den Vordergrund integrieren lässt. Bei gutem Licht schimmert der Felsen leicht rötlich, was zu schönen Farbkontrasten führt.

RICHTIGE ANNÄHERUNG

Zu früher Stunde sind die Sandstrände oft unberührt – mit etwas Glück hat es in der Nacht vielleicht sogar Neuschnee gegeben, der bis zur Wasserkante reicht. In solchen Situationen bietet es sich an, sich Zeit zu lassen und den Spot zunächst in Gedanken zu erkunden. Viele Fotografen laufen direkt ans Wasser, um ihre Aufnahmen zu machen, und hinterlassen dabei unschöne Fußspuren im sonst unberührten Sand (oder Schnee). Besser ist es, sich vorsichtig anzunähern und zunächst mit etwas Abstand zu fotografieren, solange noch alle Kompositionen möglich sind.

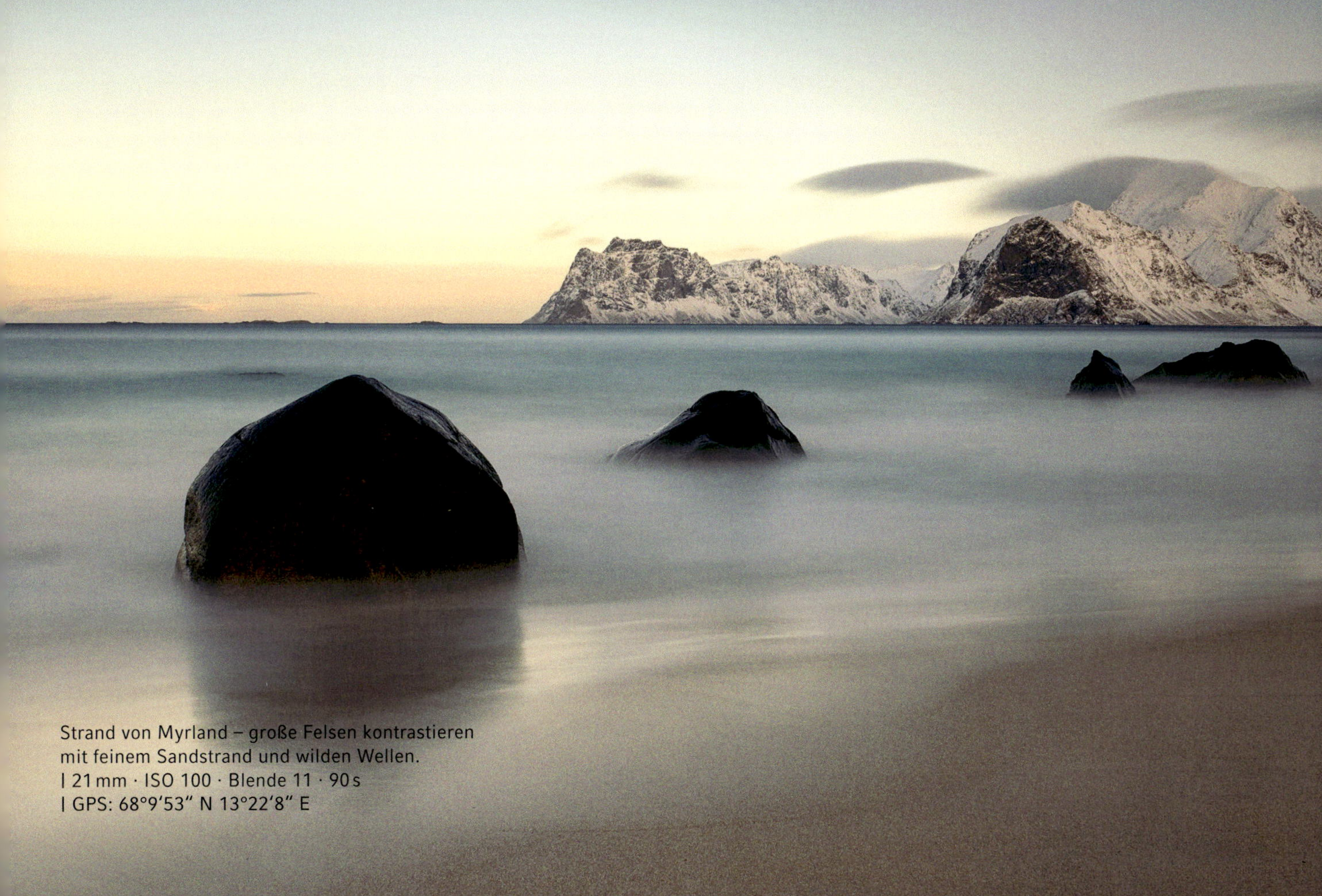

Strand von Myrland – große Felsen kontrastieren mit feinem Sandstrand und wilden Wellen.
| 21 mm · ISO 100 · Blende 11 · 90 s
| GPS: 68°9'53" N 13°22'8" E

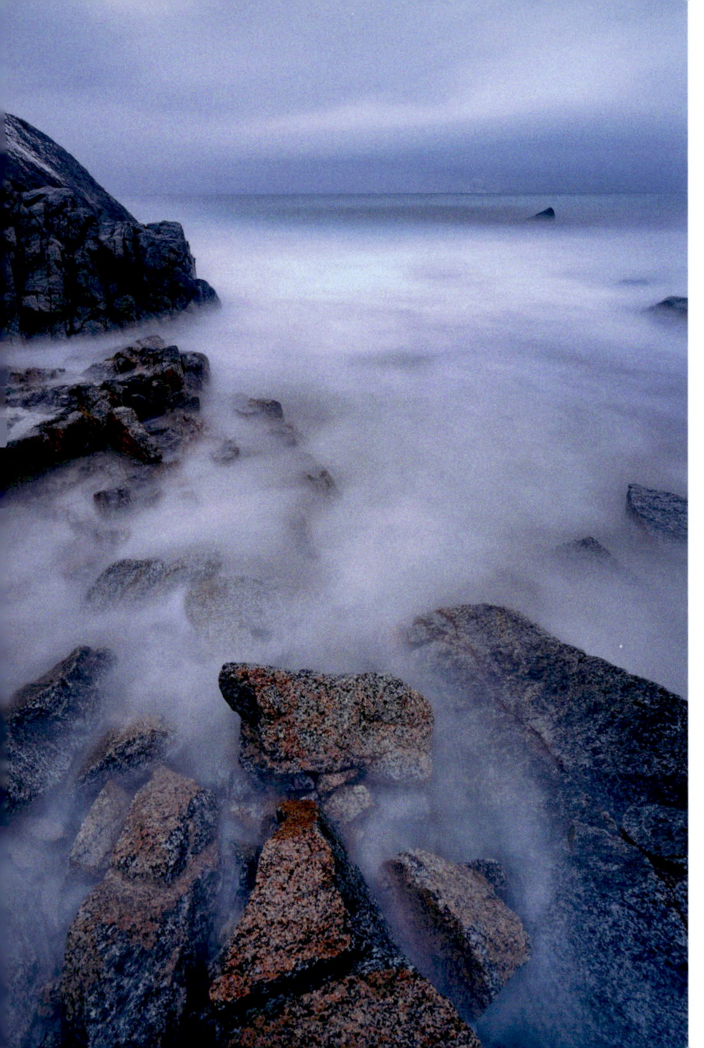

Rötlich schimmernder Fels im Vordergrund ergibt einen schönen Farbkontrast. Die in weiter Ferne am Horizont sichtbare Insel wirkt wegen des starken Dunsts beinahe mystisch.
| 18 mm · ISO 100 · Blende 11 · 90 s
| GPS: 68°9'53" N 13°22'8" E

FÜHRENDE LINIEN

Auf der linken Seite oberhalb des Strandes führt ein kleiner Wasserfall hinab ins Meer. Hier bietet es sich an, mit einem starken Weitwinkel zu experimentieren, sodass das fallende Wasser ins Bild hineinleitet und den Blick des Betrachters zum Strand hinführt – diese Perspektive funktioniert natürlich nur, wenn der Wasserfall gerade ausreichend Wasser führt.

③ VIKTEN

Entfernung: 20 Minuten (19 km) mit dem Auto von Leknes
Beste Tageszeit: Sonnenuntergang
Beste Jahreszeit: Februar–Oktober
Koordinaten: 68°8'18" N 13°18'36" E

Wir machen kehrt und fahren zurück über die 805, bis wir wieder die E10 erreichen. Diesmal biegen wir links ab Richtung Napp. Wir fahren durch das von Fischerei geprägte Dorf, vorbei am industriellen Hafen und passieren die Seen Storvatnet und Litlvatnet, bis die E10 kurz vor dem Fjord scharf nach links abzweigt.

Wir halten uns rechts und fahren auf der Straße 804 entlang der Küste nach Vikten.

Die Sandstrände der ungefähr 100 Einwohner zählenden Gemeinde gehören zu den schönsten Aussichtspunkten zur Zeit der Mitternachtssonne. In Vikten gibt es außerdem eine Glasbläserwerkstatt und eine Töpferei, die zur Hauptsaison für Touristen geöffnet sind.

Aus meiner (fotografischen) Sicht noch attraktiver sind aber die an die Sandstrände angrenzenden Steinstrände – die Natur hat auch hier im Laufe der Zeit wunderbar runde Steinskulpturen geschaffen, die sich als Vordergrund für unsere Landschaftsfotos anbieten. Durch die Ausrichtung des Strandes Richtung Westen und durch den relativ freien Blick von Nord bis Südwest lässt sich hier fast ganzjährig während des Sonnenuntergangs fotografieren.

Es ist erstaunlich, dass sich an diesem malerischen Ort – jedenfalls außerhalb der

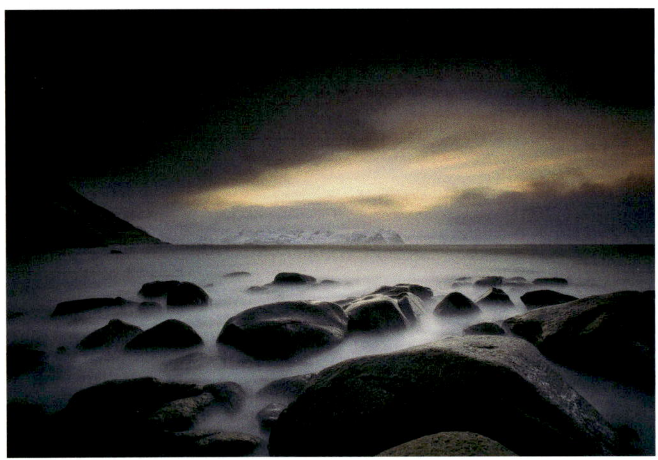

Durch die Langzeitbelichtung von vier Minuten wirkt die raue See wie ein milchiger Schleier. Am Horizont begrenzt das Bergpanorama der Nordspitze Moskenesøys das Bild.
| 16 mm · ISO 100 · Blende 11 · 240 s | GPS: 68°8'18" N 13°18'36" E

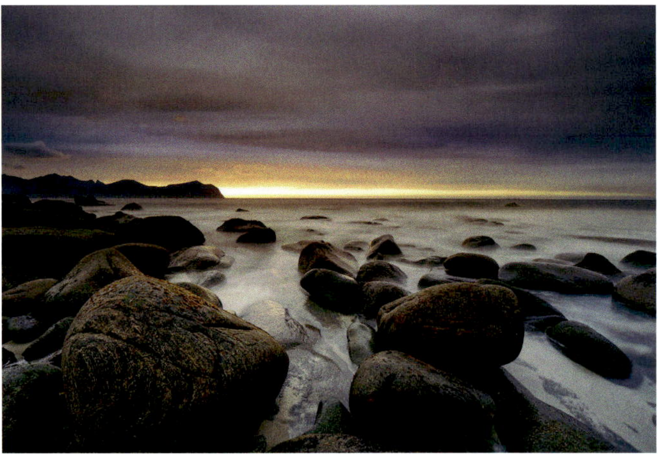

Sonnenuntergang Ende September
| 16 mm · ISO 100 · Blende 11 · 25 s
| GPS: 68°8'18" N 13°18'36" E

Vikten. Blick Richtung Süden mit einer leichten Telebrennweite aufgenommen, um die im Licht der Abendsonne konturierten Gipfel zu inszenieren
| 85 mm · ISO 100 · Blende 11 · 60 s
| GPS: 68°8'18" N 13°18'36" E

Hauptsaison – kaum andere Menschen aufhalten. In der Regel ist die See rund um Vikten durch die exponierte Lage Richtung Westen recht rau, was zum Experimentieren mit verschiedenen Belichtungszeiten einlädt.

Wir machen kehrt und fahren zurück auf der Straße 805, bis sie in die E10 mündet, halten uns dann geradeaus und folgen der Küstenstraße entlang des Fjords.

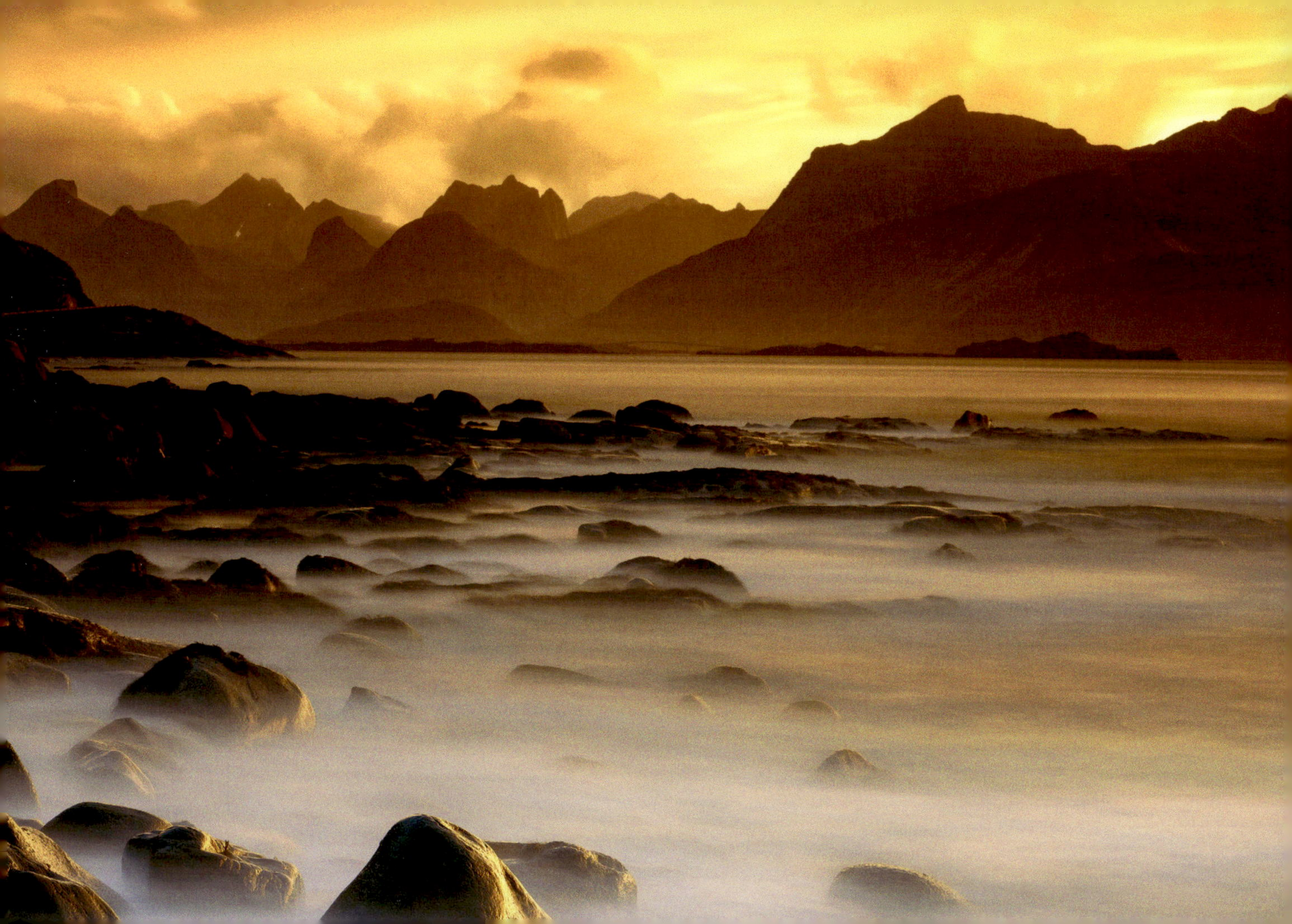

DER STRAND VON VAREID

Entfernung: 17 Minuten (17 km) mit dem Auto von Leknes
Beste Tageszeit: Sonnenuntergang
Beste Jahreszeit: Februar–April
Koordinaten: 68°7'3.376" N 13°20'25.617" E

Nach wenigen Hundert Metern sehen wir auf der rechten Seite eine größere Parkbucht, die den Besuch des gekennzeichneten Strands von Vareid ermöglicht.

Auch dieser Strand lädt zum Fotografieren während des Sonnenuntergangs ein. Die größeren Steine entlang des Strands werden regelmäßig von Wellen überspült und können beim Fotografieren als Vordergrund genutzt werden; die Bergkette der gegenüberliegenden Fjordseite bildet den Hintergrund. Wählt man eine Belichtungszeit von wenigen Sekunden, lässt sich die Dynamik des Wassers, das immer wieder die runden Steine überspült, besonders gut einfangen.

Steine bei Vareid ▶ | 21 mm · ISO 100 · Blende 11 · 30 s | GPS: 68°7'3.376" N 13°20'25.617" E

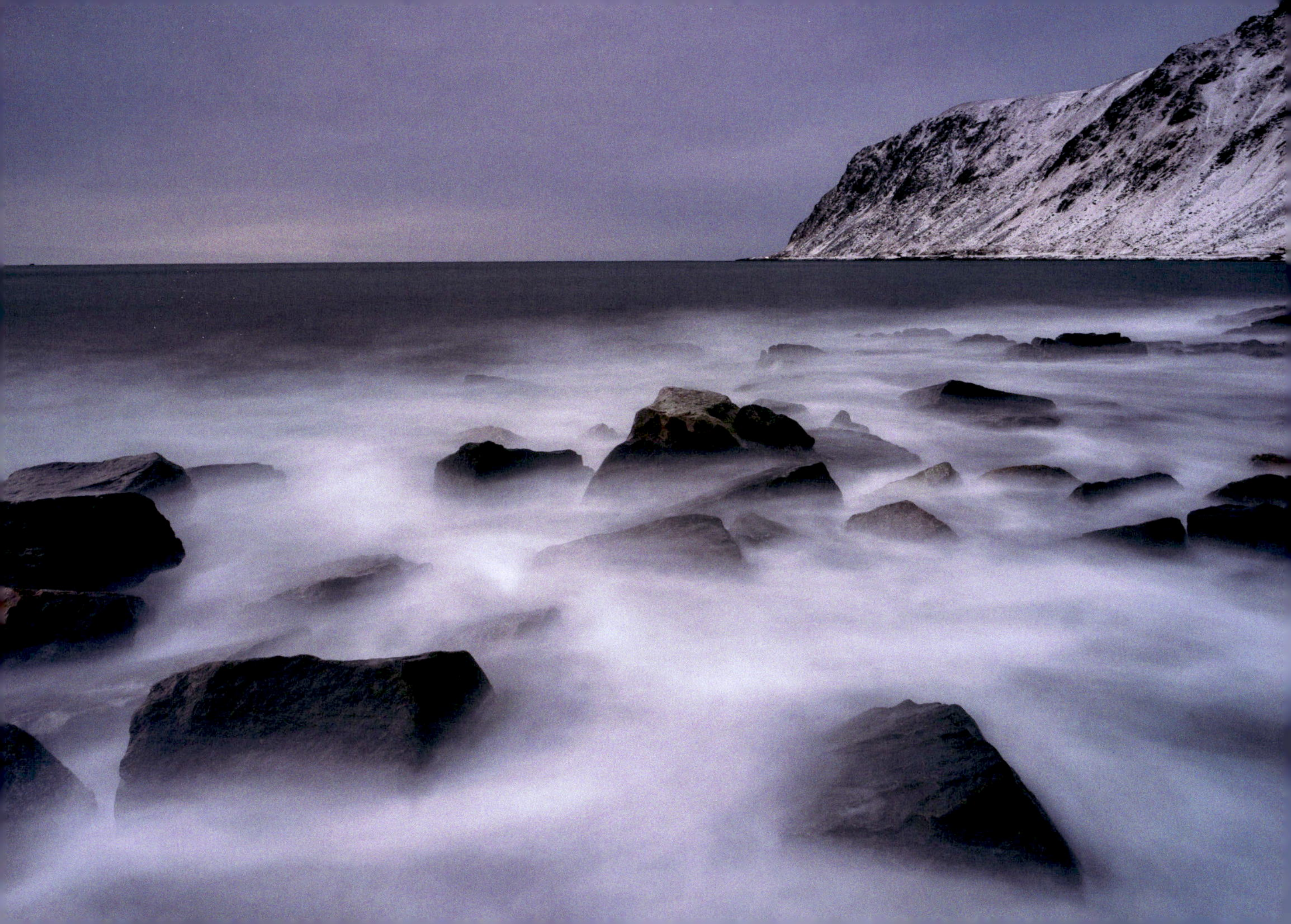

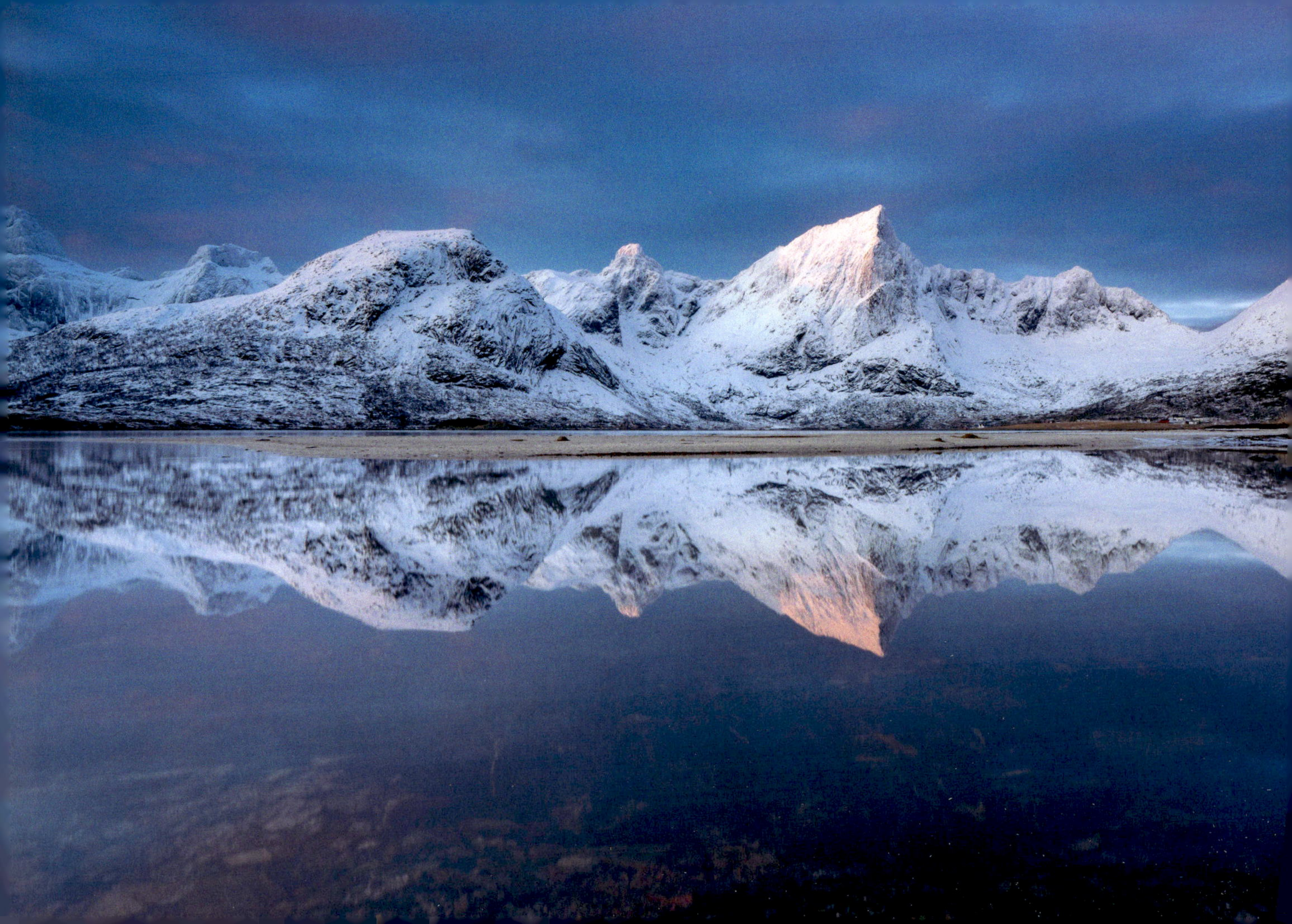

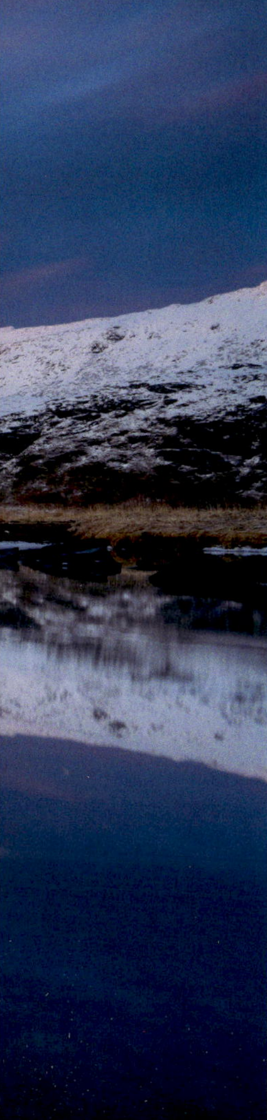

FLAKSTADØY – RUND UM NUSFJORD

TOUR 5

Sehr bekannt und bei Touristen beliebt ist das Fischerdorf Nusfjord, in dem die traditionelle norwegische Bauweise bewahrt werden soll – pittoresk zeigen sich die aus Holz gebauten Fischerhütten entlang des Fjords. Viele der Gebäude stehen unter Denkmalschutz oder beherbergen Museen.

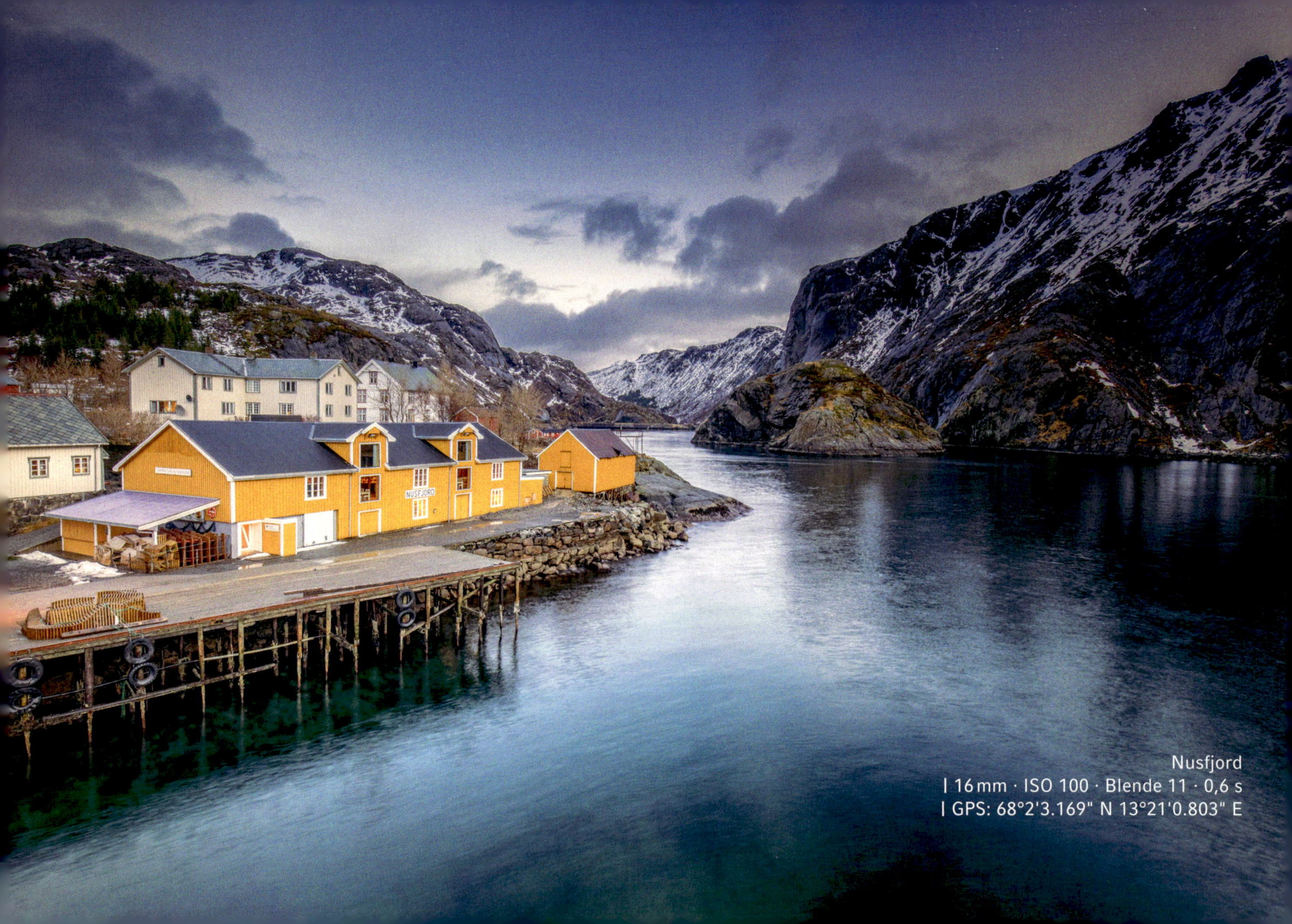

Nusfjord
| 16 mm · ISO 100 · Blende 11 · 0,6 s
| GPS: 68°2'3.169" N 13°21'0.803" E

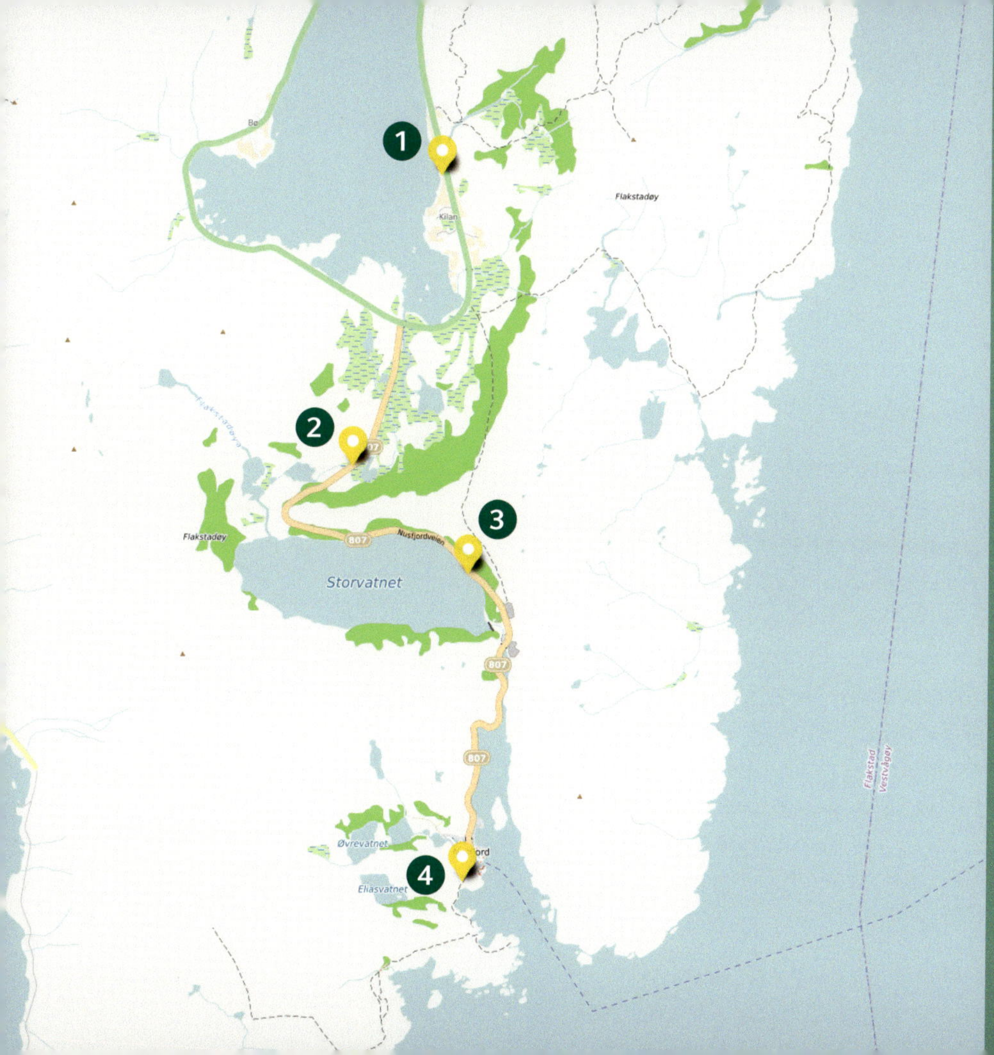

Bø

Kilan

Flakstadøy

Flakstadøya

807

Nusfjordveien

Storvatnet

Øvrevatnet

Eliasvatnet

Flakstad
Vestvågøy

FLAKSTADØY – RUND UM NUSFJORD

TOUR 5

1 FLAKSTADPOLLEN

2 STRASSE NACH NUSFJORD

3 STORVATNET

4 NUSFJORD

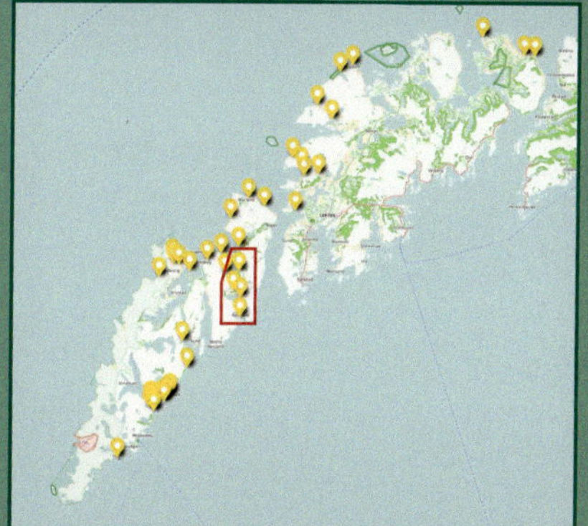

1 FLAKSTADPOLLEN

Entfernung: 20 Minuten (20 km) mit dem Auto von Leknes
Beste Tageszeit: Sonnenaufgang
Beste Jahreszeit: Mitte Januar–Februar
Koordinaten: 68°5'2.483" N 13°20'18.047" E

Wir setzen die Fahrt entlang des Flakstadpollen fort. Die Straße wird enger und führt hart entlang der Bergkante – in diesem Straßenabschnitt ist Halten verboten. Nach ein paar Hundert Metern wird das Tal offener. Auf der rechten Seite gibt es einige Parkmöglichkeiten entlang der Sandstrände des Fjords. Der beste Punkt zum Fotografieren befindet sich rechter Hand unmittelbar hinter einer kleinen Brücke kurz vor dem Ende des Fjords.

Am südlichen Ende des Fjords geht nach links die Straße 807 ab, die nach Nusfjord führt.

Der Kollfjellet im Licht der Morgensonne Anfang Februar | 35 mm · ISO 100 · Blende 10 · 30 s | GPS: 68°5'2" N 13°20'22" E ▶

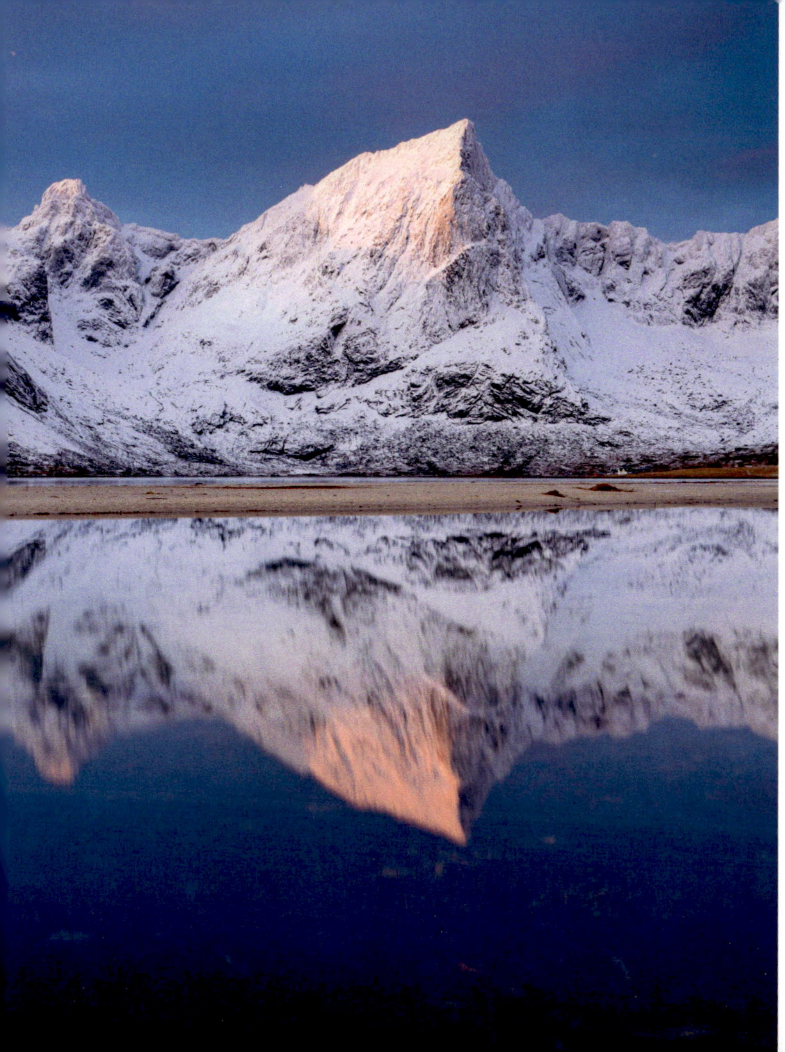

FOTOGRAFIEREN ZUM SONNENAUFGANG

Ende Januar/Anfang Februar beleuchtet die Sonne zum Sonnenaufgang die Gipfel der schneebedeckten Berge auf der anderen Seite des Fjords rund um den 594 m hohen vorgelagerten Kollfjellet. Gemeinsam mit den Gipfeln der Berge Moltinden (696 m), Stortinden (866 m), Stabben (777 m) und Sautinden (794 m) ergibt sich bei gutem Wetter ein wunderbares Bergpanorama, das sich mit etwas Glück und bei ausreichendem Wasserstand im Fjord spiegelt. Direkt an der Straße neben dem Parkplatz hinter der kleinen Brücke befindet sich auch eine Lagune, in der das Wasser besonders ruhig liegt. Hier sind die Spiegelungen der Bergkette in der Regel am eindrucksvollsten.

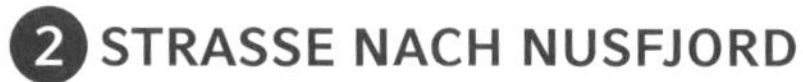

2 STRASSE NACH NUSFJORD

Entfernung: 25 Minuten (23 km) mit dem Auto von Leknes
Beste Tageszeit: Ganztägig
Beste Jahreszeit: Mitte Januar – Februar
Koordinaten: 68°3'45.552" N 13°19'32.316" E

Nach etwa einem Kilometer macht die Straße einen sanften Bogen nach rechts und führt gleichzeitig leicht bergan, sodass bei passendem Wetter das Panorama der Berge Stjerntinden (934 m) und Sautinden (794 m) am Horizont sichtbar wird. Die Straße mittig als Vordergrund vor dem Bergmassiv ist ein wunderbares Motiv. Hier ist allerdings höchste Aufmerksamkeit gefordert, damit der Straßenverkehr nicht behindert oder gar gefährdet wird. Besonders bei Neuschnee lässt sich die Straße großartig fotografieren!

Straße nach Nusfjord ▶
| 18 mm · ISO 160 · Blende 8 · 1/30 s | GPS: 68°3'45.552" N 13°19'32.316" E

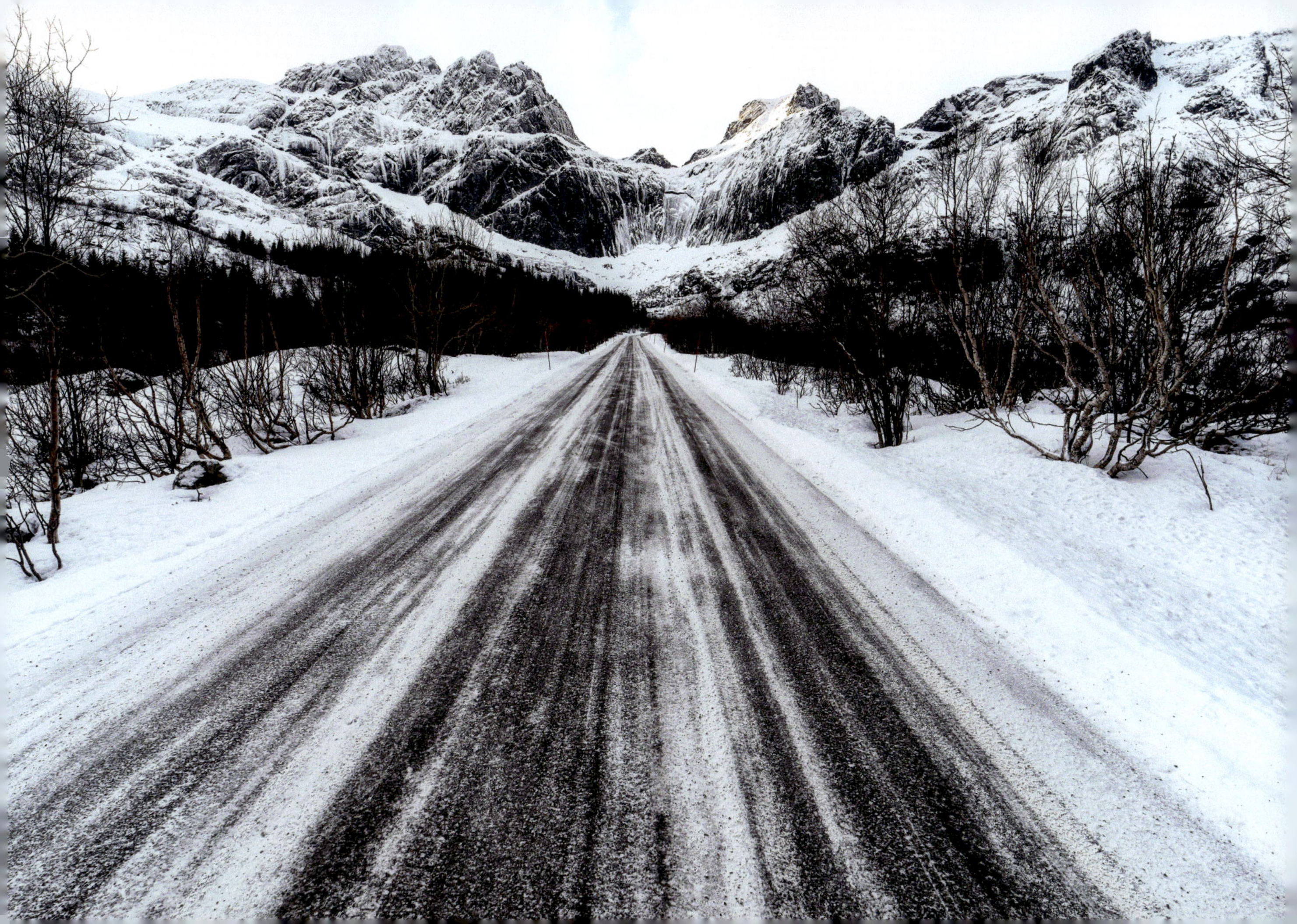

3 STORVATNET

Entfernung: 25 Minuten (25 km) mit dem Auto von Leknes
Beste Tageszeit: Ganztägig
Beste Jahreszeit: Mitte Januar–Februar
Koordinaten: 68°3'22.95" N 13°20'39.06" E

Die Straße führt in einer langgezogenen Linkskurve weiter, bis sie auf das Ufer des Sees Storvatnet trifft.

Sollte der See teilweise zugefroren und frei von Schnee sein, ergeben sich hier – in Kombination mit dem Bergmassiv im Hintergrund und dem Streiflicht der Morgensonne – oft eindrucksvolle Motive. Allerdings ist es nicht ganz einfach, die Böschung zum Seeufer hinunterzuklettern.

Wir folgen der Straße weiter bis zum Scheitel des Nusfjords, der sich Richtung Süden öffnet.

Kurze Zeit später erreichen wir Nusfjord. Wir stellen das Auto auf dem ausgeschilderten PKW-Parkplatz ab und erkunden den Ort zu Fuß. Im Winter werden die rot gestrichenen Rorbuer zeitweise von Fischern genutzt, in der Hauptsaison werden etliche Hütten an Touristen vermietet.

Eisschollen am Storvatnet ▶
| 16 mm · ISO 100 · Blende 11 · 1/13 s
| GPS: 68°3'23" N 13°20'39" E

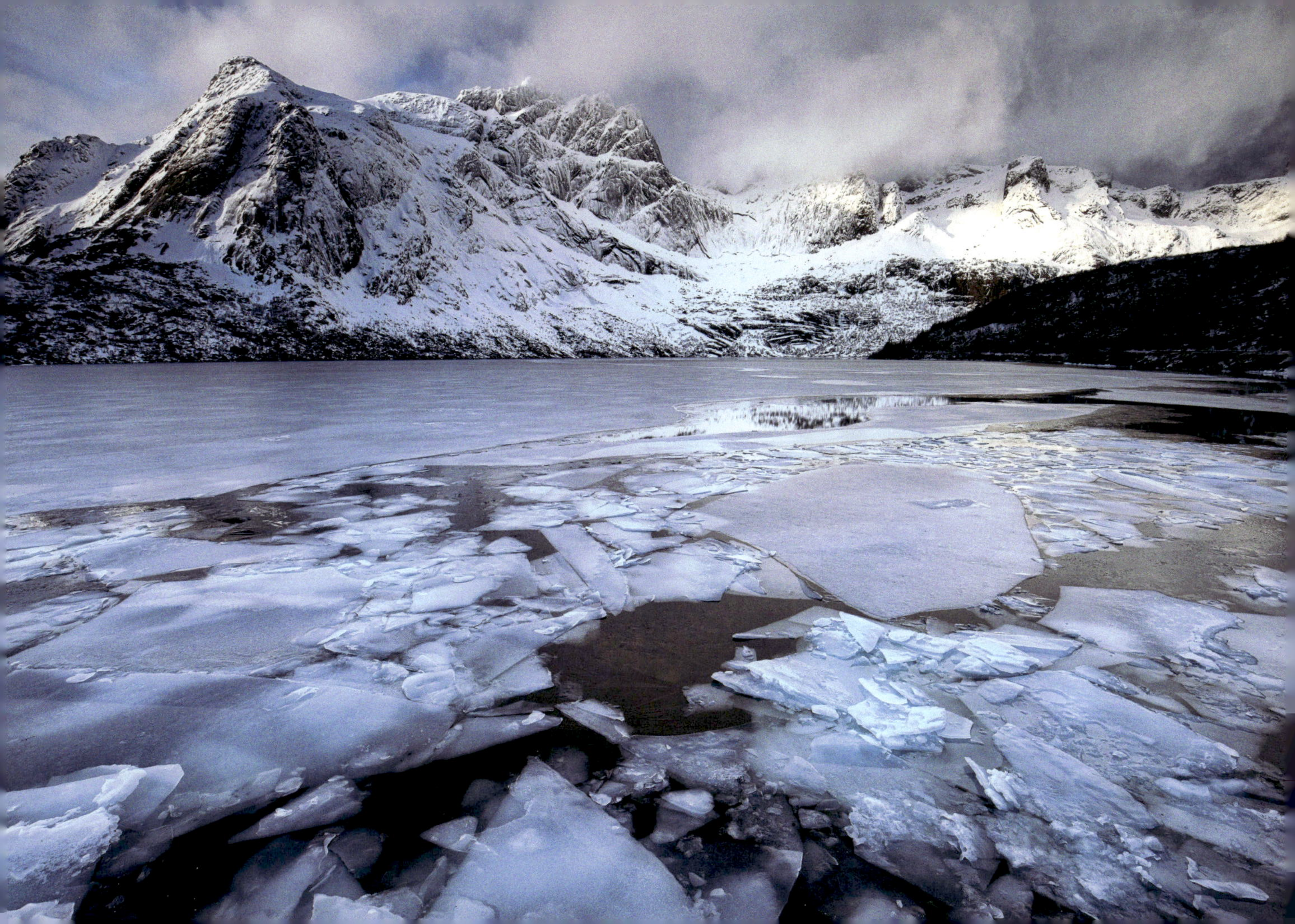

Blick in den Fjord. Bei stürmischem Wetter musste ich das Stativ bei dieser Aufnahme fest umklammern. | 18 mm · ISO 100 · Blende 13 · 1/5 s | GPS: 68°2′38″ N 13°21′5″ E

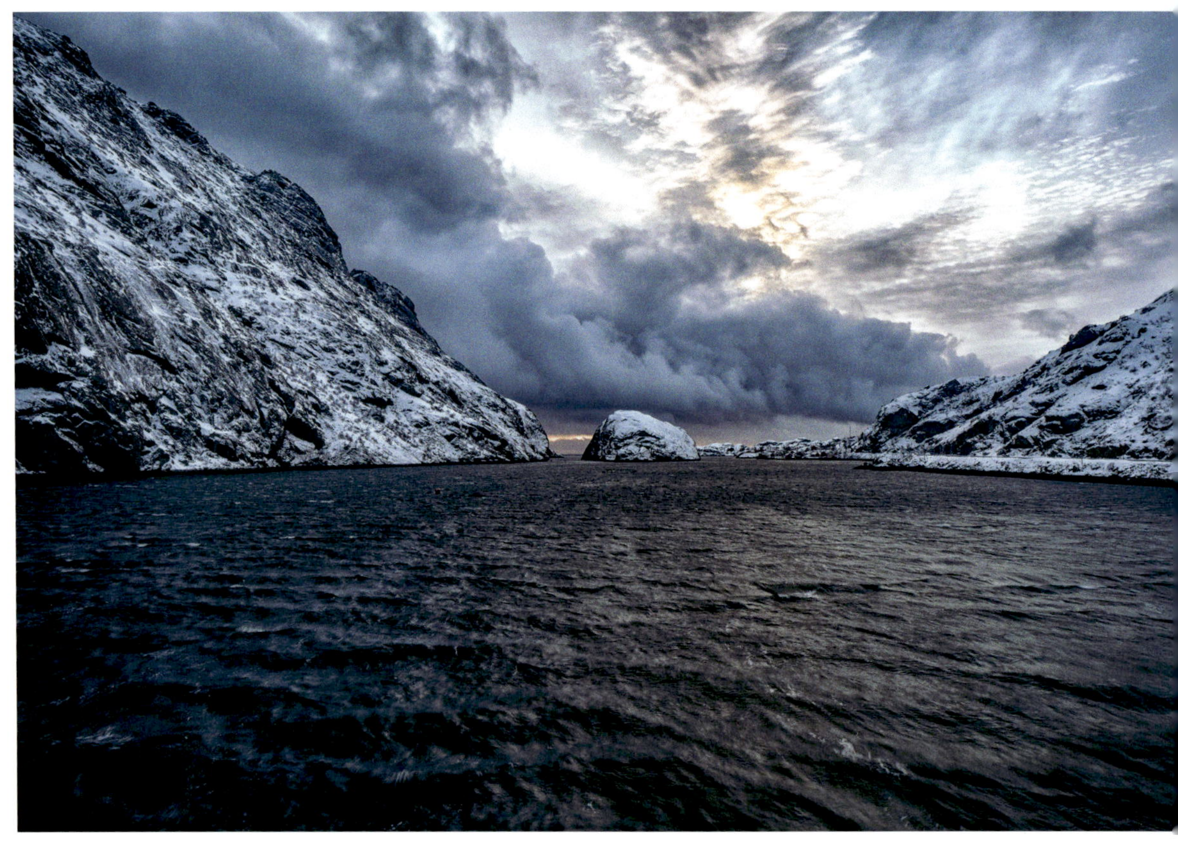

❹ NUSFJORD

Entfernung: 30 Minuten (28 km) mit dem Auto von Leknes
Beste Tageszeit: Sonnenaufgang
Beste Jahreszeit: Januar
Koordinaten: 68°2'3" N 13°21'0" E

Etliche Reiseführer behaupten, dass Nusfjord zum UNESCO-Weltkulturerbe gehört, was allerdings nicht stimmt. Nichtsdestotrotz ist Nusfjord ein sehr beliebtes Ausflugsziel bei Touristen, und in der Hochsaison fahren etliche Busse mit Passagieren der im Norden ankernden Hurtigruten-Kreuzfahrtschiffe in das beschauliche Dorf, das sein Zentrum um das Oval eines natürlichen Hafens hat.

Über einen Holzsteg laufen wir entlang des Hafens vorbei an etlichen historischen Gebäuden. Auf der anderen Hafenseite liegt ein kleiner Aussichtspunkt; von hier ist ein guter Blick zurück auf den Hafen, auf die gelb gestrichenen Hauptgebäude und in den Fjord hinein möglich.

An verschiedenen Stellen innerhalb des Orts finden sich interessante Holzkonstruktionen, die im Rahmen eines Projekts der Architektur- und Designschule Oslos von 23 Studierenden realisiert wurden. Die Objekte fügen sich nahtlos in die umgebende Natur ein. Den schönsten Blick auf Nusfjord hat man, wenn man der Straße durch Nusfjord noch ein paar Meter weiter folgt, bis sie in einer Rechtskurve leicht bergan steigt. Von hier erreicht man über einen gut ausgetretenen kleinen Pfad auf der rechten Seite einen

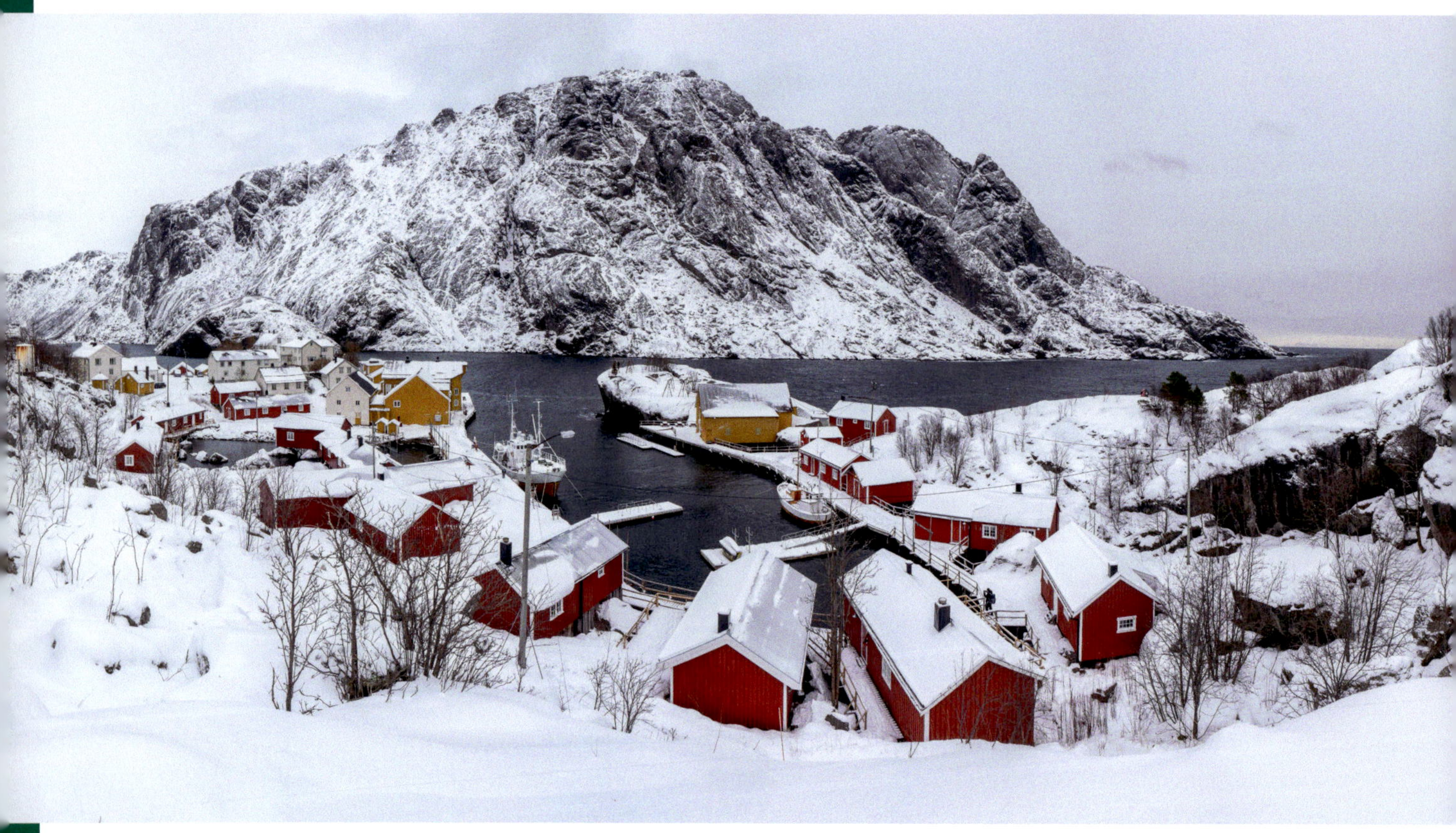

◀ Nusfjord
| 21 mm · ISO 100 · Blende 10 · 1/13 s · Panorama aus zwölf vertikalen Aufnahmen
| GPS: 68°2'0.871" N 13°20'47.942" E

Aussichtshügel, von dem aus die in den Fjord gebauten Häuser noch eindrucksvoller wirken – an dieser Stelle bietet es sich an, ein Panorama zu probieren.

Wir kehren wieder um und fahren mit dem Auto zurück zur E10, in die wir nach links abbiegen.

Nach wie vor lohnt es sich, die Augen offen zu halten. Bei Windstille und ausreichendem Wasserstand spiegelt sich oft die Bergkulisse im Wasser des weiten Fjords. Im Winter finden sich auch hier häufig treibende Eisschollen, die sich als Vordergrund für ein Foto anbieten.

SONNE UND LICHT

Wegen des schmalen, nach Süden geöffneten Fjords ist das Fotografieren bei Sonnenaufgang auf den Januar beschränkt, wenn die Sonne fast im Süden auf- und auch wieder untergeht. Natürlich können Sie aber auch in anderen Monaten oder zu anderen Tageszeiten schöne Lichtstimmungen in Nusfjord erleben.

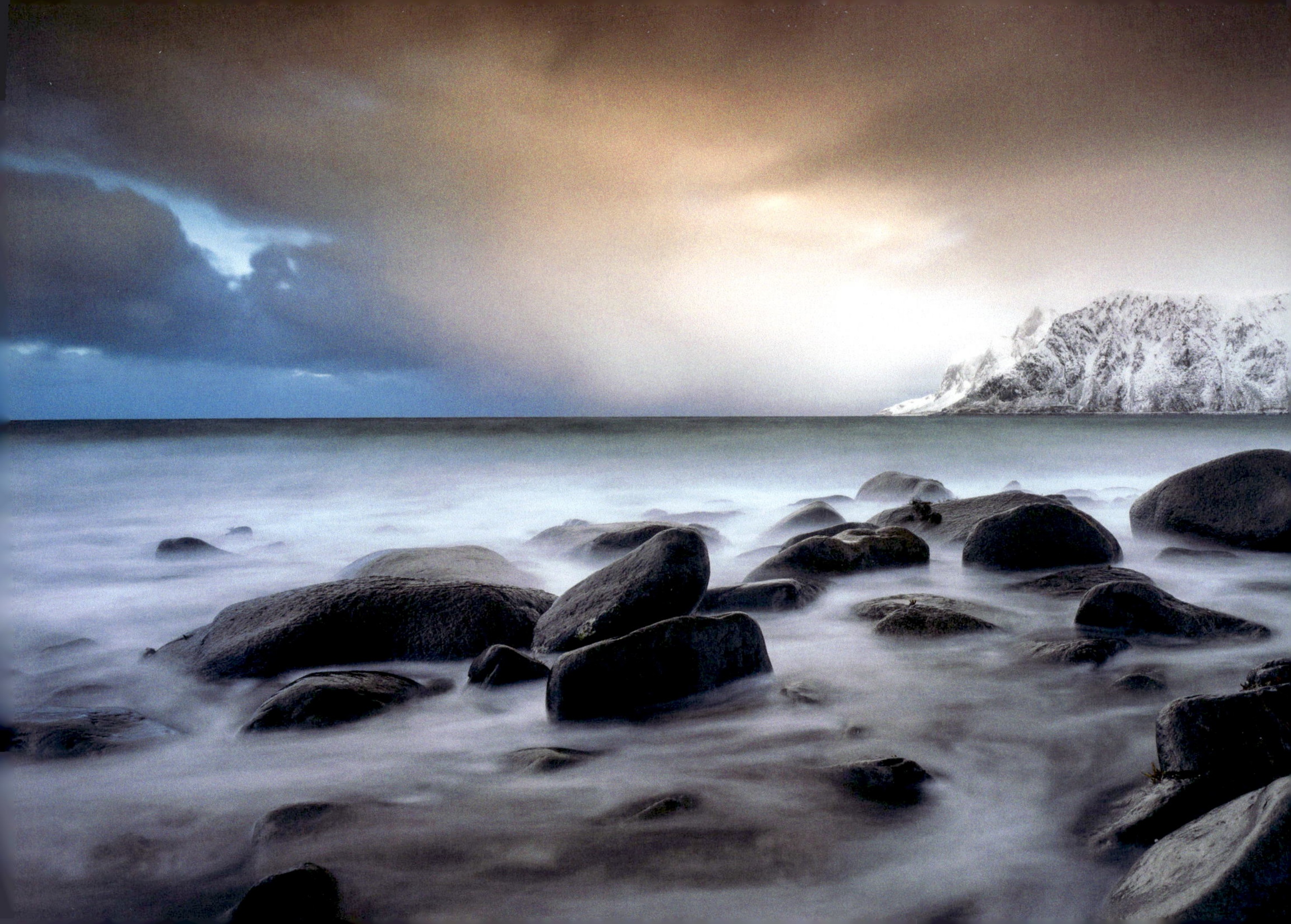

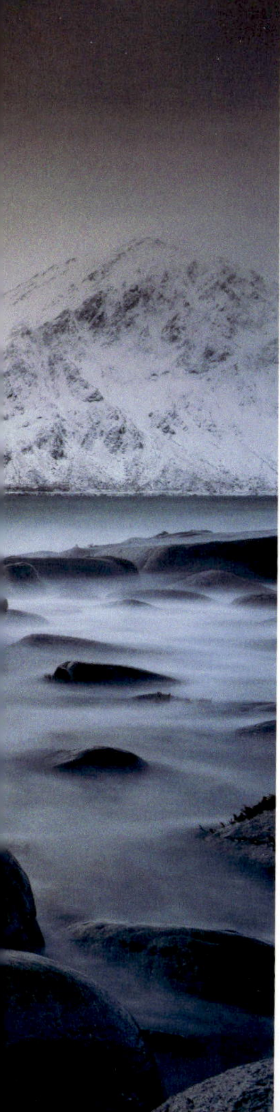

FLAKSTADØY – SKAGSANDEN UND RAMBERG

TOUR 6

Entlang der E10 geht es weiter Richtung Skagsanden, einem der attraktivsten Strände für Fotografen und Surfer.

Da die E10 unmittelbar am Strand vorbeiführt, ist dieser teilweise recht überlaufen. Im Sommer reihen sich die Wohnmobile auf dem ausgewiesenen Parkplatz aneinander.

Auch bei Fotografen ist der Strand wegen der guten Erreichbarkeit und der vielfältigen Möglichkeiten sehr beliebt – dazu später mehr!

Auch nachts ist Skagsanden der beliebteste Anlaufpunkt auf Flakstadøy, um Polarlicht zu fotografieren (siehe auch Abschnitt »Beste Standorte« ab Seite 263).

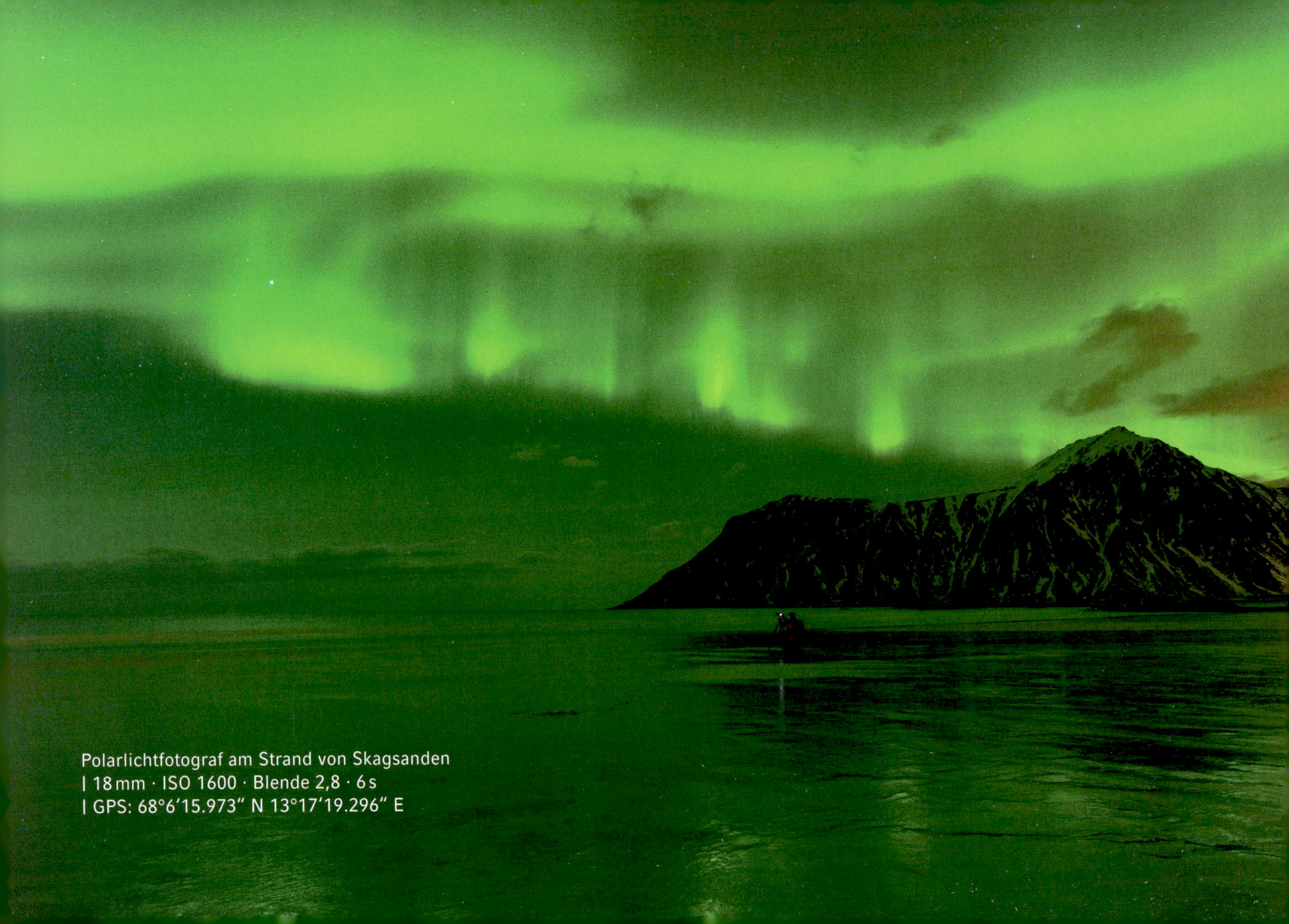

Polarlichtfotograf am Strand von Skagsanden
| 18 mm · ISO 1600 · Blende 2,8 · 6 s
| GPS: 68°6'15.973" N 13°17'19.296" E

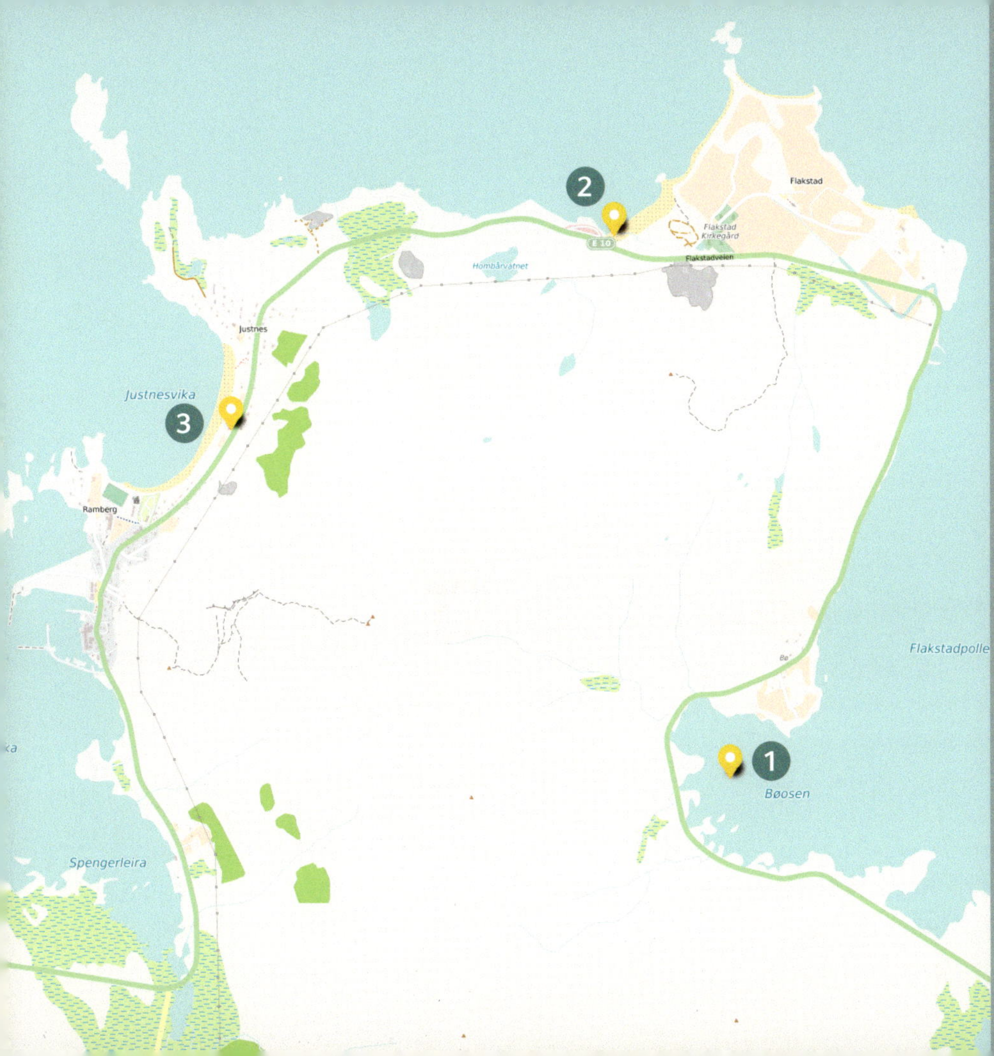

FLAKSTADØY – SKAGSANDEN UND RAMBERG

TOUR 6

1. FLAKSTADPOLLEN
2. DER STRAND VON SKAGSANDEN
3. DER STRAND VON RAMBERG

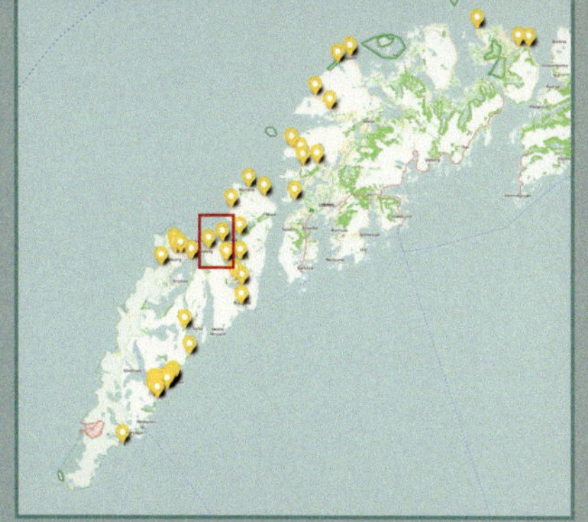

1 FLAKSTADPOLLEN

Entfernung: 25 Minuten (25 km) mit dem Auto von Leknes
Beste Tageszeit: Sonnenaufgang
Beste Jahreszeit: Januar – März
Koordinaten: 68°4'32" N 13°19'19" E

Zunächst fahren wir weiter auf der E10 entlang des Flakstadpollen. Im Winter gibt es hier immer wieder schöne Spiegelungen oder auch Eisschollen, die im Fjordausläufer treiben.

Wenige Hundert Meter weiter münden mehrere kleinere Gebirgsbäche in den Fjord.

Nach stärkerem Regenfall können sie durchaus so viel Wasser führen, dass ein paar Meter bergan kleine Wasserfälle entstehen. Bei trockenem Wetter können sie allerdings auch komplett verschwinden.

Kurze Zeit später erreichen wir auf der E10 das Ende des Fjordes und fahren an einem kleinen Ort mit Campingplatz und auffälliger Kirche vorbei, bis wir an einem großen, gekennzeichneten Parkplatz auf der rechten Seite den Strand von Skagsanden erreichen.

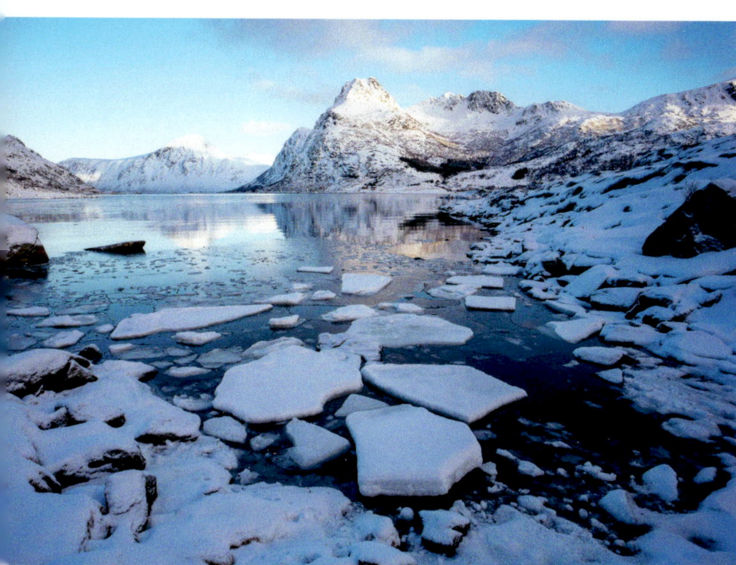

Blick in den Fjord von Flakstad. Der leicht ins bläulich gehende Weißabgleich passt gut zur kalten Stimmung des Bildes.
| 21 mm · ISO 100 · Blende 11 · 1/100 s | GPS: 68°4‘32“ N 13°19‘19“ E

Kleiner Wasserfall am dunstverhangenen Berg. Wegen der schnellen Fließgeschwindigkeit des Wassers genügt hier eine relativ kurze Belichtungszeit, um die Dynamik des Wassers darzustellen.
| 21 mm · ISO 100 · Blende 11 · 0,4 s | GPS: 68°5‘3“ N 13°17‘26“ E

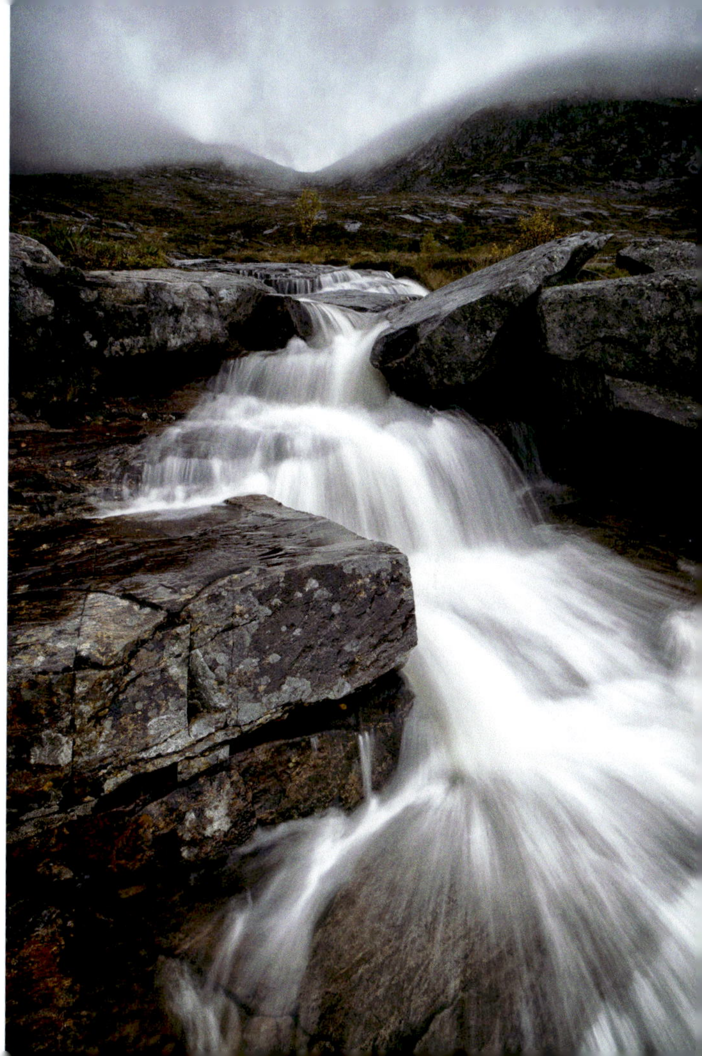

2 DER STRAND VON SKAGSANDEN

Entfernung: 30 Minuten (28 km) mit dem Auto von Leknes, 35 Minuten (30 km) von Reine
Beste Tageszeit: Ganztägig (bei schlechtem Wetter), Sonnenuntergang
Beste Jahreszeit: Ganzjährig
Bekleidungstipp: Rutschfeste Gummistiefel
Koordinaten: 68°6'13" N 13°17'5" E

Vom Parkplatz aus gibt es verschiedene Möglichkeiten, sich dem Strand von Skagsanden fotografisch zu nähern.

Gerne starte ich mit einer weniger bekannten Variante und klettere zunächst über die großen Findlinge zur steinigen Wasserkante.

Mit den Steinen im Vordergrund lässt sich der Ausschnitt variieren, um verschiedene Bildwirkungen zu erzielen.

Auch der weite Sandstrand selbst bietet nahezu unendlich viele Kompositionsmöglichkeiten.

Da der Strand sehr langgezogen ist und sanft zum Wasser abfällt, ergeben sich hier häufig schöne Spiegelungen des Bergs Hustinden im dünnen Wasserfilm.

Gleich im ersten Abschnitt des Strandes neben dem Parkplatz gibt es vielfältige Strukturen zu bestaunen. Zufließendes Wasser sorgt für interessante Verästelungen der Sandschicht.

Nach 200 Metern am Strand entlang treffen wir auf ein kleines Riff, das bei Flut vom Wasser fast vollständig überspült wird.

Bei Ebbe bilden sich kleine Lagunen, die verschiedenen Meeralgen und Muscheln als Lebensraum dienen. Das Wasser ist kristallklar und schimmert leicht türkis – auch hier lässt

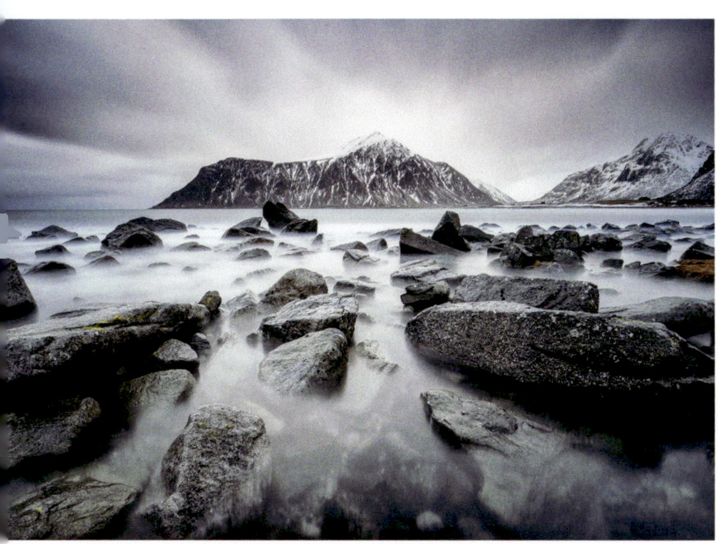

Aus dieser Perspektive ist vom für Skagsanden typischen Sandstrand nichts zu sehen. Die Form und Anordnung der Steine lenkt den Blick des Betrachters ins Bild hinein, die dynamisch verschwommenen Wolkenlinien am Himmel unterstützen diesen Effekt.
| 16 mm · ISO 100 · Blende 9 · 120 s | GPS: 68°6'17" N 13°16'58" E

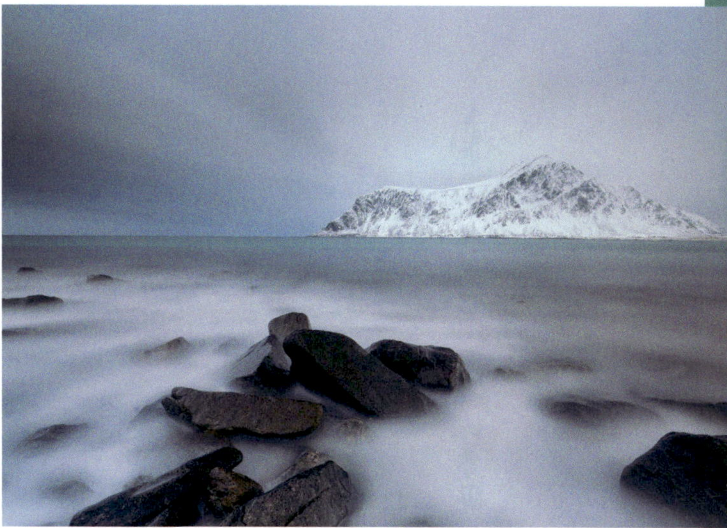

Blick auf den Hustinden mit diagonal versetzten Steinen im Vordergrund
| 18 mm · ISO 100 · Blende 11 · 542 s
| GPS: 68°6'16" N 13°17'3" E

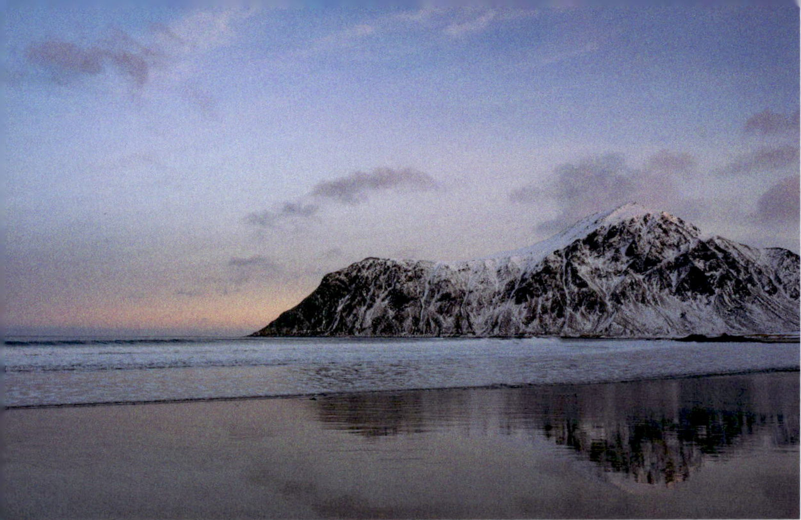

Die Silhouette des Bergs Hustinden dominiert die Landschaft rund um Skagsanden.
| 21 mm · ISO 100 · Blende 11 · 1/10 s
| GPS: 68°6'16" N 13°17'13" E

Eine stilisierte S-Linie führt ins Bild hinein. Die Strukturen im Sand bestimmen den Vordergrund.
| 16 mm · ISO 100 · Blende 14 · 10 s
| GPS: 68°6'14" N 13°17'9" E

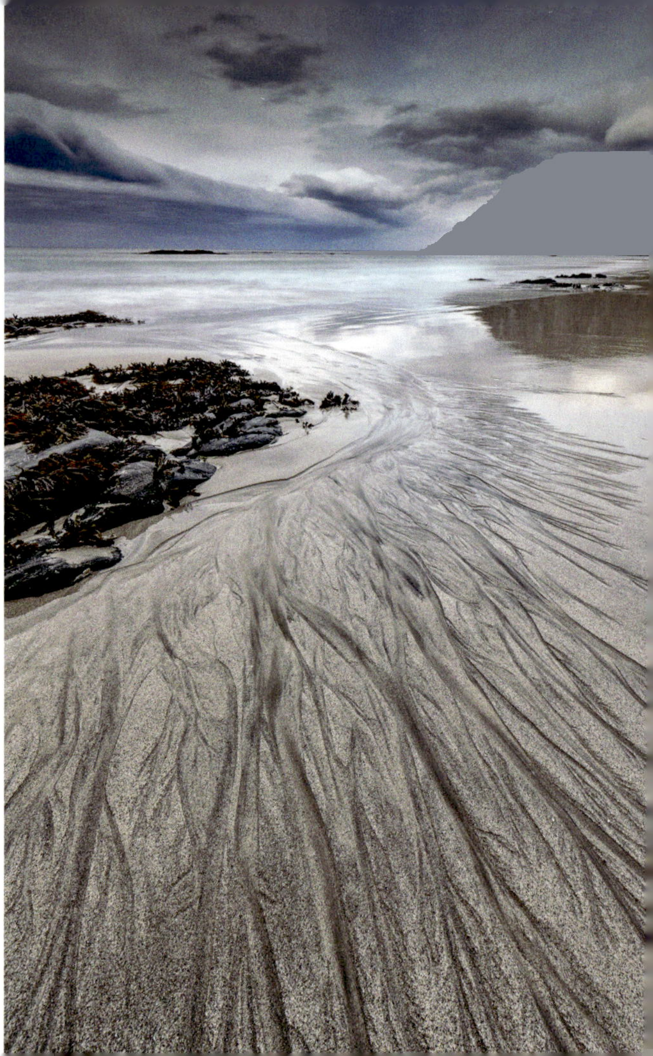

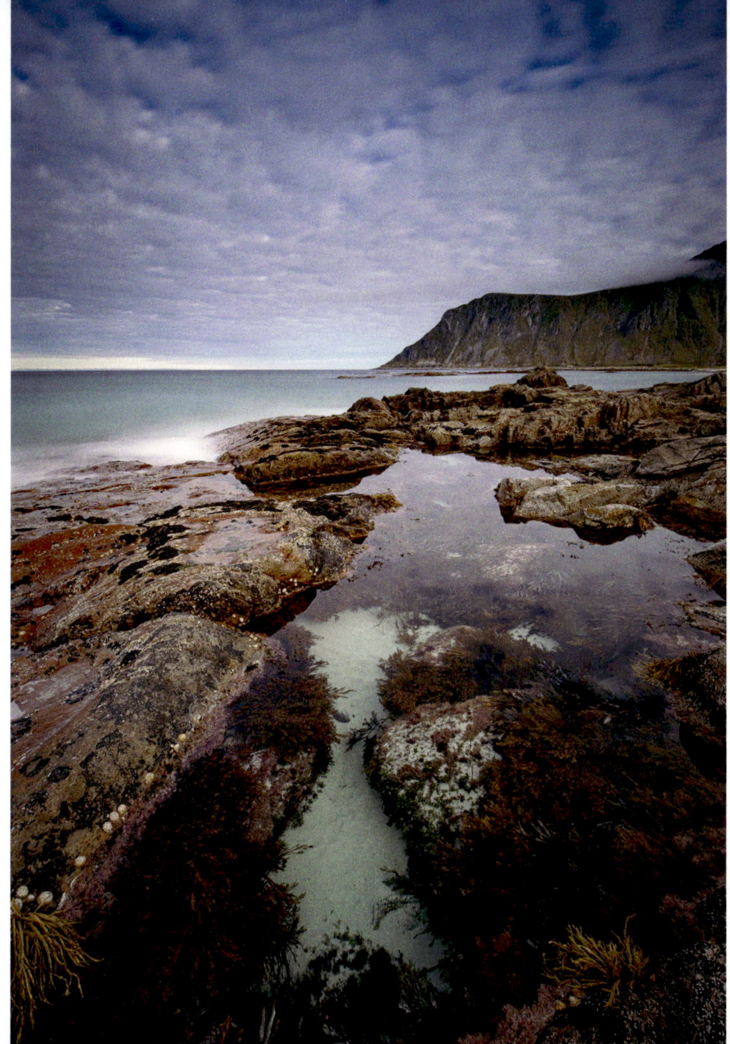

Lagune am Strand von Skagsanden. Durch Einsatz eines Polfilters wurden die Spiegelungen auf der Wasseroberfläche reduziert.
| 16 mm · ISO 100 · Blende 11 · 30 s
| GPS: 68°6'21" N 13°17'27" E

sich gut ein Polfilter einsetzen, um die Spiegelungen der Wasseroberfläche zu reduzieren.

In dunklen Winternächten mit Polarlicht ist der Strand von Skagsanden eines der populärsten Ziele für Fotografen: Die Lichtverschmutzung hält sich hier noch in Grenzen, und mögliche Spiegelungen des Nordlichts in Kombination mit der Bergkulisse führen zu beeindruckenden Bildergebnissen.

Die extreme Weitwinkelaufnahme aus kurzer Distanz lässt den Stein im Vordergrund größer wirken, als er in Wirklichkeit ist. Durch die nicht zu lang gewählte Belichtungszeit ergibt sich eine gute Dynamik in Richtung des abfließenden Wassers.
| 15 mm · ISO 100 · Blende 11 · 5 s
| GPS: 68°6′15″ N 13°17′8″ E

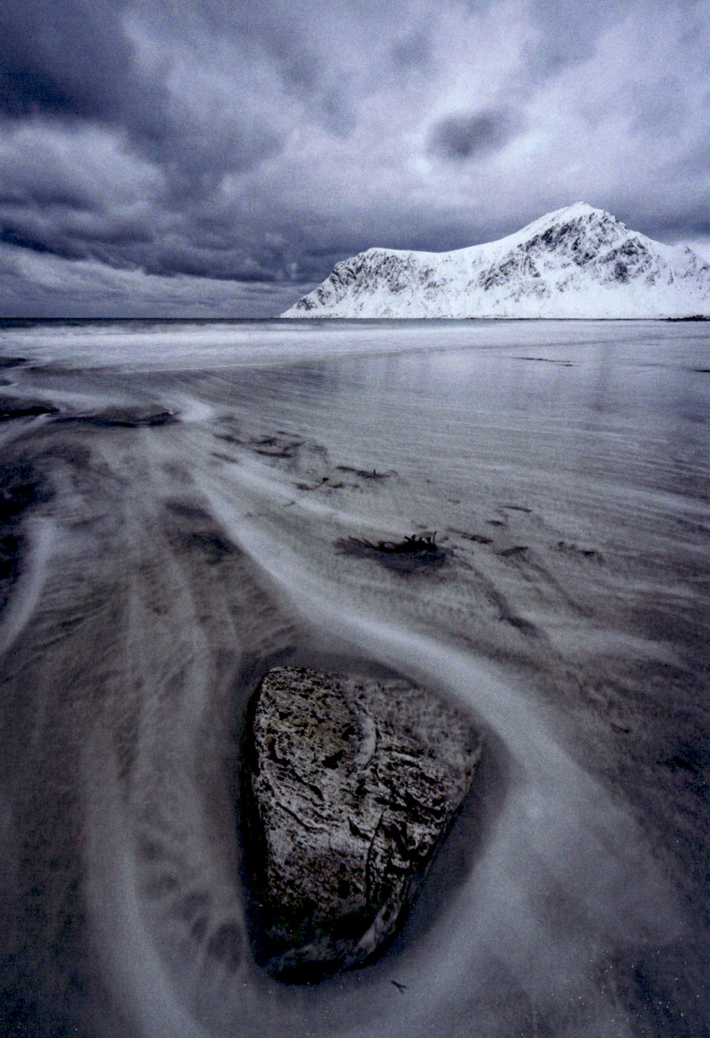

❸ DER STRAND VON RAMBERG

Entfernung: 35 Minuten (31 km) mit dem Auto von Leknes, 30 Minuten (26 km) von Reine
Beste Tageszeit: Sonnenuntergang
Beste Jahreszeit: Ganzjährig
Koordinaten: 68°5'60" N 13°14'27" E

Drei Kilometer weiter erreichen wir bereits den Strand von Ramberg, der sich unmittelbar vor der gleichnamigen Ortschaft befindet.

Die interessantesten Motive finde ich meistens im Abschnitt auf der rechten Seite. Seegras und Schilf bestimmen hier die Kompositionen. Wer die Augen offen hält, findet auch hier interessante Steine an der Wasserkante, die – lange belichtet – gut in den Vordergrund der Aufnahme eingebaut werden können.

In unmittelbarer Nähe der Straße findet sich oberhalb des Strands eine kleine, freistehende rote Holzhütte, die sich ebenfalls wunderbar in Szene setzen lässt – sei es ganz symmetrisch als mittiges Motiv oder ein bisschen seitlich versetzt.

In Ramberg selbst gibt es die Möglichkeit, die Vorräte im örtlichen Supermarkt aufzufüllen oder auch zu tanken.

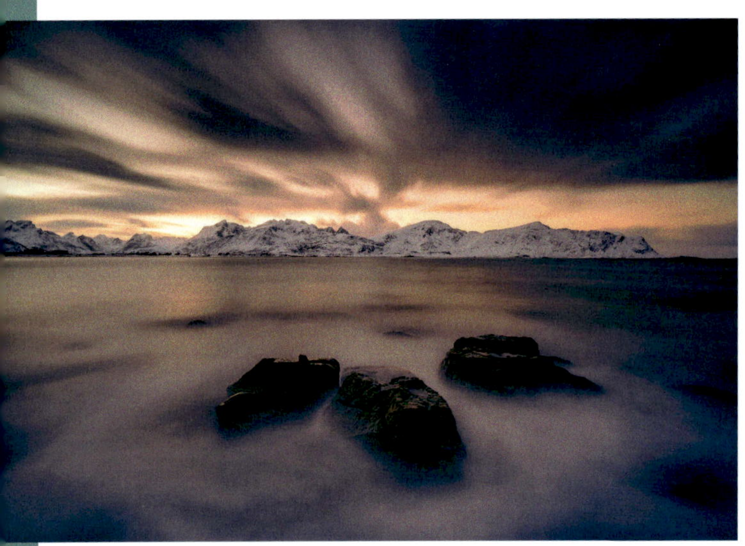

Langzeitbelichtung zum Sonnenuntergang am Strand von Ramberg. Die schnell ziehenden Wolken werden durch die Belichtungszeit als dynamische Linien in der oberen Bildhälfte sichtbar und stehen im Kontrast zu den Ruhe ausstrahlenden Steinen im Vordergrund.
| 18 mm · ISO 100 · Blende 11 · 300 s
| GPS: 68°5‘60“ N 13°14‘27“ E

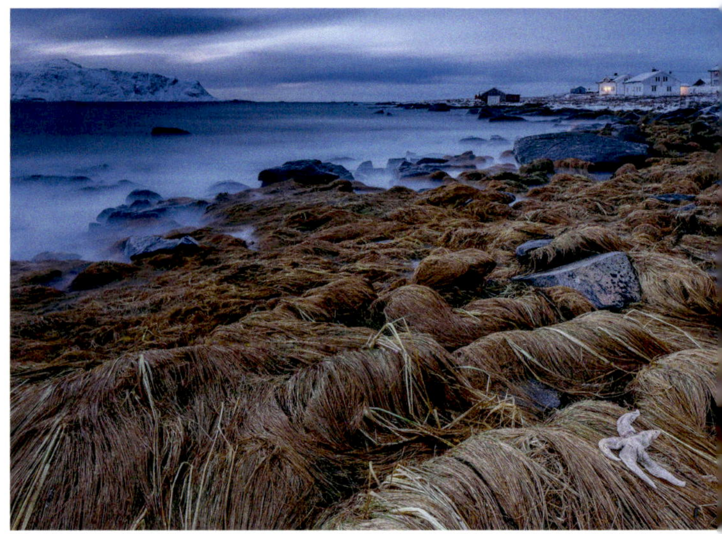

Seestern zur blauen Stunde am Strand von Ramberg
| 18 mm · ISO 200 · Blende 11 · 240 s
| GPS: 68°5‘60“ N 13°14‘27“ E

Rote Hütte am Strand von Ramberg ▶
| 12 mm · ISO 100 · Blende 11 · 1/8 s
| GPS: 68°5‘48.228“ N 13°14‘38.698“ E

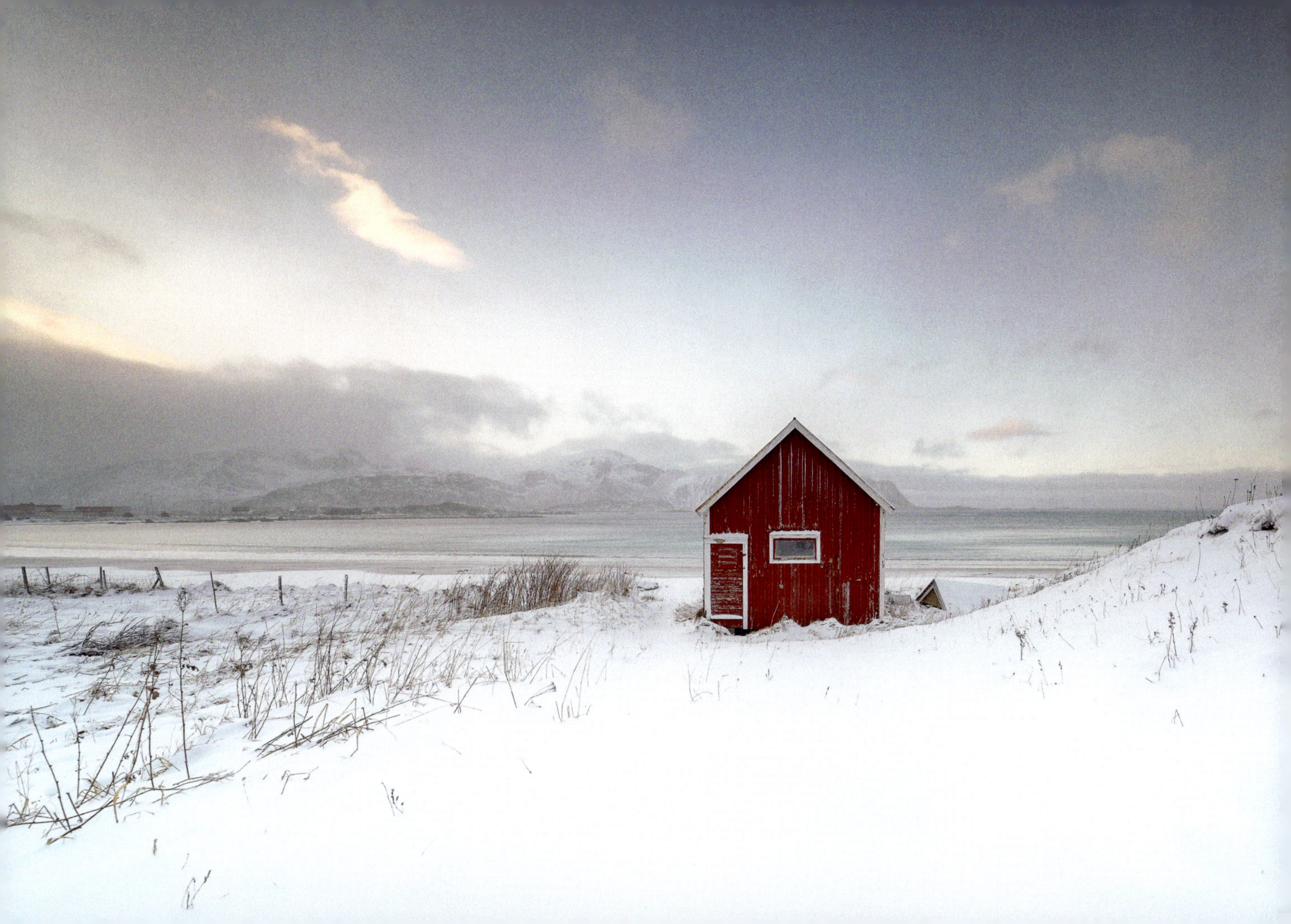

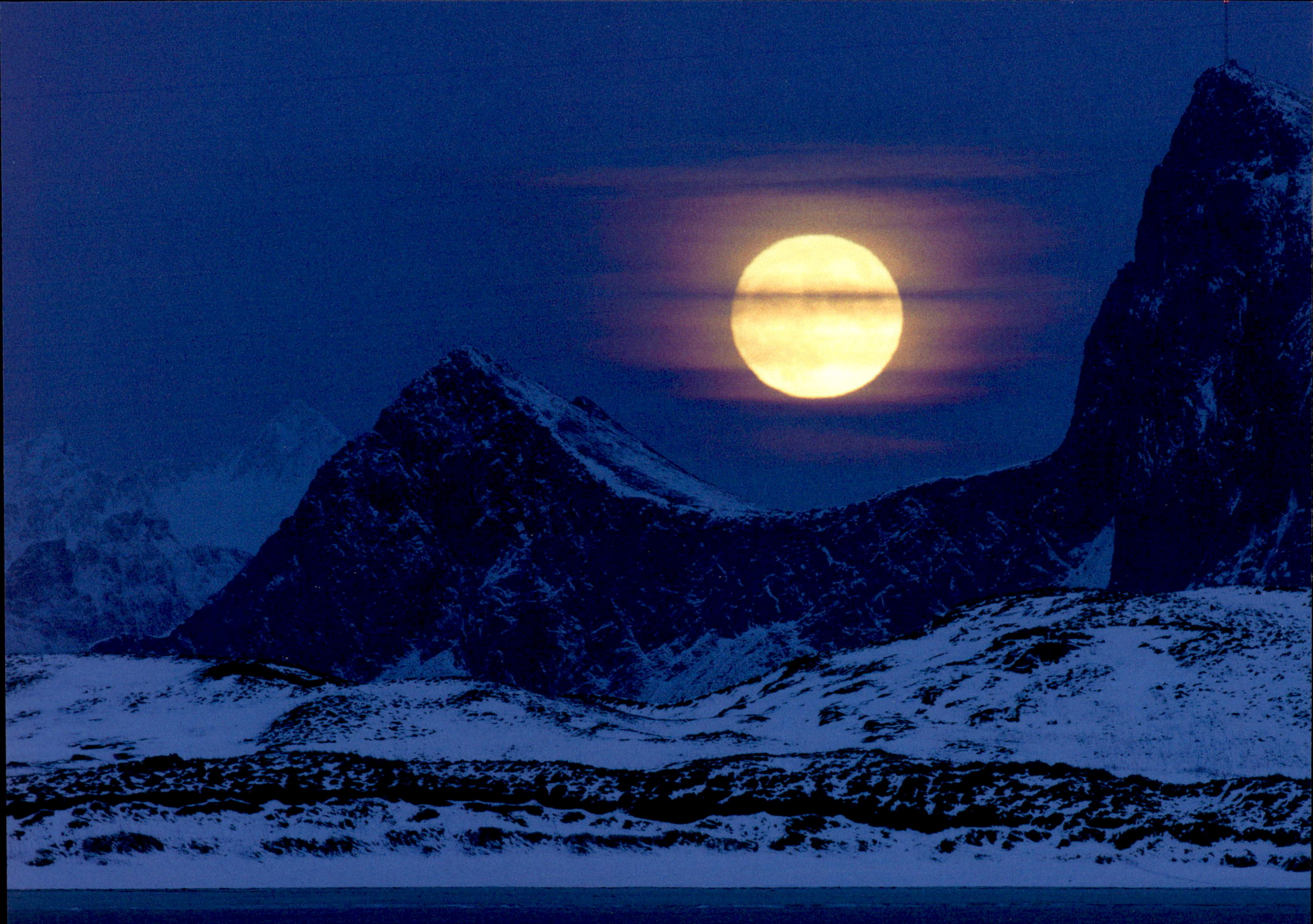

FLAKSTADØY – RUND UM FREDVANG

TOUR 7

Die E10 führt im Anschluss am Hafen von Ramberg und danach an einem weiteren kleinen Fjord entlang. Rechter Hand erkennen wir zwei geschwungene Brücken, die nach Fredvang und damit zum nördlichen Teil der Insel Moskenesøy führen – der zugehörige Verwaltungsbezirk ist allerdings nach wie vor Flakstadøy.

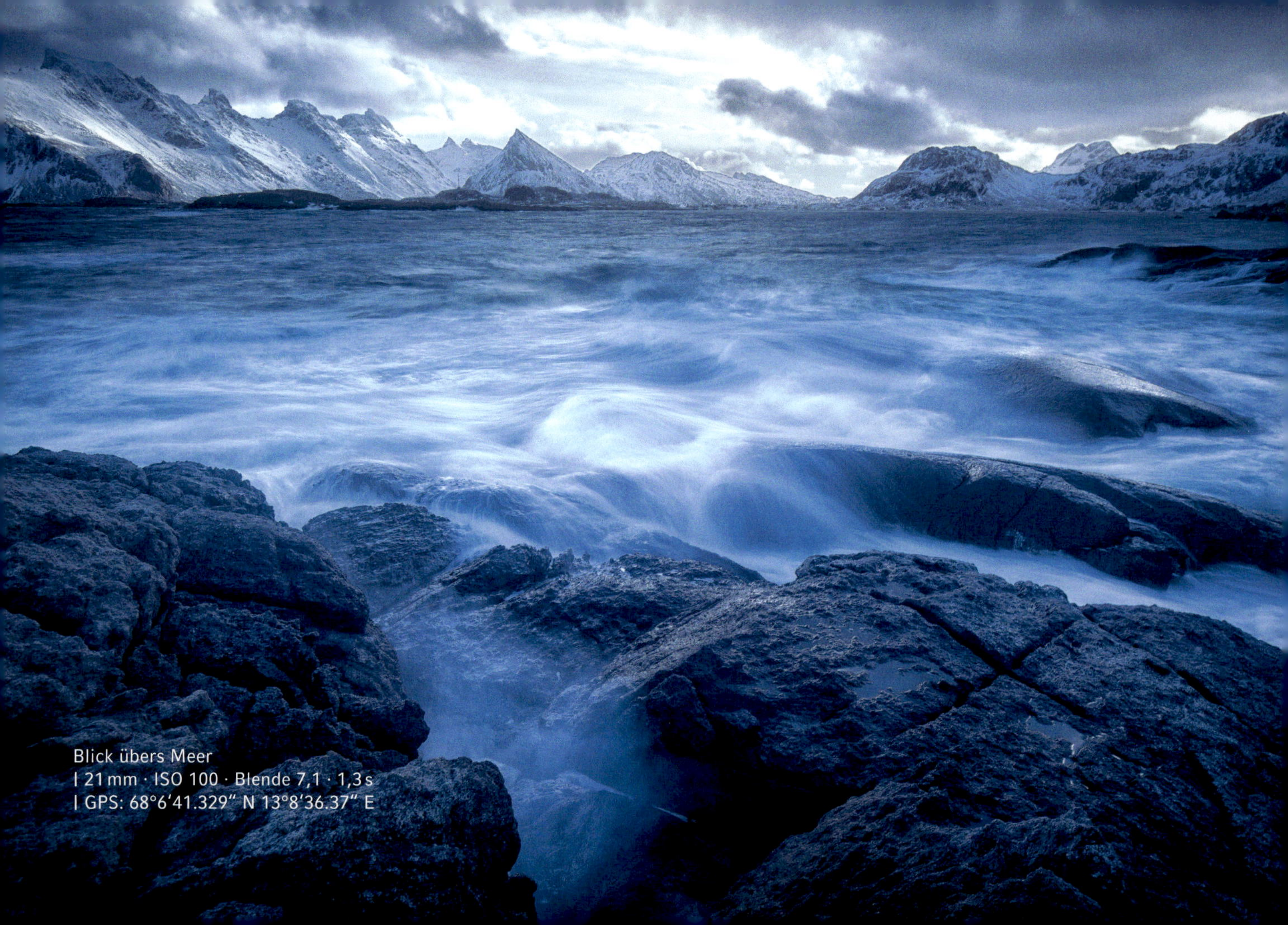

Blick übers Meer
| 21 mm · ISO 100 · Blende 7,1 · 1,3 s
| GPS: 68°6‘41.329“ N 13°8‘36.37“ E

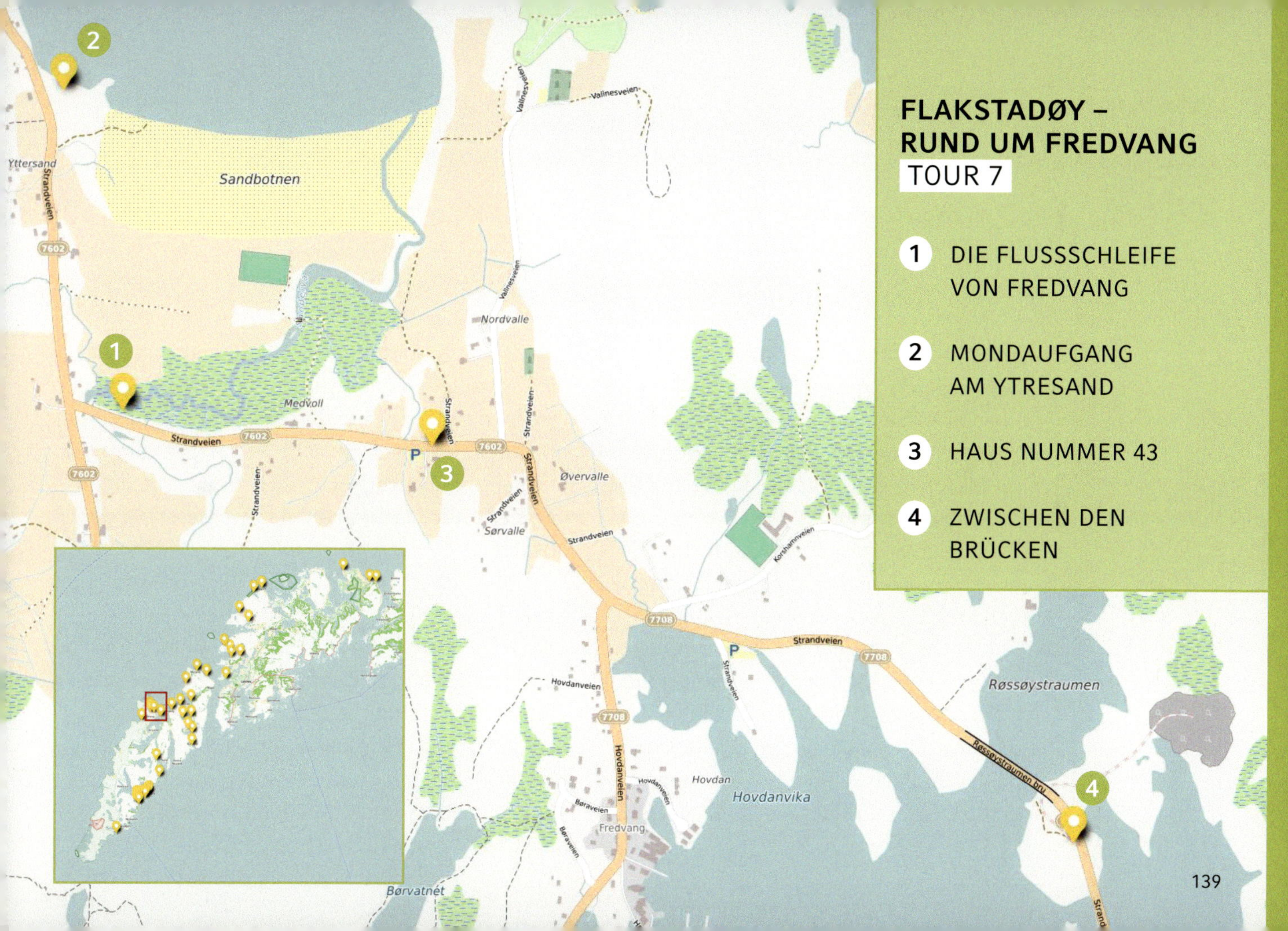
FLAKSTADØY –
RUND UM FREDVANG
TOUR 7
1 DIE FLUSSSCHLEIFE VON FREDVANG
2 MONDAUFGANG AM YTRESAND
3 HAUS NUMMER 43
4 ZWISCHEN DEN BRÜCKEN
Sandbotnen
Yttersand
Strandveien
7602
Vallnesveien
Nordvalle
Medvoll
Øvervalle
Sørvalle
Korshamnveien
7708
Røssøystraumen
Røssøystraumen bru
Hovdanveien
Hovdan
Hovdanvika
Børaveien
Fredvang
Børvatnet

1 DIE FLUSSSCHLEIFE VON FREDVANG

Entfernung: 40 Minuten (37 km) mit dem Auto von Leknes, 30 Minuten (28 km) von Reine
Beste Tageszeit: Mondaufgang, nachts
Beste Jahreszeit: Ganzjährig
Koordinaten: 68°5‘28.097“ N 13°8‘36.619“ E

Wir biegen rechts ab, überqueren die beiden steilen, geschwungenen Brücken und erreichen nach kurzer Zeit eine Kreuzung. Links geht es zum Hauptort, aber wir halten uns zunächst rechts und folgen dem Strandveien (814) Richtung Strand.

Es geht entlang landwirtschaftlicher Flächen, vorbei an einigen baufälligen Häusern. Ungefähr 100 Meter vor einer T-Kreuzung erkennen wir rechts der Straße das verzweigte Flusssystem des Sandelva, kurz danach findet sich auf der linken Seite eine Parkbucht.

Eine der Flussschleifen in unmittelbarer Nähe der Straße beschreibt dabei annähernd eine 180°-Kehre und bietet sich so als Vordergrund für eine weitwinklige Aufnahme an. Oft finden sich im Hintergrund dramatische, schnell ziehende Wolken, die für einen spannenden Bildaufbau sorgen. Besonders gut gefällt mir die Schleife im Herbst, wenn sich die umgebenden Gräser rötlich färben und das Wasser nicht gefroren ist.

Die Flussschleife kann sich auch bei kräftigem Polarlicht als Vordergrund eignen, selbst wenn die Höfe und Straßenlaternen im Hintergrund für Lichtverschmutzung sorgen. Wir fahren weiter bis zur T-Kreuzung und biegen nach rechts ab zum Strand von Ytresand. Am Ende der Straße befindet sich ein großer Wanderparkplatz, von dem aus etliche schöne Routen starten.

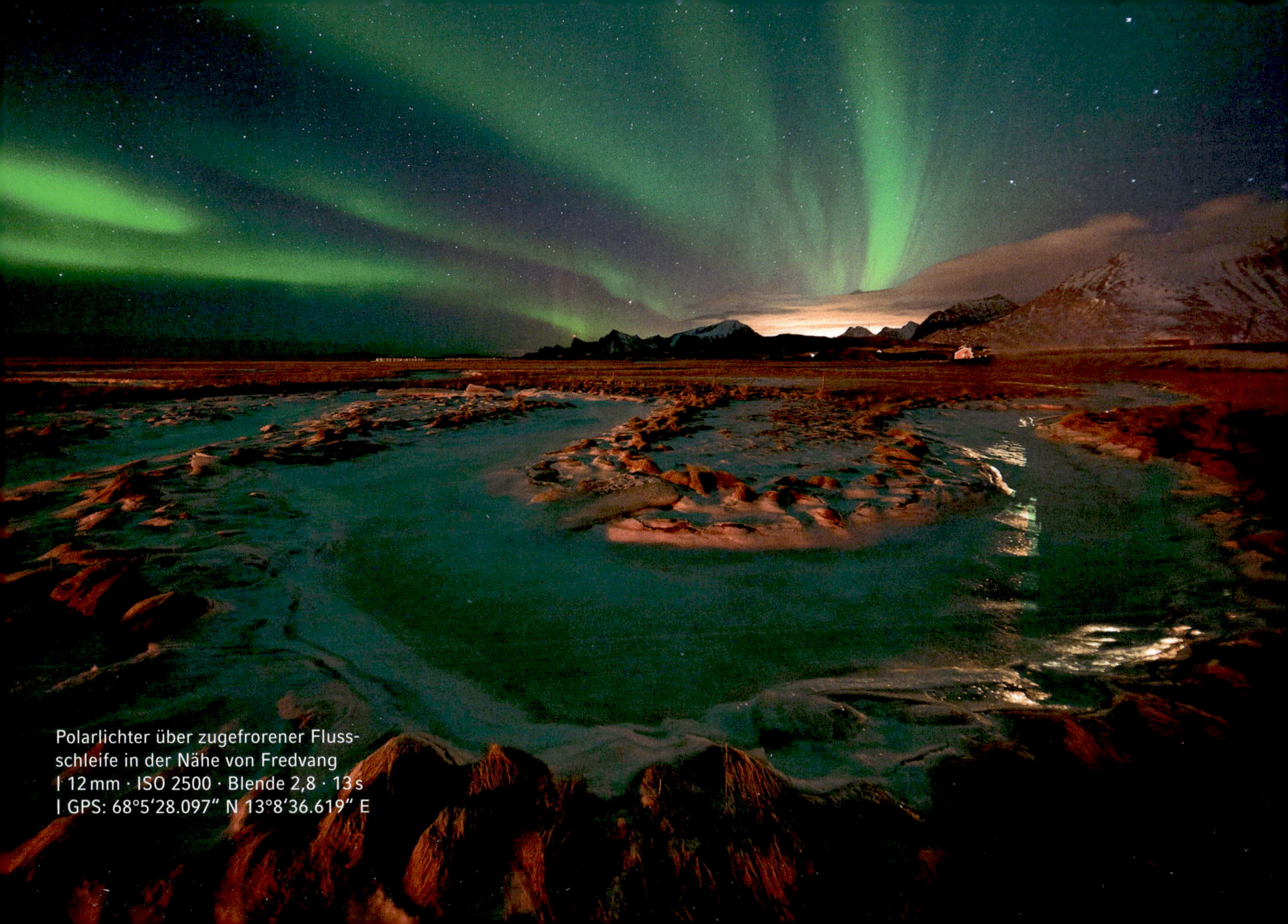

Polarlichter über zugefrorener Flussschleife in der Nähe von Fredvang
| 12 mm · ISO 2500 · Blende 2,8 · 13 s
| GPS: 68°5‘28.097“ N 13°8‘36.619“ E

② MONDAUFGANG AM YTRESAND

Entfernung: 42 Minuten (40 km) mit dem Auto von Leknes, 34 Minuten (27 km) von Reine
Beste Tageszeit: Mondaufgang, nachts
Beste Jahreszeit: Ende Januar
Koordinaten: 68°5'51.43" N 13°8'28.759" E

ALLEIN IN DER NATUR

Zurück am Wanderparkplatz führt ein mäßig sichtbarer Weg entlang der Küste durch steiniges Gelände. Nach einer halben Stunde erreichen Sie ein kleines Felsplateau, an dem sich die Wellen des europäischen Nordmeers brechen. Hier ist man absolut ungestört und fernab anderer Fotografen. Der Blick zurück auf die Lofoten bietet immer wieder spektakuläre Motive.

Der Abstieg vom Parkplatz zum Strand ist leicht zu bewältigen. Außer einigen Steinen, die sich als Vordergrund für Langzeitbelichtungen eignen, ist der Strand selbst insgesamt wenig fotogen: Die Bergreihe im Hintergrund ist dafür zu weit entfernt, und auch an interessanten Vordergründen herrscht hier insgesamt Mangel.

Dafür ist der Strand besonders im Januar bei Vollmond ein attraktiver Fotospot: In dieser Jahreszeit geht der Mond in nordöstlicher Richtung auf, erscheint allmählich oberhalb der am Horizont liegenden Gebirgskette und wandert flach zwischen den markanten Gipfeln.

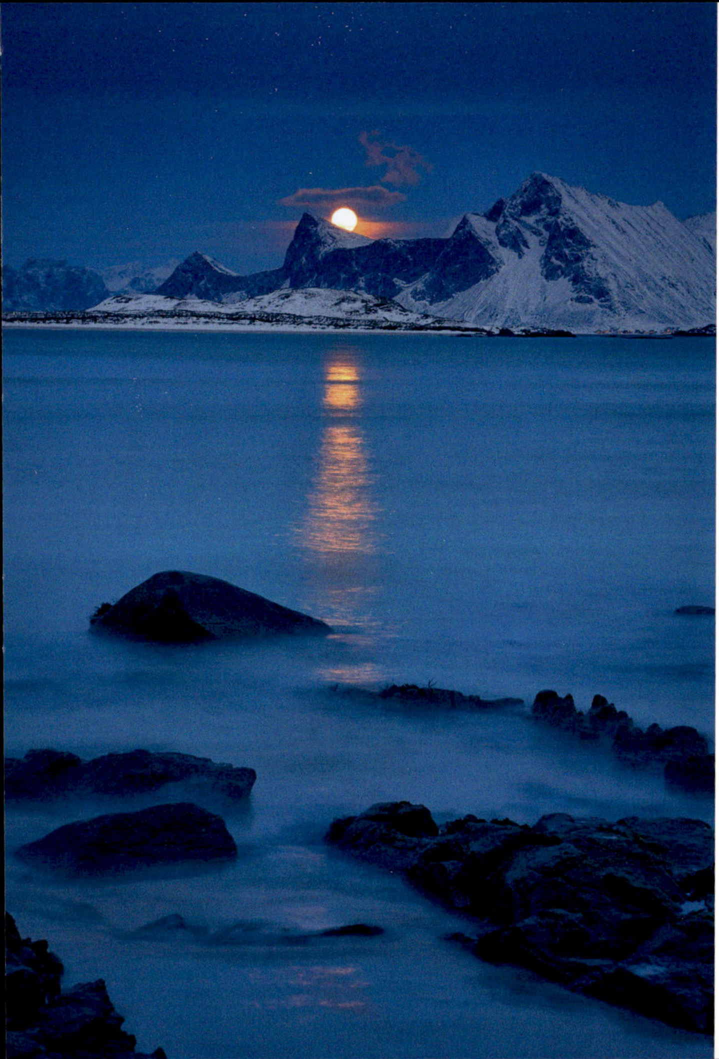

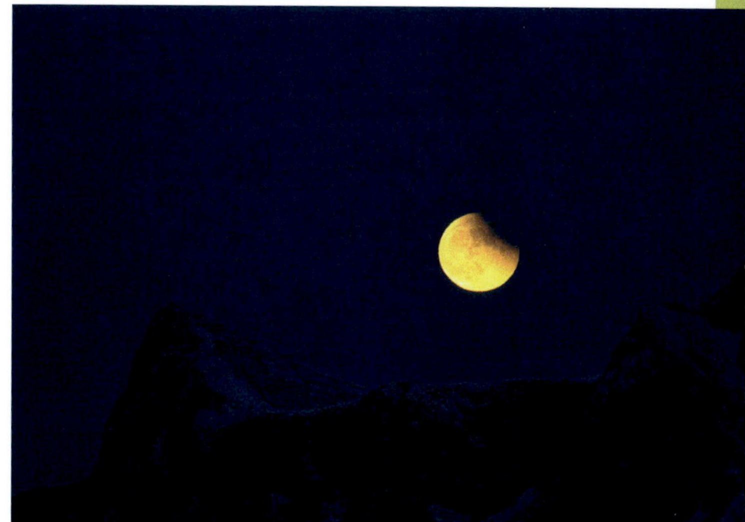

Die letzte Phase einer totalen Mondfinsternis, gesehen von Ytresand
| 400 mm · ISO 320 · Blende 5,6 · 1/20 s
| GPS: 68°5'53.389" N 13°8'16.549" E

Das Licht des aufgehenden Vollmonds spiegelt sich stimmungsvoll im Wasser.
| 85 mm · ISO 400 · Blende 11 · 3,2 s
| GPS: 68°5'51" N 13°8'29" E

3 HAUS NUMMER 43

Entfernung: 40 Minuten (39 km) mit dem Auto von Leknes
Beste Tageszeit: Sonnenuntergang
Beste Jahreszeit: Ende Januar
Koordinaten: 68°5'26.909" N 13°9'24.682" E

Auf dem Rückweg fahren wir wieder an der Flussschleife vorbei. Rechter Hand befindet sich ein kleiner Wanderparkplatz. Direkt gegenüber sehen wir mit etwas Abstand zur Straße ein fotogenes Haus mit der Hausnummer 43 und einen zugehörigen Schuppen. Diese Gebäude lassen sich von der Straße mit einer mittleren Brennweite sehr gut fotografieren. Besonders eindrucksvolle Fotos gelingen, wenn es im Hintergrund dramatische Wolken gibt. Das Motiv lässt sich aber genauso gut minimalistisch reduziert fotografieren.

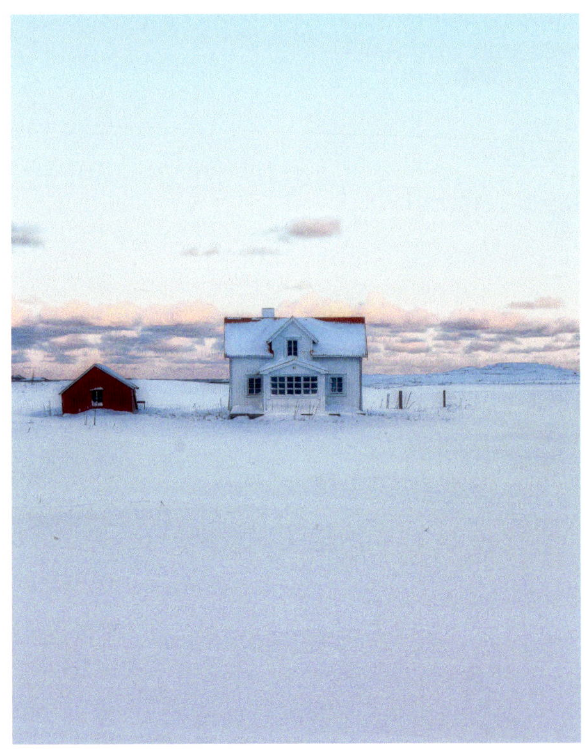

Haus Nummer 43. Die Stromleitungen wurden in der digitalen Nachbearbeitung entfernt. | 35 mm · ISO 100 · Blende 11 · 1/20 s | GPS: 68°5'26.909" N 13°9'24.682" E

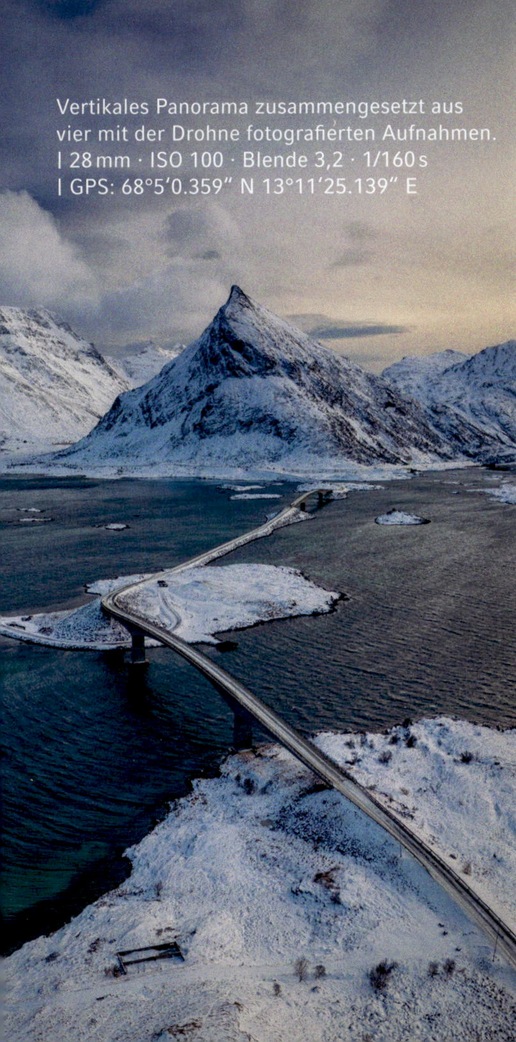

Vertikales Panorama zusammengesetzt aus vier mit der Drohne fotografierten Aufnahmen. | 28 mm · ISO 100 · Blende 3,2 · 1/160 s | GPS: 68°5'0.359" N 13°11'25.139" E

4 ZWISCHEN DEN BRÜCKEN

Entfernung: 35 Minuten (37 km) mit dem Auto von Leknes
Beste Tageszeit: Tagsüber
Beste Jahreszeit: Ganzjährig
Koordinaten: 68°5'0.359" N 13°11'25.139" E

Bei der Weiterfahrt stoppen wir zwischen den beiden Brücken. Direkt hinter der ersten Brücke finden wir rechts eine Parkmöglichkeit. Von diesem Standort aus bietet sich ein schöner Blick auf das Bergpanorama im Südwesten.

In Blickrichtung der zweiten Brücke dominiert der ikonische Berg Volandstinden die Landschaft. Um ihn fotografisch in Szene zu setzen, überqueren wir die Straße. Direkt unterhalb der Brücke befindet sich eine kleine Lagune, in der sich der Gipfel des Bergs bei Windstille wunderbar spiegelt.

Die führenden Linien der beiden Brücken, die in Richtung des Volandstinden führen, sind gleichermaßen für Drohnenpiloten attraktiv, da sich spannende Kompositionen aus der Vogelperspektive ergeben.

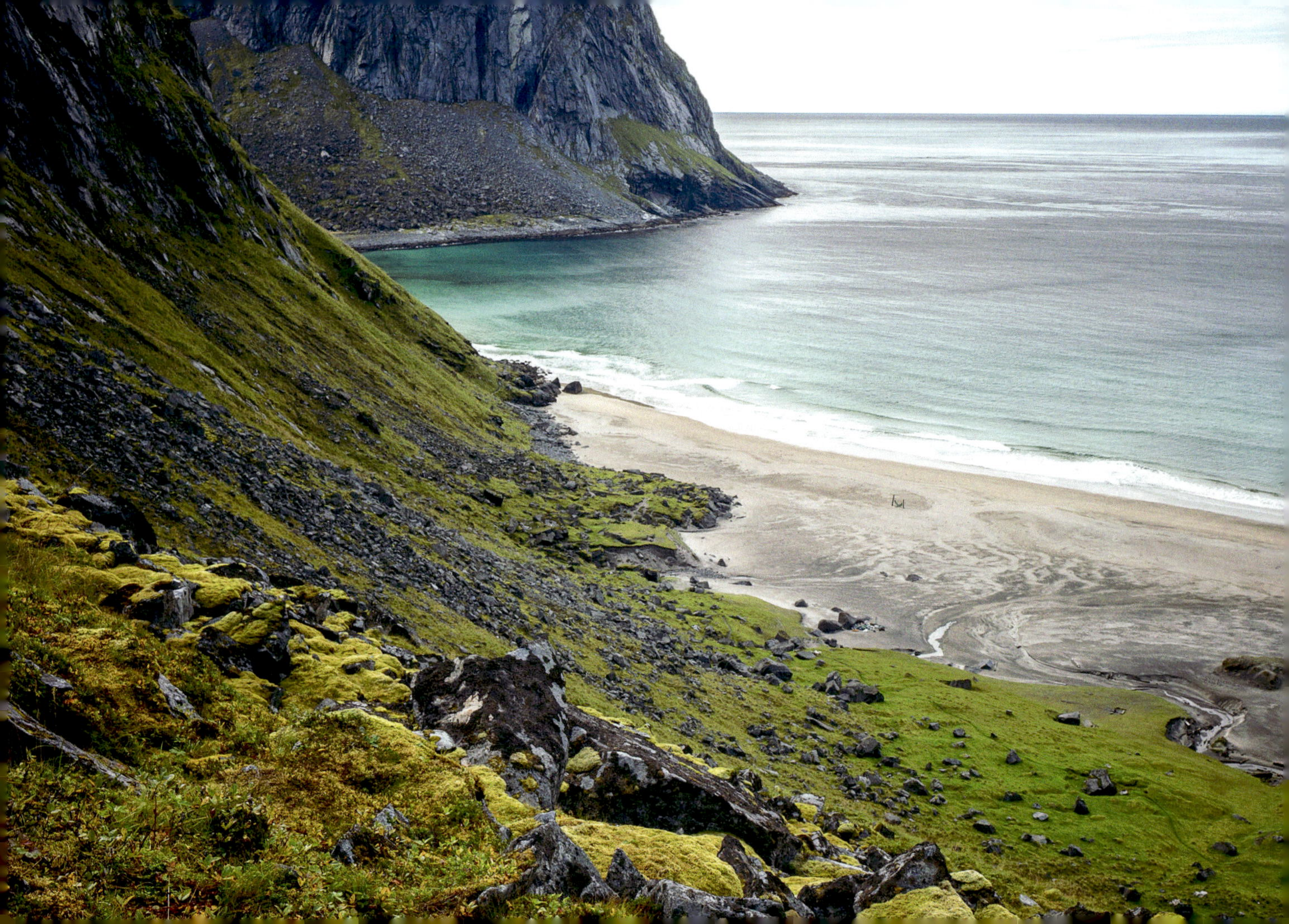

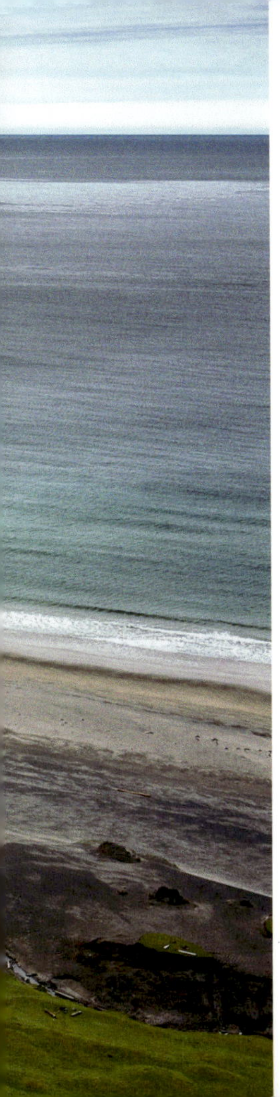

FLAKSTADØY – DER STRAND VON KVALVIKA

TOUR 8

Der Strand von Kvalvika ist einer der beliebtesten Lofoten-Strände, die nicht mit dem Auto erreichbar sind.

Von verschiedenen Startpunkten aus führen unterschiedlich anspruchsvolle Wanderungen hin zu diesem Doppelstrand, der sich in Richtung Nordwesten öffnet.

Besonders zur Zeit der Mitternachtssonne ist Kvalvika als Ausflugsziel sehr beliebt, und man sollte genügend Zeit einplanen, um die zahlreichen Ausblicke angemessen genießen zu können. Bei gutem Wetter pilgern im Sommer etliche Touristen und Einheimische über den nur 175 m hohen Sattel Skoren zum idyllischen Doppelstrand – ein Ausflugsziel für die ganze Familie!

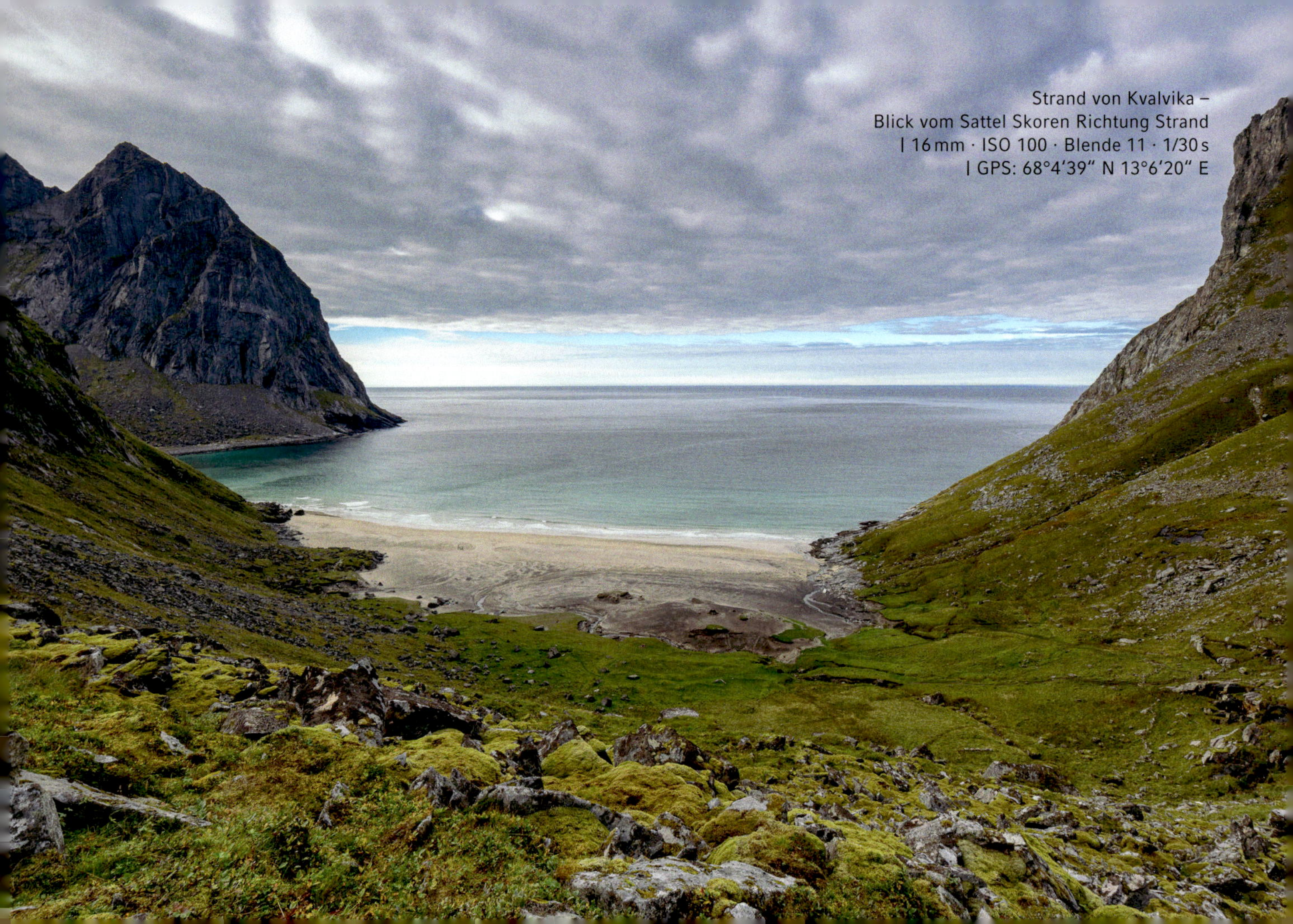

Strand von Kvalvika –
Blick vom Sattel Skoren Richtung Strand
| 16 mm · ISO 100 · Blende 11 · 1/30 s
| GPS: 68°4′39″ N 13°6′20″ E

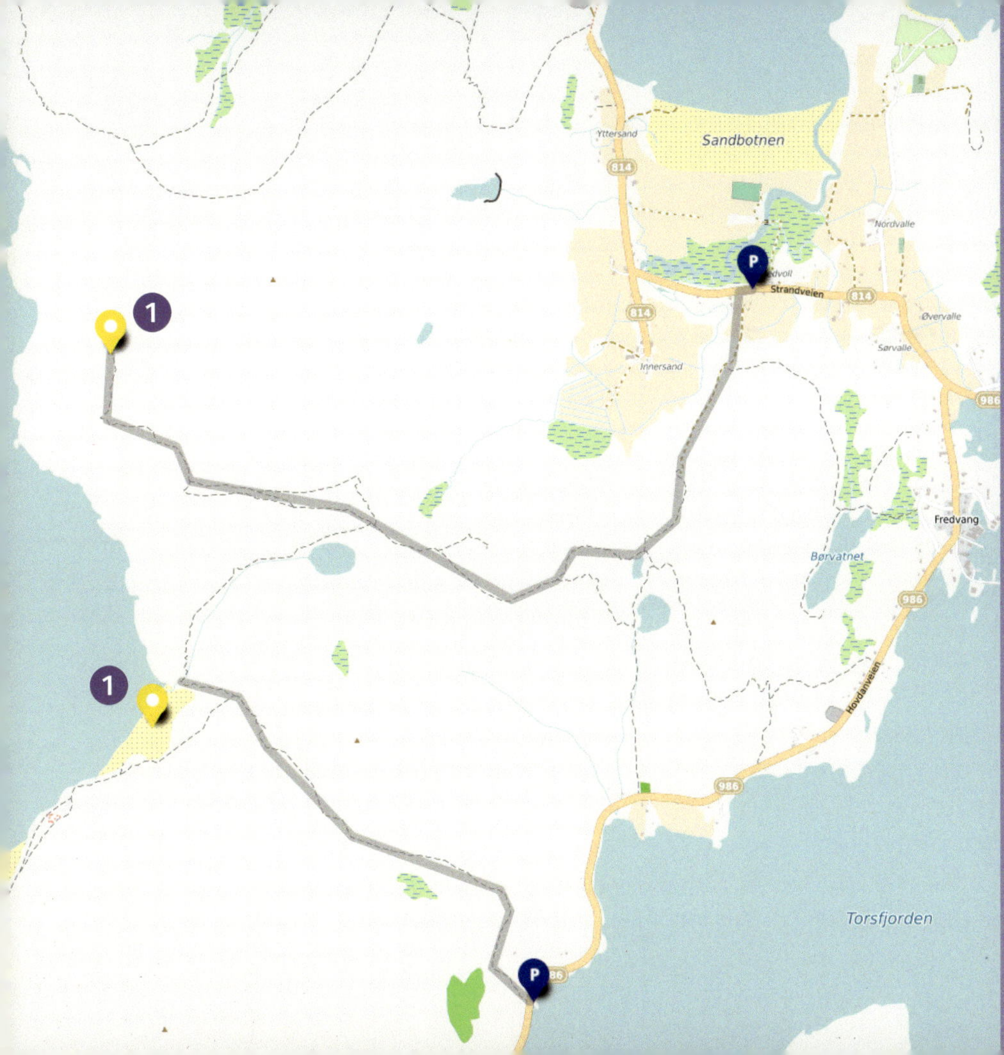

FLAKSTADØY – DER STRAND VON KVALVIKA

TOUR 8

1 DER STRAND VON KVALVIKA

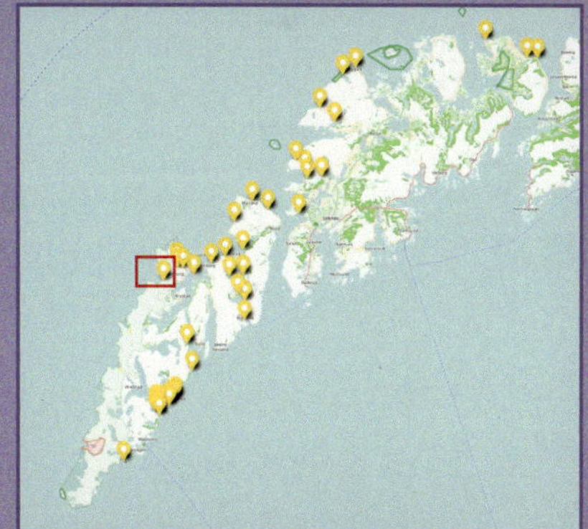

1 DER STRAND VON KVALVIKA

Entfernung: 45 Minuten (45 km) mit dem Auto von Leknes, 32 Minuten (28 km) von Reine – anschließend Wanderung
Beste Tageszeit: Sonnenuntergang
Beste Jahreszeit: Sommer, Herbst
Bekleidungstipp: Wanderschuhe
Koordinaten: 68°4'38.779" N 13°6'19.6" E

Vom Wanderparkplatz am Strand aus fahren wir zurück an der Flussschleife vorbei und parken nach ca. 300 m auf der linken Seite in der Parkbucht in Medvollen. Von hier aus geht es noch mal zu Fuß 50 m zurück entlang der Straße bis zu einem gut sichtbaren Feldweg, der nach links Richtung Berge abzweigt und an einigen Höfen vorbeiführt.

Am Ende des Tals wird der Pfad zunehmend steiniger und führt schließlich durch morastiges Gebiet. Weiter geht es an der Fredvanghütte vorbei in westlicher Richtung, bis der See Forsvatnet zu sehen ist. Vor uns liegt das Rytenmassiv. Entlang der Bergkante steigen wir hinauf zum 543 m hohen Gipfel des Ryten – von hier aus hat man einen wunderbaren Blick hinab auf die beiden Strandabschnitte von Kvalvika.

Wer mag, macht beim Abstieg einen Abstecher rechts am See vorbei und steigt über eine steile Böschung hinab zum Strand. Vom See führt wasserfallartig ein kleiner Wasserlauf Richtung Strand. Das fließende Wasser bietet sich wunderbar als Vordergrund für eine weitwinklige Aufnahme mit Strand und Bergmassiv im Hintergrund an.

Für den Rückweg kann man vom Hauptstrand aus die leichtere Route über den nur 175 m hohen Sattel Skoren wählen. Über eine weite Moorfläche geht es bergab zum Parkplatz am Rande des Torsfjorden. Von dort aus sind es ca. 4 km entlang der Straße zurück zum Ausgangspunkt. Auf dem Weg durchqueren wir den Hauptort Fredvang.

Wir beenden den Abstecher in den nördlichen Teil der Moskenesøy-Insel und fahren zurück über die beiden Brücken zur E10, in die wir nach rechts abbiegen.

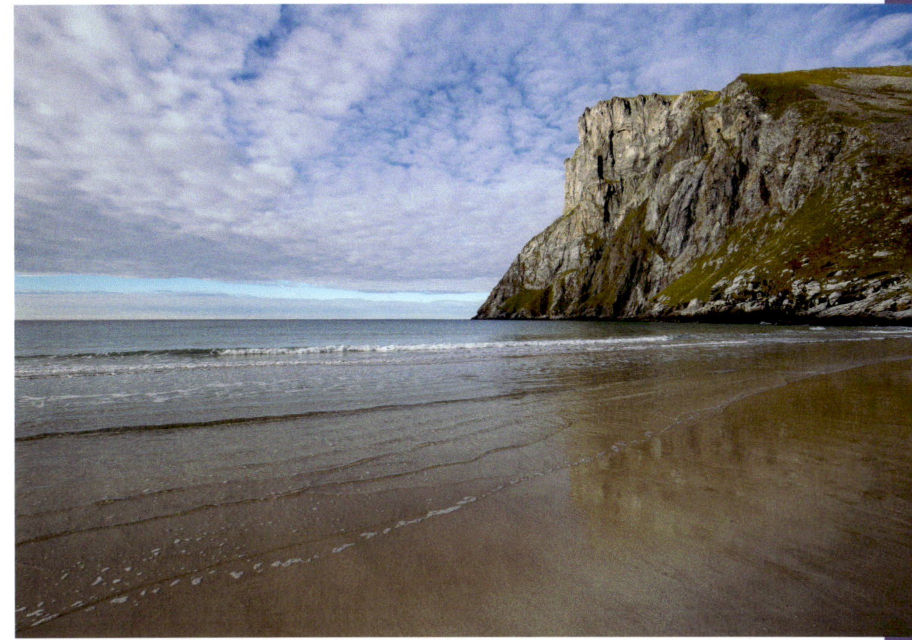

Blick vom Nordvika, dem nördlichen Strandabschnitt von Kvalvika, in Richtung Ryten I 16 mm · ISO 100 · Blende 13 · 1/80 s I GPS: 68°4'40" N 13°5'42" E

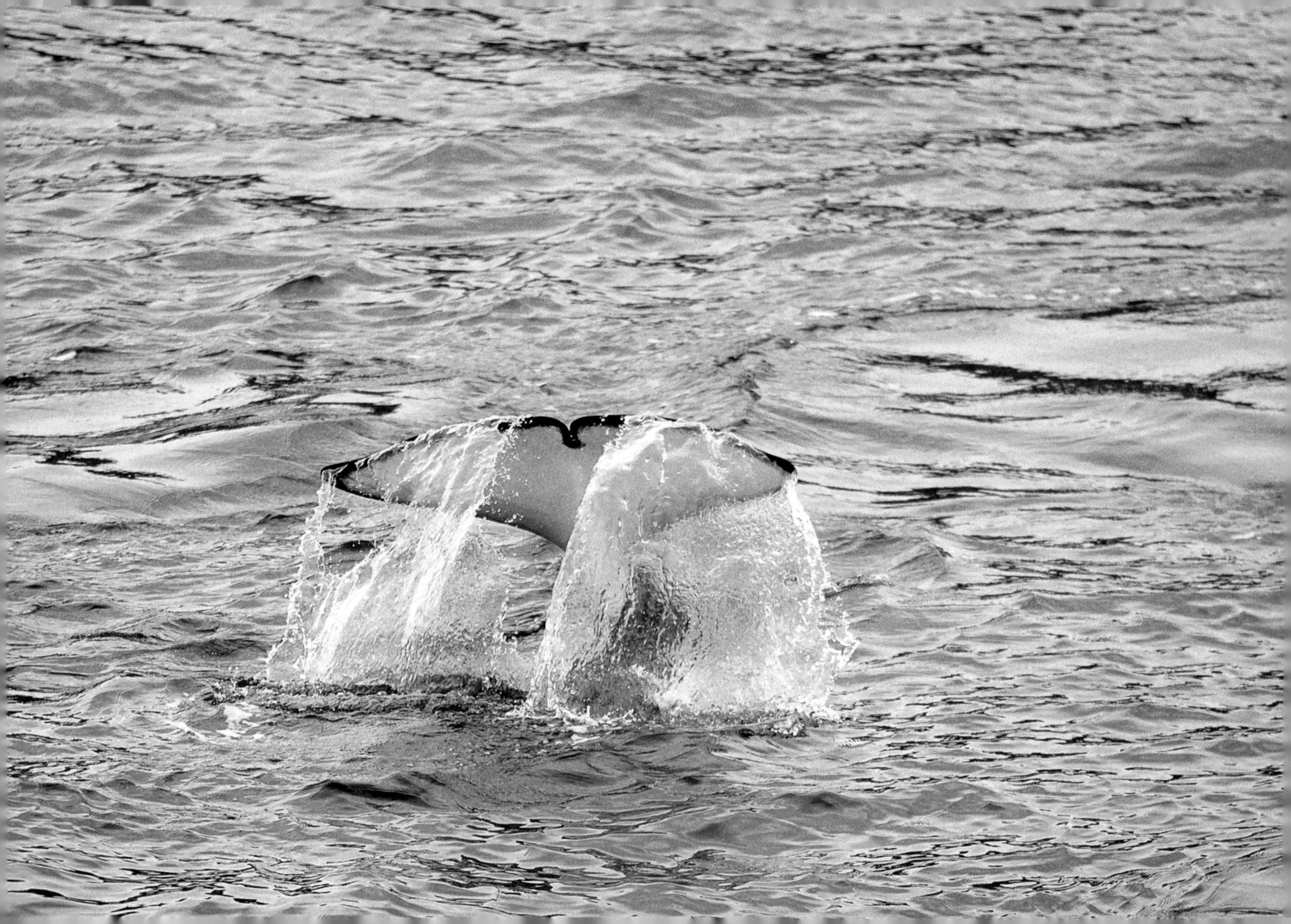

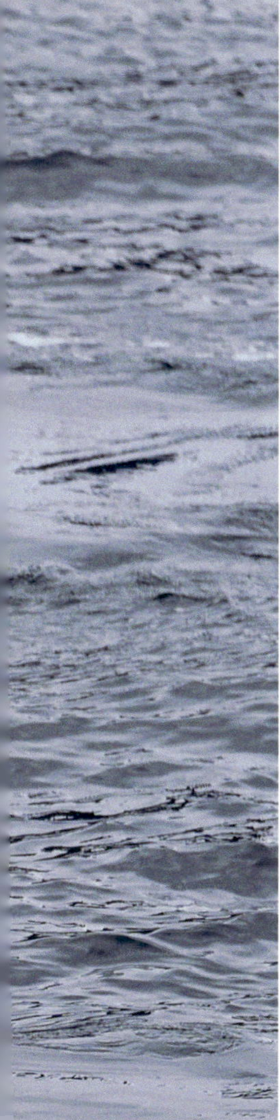

MOSKENESØY – AUF DEM WEG

TOUR 9

Die Straße verläuft in südlicher Richtung weiter am Wasser entlang. Die nächste große Brücke, die schon von Weitem zu erkennen ist und den Fjord rechter Hand überspannt, ermöglicht schließlich die Überfahrt nach Moskenesøy. Der gleichnamige Verwaltungsbezirk beginnt allerdings erst einige Kilometer später.

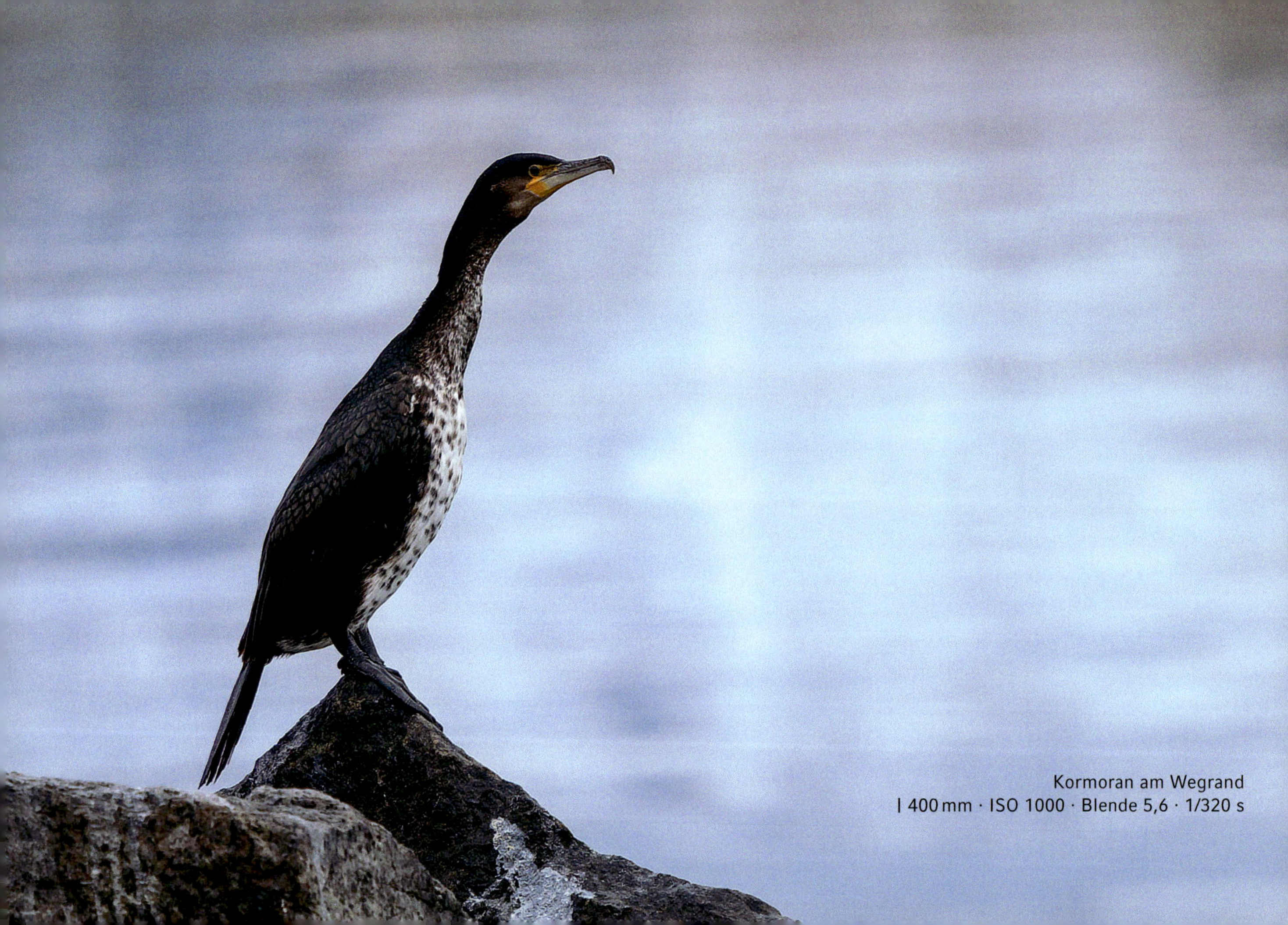

Kormoran am Wegrand
| 400 mm · ISO 1000 · Blende 5,6 · 1/320 s

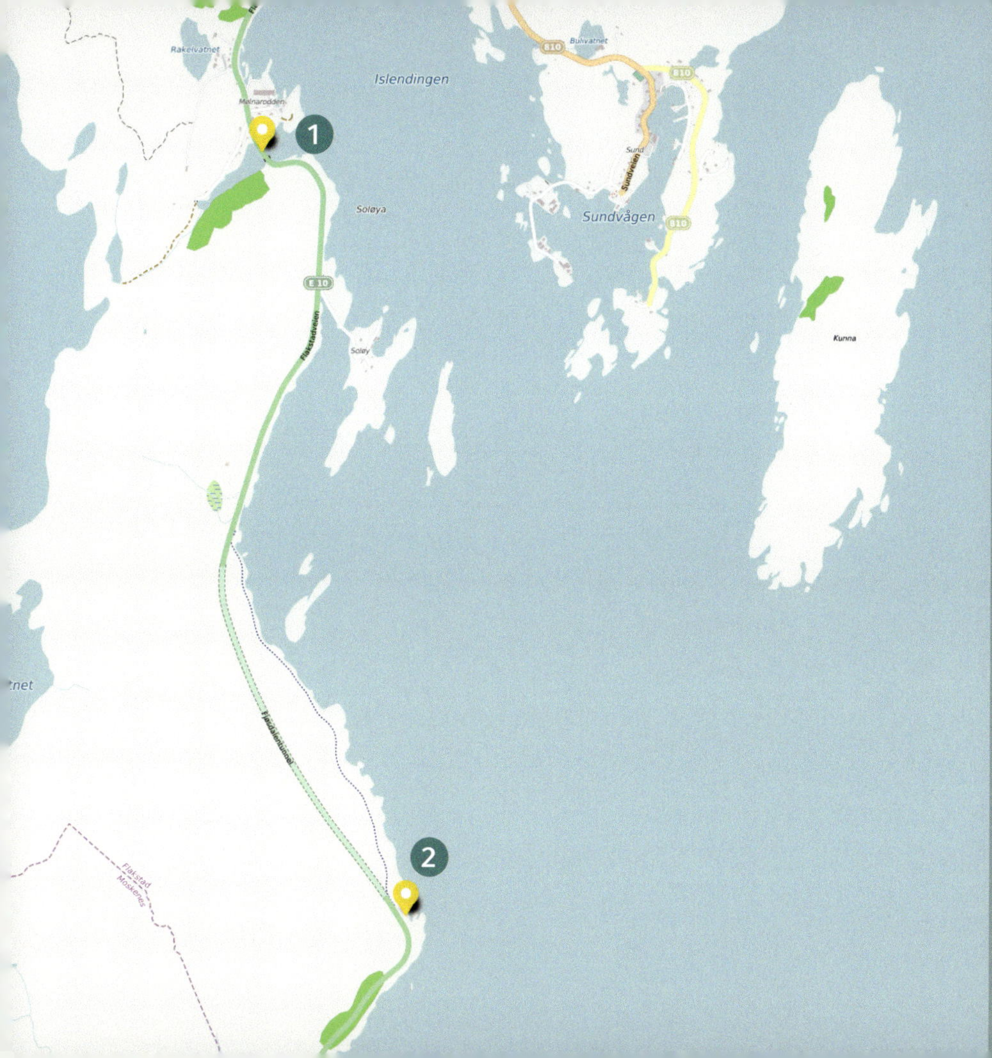

MOSKENESØY – AUF DEM WEG

TOUR 9

1 SPIEGELFJORD

2 TUNNELBLICK

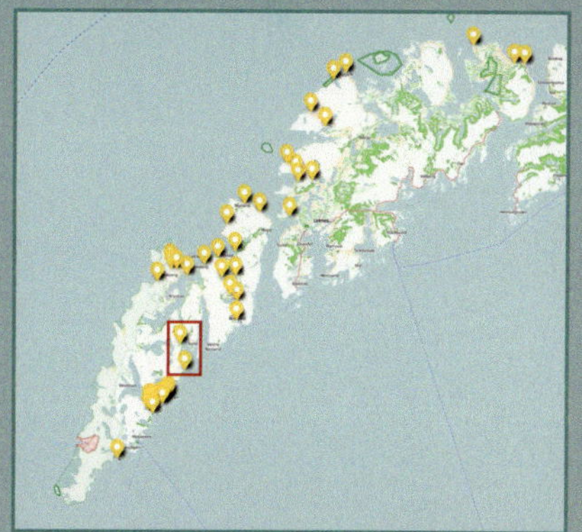

1 SPIEGELFJORD

Entfernung: 45 Minuten (46 km) mit dem Auto von Leknes, 18 Minuten (14 km) von Reine
Beste Tageszeit: Ganztägig bei Windstille
Koordinaten: 68°0'23.668" N 13°10'11.807" E

Kurz hinter einer Lachsaufzuchtfarm, deren runde Becken bei Tag und Nacht beleuchtet sind (auf diese Weise wird der Stoffwechsel und Appetit der heranwachsenden Lachse angeregt, um schnelleres Wachstum zu fördern), führt eine schmale Brücke über einen kleinen Fjordeinschnitt.

Bei Windstille spiegeln sich die Berge und die farbigen Häuser in der Wasseroberfläche. Bei passendem Licht lohnt es sich also, hier einen Fotostopp einzulegen.

Fjordspiegelung ▶
| 21 mm · ISO 100 · Blende 6,3 · 1/15 s
| GPS: 68°0'24" N 13°10'12" E

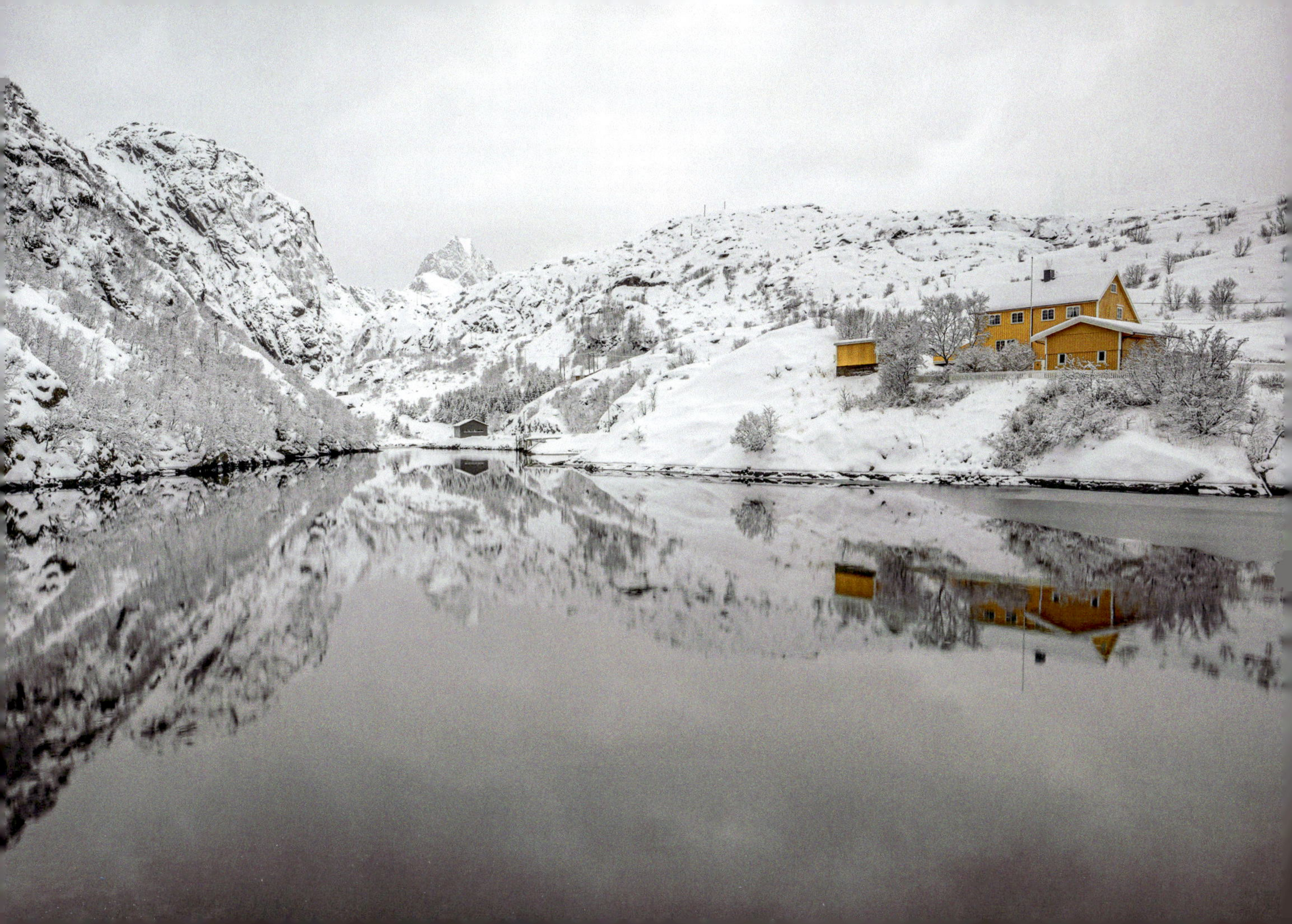

2 TUNNELBLICK

Entfernung: 50 Minuten (47 km) mit dem Auto von Leknes, 14 Minuten (10 km) von Reine
Beste Tageszeit: Ganztägig
Koordinaten: 67°58'39.119" N 13°11'4.879" E

Die Straße führt um einen Bergrücken herum weiter an Soløy vorbei durch den Fjøsdalen-Tunnel. Unmittelbar am Tunnelausgang befindet sich linker Hand die Zufahrt zur ehemaligen Küstenstraße, die vor Fertigstellung des Tunnels die Anbindung des südlichsten Teils der Lofoten sichergestellt hat. Auch hier lohnt ein kurzer Halt, um einen Blick zurück entlang der Küste zu werfen.

Unterhalb erstreckt sich bogenförmig ein steiniger Küstenabschnitt, der der offenen See ausgesetzt ist. Am Horizont ragen die Berge der nordöstlichen Lofoten empor – perfekte Zutaten für ein gelungenes Landschaftsfoto!

Kurze Zeit später passieren wir auf der Straße die Grenze zum Verwaltungsbezirk Moskenesøy und erreichen nach Durchfahrt mehrerer Galerien und eines weiteren Tunnels (Hamnøytunnelen) den für mich schönsten und wildesten Abschnitt der Lofoten mit einer Vielzahl wunderbarer Fotomotive.

Die wilde Küstenlandschaft am südlichen Tunneleingang wirkt bei 30 Sekunden Belichtungszeit kühl und ruhig. | 16 mm · ISO 100 · Blende 11 · 30 s | GPS: 67°58'39" N 13°11'5" E ▶

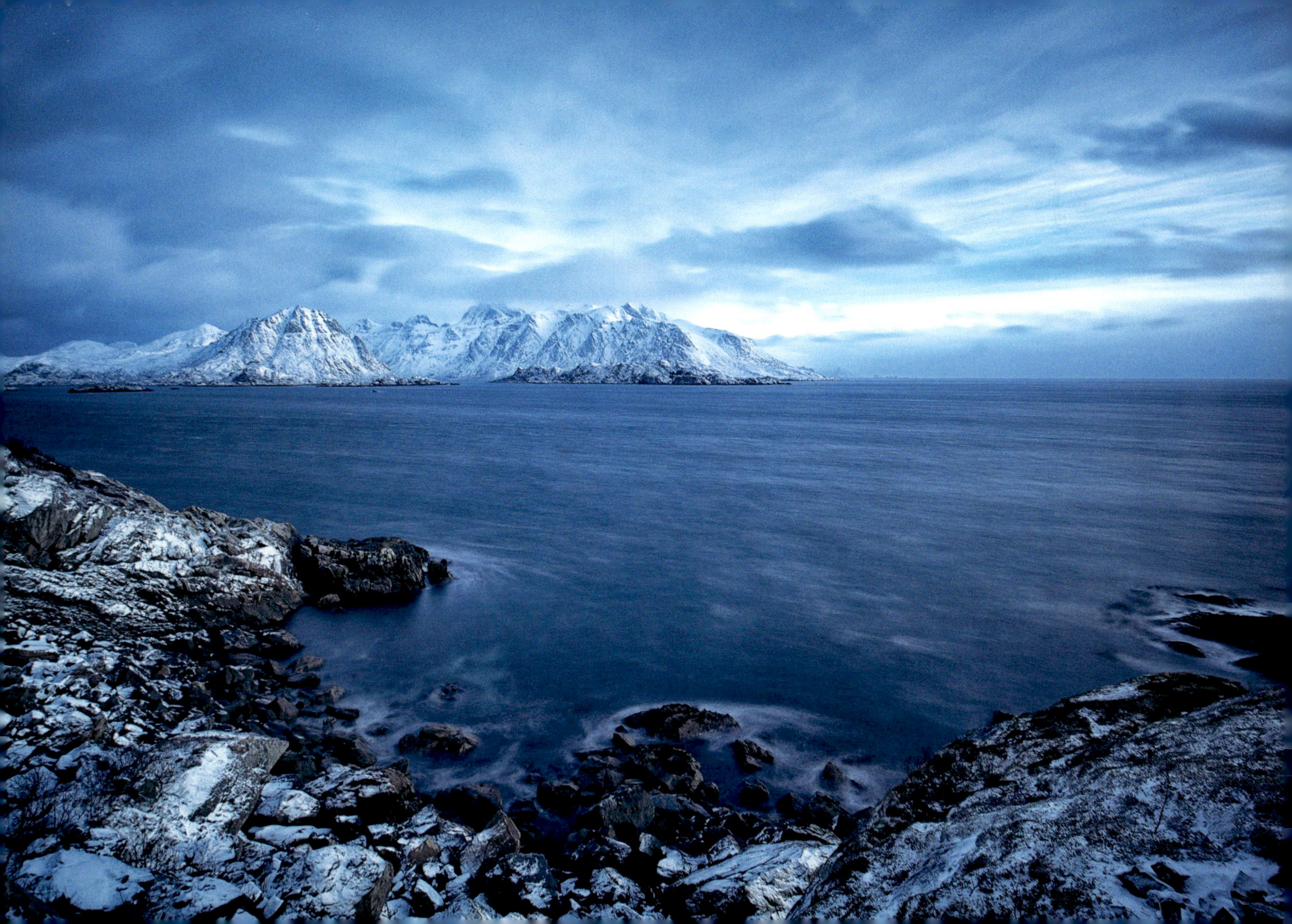

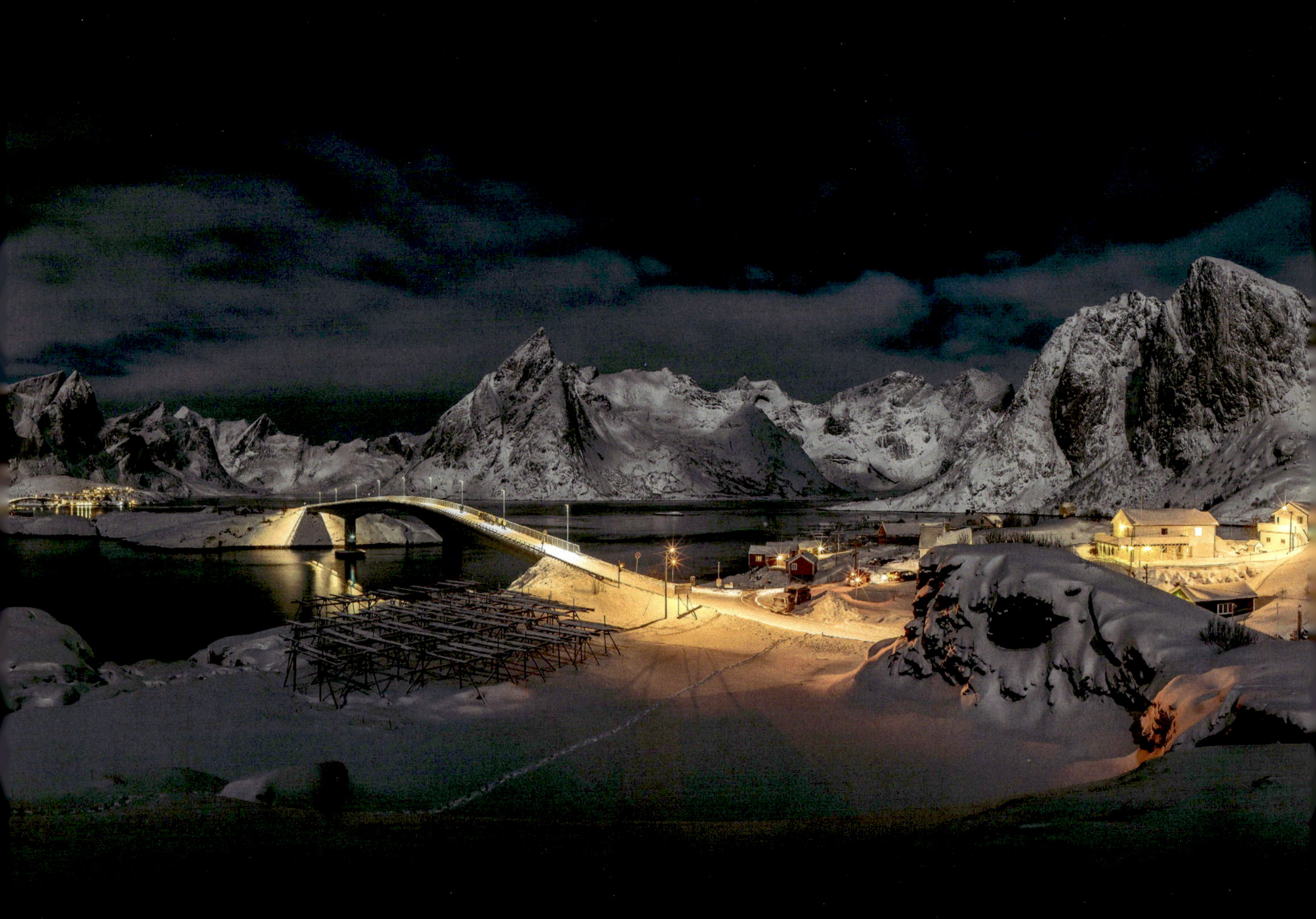

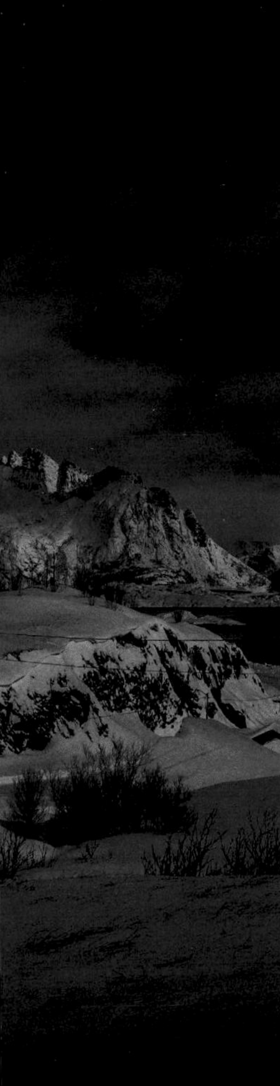

MOSKENESØY – DIE INSELN HAMNØY UND SAKRISØY

TOUR 10

Monumental wachsen die Berge entlang der Wasserkante steil in den Himmel, etliche kleine Inseln haben sich entlang der Küstenlinie gebildet. Im Schutz der Felsen sind zahlreiche Fischerhütten bis ans Wasser gebaut. Die stützenden Holzpfähle erinnern ein wenig an Venedig, und bei starkem Seegang begleitet einen das beruhigende Plätschern der Wellen in den Schlaf, wenn man nach einem langen Tag in einer dieser ursprünglichen Hütten untergekommen ist.

Etwa 1100 Einwohner leben in diesem Abschnitt der Lofoten, der den Tourismus und die Fischerei als Haupteinnahmequellen vorzuweisen hat.

Neben den kleinen Siedlungen um Hamnøy, Toppøy und Sakrisøy bietet vor allem der idyllisch gelegene Hauptort Reine nahezu unbegrenzte Fotomöglichkeiten.

Wegen der Vielzahl möglicher Motive heißt es hier, besonders aufmerksam zu sein und offenen Auges Ausschau zu halten, wie sich alle paar Meter neue Motivsituationen ergeben.

Bei den Teilnehmern meiner Workshops habe ich häufig erlebt, dass sie in diesem Abschnitt der Lofoten »den Wald vor lauter

Bäumen« nicht mehr gesehen haben, oder – auf die Fotografie übertragen: Die unglaubliche Anzahl möglicher Variationen (sei es durch Standort-, Perspektiv- oder Wetterwechsel) birgt eine gewisse Gefahr der Überforderung, sodass man am Ende gar kein mögliches Motiv mehr erkennt.

Dieser Teil der Lofoten wird bereits im Januar von Strahlen der noch tief stehenden Sonne verwöhnt, da viele Küstenabschnitte Richtung Süd bis Süd-Ost geöffnet sind.

Aus diesem Grund bietet sich Moskenesøy besonders in der Zeit von Januar bis Februar als Ausgangspunkt für fotografische Abenteuer an.

Wir starten unsere fotografische Erkundung des Verwaltungsbezirks Moskenesøy zunächst in Hamnøy.

AUSSCHLAFEN ZUM SONNENAUFGANG

Zum Sonnenaufgang fotografieren und trotzdem ausschlafen können? Dieser Fotografentraum geht im Januar auf den Lofoten in Erfüllung! Im südlichen Teil der Lofoten geht die Sonne Mitte Januar gegen 10:00 Uhr auf, Sonnenuntergang ist bereits um 14:00 Uhr – aber Morgen- und Abenddämmerung bescheren etliche weitere Stunden besten Fotolichts.

Die berühmten roten Rorbuer von Hamnøy, eines der bekanntesten Fotomotive der Lofoten
| 18 mm · ISO 100 · Blende 13 · 1,6 s
| GPS: 67°56'43" N 13°7'54" E

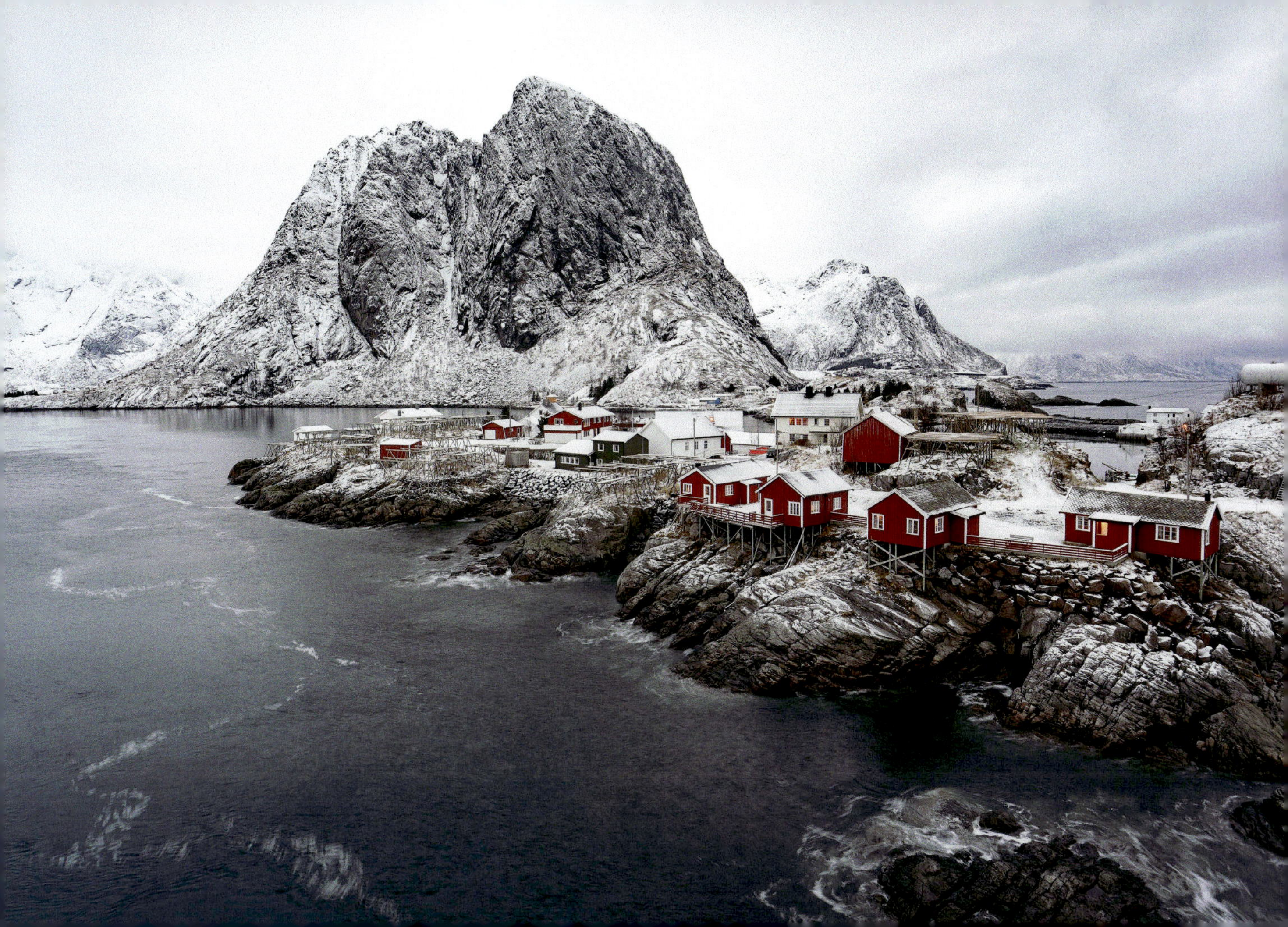

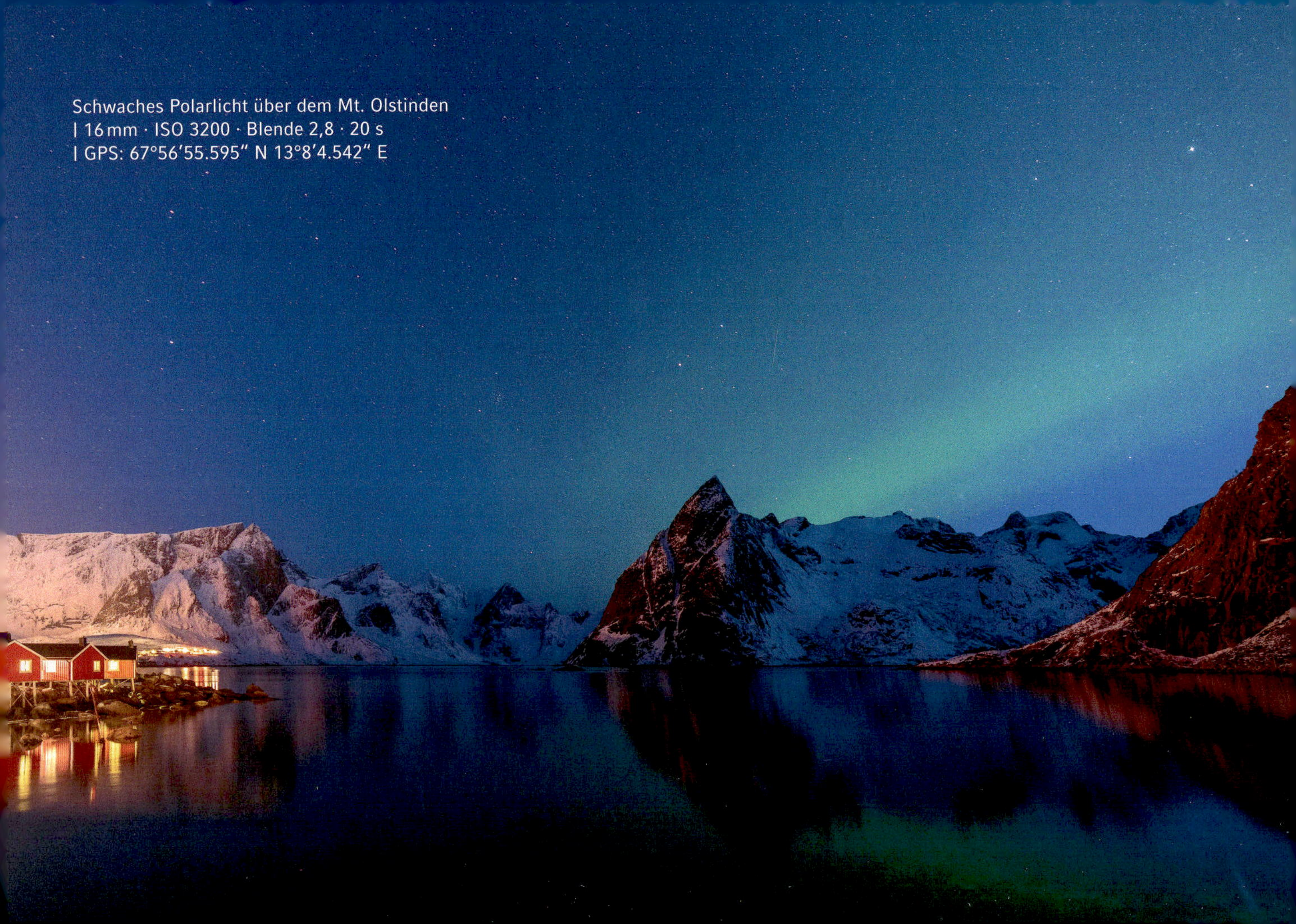

Schwaches Polarlicht über dem Mt. Olstinden
| 16 mm · ISO 3200 · Blende 2,8 · 20 s
| GPS: 67°56′55.595″ N 13°8′4.542″ E

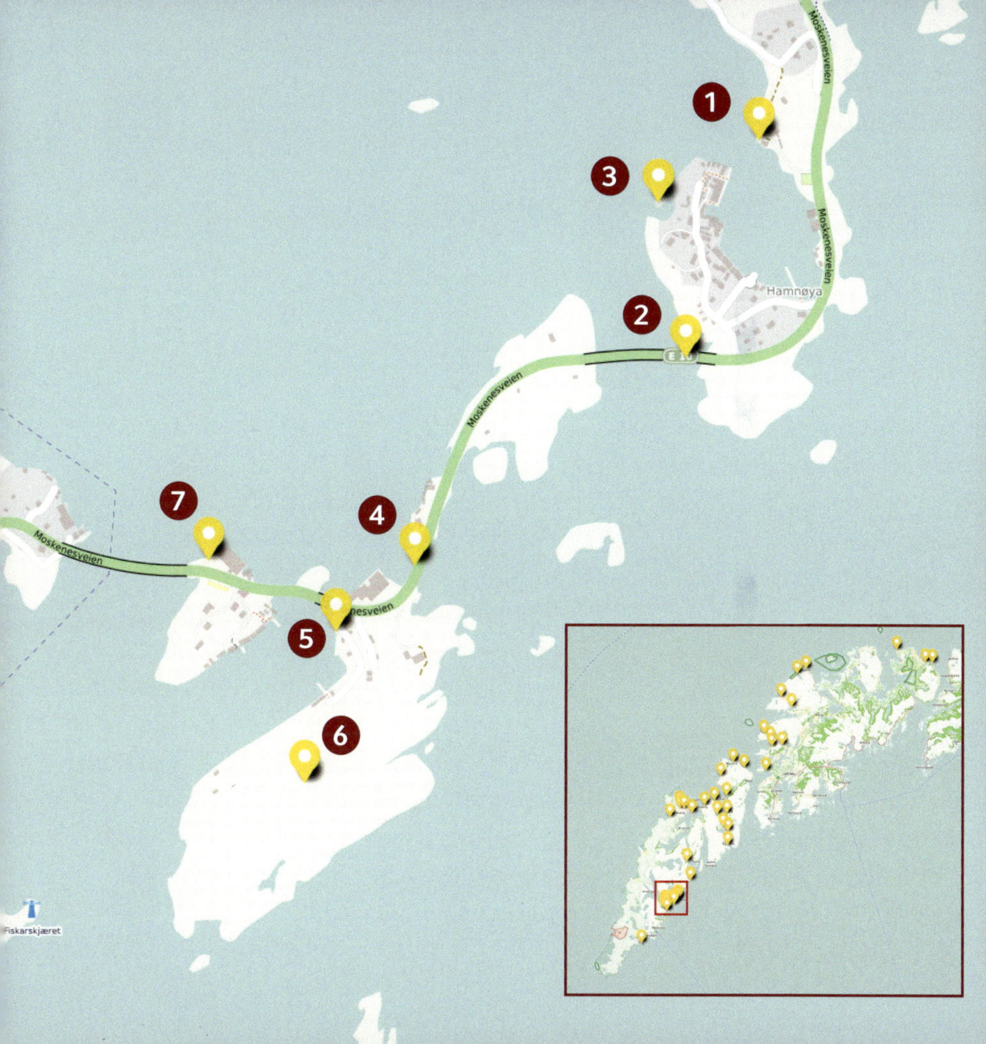

MOSKENESØY

TOUR 10

1. HAMNØY – BLICK AUF DEN HAFEN
2. HAMNØY – BLICK VON DER BRÜCKE
3. HAMNØY – BLICK IN DEN FJORD
4. TOPPØY
5. BLICK AUF SAKRISØY
6. OLENILSØY
7. SAKRISØY

Sjøhus

❶ HAMNØY – BLICK AUF DEN HAFEN

Entfernung: 55 Minuten (52 km) mit dem Auto von Leknes, 10 Minuten (6 km) von Reine
Beste Tageszeit: Sonnenaufgang, Sonnenuntergang
Beste Jahreszeit: Ganzjährig
Koordinaten: 67°56'54" N 13°8'9" E

Direkt nach dem Tunnel erwartet uns das Ortsschild von Hamnøy. Mit reduzierter Geschwindigkeit fahren wir weiter, bis es gleich rechter Hand Richtung Reinefjorden Sjøhus (*reinefjord.no*) geht, einer modernen, direkt am Wasser gelegenen Rorbuer-Siedlung.

Rund um ein historisches Hauptgebäude bietet die ursprünglich aus Schweden stammende Hotelmanagerin Linn hier etliche moderne Häuser und Appartements an – einige von ihnen mit großer Glasfront Richtung Hafen, sodass man in der Nacht bequem nach auftretendem Polarlicht Ausschau halten kann.

Vor der Anlage befindet sich ein großer Parkplatz. Der Straße folgend, erreichen wir zu Fuß nach ca. 50 Metern einen weiteren betonierten Parkplatz für die Mieter der Anlage.

Von hier hat man einen wunderbaren Blick auf den Hafen von Hamnøy und die dahinterliegende Bergkulisse. Oft ziehen die Wolken dramatisch in Richtung der Berge, aber auch bei diesigem Wetter lässt sich hier entspannt fotografieren.

Zur blauen Stunde leuchten die Farben der Häuser und die ersten Lichter in den Fenstern besonders schön.

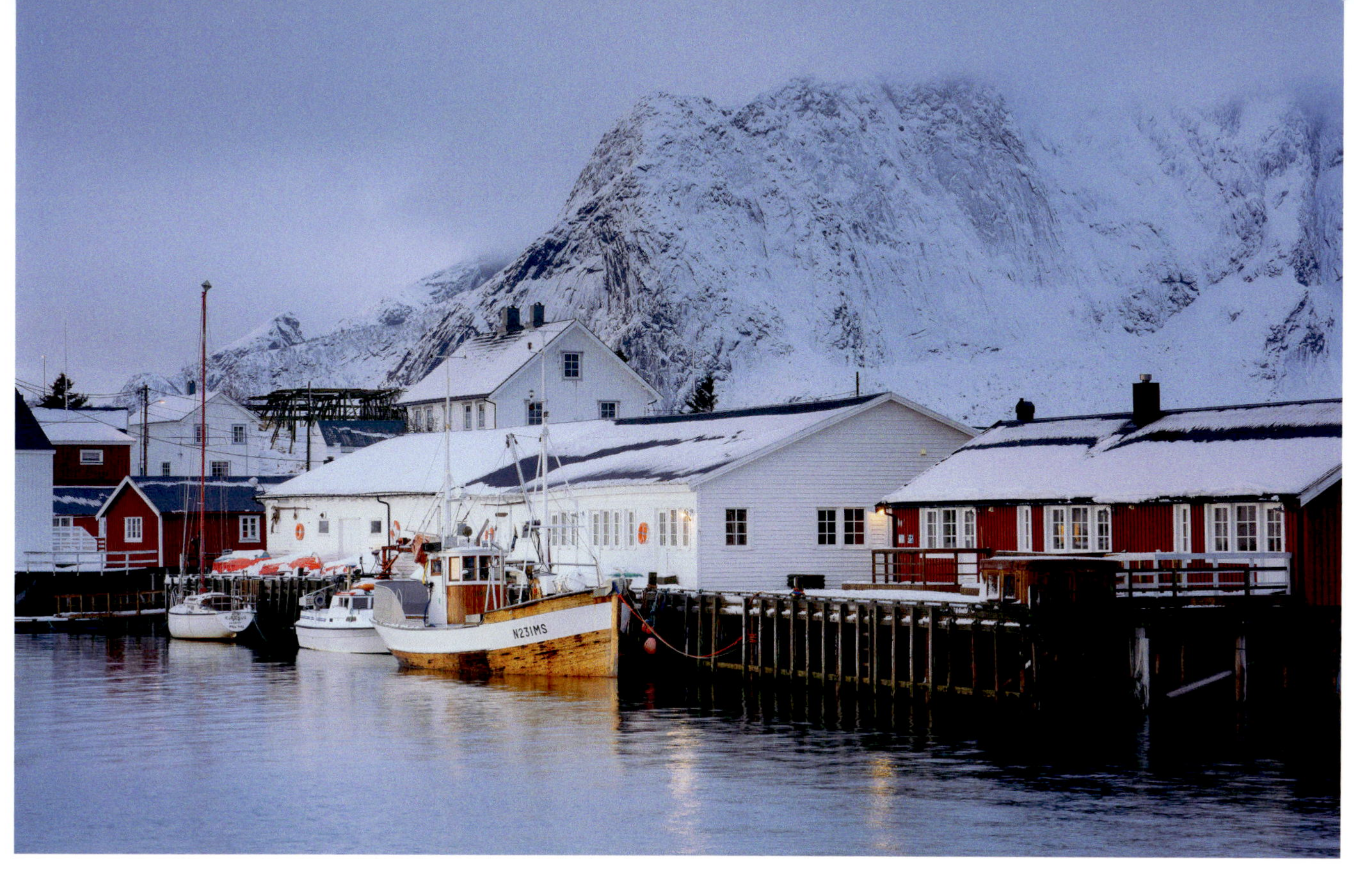

Ausschnitt des Hafens von Hamnøy, fotografiert mit einer leichten Telebrennweite
| 85 mm · ISO 100 · Blende 11 · 0,5 s | GPS: 67°56′54″ N 13°8′9″ E

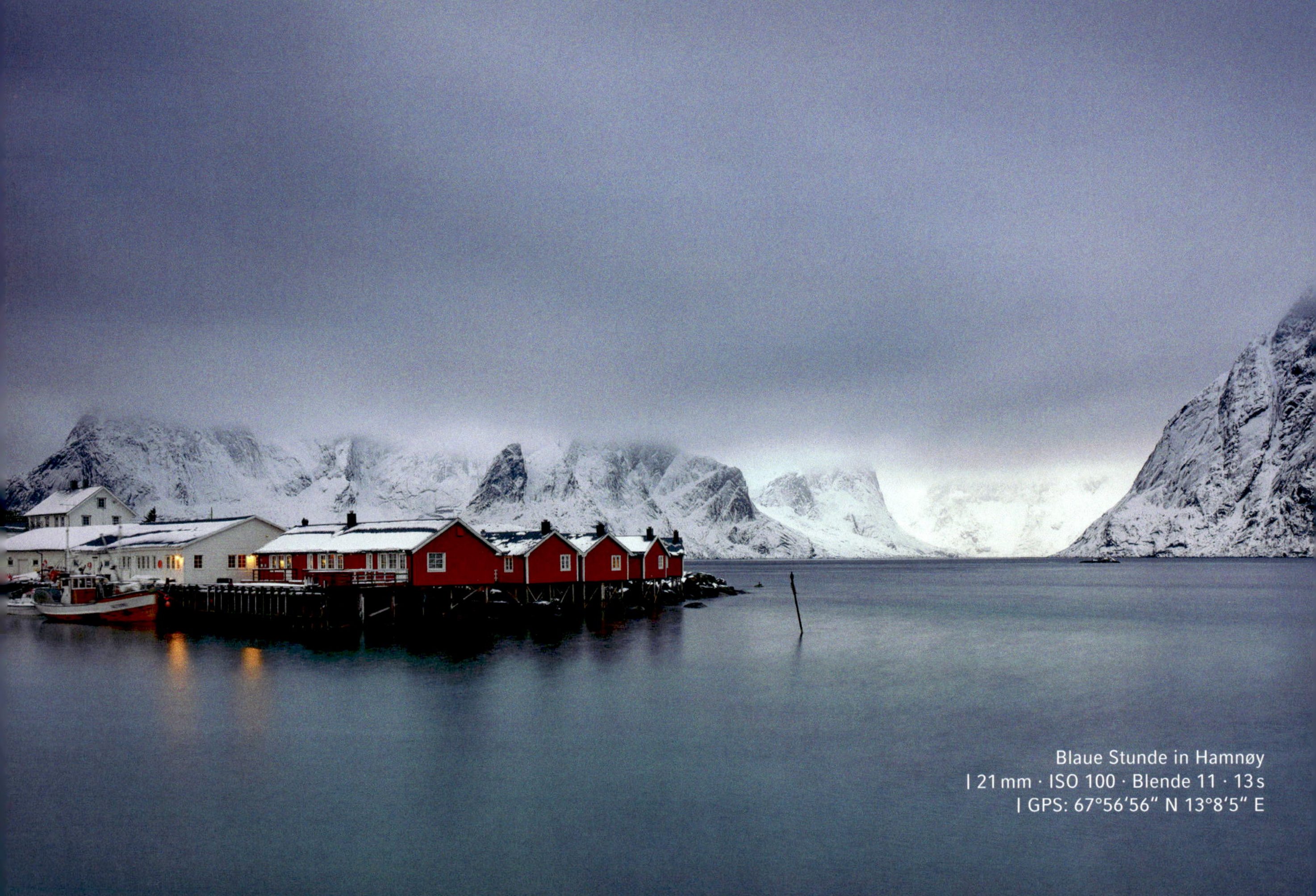

Blaue Stunde in Hamnøy
| 21 mm · ISO 100 · Blende 11 · 13 s
| GPS: 67°56′56″ N 13°8′5″ E

 HAMNØY – BLICK VON DER BRÜCKE

Entfernung: 55 Minuten (52 km) mit dem Auto von Leknes, 10 Minuten (6 km) von Reine
Beste Tageszeit: Sonnenaufgang, Sonnenuntergang
Beste Jahreszeit: Ganzjährig
Koordinaten: 67°56'43.339" N 13°7'53.92" E

Eliassen Rorbuer

Weiter geht es auf der E10 am Hafen vorbei zu einer weiteren Brücke, die auf die nächste kleine Insel führt. Rechter Hand befindet sich die wohl bekannteste Rorbuer-Anlage der Lofoten: Eliassen Rorbuer (*rorbuer.no*).

Gleich im ersten Abschnitt der Anlage treffen wir auf einige der landestypischen roten, hart an den Felsen gebauten Fischerhütten, die – von der Brücke aus betrachtet – zum klassischsten Fotomotiv der Lofoten werden.

Beim Fotografieren von der Brücke aus sind einige Dinge zu beachten:

- Das Brückengeländer ist recht hoch, sodass das Stativ eine gute Arbeitshöhe ermöglichen muss, um über das Geländer fotografieren zu können – insbesondere, da sich das Motiv am besten weitwinklig und stark nach vorne gekippt fotografieren lässt.
- Vorbeifahrende Autos lassen die Brücke vibrieren, sodass Aufnahmen insbesondere bei längeren Belichtungszeiten verwackeln können.

- Oft geht auf der Brücke ein starker Wind, der das Fotografieren mit Stativ zusätzlich erschwert – zur Not kann man hier auch eine Aufnahme mit kurzer Belichtungszeit und etwas höherer ISO-Einstellung aus der Hand probieren.

Ebenfalls spannend ist die Wahl einer etwas flacheren Perspektive auf dieses bekannte Motiv: Direkt an der Zufahrt zur Brücke führt ein schwach sichtbarer Pfad hinter der Leitplanke hinab zu den vorgelagerten Felsen. (Achtung: Insbesondere im Winter ist hier Trittsicherheit erforderlich!) Von der Wasserkante aus ergibt sich so ein schöner Blick auf die Kulisse.

RESTAURANT-EMPFEHLUNGEN

Im südwestlichen Teil der Lofoten gibt es eine ganze Reihe besonderer Restaurants. Meistens ist die Auswahl an Speisen eher übersichtlich, dafür ist der angebotene Fisch außergewöhnlich frisch und schmackhaft. Empfehlenswert sind z. B. das an die Rorbuer-Anlage von Eliassen angeschlossene Restaurant »Krambua« (Tel. +47 486 36 772), das Restaurant »Gammelbua« in Reine (Tel. +47 76 09 22 22) oder auch das »Maren Anna« in Sørvågen (Tel. +47 76 09 20 50). Um die Mittagszeit findet man bei »Anita's Seafood« in Sakrisøy leckere Fischburger und andere Delikatessen frisch aus dem Meer.

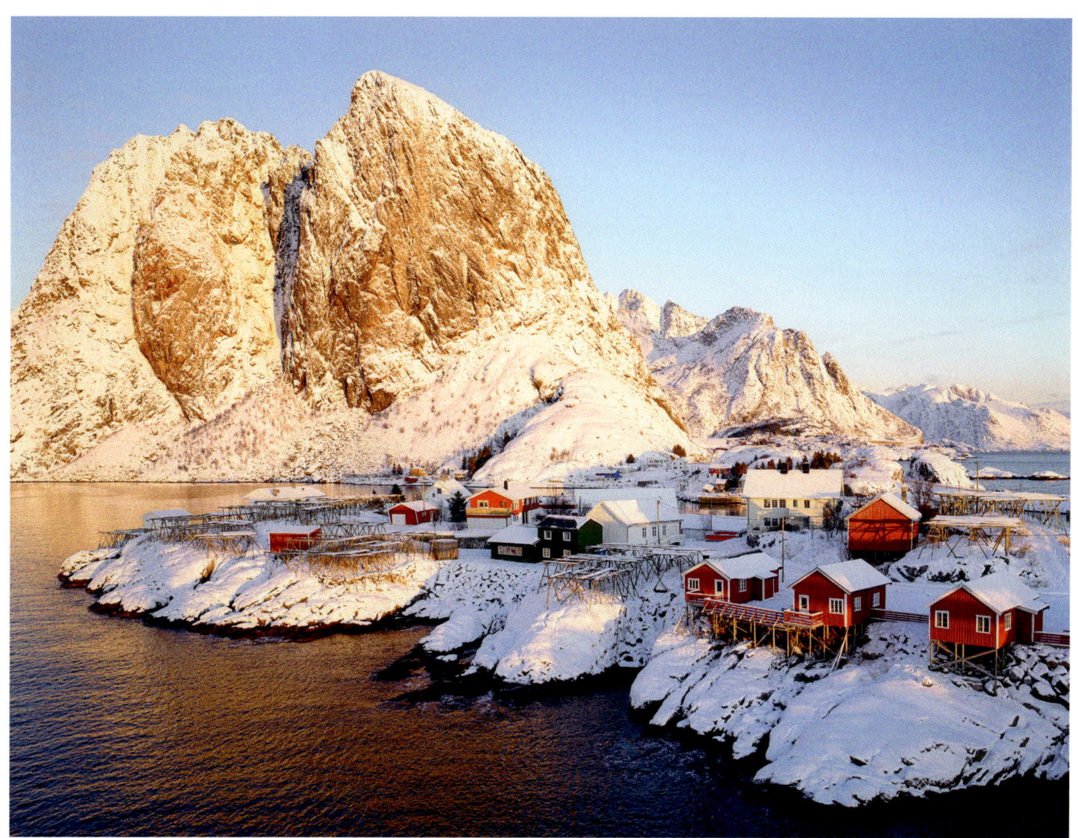

Blick von der Brücke aus auf die winterlich verschneiten Eliassen Rorbuer | 21 mm · ISO 100 · Blende 5,6 · 1/80 s | GPS: 67°56'43" N 13°7'54" E

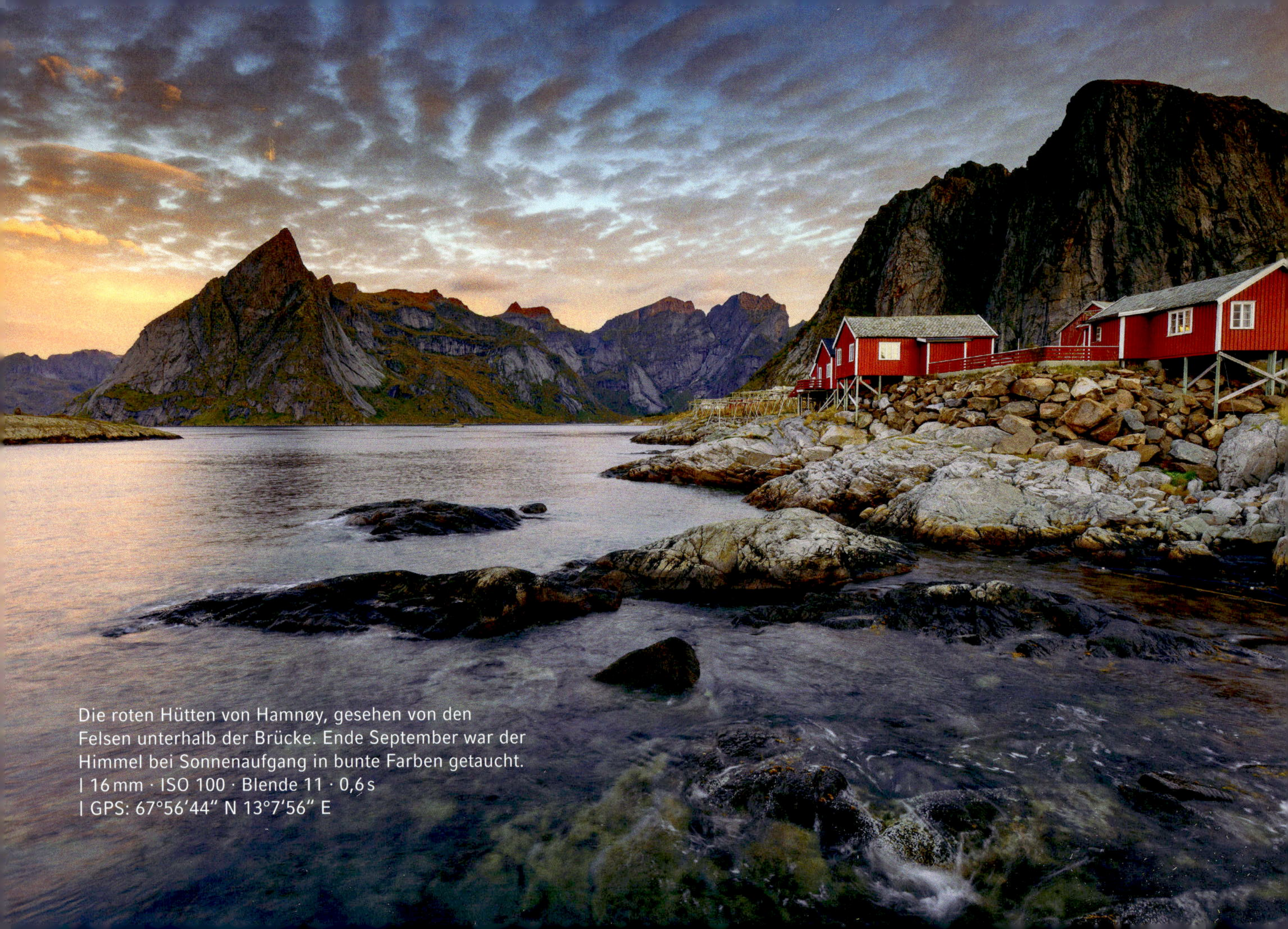

Die roten Hütten von Hamnøy, gesehen von den Felsen unterhalb der Brücke. Ende September war der Himmel bei Sonnenaufgang in bunte Farben getaucht.
| 16 mm · ISO 100 · Blende 11 · 0,6 s
| GPS: 67°56′44″ N 13°7′56″ E

 HAMNØY – BLICK IN DEN FJORD

Entfernung: 55 Minuten (52 km) mit dem Auto von Leknes, 10 Minuten (6 km) von Reine
Beste Tageszeit: Sonnenaufgang, Sonnenuntergang, nachts (Polarlicht)
Beste Jahreszeit: Ganzjährig
Koordinaten: 67°56'52.159" N 13°7'48.784" E

Am Ende der Straße, die zu den Eliassen Rorbuer führt, befindet sich ein großer Parkplatz, der ebenfalls ein guter Ausgangspunkt zum Fotografieren ist: Außer dem Bergpanorama, das vom Mt. Olstinden dominiert wird, der aus dieser Perspektive pyramidenartig anmutet, lässt sich hier auch nachts sehr gut Polarlicht fotografieren. Allerdings muss der Polarlichtbogen dafür recht hoch stehen, um hinter den markanten Bergen sichtbar zu sein.

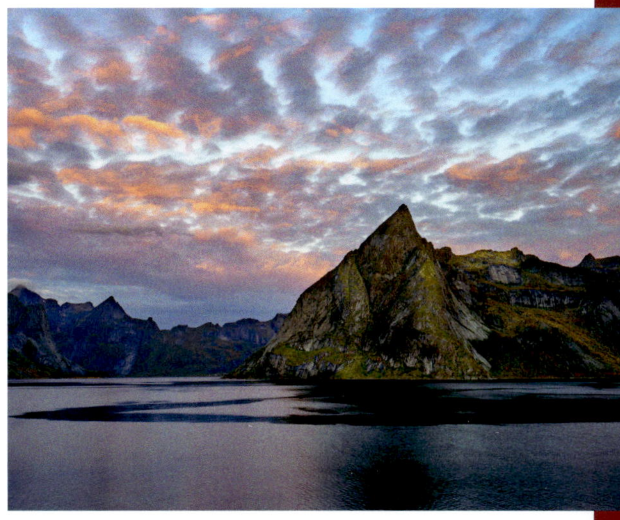

Mt. Olstinden im Herbst
| 29 mm · ISO 100 · Blende 11 · 0,4 s
| GPS: 67°56'40" N 13°7'18" E

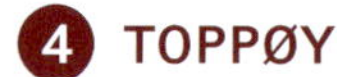

TOPPØY

Entfernung: 55 Minuten (52 km) mit dem Auto von Leknes, 10 Minuten (6 km) von Reine
Beste Tageszeit: Sonnenaufgang, Sonnenuntergang, nachts (Polarlicht)
Beste Jahreszeit: Ganzjährig
Koordinaten: 67°56'31.739" N 13°7'9.91" E

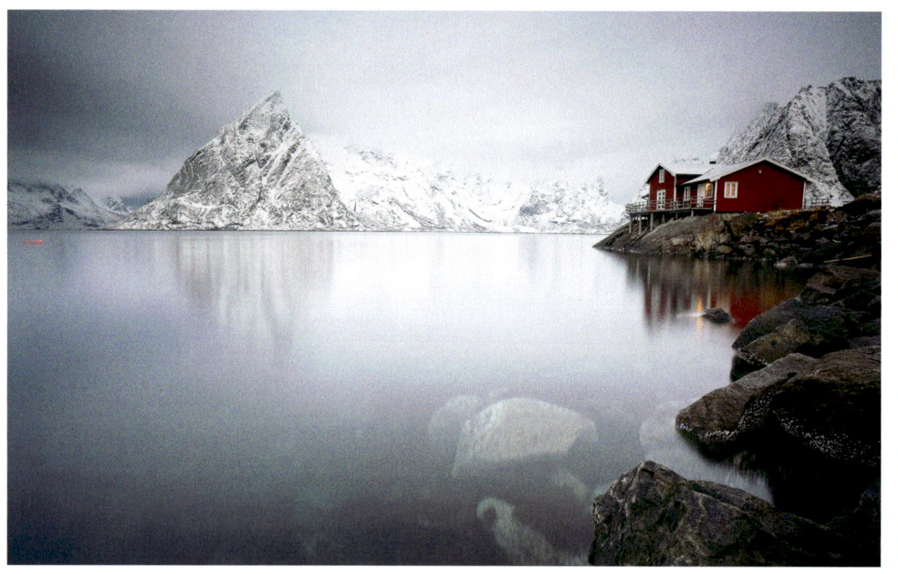

Rote Hütten vor dem Mt. Olstinden. Durch die Verwendung eines Polfilters wird das Wasser im Vordergrund teiltransparent, sodass der Blick auf die im Wasser liegenden, mit kleinen Muscheln besetzten Felsen freigegeben wird. | 18 mm · ISO 100 · Blende 13 · 180 s | GPS: 67°56'32" N 13°7'10" E

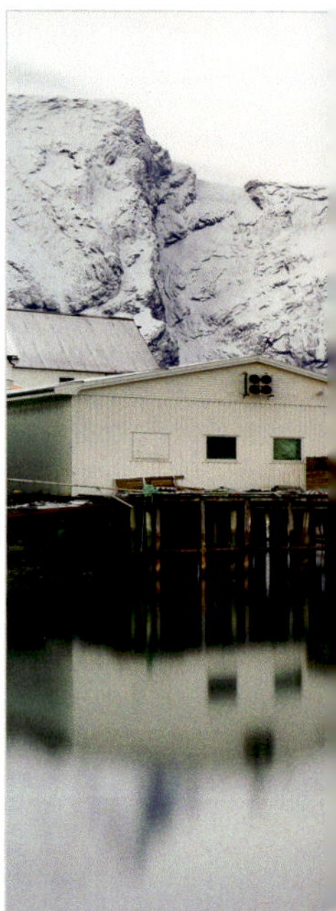

Wir fahren weiter über die Brücke Richtung Toppøy. Auf der anderen Seite angekommen, lohnt sich wiederum ein Halt, um die rechte Straßenseite entlang der Wasserkante nach interessanten Motiven abzusuchen.

Spiegelung zum Sonnenaufgang. Durch die Wahl einer Belichtungszeit von drei Minuten erscheint die Wasseroberfläche glatt, Wolkenschwaden umspielen den Gipfel des Mt. Olstinden. | 18 mm · ISO 100 · Blende 11 · 180 s | GPS: 67°56′32″ N 13°7′10″ E

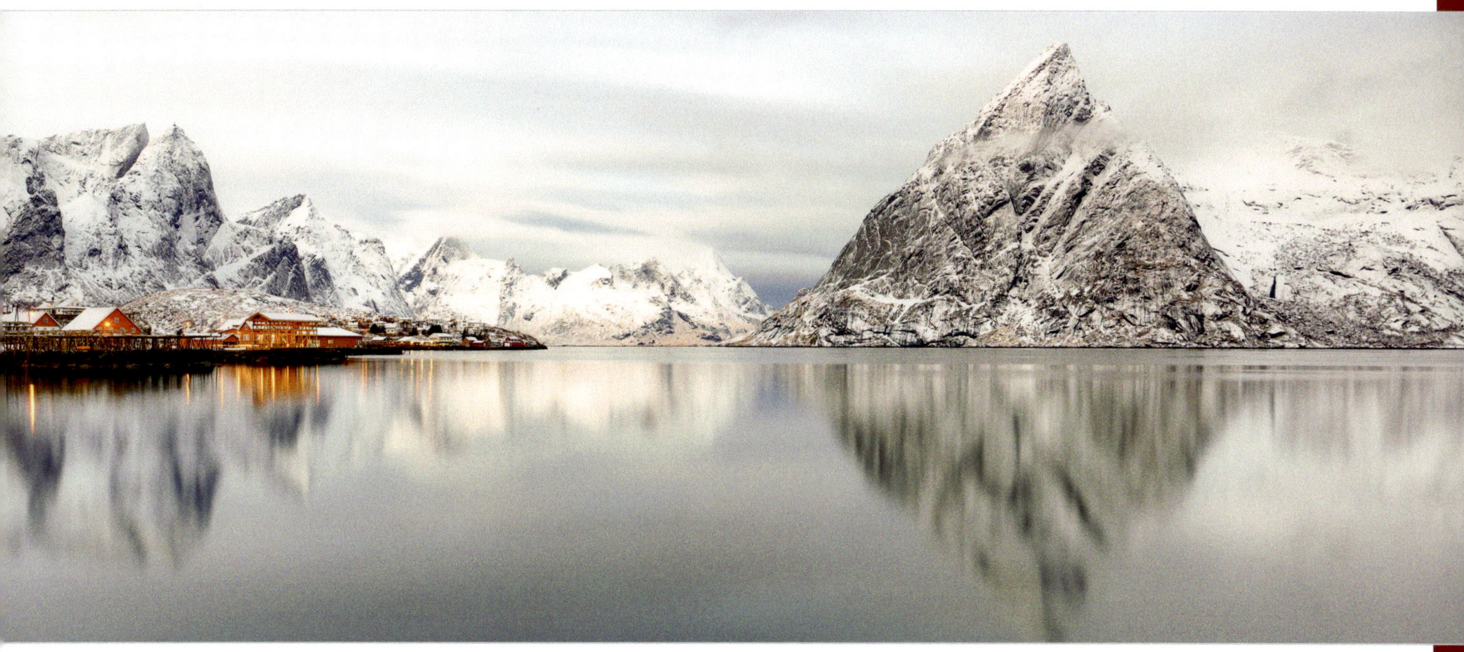

5 BLICK AUF SAKRISØY

Entfernung: 55 Minuten (53 km) mit dem Auto von Leknes, 8 Minuten (4 km) von Reine
Beste Tageszeit: Ganztägig
Beste Jahreszeit: Ganzjährig
Koordinaten: 67°56'27.13" N 13°6'57.139" E

Weiter geht es entlang der E10 zur nächsten kleinen Insel namens Olenilsøy. Auch hier gibt es wieder einige Fischerhütten, die Touristen als Übernachtungsmöglichkeit angeboten werden.

Kurz vor einer weiteren kleinen Brücke öffnet sich der Blick auf die Rorbuer-Anlage von Sakrisøy – die Häuser fallen direkt ins Auge, da sie traditionell in einem gelblichen Ockerton gestrichen sind und sich so vom sonst üblichen Rot unterscheiden.

Wieder lohnt es sich, das Auto abzustellen und die unmittelbare Umgebung zu Fuß zu erkunden. Die gelben Rorbuer von Sakrisøy fügen sich herrlich in die Kulisse aus Wasser und Bergen.

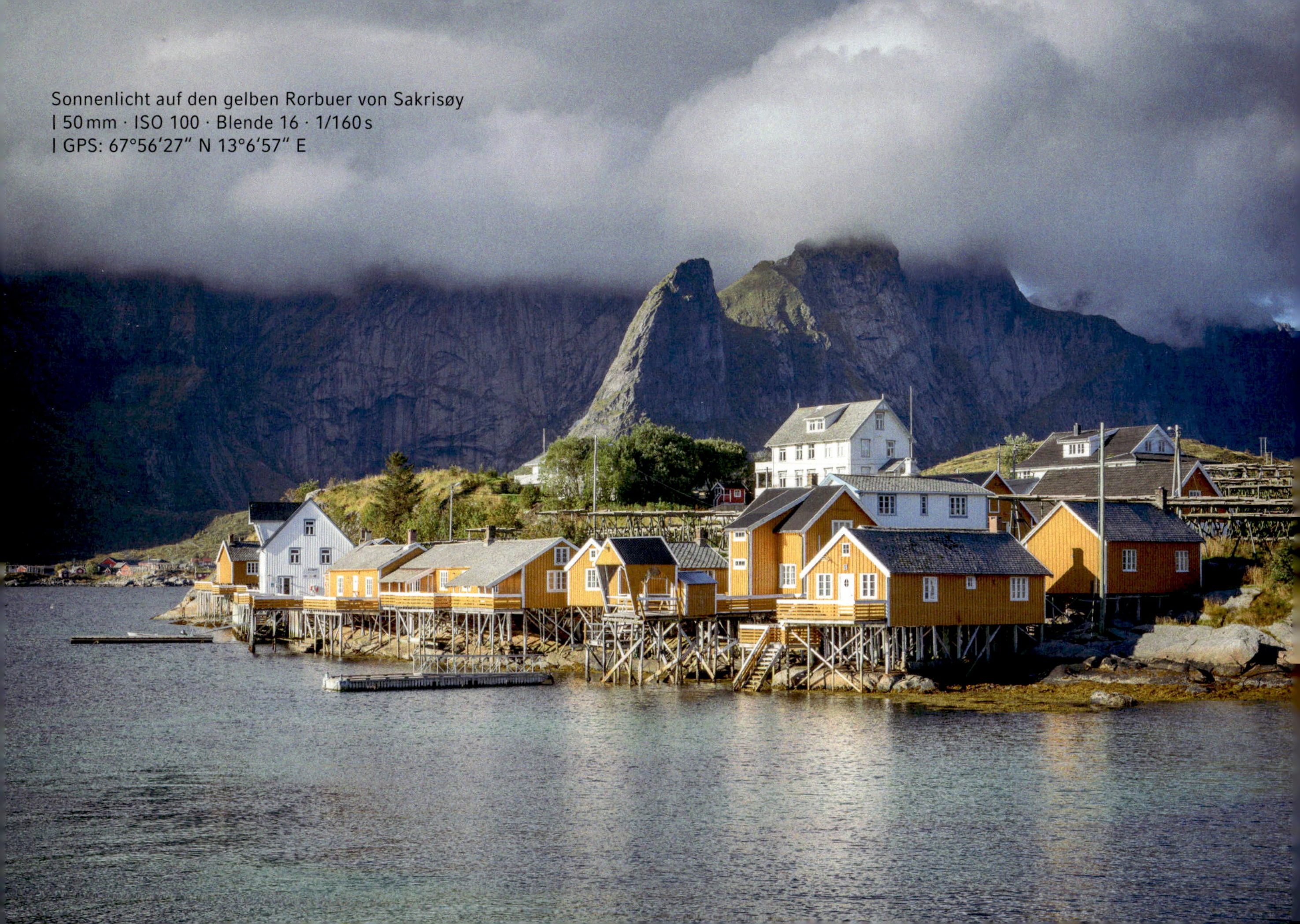

Sonnenlicht auf den gelben Rorbuer von Sakrisøy
| 50 mm · ISO 100 · Blende 16 · 1/160 s
| GPS: 67°56'27" N 13°6'57" E

❻ OLENILSØY

Entfernung: 55 Minuten (53 km) mit dem Auto von Leknes, 8 Minuten (4 km) von Reine
Beste Tageszeit: Sonnenaufgang, Sonnenuntergang
Beste Jahreszeit: Ganzjährig
Koordinaten: 67°56'20.759" N 13°6'49.81" E

Sakrisøy Rorbuer

Linker Hand befindet sich der Hausberg von Olenilsøy, von dem aus man einen atemberaubenden Blick auf die Insel Sakrisøy und die dahinterliegende Bergkulisse hat.

Der gut sichtbare, im Winter eventuell vereiste oder matschige Pfad führt über zwei Zwischenstationen, von denen aus man ebenfalls einen guten Blick Richtung Sakrisøy hat, hinauf zum Gipfelstern.

Die traditionellen Rorbuer von *Sakrisøy* (*sakrisoyrorbuer.no*) sind ebenfalls sehr empfehlenswert, was Lage und Ursprünglichkeit angeht. Hier findet man nicht ganz so viel Komfort wie bei *Reinefjorden Sjøhus* oder *Eliassen*, dafür punkten die Unterkünfte durch ihre Gemütlichkeit und das angeschlossene Restaurant *Underhuset* (+47 984 12 399).

Bewirtschaftet wird die Anlage durch Dagmar und ihren Sohn Mikael. Gegenüber der Rezeption befindet sich außerdem ein Fischverkauf, der an die Fischfabrik angeschlossen ist. Hier können Sie auch einen Fisch-Burger auf die Hand bekommen.

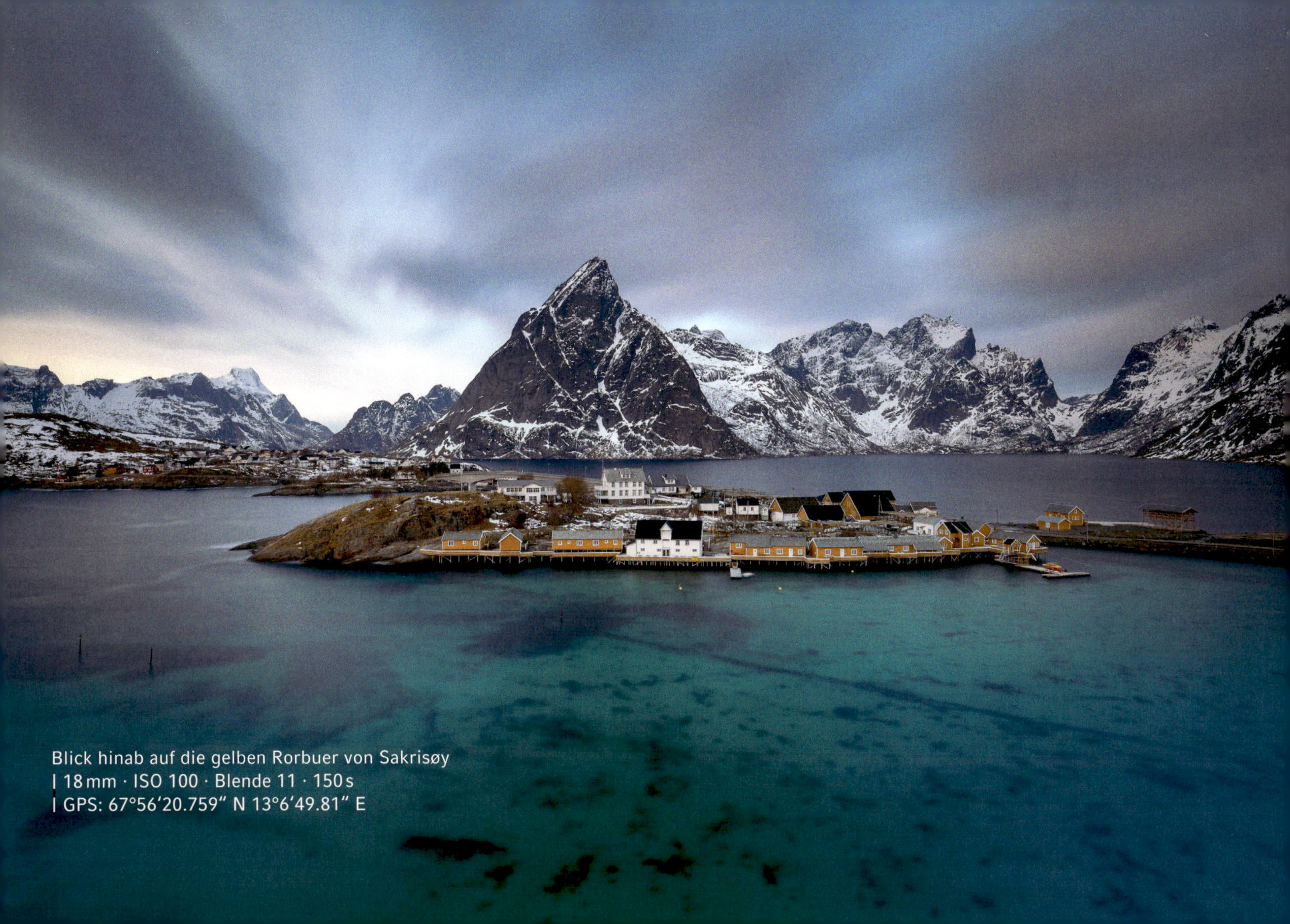

Blick hinab auf die gelben Rorbuer von Sakrisøy
| 18 mm · ISO 100 · Blende 11 · 150 s
| GPS: 67°56'20.759" N 13°6'49.81" E

❼ SAKRISØY

Entfernung: 55 Minuten (53 km) mit dem Auto von Leknes, 8 Minuten (4 km) von Reine
Beste Tageszeit: Ganztägig
Beste Jahreszeit: Ganzjährig
Koordinaten: 67°56'29.838" N 13°6'51.408" E

Die Insel selbst hat sich in den letzten Jahren verändert: Durch Aufschütten von Steinen wurde zusätzliches Land gewonnen, sodass gegenüber der Rezeption von Sakrisøy – sehr zur Freude der Fotografen – zwei weitere moderne Unterkünfte gebaut werden konnten.

Auch ein neues überdachtes Holzgestell zum Trocken des Kabeljaus wurde in diesem Abschnitt errichtet.

Von hier aus lassen sich in der Nacht besonders gut die Polarlichter beobachten und fotografieren, die über dem Mt. Olstinden tanzen.

Über eine weitere Brücke geht es schließlich Richtung Reine.

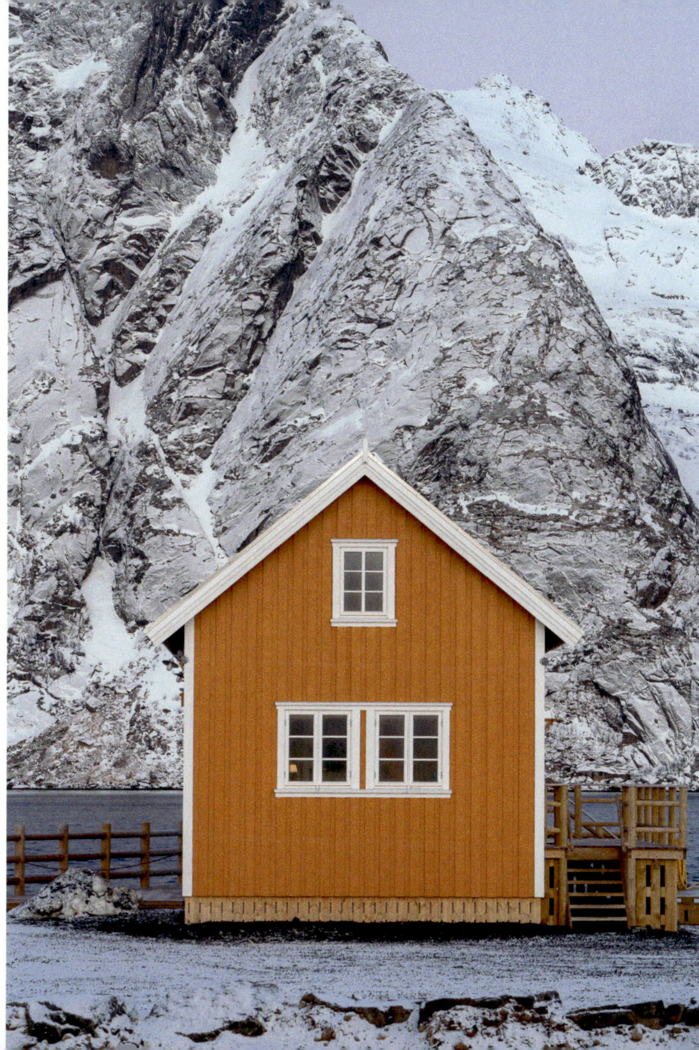

Gelbe Hütte in Sakrisøy
| 18 mm · ISO 100 · Blende 11 · 1/3 s
| GPS: 67°56'29.838" N 13°6'51.408" E

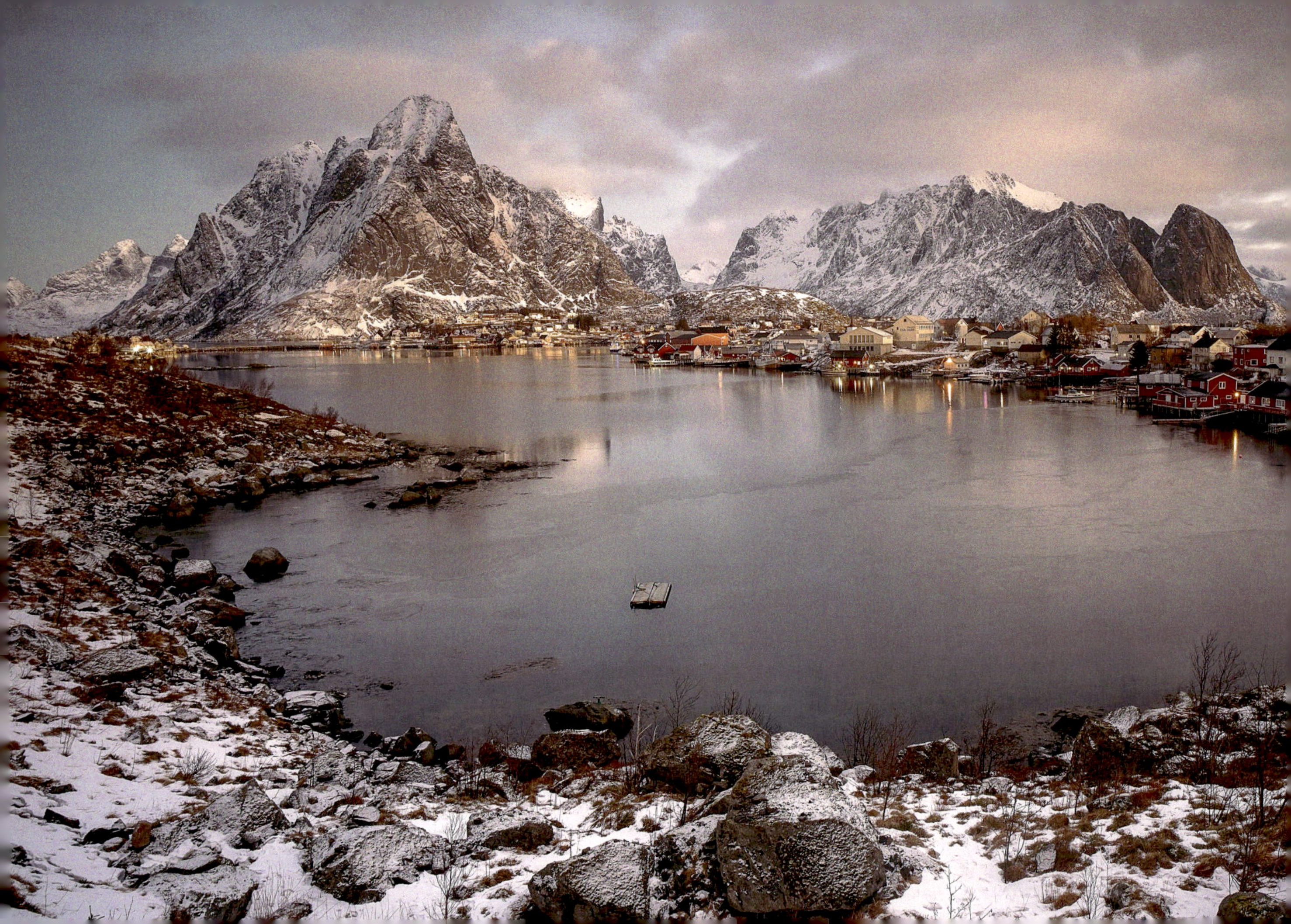

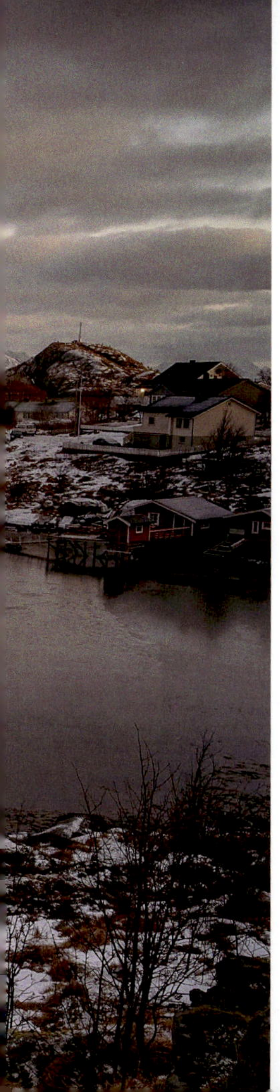

MOSKENESØY – RUND UM REINE

TOUR 11

Reine heißt der idyllische Hauptort des Verwaltungsbezirks. Seine Häuser wurden entlang eines natürlichen Fjordbogens gebaut und fügen sich wunderschön in die Landschaft ein. In diesem Abschnitt der Lofoten wartet wirklich buchstäblich hinter jeder Straßenbiegung eine Vielzahl herausragender Motive auf uns.

An einem coop-Supermarkt vorbei folgen wir der Straße weiter, bis wir nach kurzer Zeit bergab eine kleine Brücke erreichen, die flach über das Wasser gebaut ist und zum nächsten Inselabschnitt führt. In unmittelbarer Umgebung gibt es wieder eine Vielzahl interessanter Fotospots. Etwa hundert Meter hinter der Brücke zweigt eine Straße nach rechts ab – hier kann man gut das Fahrzeug abstellen, um die Gegend zu erkunden.

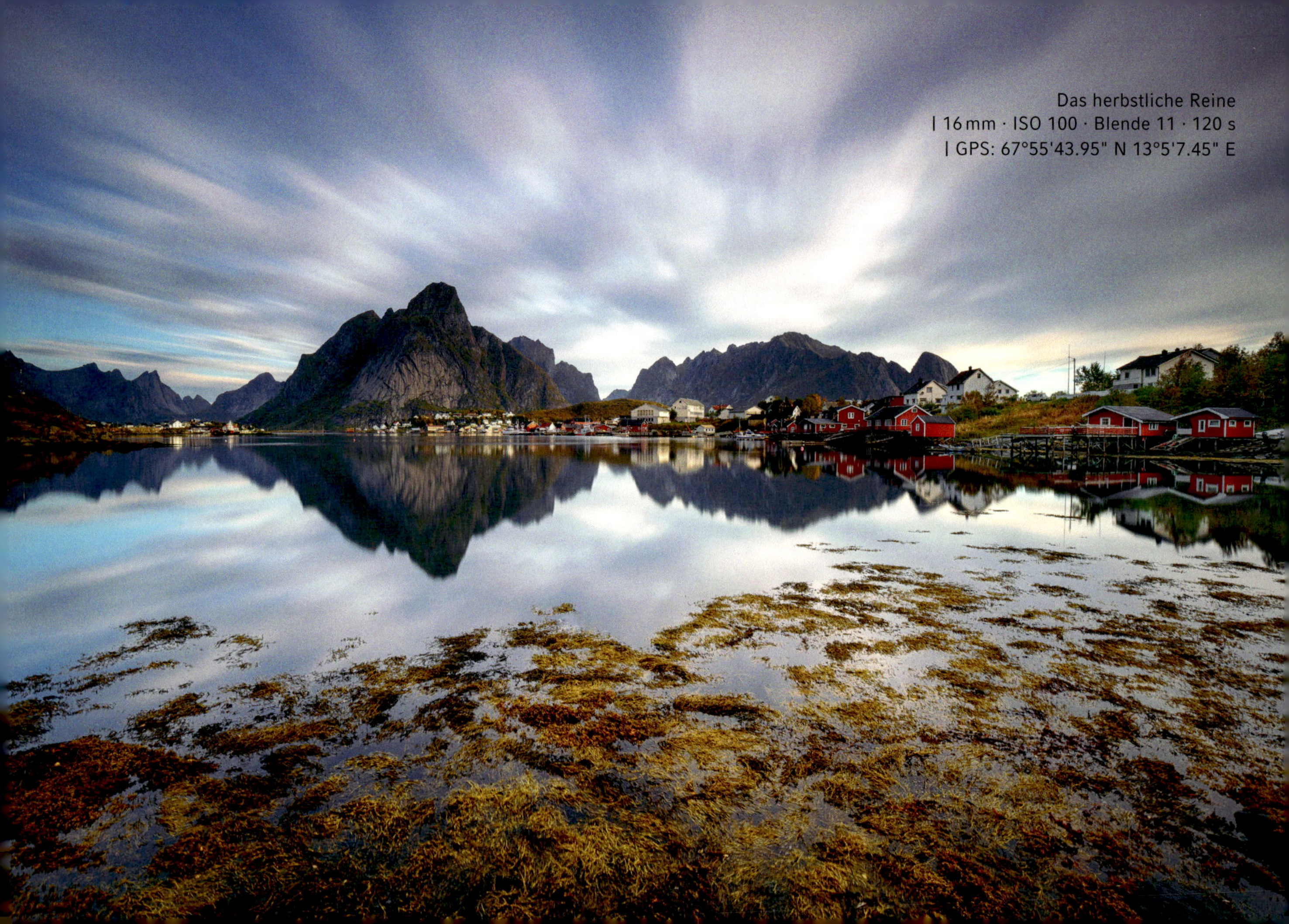

Das herbstliche Reine
| 16 mm · ISO 100 · Blende 11 · 120 s
| GPS: 67°55'43.95" N 13°5'7.45" E

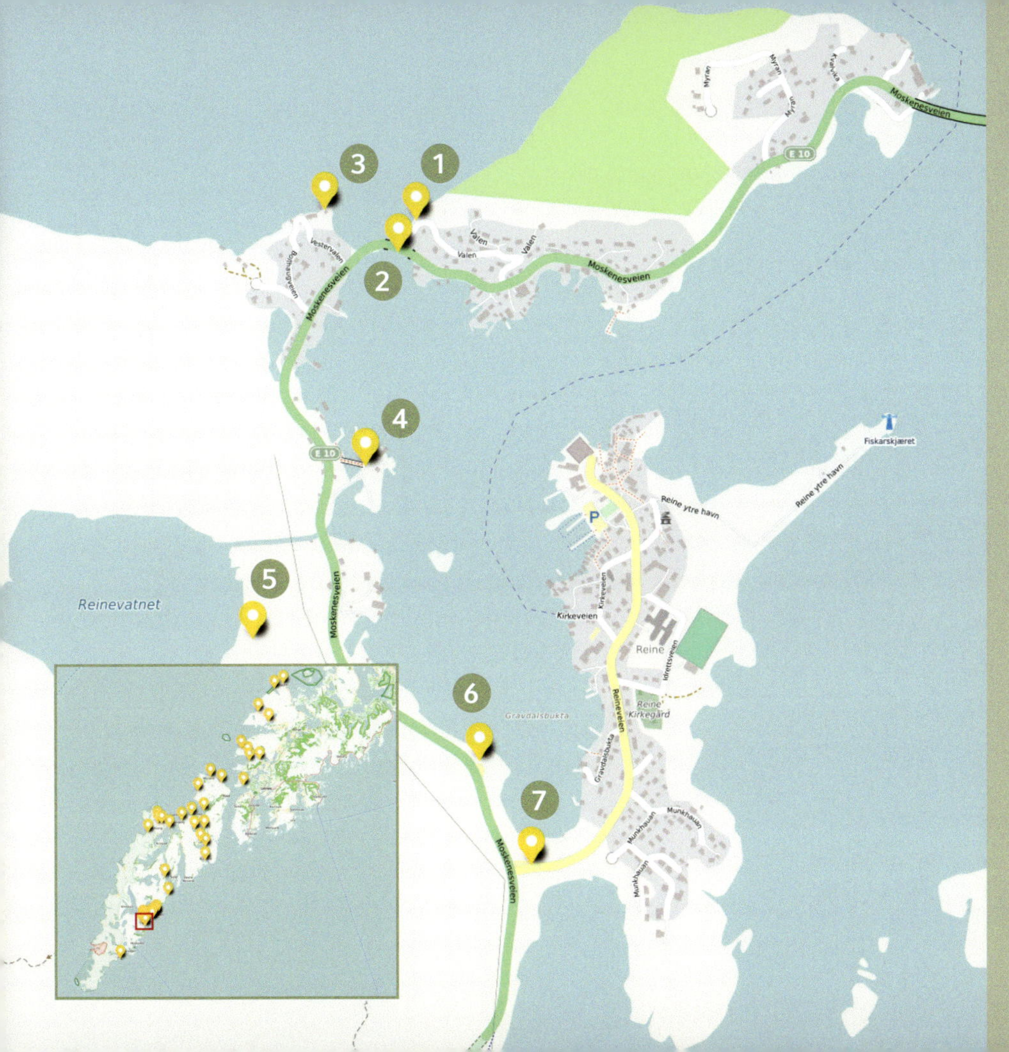

MOSKENESØY – RUND UM REINE

TOUR 11

1. MT. OLSTINDEN
2. BLICK AUF REINE
3. FJORDBLICK
4. DER STEG VON REINE
5. REINEVATNET
6. REINE AUSSICHTSPUNKT
7. REINEHALSEN

1 MT. OLSTINDEN

Entfernung: 60 Minuten (57 km) mit dem Auto von Leknes
Beste Tageszeit: Sonnenaufgang, Sonnenuntergang
Beste Jahreszeit: Ganzjährig
Koordinaten: 67°56'24.638" N 13°4'41.883" E

Mt. Olstinden zum Sonnenaufgang Ende September | 16 mm · ISO 100 · Blende 11 · 90 s | GPS: 67°56'24" N 13°4'41" E

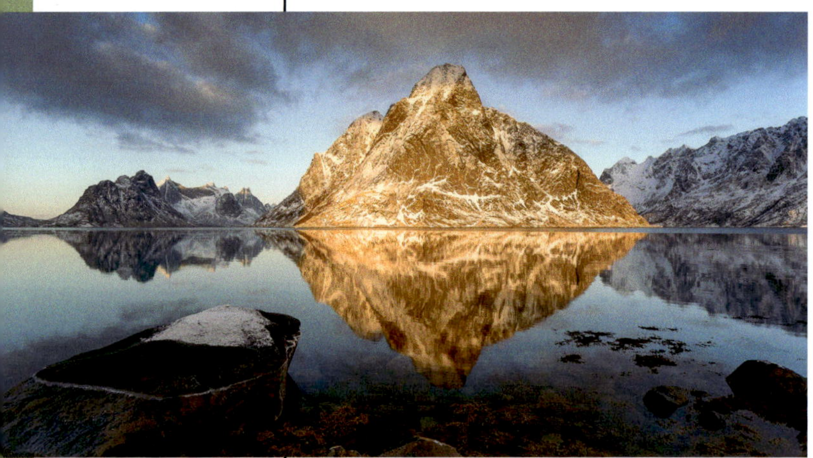

Morgensonne auf dem Mt. Olstinden | 18 mm · ISO 100 · Blende 11 · 1/20 s | GPS: 67°56'24.638" N 13°4'41.883" E

Wir gehen zurück über die schmale Brücke, wenden uns nach links und steigen über die Leitplanke hinab ans Ufer. Von hier hat man einen schönen Blick auf die Berge im Nordwesten, die Mitte bis Ende Januar zum Sonnenaufgang wunderbar angestrahlt werden. Der Mt. Olstinden dominiert mit seiner markanten Form die Landschaft.

Im Vordergrund finden sich große, mit Muscheln und Algen besetzte Steine, die sich bei der Bildgestaltung als Vordergrund anbieten. Unter Einsatz eines Polfilters lassen sich wieder die Spieglungen auf der Wasseroberfläche reduzieren, sodass der Betrachter ins Wasser hineinschauen kann.

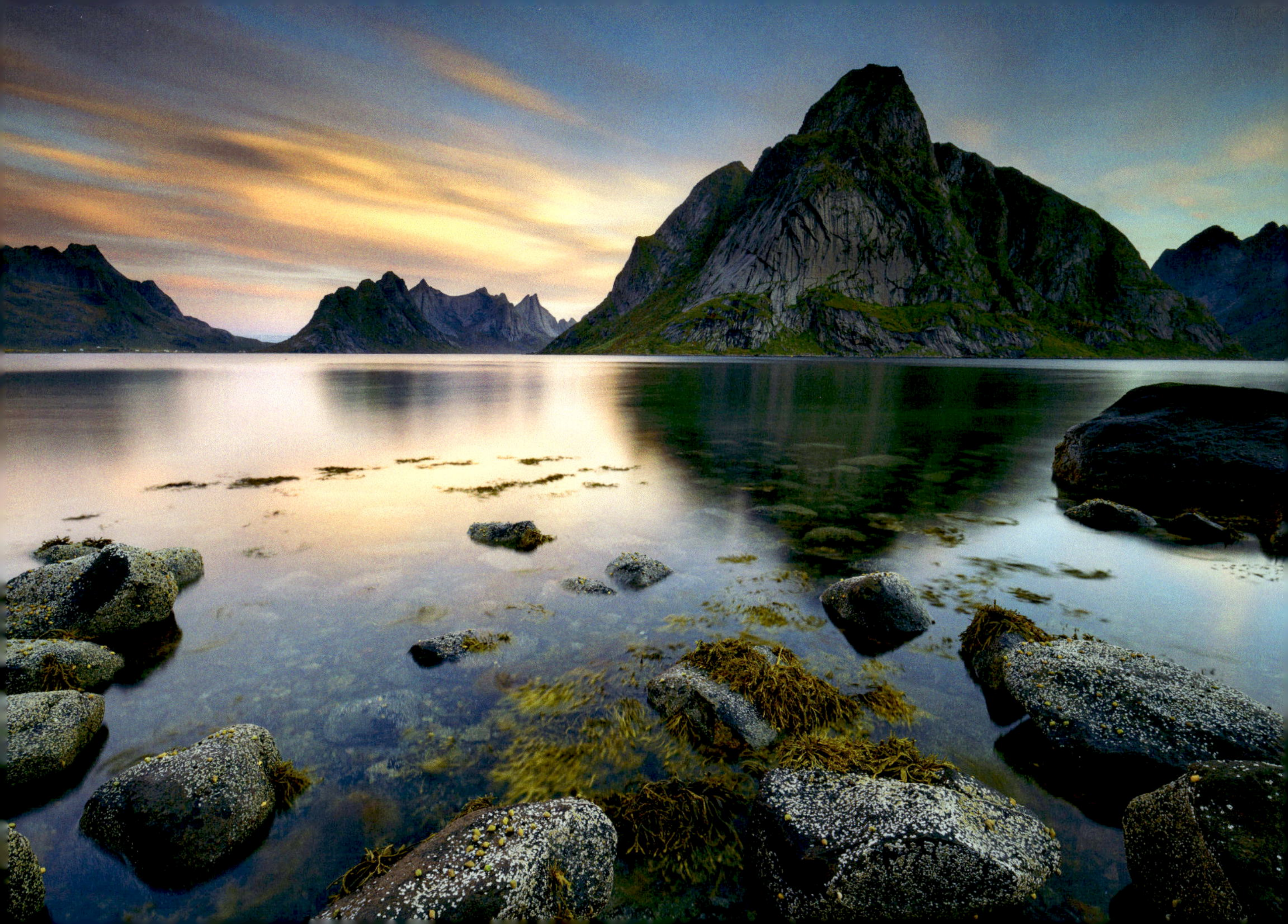

② BLICK AUF REINE

Entfernung: 60 Minuten (57 km) mit dem Auto von Leknes
Beste Tageszeit: Sonnenaufgang, Sonnenuntergang
Beste Jahreszeit: Ganzjährig
Koordinaten: 67°56'21.869" N 13°4'33.619" E

Zurück an der Brücke, überqueren wir die Straße und blicken jetzt Richtung Reine, wo auf der anderen Seite des Fjords die rot gestrichenen Häuser in der Morgensonne funkeln. Rechts von uns begrenzt der markante Berg Reinebringen den Blick.

Besonders in der Zeit von Mitte Januar bis Anfang Februar findet man hier häufig wunderbare Lichtstimmungen zum Sonnenaufgang. Die Sonne steigt gemächlich in flachem Bogen aus südöstlicher Richtung, bis sie hinter der Bergkante des Reinebringen verschwindet. Oft ist der Himmel blutrot oder orange gefärbt. Wegen der extremen Gegenlichtsituation bietet es sich an, mit Belichtungsreihen zu arbeiten, die sich später am Computer zu einer korrekt belichteten Aufnahme kombinieren lassen (siehe auch »Zusammenfügen einer Belichtungsreihe in Adobe Photoshop Lightroom Classic CC« auf Seite 281).

Reine im Gegenlicht der aufgehenden Wintersonne | 21 mm · ISO 100 · Blende 14 · 1/3 s | GPS: 67°56'22" N 13°4'34" E ▶

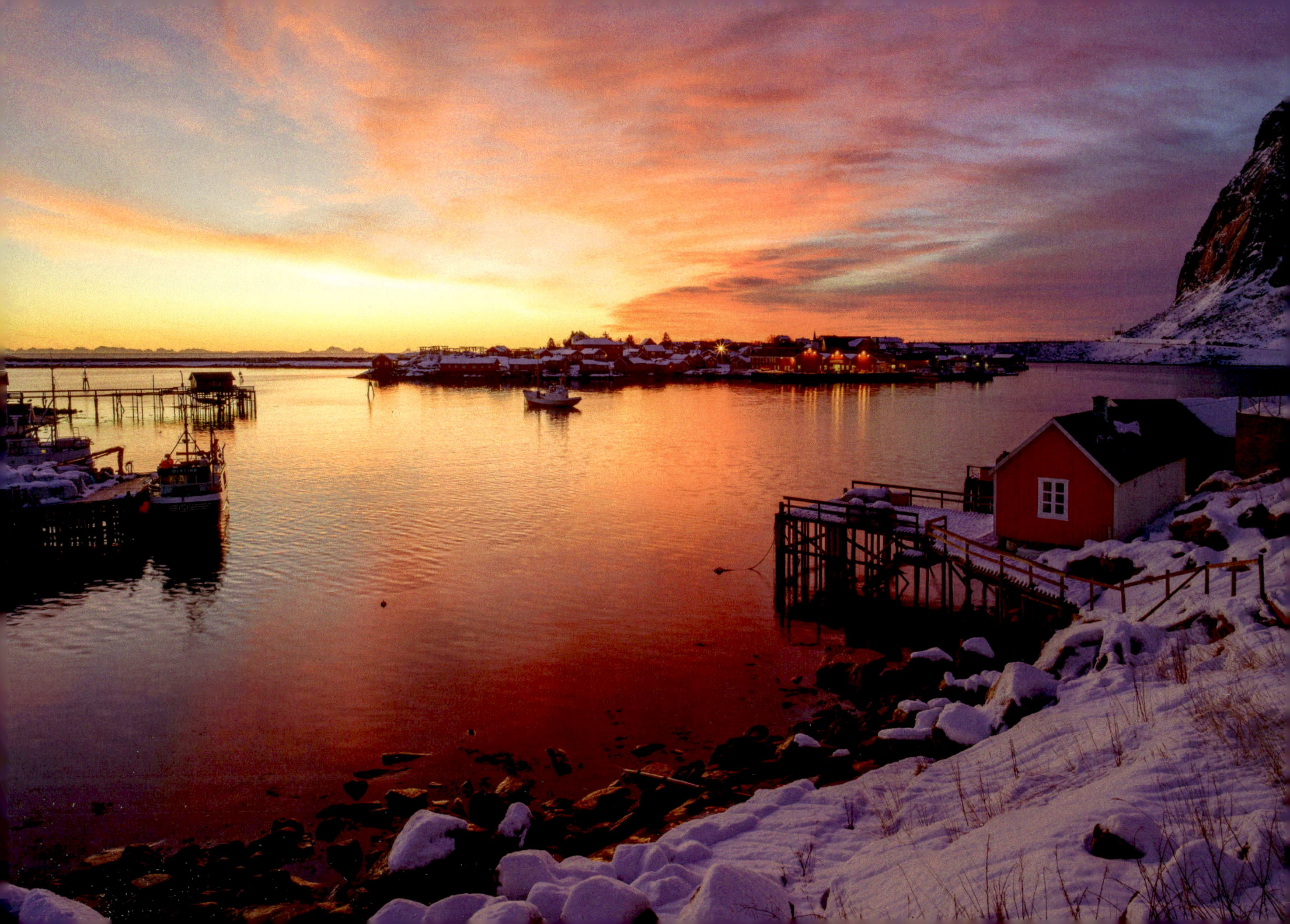

3 FJORDBLICK

Entfernung: 60 Minuten (57 km) mit dem Auto von Leknes
Beste Tageszeit: Sonnenaufgang, Sonnenuntergang
Beste Jahreszeit: Ganzjährig
Koordinaten: 67°56‘25.138“ N 13°4‘23.633“ E

An der Straße, in der wir unser Auto abgestellt haben, gibt es entlang der Uferkante weitere schöne Fotospots: Ein hölzerner Schuppen, der auf Stelzen ins Wasser gebaut ist, fällt ins Auge und lädt zur fotografischen Erkundung ein.

Zurück auf der E10, setzen wir die Fahrt langsam Richtung Süden fort.

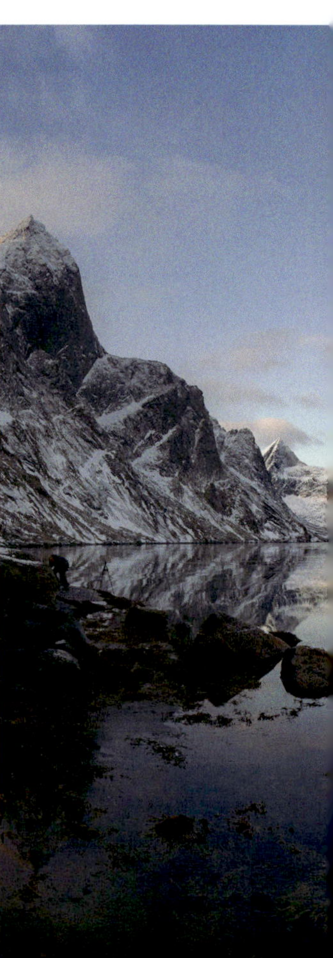

Mt. Olstinden-Panorama | 18 mm · ISO 100 · Blende 11 · 1/10 s · Panorama aus 8 vertikalen Aufnahmen | GPS: 67°56‘25.138“ N 13°4‘23.633“ E

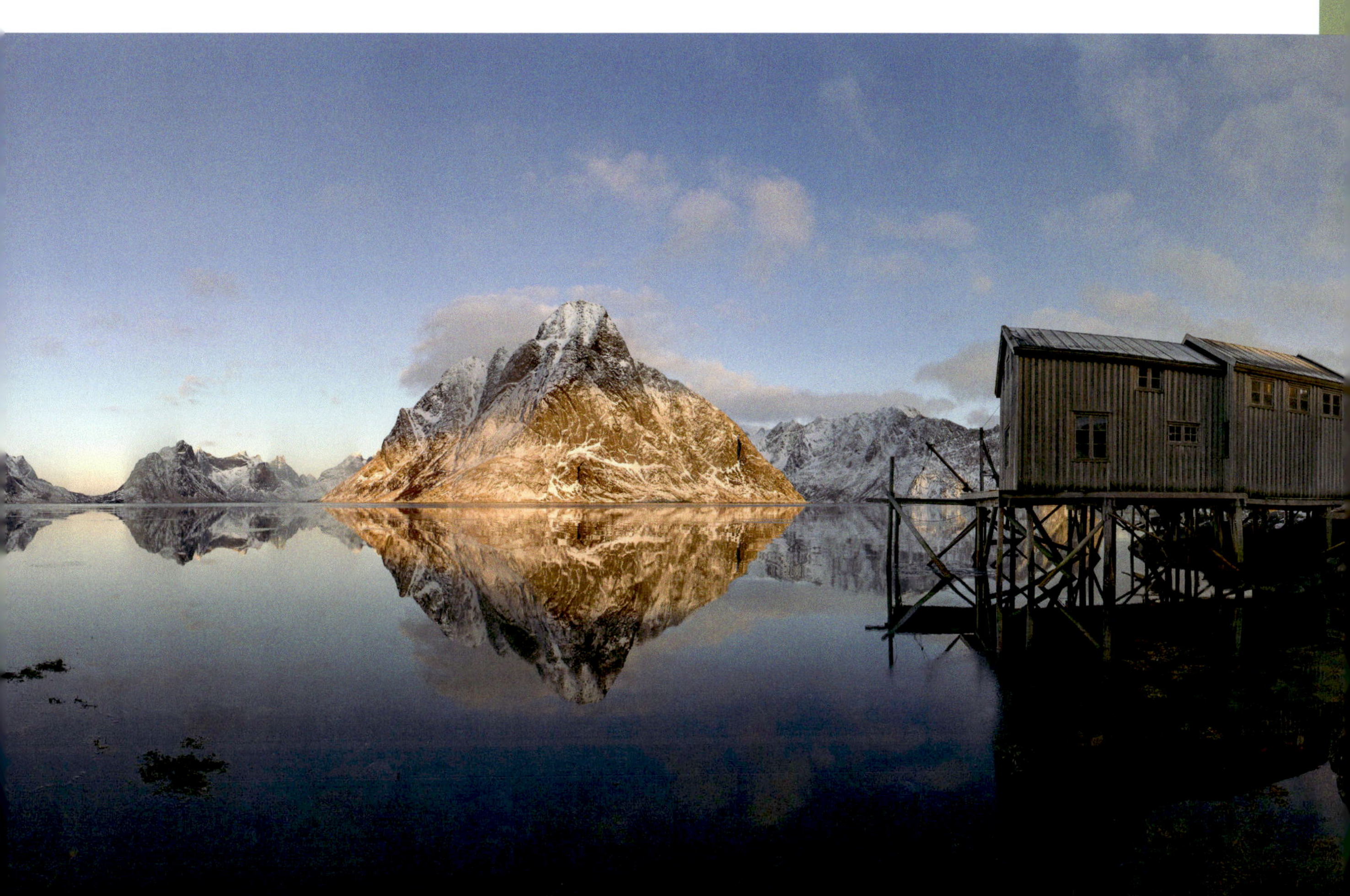

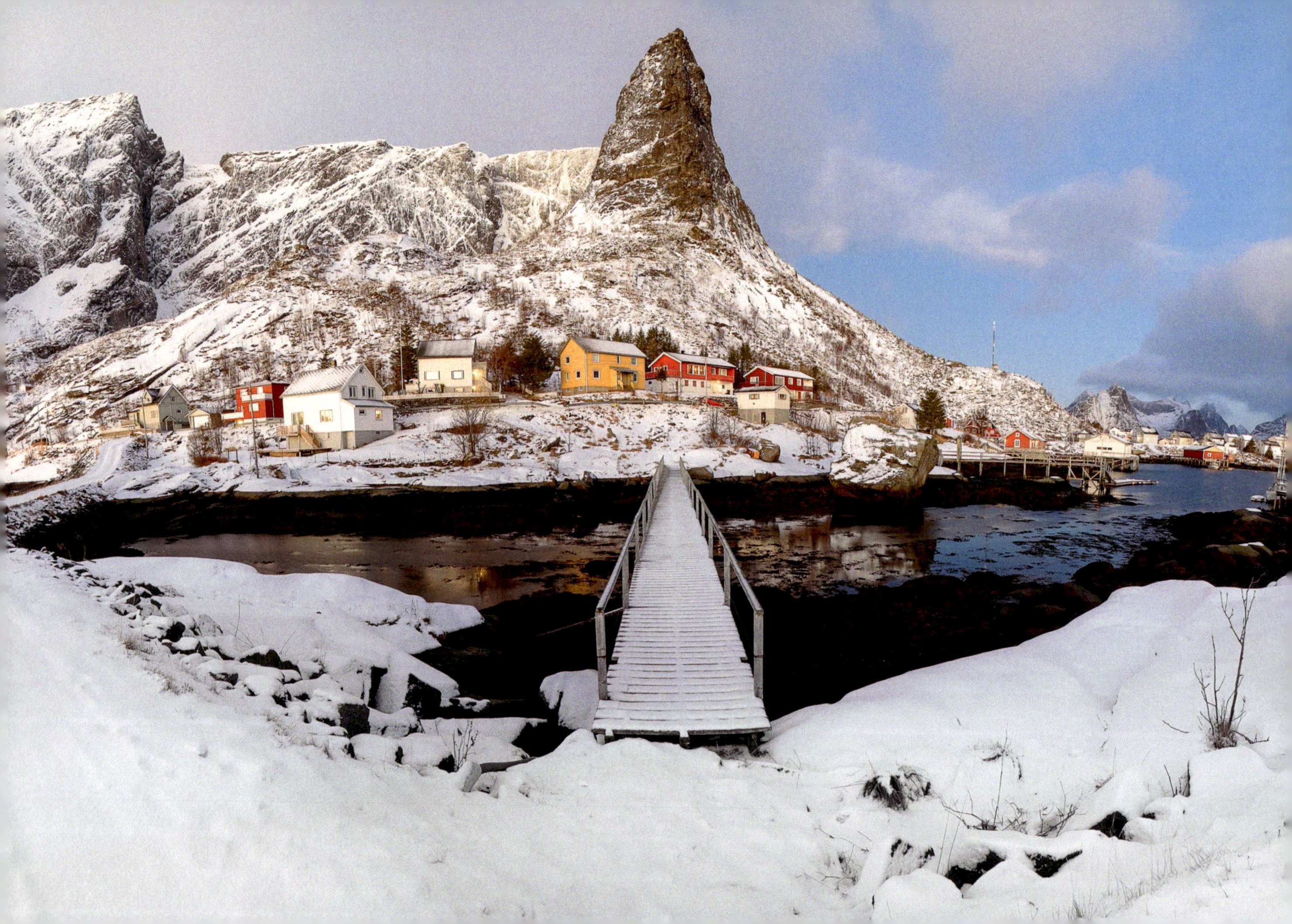

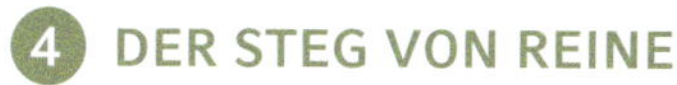

4 DER STEG VON REINE

Entfernung: 60 Minuten (57 km) mit dem Auto von Leknes
Beste Tageszeit: Sonnenaufgang, Sonnenuntergang, blaue Stunde
Beste Jahreszeit: Ganzjährig
Koordinaten: 67°56'8.353" N 13°4'34.12" E

Auf der linken Seite liegt eine unscheinbare Insel. Ein schmaler, hölzerner Steg und eine Fahrstraße führen hinüber.

Zur blauen Stunde finden sich auf diesem kleinen Eiland besonders gute Fotomöglichkeiten. Der Steg lässt sich als führende Linie aufgreifen, sodass spannende Kompositionen entstehen. Wegen der direkten Linienführung bietet es sich an, mit der Symmetrie des Stegs zu spielen – als mittig gesetztes Hauptmotiv führt der Steg auf einen markanten Felsen im Hintergrund.

◀ Verschneite Morgenstimmung in Reine | 18 mm · ISO 200 · Blende 11 · 3,2 s · Panorama aus 3 vertikalen Aufnahmen | GPS: 67°56'8.331" N 13°4'34.023" E

5 REINEVATNET

Entfernung: 60 Minuten (57 km) mit dem Auto von Leknes
Beste Tageszeit: Sonnenaufgang, Sonnenuntergang
Beste Jahreszeit: Ganzjährig
Koordinaten: 67°55'59.647" N 13°4'15.001" E

Direkt oberhalb der Straße erkennt man rechter Hand die Uferkante eines kleinen Bergsees. Der leichte Aufstieg über die Böschung lohnt auf jeden Fall, um eine frische Perspektive Richtung Reine zu finden. Sechzig Höhenmeter sind zu überwinden, belohnt wird man mit einem herrlichen Blick hinab auf die zerklüftete Küstenlandschaft rund um Reine.

Ähnlich wie auf dem Gipfel des Hausbergs von Olenilsøy findet man auch hier einen Gipfelstern.

Der See selbst mit den umgebenden Gipfeln ist ebenfalls ein schönes Motiv, und auch Freunde der Panoramafotografie kommen hier oben sicherlich auf ihre Kosten.

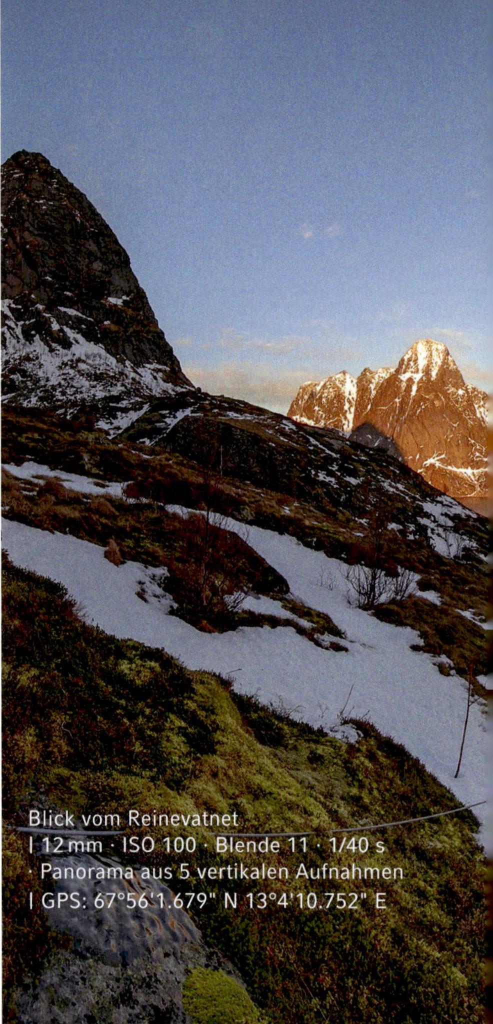

Blick vom Reinevatnet
| 12 mm · ISO 100 · Blende 11 · 1/40 s · Panorama aus 5 vertikalen Aufnahmen
| GPS: 67°56'1.679" N 13°4'10.752" E

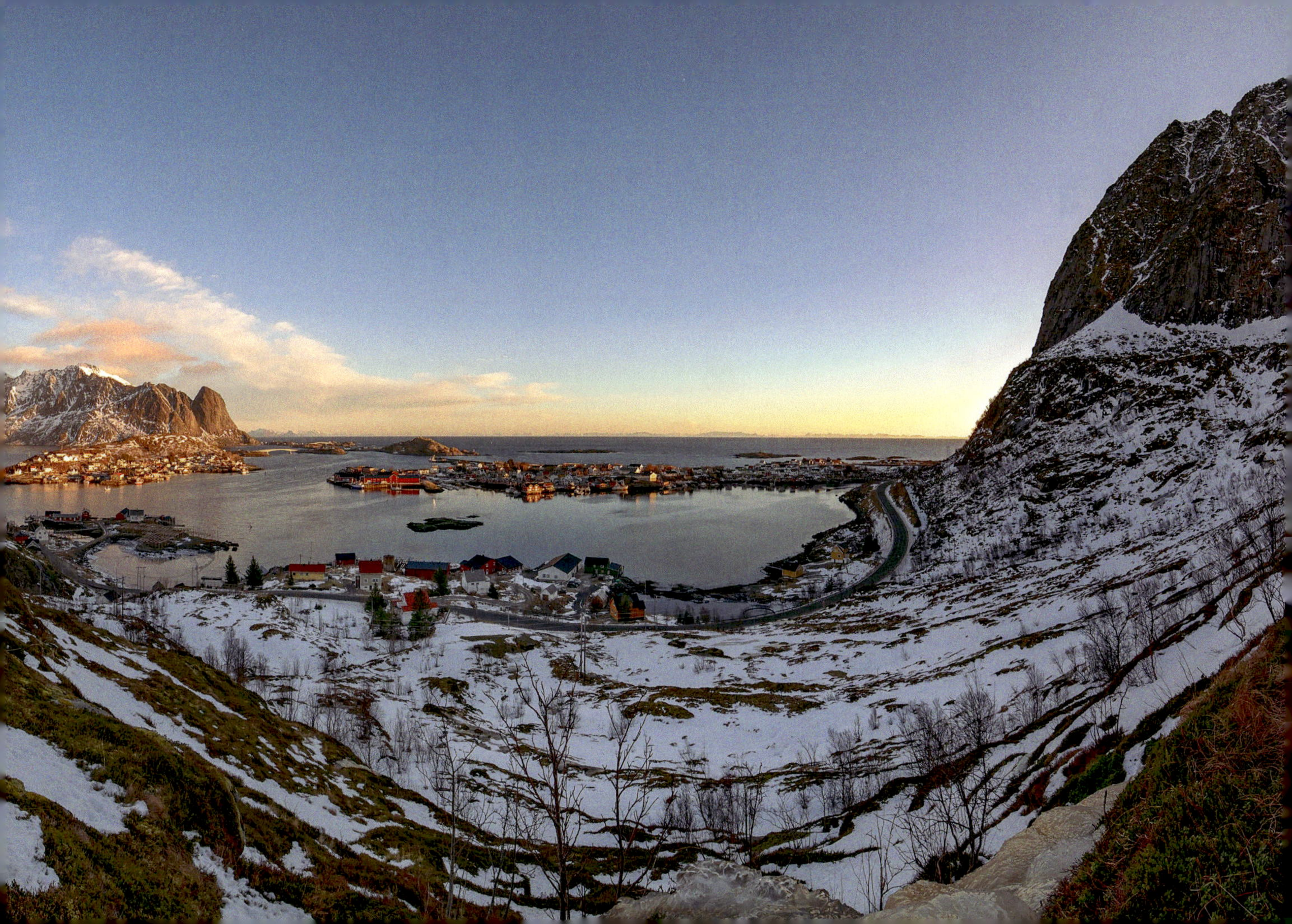

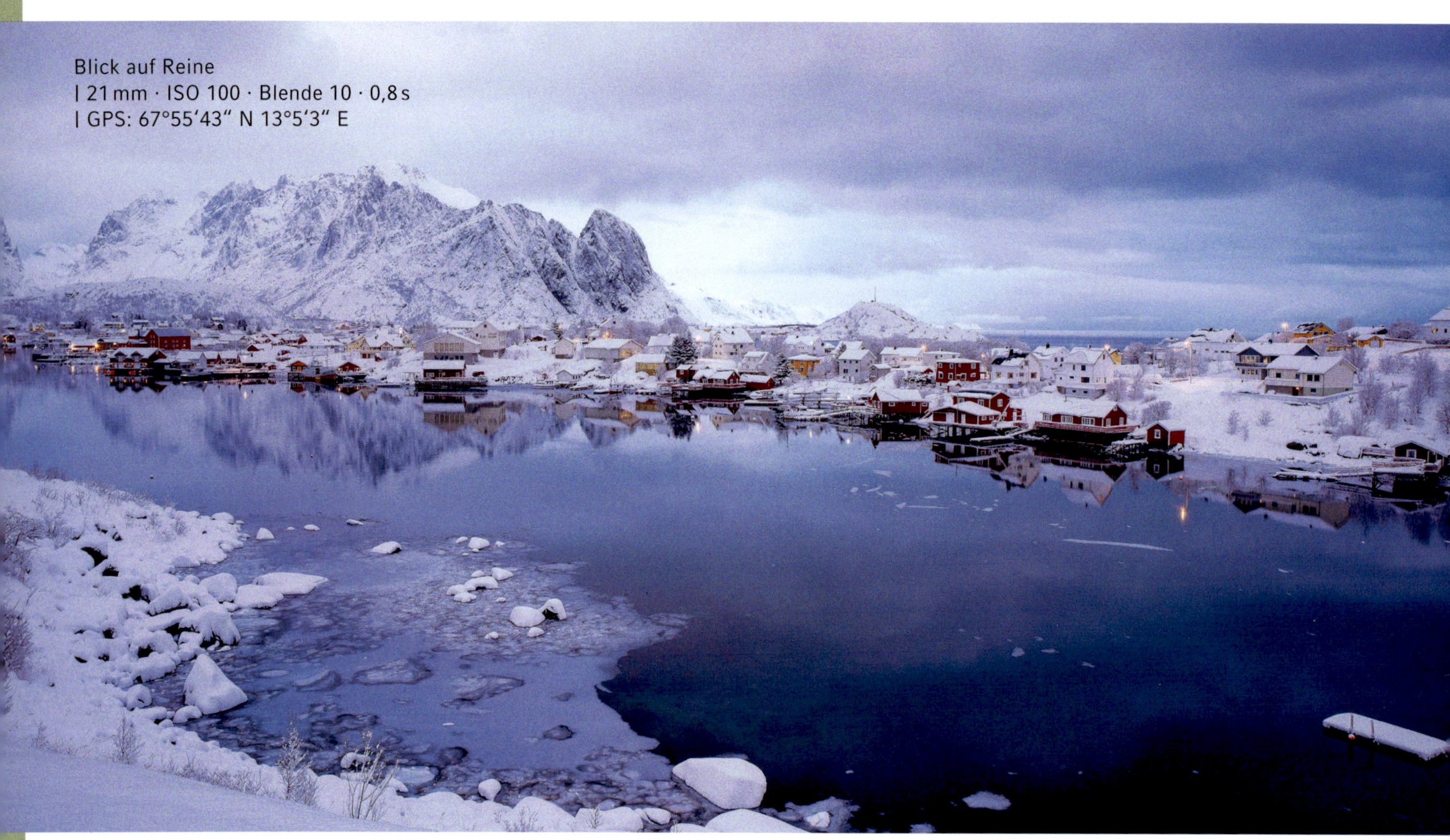

Blick auf Reine
| 21 mm · ISO 100 · Blende 10 · 0,8 s
| GPS: 67°55′43″ N 13°5′3″ E

6 REINE AUSSICHTSPUNKT

Entfernung: 60 Minuten (57 km) mit dem Auto von Leknes
Beste Tageszeit: Sonnenaufgang, Sonnenuntergang
Beste Jahreszeit: Ganzjährig
Koordinaten: 67°55'48.517" N 13°4'56.367" E

Es geht Schlag auf Schlag: Wenige Meter weiter erreichen wir auf der linken Seite einen ersten Aussichtspunkt mit Parkmöglichkeit. Von diesem Standort aus hat der Betrachter einen schönen Blick auf das Zentrum von Reine und den kleinen vorgelagerten Hafen.

Ist in der Nacht frischer Schnee gefallen, präsentiert sich die Landschaft mit den roten Häusern in der Morgendämmerung besonders fotogen.

Kurz hinter dem Aussichtspunkt zweigt eine Straße nach links Richtung Reine ab – hier beginnt der berühmte Aussichtspunkt »Reinehalsen«, von dem aus man wiederum einen grandiosen Blick auf die in den Küstenbogen eigebetteten, roten Holzhäuser von Reine hat. Die natürliche Küstenlinie wurde beim Besiedeln optimal genutzt.

AUFSTIEG ZUM REINEBRINGEN

Der Aufstieg zum Reinebringen, dem Hausberg Reines, ist eine der populärsten Wanderungen auf den Lofoten. Im Sommer machen sich Tausende Besucher auf den Weg, um den grandiosen Blick hinab auf die Fjordlandschaft rund um Reine genießen zu können. Leider hält der steile Weg hinauf diesem Ansturm kaum stand. Nach Regenfällen kam es verstärkt zu Erosion, weshalb der Aufstieg nicht ganz leicht zu bewältigen war. Im Jahr 2019 wurden deshalb Treppenstufen angelegt, die den Aufstieg erleichtern. Für die etwa 460 Höhenmeter sollten Sie bei guter Grundkondition und guten Bedingungen ca. 90 Minuten einplanen, der Abstieg geht entsprechend ein bisschen schneller.

Besonders schön ist der Blick natürlich bei Sonnenauf- und -untergang, wofür Sie allerdings weite Strecken des Auf- oder Abstiegs im Dunkeln oder zumindest in der Dämmerung erledigen müssen. Hierzu brauchen Sie unbedingt eine gute Stirnleuchte oder Taschenlampe.

Oben angekommen, werden Sie dann mit atemberaubenden Ausblicken von verschiedenen Aussichtspunkten belohnt.

Startpunkt ist am Parkplatz Reinehalsen, von wo aus wir entlang der E10 Richtung Süden laufen, bis die Straße durch einen Tunnel führt. Hier gehen wir links am Tunnel vorbei und erkennen schon bald den Aufstieg, der uns über den Tunnel hinauf zum Reinebringen bringt. Der weitere Pfad führt durch verschiedene Vegetationsstufen bergan und ist in der Regel gut erkennbar. Es empfiehlt sich, mögliche Wanderer oberhalb (und unterhalb) im Auge zu behalten und auf Steinschlag zu achten.

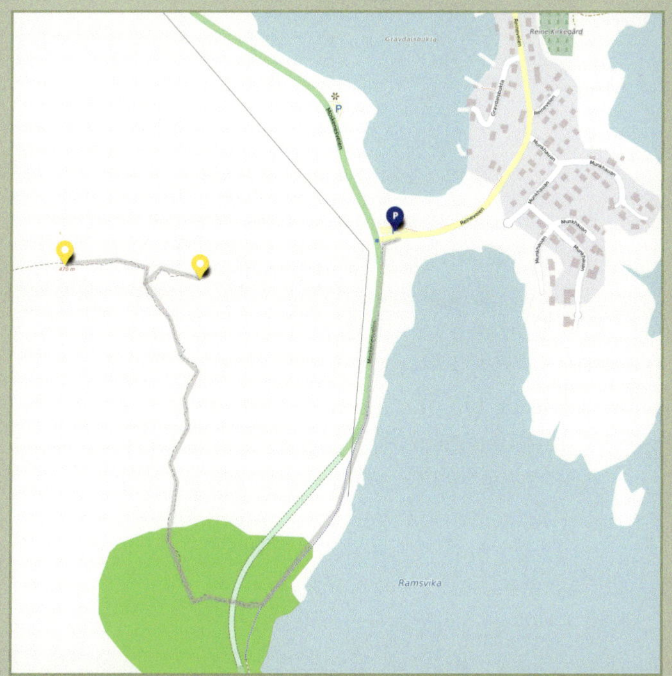

Gravdalsbukta
Reine Kirkegård
Reineveien
Ramsvika

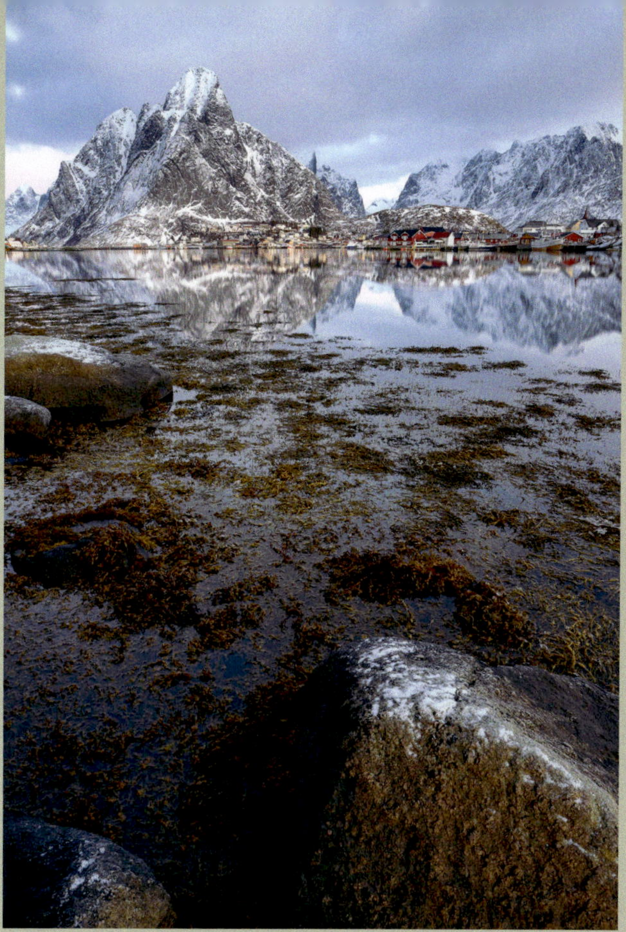

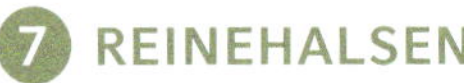

7 REINEHALSEN

Entfernung: 60 Minuten (57 km) mit dem Auto von Leknes
Beste Tageszeit: Sonnenaufgang, Sonnenuntergang, blaue Stunde
Beste Jahreszeit: Ganzjährig
Koordinaten: 67°55'42.349" N 13°5'9.619" E

Auf dem Reinehalsen-Parkplatz trifft man häufig auf andere Fotografen, die den berühmten Blick hinab mit dem dahinterliegenden Bergpanorama festhalten wollen.

Entlang des Straßenbogens führt ein Holzsteg, von dem aus sich immer wieder schöne Perspektiven ergeben, auch wenn an einigen Stellen hohe Büsche und kleine Bäume den Blick einschränken.

Beim Fotografieren vom Holzsteg aus – besonders dann, wenn man längere Belichtungszeiten wählt – sollte man andere Spaziergänger und Fotografen im Auge behalten, die den Holzsteg alleine durchs Laufen in Schwingungen versetzen, sodass die Aufnahmen schnell verwackeln können. Besser ist es, einen ruhigen Augenblick abzuwarten oder das Stativ auf dem festen Boden vor dem Holzsteg zu platzieren.

Falls die Bedingungen es zulassen, empfehle ich den Abstieg zum Ufer. Zwar gibt es keinen offiziellen Weg hinab, aber mit etwas Trittsicherheit und Geduld ist es recht einfach, hinabzugelangen. Mögliche Startpunkte befinden sich direkt am großen Parkplatz (links des Holzstegs) oder am rechten Ende des Holzstegs.

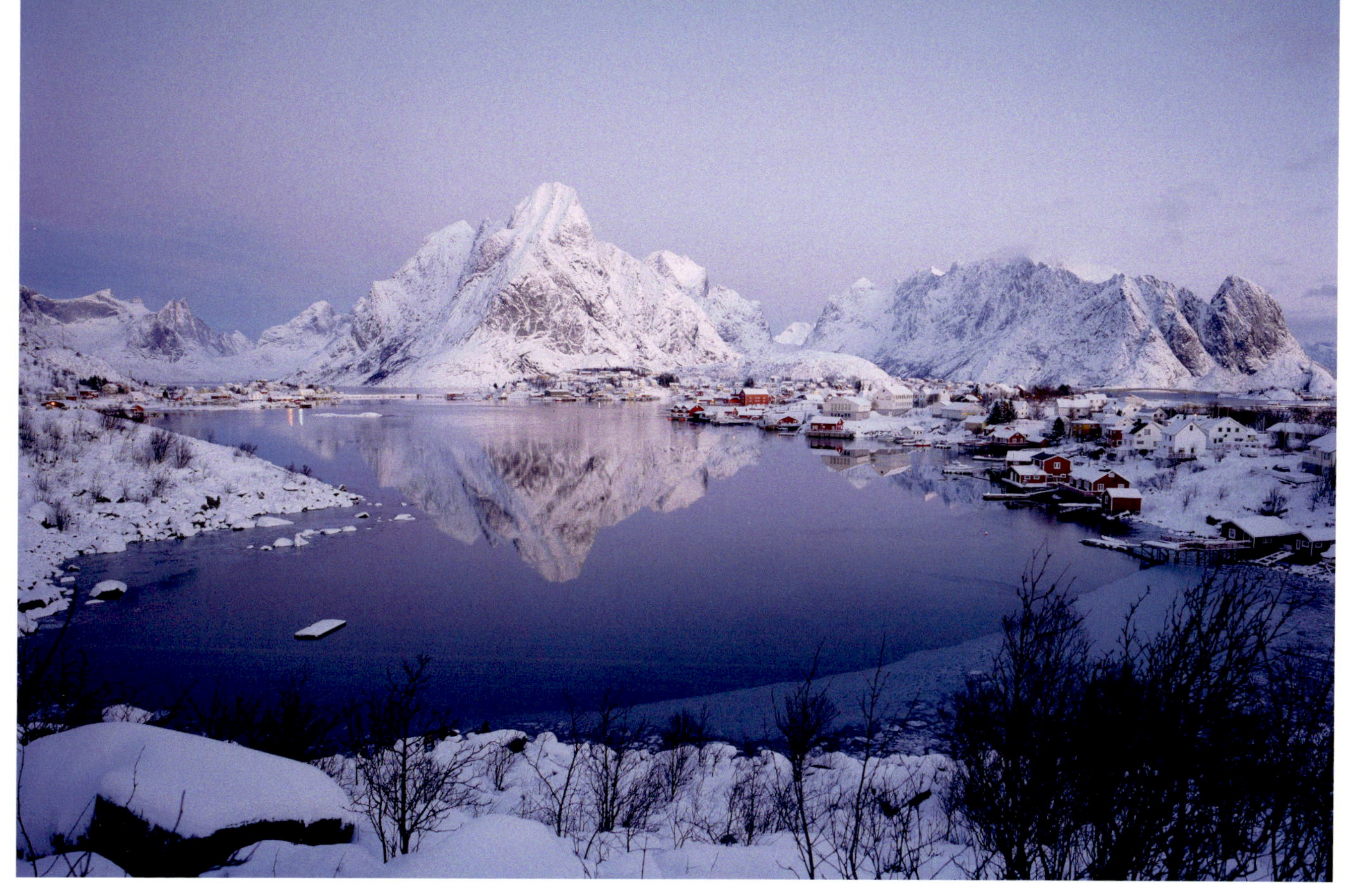

Blick vom Reinehalsen in der Morgendämmerung Anfang Januar | 21 mm · ISO 320 · Blende 2,8 · 1/40 s | GPS: 67°55'43" N 13°5'11" E

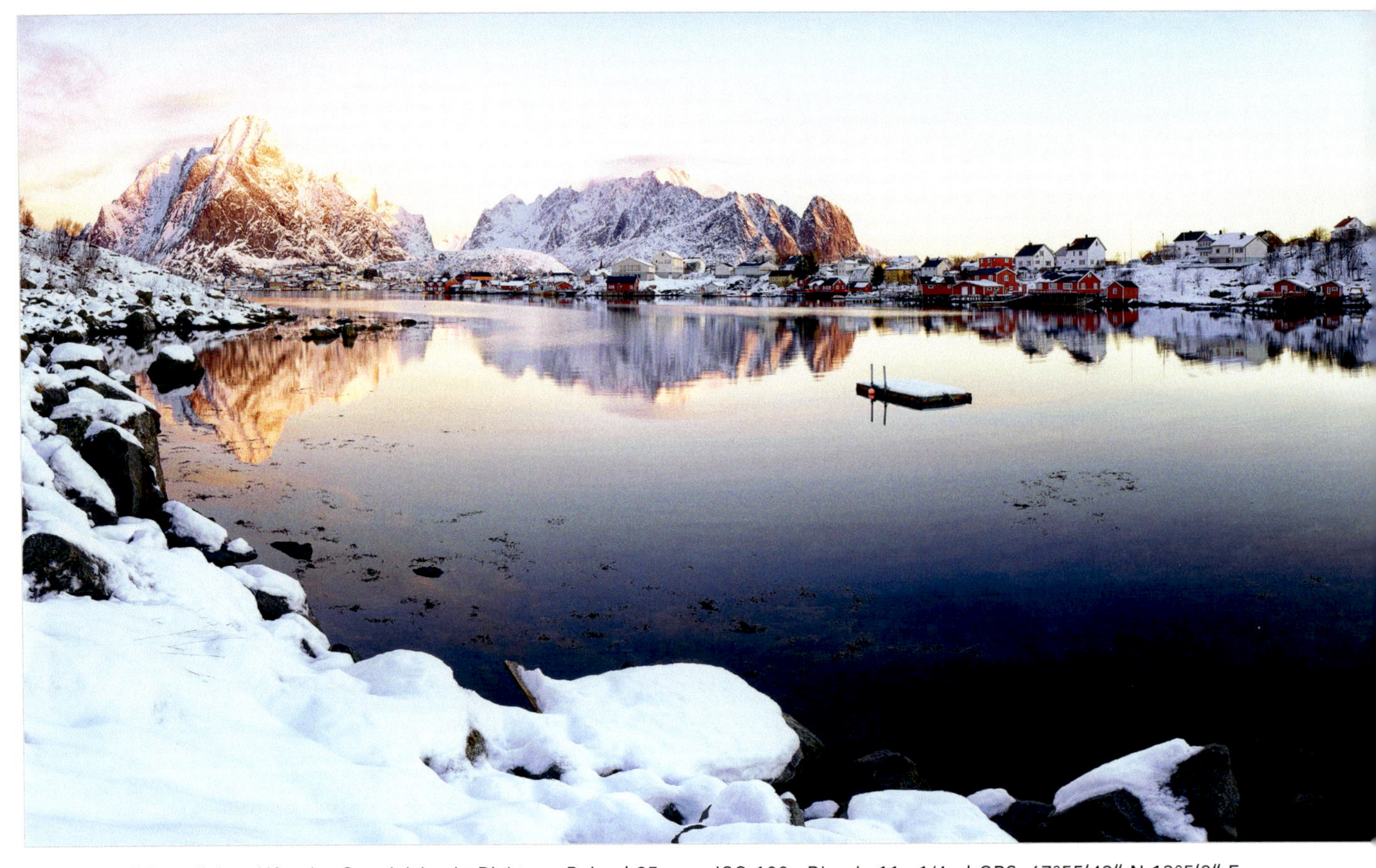

Blick vom südwestlichen Ufer der Gravdalsbucht Richtung Reine | 25 mm · ISO 100 · Blende 11 · 1/4 s | GPS: 67°55'43" N 13°5'3" E

Blick vom südöstlichen Ufer der Gravdalsbucht Richtung Reine. Die Eisschollen in Kombination mit den roten Fischerhütten ergeben einen schönen Vordergrund.
| 21 mm · ISO 100 · Blende 5,0 · 1/80 s
| GPS: 67°55'44" N 13°5'11" E

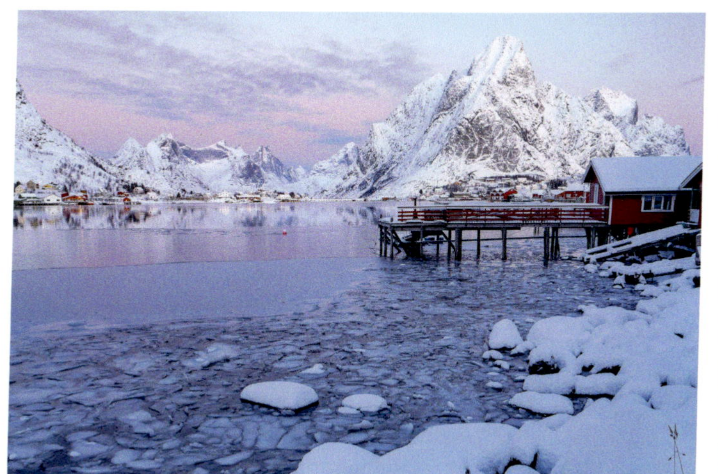

Von der Wasserkante ergeben sich ganz neue Perspektiven, und mit etwas Glück spiegelt sich die Landschaft perfekt in der Gravdalsbucht.

In Reine selbst gibt es einige Restaurants und Cafés sowie eine weitere Rorbuer-Anlage, die herrlich am Wasser gelegen ist.

Im Ort gibt es mehrere Hinweisschilder, die den Weg in Richtung des Fähranlegers weisen. Mit der Fähre lassen sich beispielsweise die Ortschaften Vindstad mit dem hinter einem Sattel gelegenen Strand Bunes oder der hinter dem Kirkefjord gelegene Strand Horseidvika erreichen.

Unter *reinefjorden.no* findet man den jeweils aktuellen Fährplan (versteckt unter dem Eintrag *Rutetabell*) – eine telefonische Reservierung ist in jedem Fall empfehlenswert.

Fährplan von *reinefjorden.no*

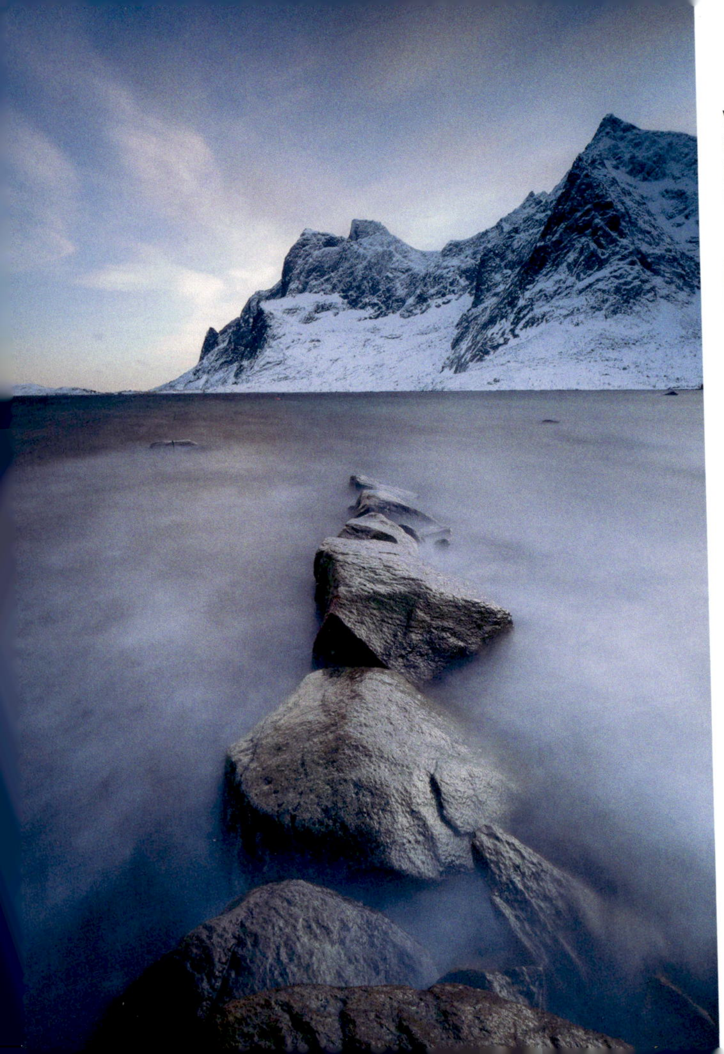

Wasserumspülte Felsen als führende Linie am Strand von Vinstad
| 18 mm · ISO 100 · Blende 11 · 30 s
| GPS: 67°57′26.382″ N 13°0′11.574″ E

ZEIT FÜR ZIMTSCHNECKEN

Wer nach dem Fotografieren zum Sonnenaufgang durchgefroren ist oder einfach so eine Pause braucht, dem sei die Bringen Kaffebar (*facebook.com/bringeninterior*) ans Herz gelegt: In diesem direkt im Zentrum gelegenen, liebevoll eingerichteten Café, in dem auch Inneneinrichtungsgegenstände zum Kauf angeboten werden, gibt es wunderbare Zimtschnecken (ich behaupte ja immer: vielleicht sogar die besten der Welt!) und vorzüglichen Kaffee – aber auch die meisten anderen Kuchen und Torten sind sehr empfehlenswert. Betrieben wird das Café von den immer gut gelaunten und stets freundlichen Schwestern Synnøve und Anette. Die beiden wissen in der Regel auch, ob in der näheren Umgebung eventuell Wale anzutreffen sind.

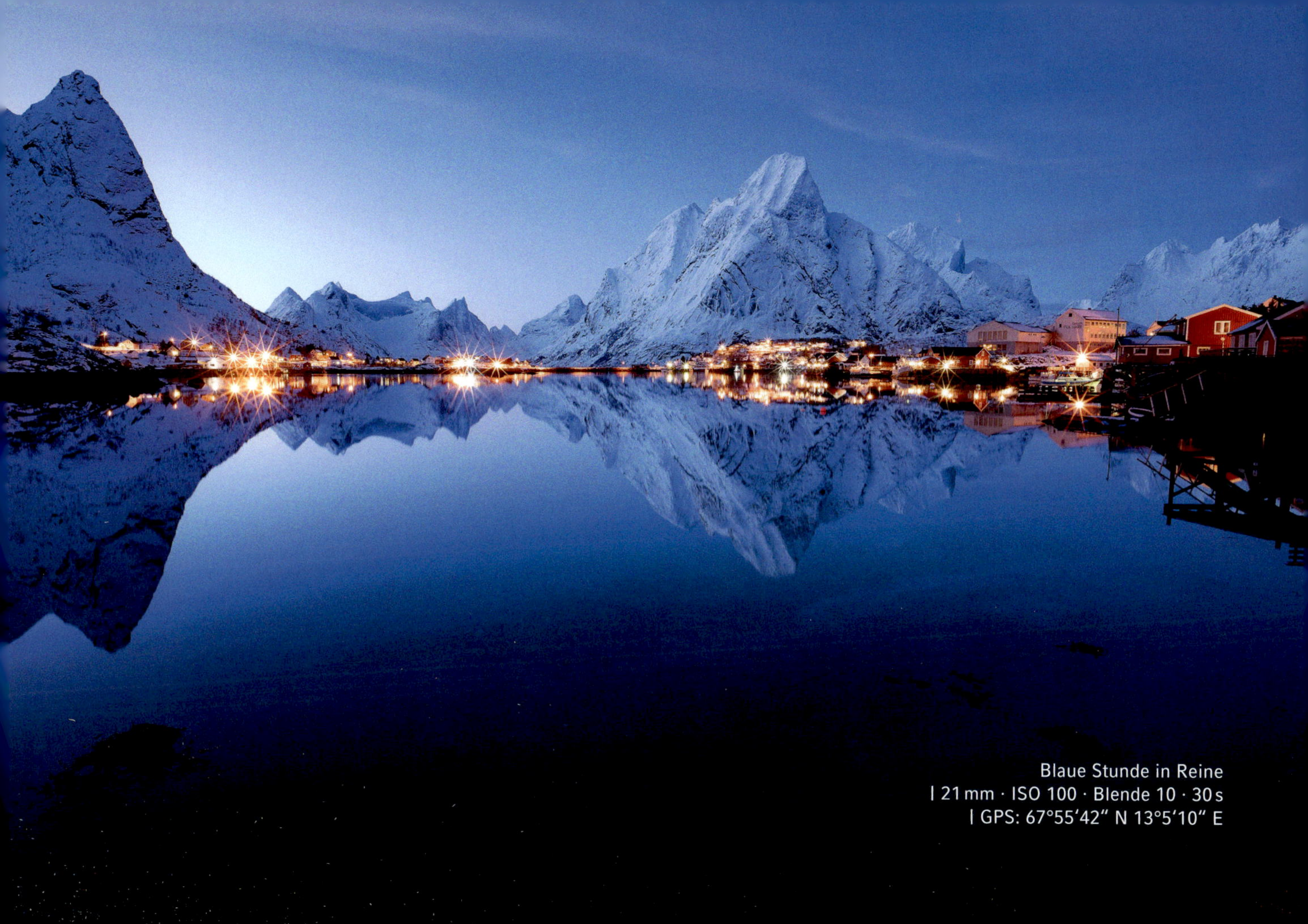

Blaue Stunde in Reine
| 21 mm · ISO 100 · Blende 10 · 30 s
| GPS: 67°55'42" N 13°5'10" E

ABSTECHER ZUM STRAND VON BUNES

Vom Anleger in Reine startet eine kleine Zubringerfähre, die (in der Saison mehrmals täglich) einige der ansonsten von der Zivilisation abgeschnittenen Ortschaften in der Umgebung ansteuert.

Der Fährplan (*reinefjorden.no*) ist unbedingt zu beachten, und es empfiehlt sich, schon ein paar Minuten vor der offiziellen Ablegezeit vor Ort zu sein, um vor allem die Fähre zurück nach Reine nicht zu verpassen. Besonders in der Nebensaison ist es außerdem empfehlenswert, vorab telefonisch zu reservieren und damit sicherzustellen, dass die Fähre auch tatsächlich fährt.

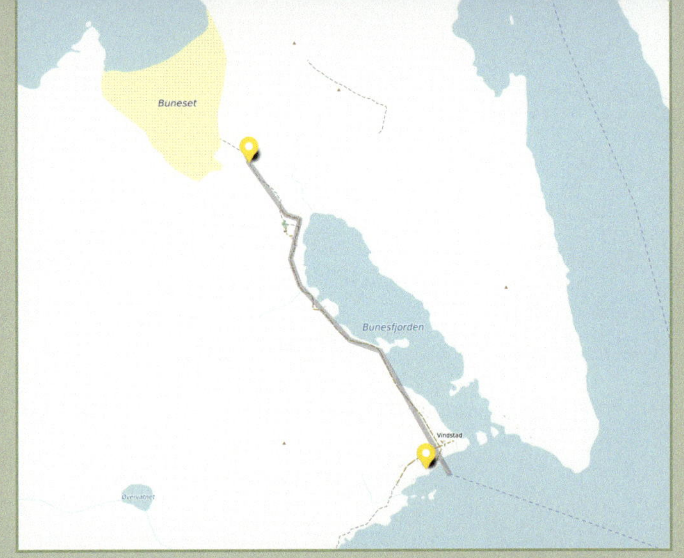

Zur Hochsaison (und bei gutem Wetter) wird die Frequenz der Fähre deutlich erhöht, trotzdem kann es bei großem Andrang zu Wartezeiten kommen – wer nicht mehr mit an Bord genommen wird, muss auf die nächste Fähre hoffen.

Die Fähre bringt uns in nur 20 Minuten an Sakrisøy und dem Mt. Olstinden vorbei, den wir schon nach kurzer Zeit erneut aus einer veränderten Perspektive bestaunen können, zur ersten Anlegestelle in Vindstad. Hier steigen wir aus. Mit etwas Glück sehen wir Seeadler, die über unseren Köpfen weite Kreise ziehen.

Von der Anlegestelle führt ein Weg entlang einzelner Häuser tiefer in den Fjord hinein; immer wieder entdecken wir schöne Fotomotive. Nach ca. 30 Minuten erreichen wir am Ende des Fjordes einen kleinen Friedhof, der am Hang liegt. Rechts davon ist bereits der ausgetretene Pfad hinauf zum Sattel

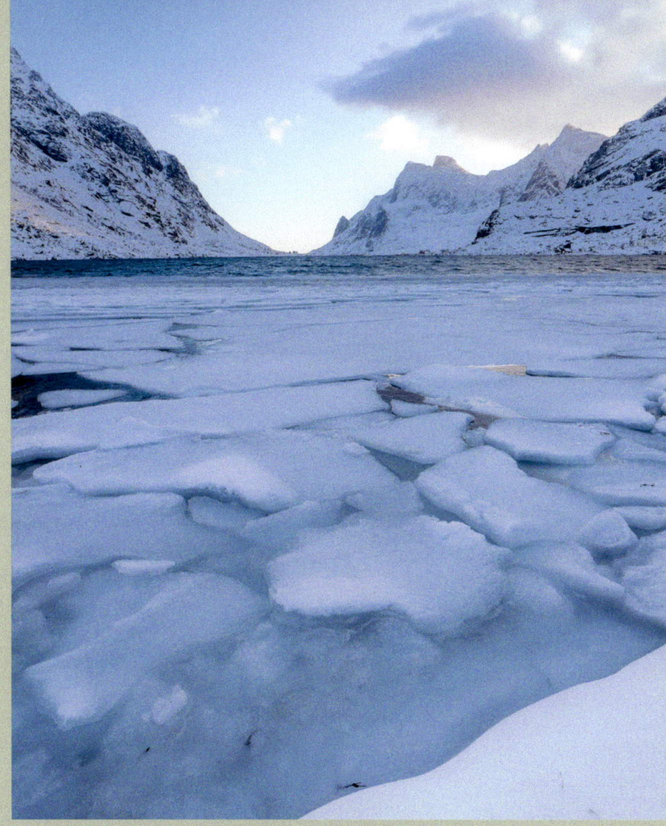

Blick in den Bunesfjorden Richtung Vindstad
| 18 mm · ISO 64 · Blende 11 · 1/80 s
| GPS: 67°58'16.57" N 12°59'7.56" E

zu erkennen, den wir auf dem Weg zum Strand nach Bunes überqueren müssen.

Der eigentliche Zugang zum Pfad liegt allerdings noch ca. 200 Meter vor uns – das Gelände davor befindet sich in Privatbesitz und sollte deshalb nicht als Abkürzung genutzt werden. Der Pfad hinauf zum Sattel ist mäßig steil und leicht zu bewältigen: Sie müssen nur 60 Meter an Höhe gewinnen.

Auch der Blick zurück auf den weiten Fjord lohnt immer wieder, bis Sie den Sattel nach ca. 15 Minuten erreicht haben und den weit ausgedehnten Strand von Bunes vor sich liegen sehen.

Bis hinab zur Wasserkante sind es von hier noch mal knapp 30 Minuten. Der Strand ist sehr ausgedehnt und wirkt vom Sattel aus kleiner, als er in Wirklichkeit ist. Der Pfad hinab zweigt am Sattel nach links ab, geradeaus geht es zu einem ebenfalls lohnenden Aussichtspunkt.

Je nach Sonnenstand und Jahreszeit bieten sich die begrenzenden Felsen links und rechts des Strandes als Hintergrundmotiv an.

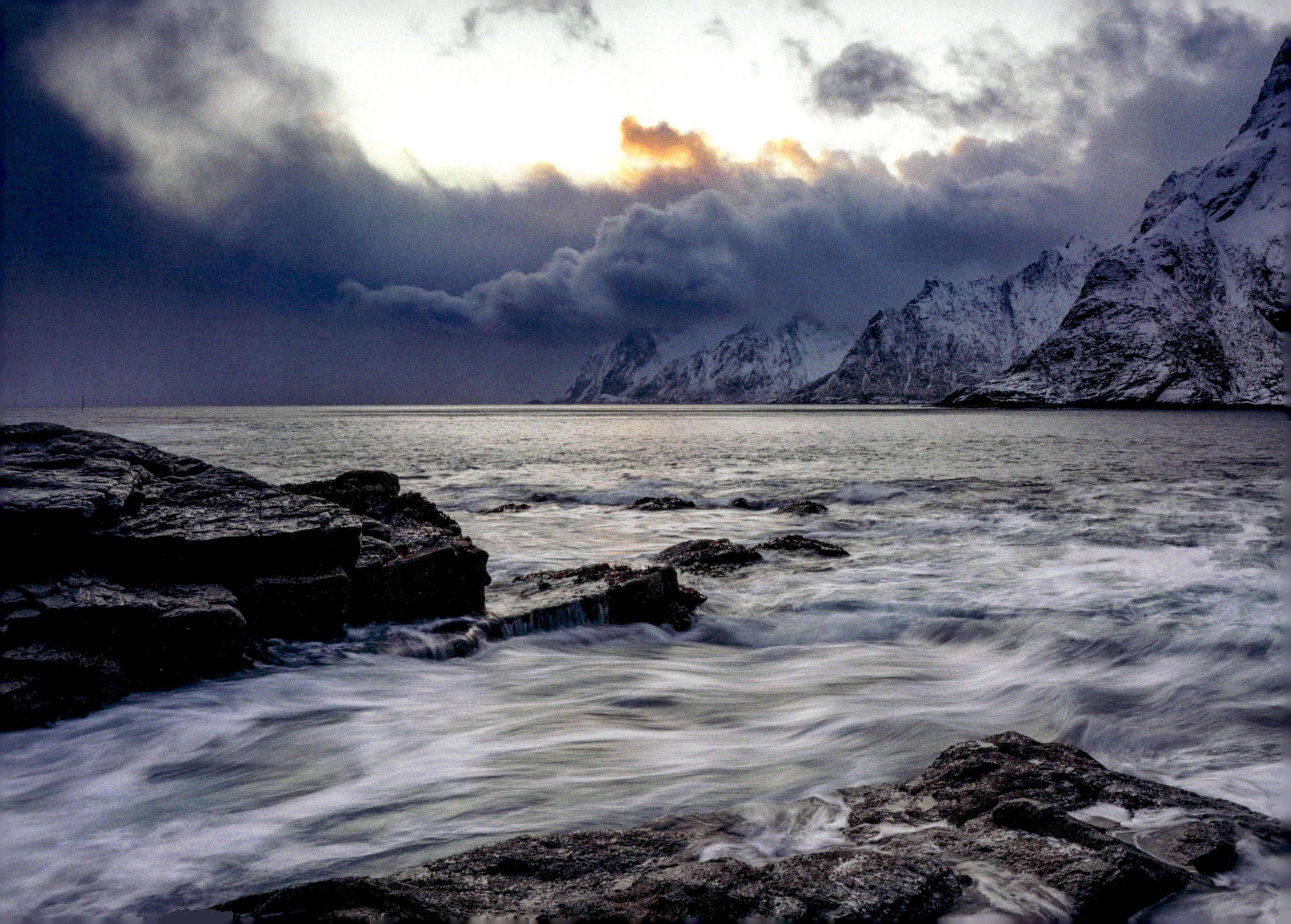

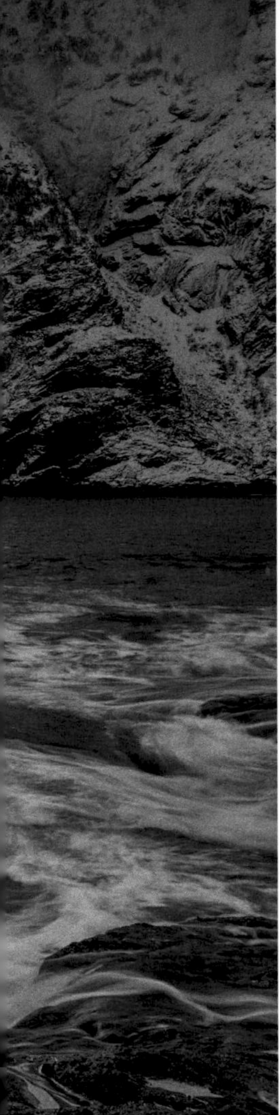

VON MOSKENESØY NACH Å

TOUR 12

Weiter im Süden schließlich wartet mit Å ein ebenfalls spannender Ort auf uns – nicht nur, weil es vermutlich weltweit nicht sehr viele andere Ortschaften gibt, deren Name aus einem einzigen Buchstaben besteht.

Å ist zu großen Teilen ein Museumsdorf, das dem Besucher die historische Fischerei und das ursprüngliche Leben auf den Lofoten näherbringt. Gleichzeitig ist der Ort Anfang des Jahres einer der am besten geeigneten Spots, um Sonnenauf- und -untergänge zu fotografieren.

Vom Parkplatz des Reinehalsen biegen wir abermals ab auf die E10 in Richtung Süden. Wir durchqueren einen Tunnel und passieren kurz danach das kleine Städtchen Moskenes, das über einen Fährhafen verfügt. Von hier kann man mit dem Schiff zurück zum Festland nach Bodø übersetzen oder auch die weiter im Süden der Lofoten gelegene Insel Rost erreichen.

Die Straße führt weiter am Wasser und den Felsen entlang. Wir passieren mehrere kleinere Ortschaften und erreichen schließlich die Ortschaft Å, den südlichsten Ort, den wir auf unserer Reise ansteuern werden.

Das Ortseingangsschild, das mit dem einen, namensgebenden Buchstaben beschriftet ist, ist übersät mit einer Vielzahl von Aufklebern. Viele Besucher nutzen das Ortsschild für ein »Selfie«.

Die Ortschaft selbst besteht zu großen Teilen aus einem Museum, das dem traditionellen Fischfang auf den Lofoten gewidmet ist. Außerdem gibt es auch hier wieder die traditionellen Rorbuer, in denen man während eines Besuchs der Lofoten unterkommen kann.

Im Ort gibt es auch eine sehr empfehlenswerte Bäckerei, die für ihre Zimtschnecken (schon wieder!) und das frisch gebackene Brot bekannt ist.

Ein Spaziergang durch den ans Wasser gebauten Ort ist unbedingt empfehlenswert, auch wenn er – nach meiner Erfahrung – fotografisch nicht unbedingt ergiebig ist.

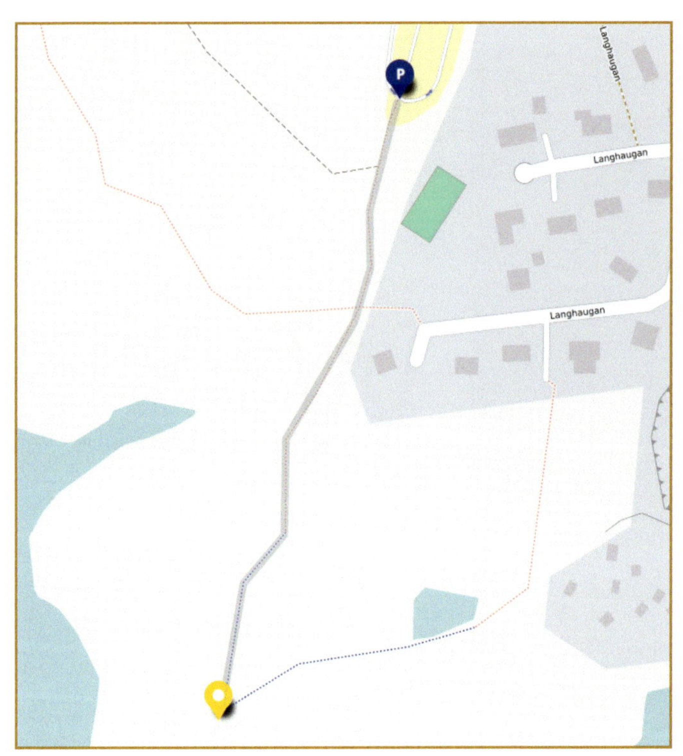

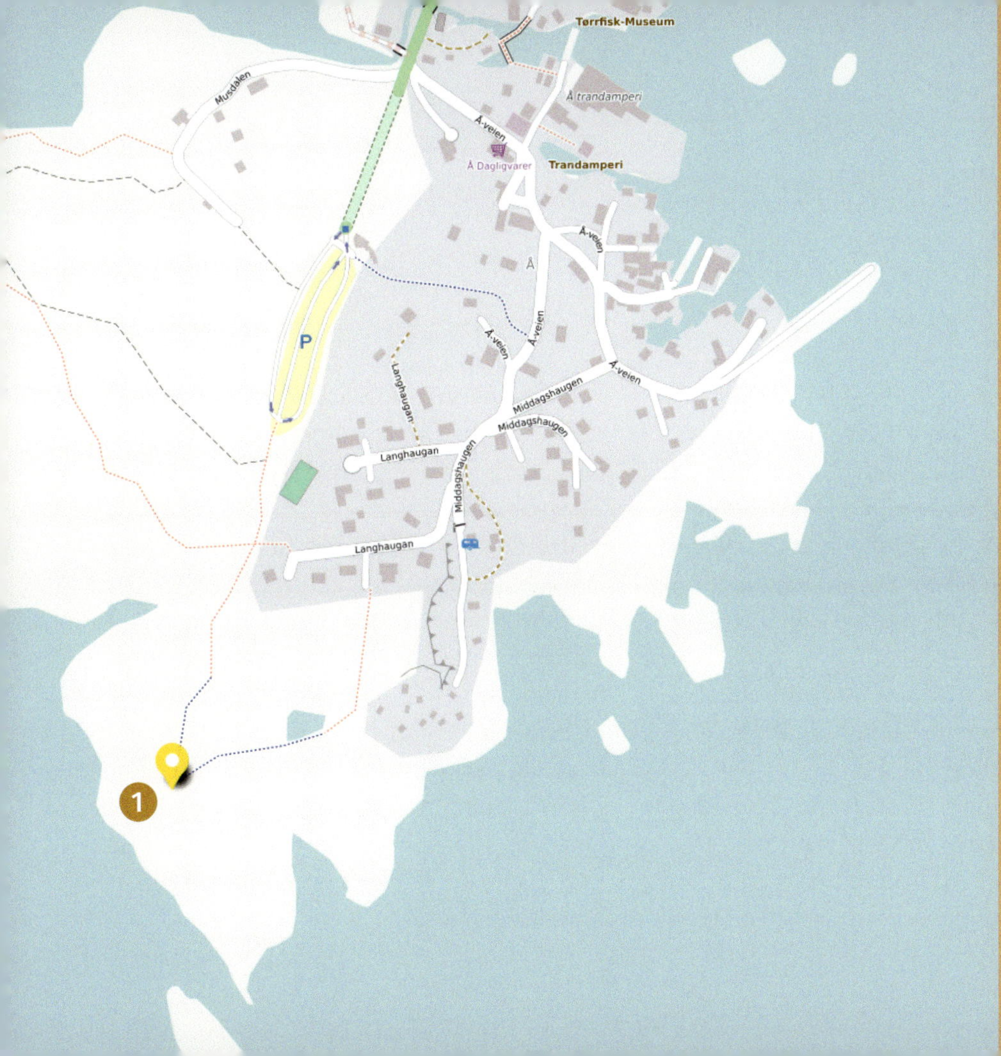

VON MOSKENESØY NACH Å

TOUR 12

1 DER SÜDLICHSTE PUNKT

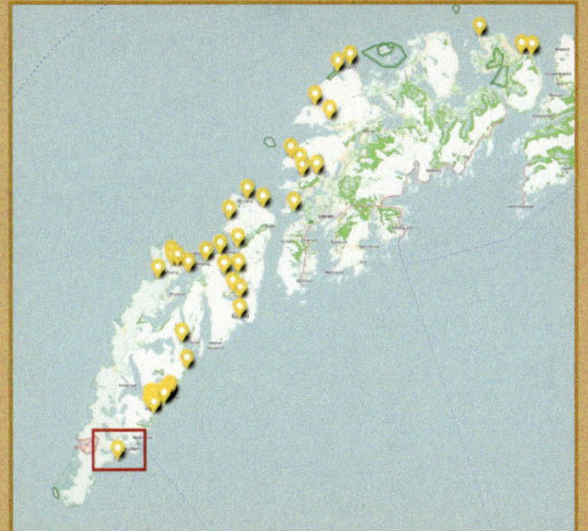

1 DER SÜDLICHSTE PUNKT

Entfernung: 15 Minuten (10 km) mit dem Auto von Reine
Beste Tageszeit: Sonnenaufgang, Sonnenuntergang
Beste Jahreszeit: Mitte Januar – Anfang Februar
Koordinaten: 67°52'32.089" N 12°58'32.099" E

Hinter einem letzten Tunnel befindet sich ein großer Parkplatz, an dessen Ende ein gut sichtbarer, anfangs auch befestigter Pfad weiter Richtung Süden führt. Nach zehnminütigem Fußweg haben wir freien Blick auf die noch weiter im Süden liegenden Fjordeinschnitte, die diesen Inselabschnitt begrenzen.

Von hier lassen sich ab Anfang Januar wunderbare Sonnenauf- und -untergänge genießen und fotografieren.

Um näher an die Wasserkante zu gelangen und die Perspektive entsprechend zu verändern, gehen wir ein kurzes Stück zurück und dann in weitem Bogen nach rechts um die Felsnase herum. Von dort lässt es sich recht einfach weiter hinabsteigen in Richtung der brandenden Wellen, die die dunklen Felsen umspülen.

Durch die starken Helldunkel-Kontraste der weißen Gischt auf den schwarzen Felsen und der tief stehenden Sonne im Gegenlicht stehen wir zum Abschluss unserer fotografischen Lofotenerkundung noch einmal vor einer echten Herausforderung, der wir uns durch Experimentieren mit Belichtungsreihen und Verlaufsfiltern stellen können – oder wir legen die Kamera für einen Moment zur Seite und genießen einfach den Augenblick in der grandiosen Natur!

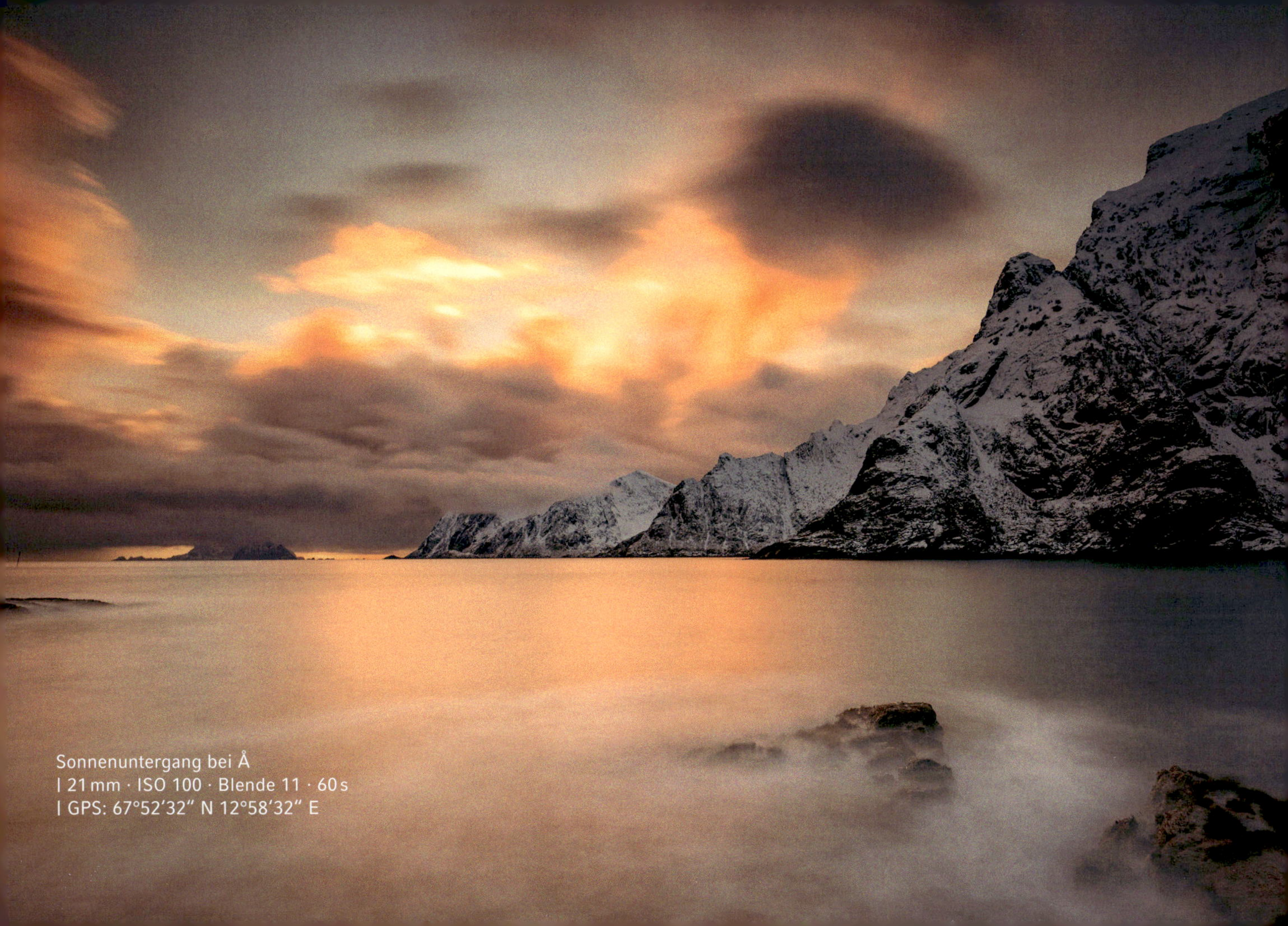

Sonnenuntergang bei Å
| 21 mm · ISO 100 · Blende 11 · 60 s
| GPS: 67°52'32" N 12°58'32" E

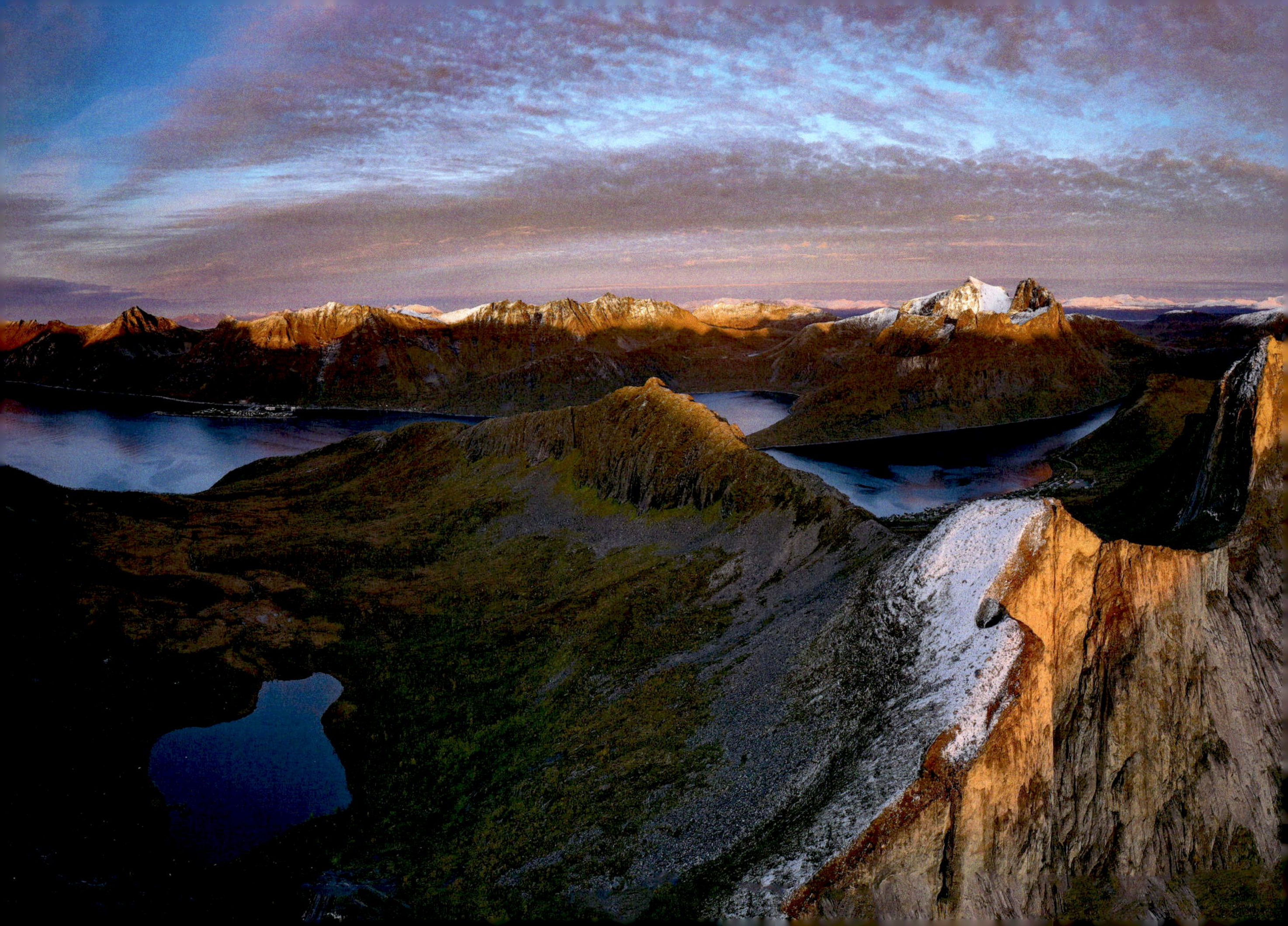

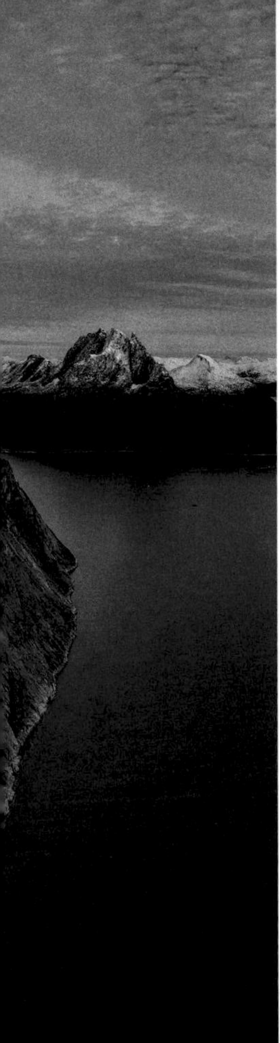

SENJA

TOUR 13

Etwas mehr als 200 km Luftlinie entfernt von den Lofoten liegt in nordöstlicher Richtung Senja, die zweitgrößte Insel Norwegens. Vieles, was auf die Lofoten zutrifft, ist auch für die Insel Senja gültig: Wegen des Golfstroms ist Senja ebenso klimatisch begünstigt, das Wetter ist vergleichsweise mild. Noch weiter nördlich des Polarkreises gelegen als die Lofoten, befindet sich auch Senja im Bereich des Polarlichtovals, weshalb sich hier gut Nordlichter beobachten lassen.

Mit einer Ausdehnung von ca. 72 km Länge und 49 km Breite bei einer Einwohnerzahl von knapp 8.000 ist Senja sehr dünn besiedelt und deutlich weniger stark touristisch erschlossen als die Lofoten.

Auch wirkt die von vielen Birkenwäldern geprägte Landschaft der Insel deutlich anders als die der Lofoten. Auf Senja gibt es so gut wie keine klassischen *Rorbuer*, wie man sie überall auf den Lofoten findet, dafür aber etliche Flüsse, die die weiten Täler durchfließen. Natürlich lohnt es sich, auch dort auf Motivsuche zu gehen. Besonders im Herbst, wenn das Laub der Bäume gelb zu leuchten beginnt, wird der Anblick jedem naturbegeisterten Menschen den Atem rauben.

Neben dieser landschaftlichen Schönheit gibt es einen weiteren Anreiz, einen Abstecher auf die Insel Senja ins Auge zu fassen: Senja gilt nicht nur bei den Einheimischen als Wanderparadies!

Auf Senja gibt es sehr viele gut erschlossene und markierte Wanderwege, die auf die verschiedenen Gipfel der Berge führen, die die Fjorde überragen.

Mit dem Mt. Segla gibt es einen ikonischen Berg, der sich von den Gipfeln der benachbarten Berge besonders gut fotografieren lässt. Als wandernder Fotograf wird man durch herrliche Ausblicke auf die zerklüftete Fjordlandschaft belohnt, wenn man einen der vielen Gipfel erklommen hat.

Im Südwesten der Insel befindet sich der Ånderdalen-Nationalpark. Die Landschaft dort wird durch scharfkantige Berge, zahlreiche Seen, Flüsse, Moore und Hochmoore sowie durch unberührten Urwald bestimmt. Der Park lädt zu ausgiebigen fotografischen Erkundungen ein.

Während der östliche Teil Senjas von weiten Ebenen und Landwirtschaft geprägt ist, finden sich entlang der Westküste tief eingeschnittene Fjorde.

Der Westen ist somit fotografisch deutlich interessanter. Wer gerne zum Sonnenaufgang fotografiert, kommt hier allerdings nicht auf seine Kosten: Die Sonne scheint erst zu vorgerückter Stunde über die bis zu 1.000 m hohen Berge im mittleren Teil der Insel. Dafür sind die Sonnenuntergänge im Westen umso spektakulärer!

In der Vielfalt der Landschaft und in den damit verbundenen fotografischen Möglichkeiten liegt für mich der besondere Reiz Senjas!

ANREISE

Von Leknes aus lässt sich Senja in etwa 6 ½ Stunden mit dem Auto erreichen. Bis Bjerkvik führt die landschaftlich schöne Strecke entlang der E10. Von dort geht es weiter über die E6 bis zum urbanen Zentrum Bardufoss mit dem gleichnamigen Wasserfall. Der tosende Bardufoss ist für seine große Lachstreppe bekannt, auch Forellen lassen sich hier gut angeln. Der Ort selbst verfügt über einen militärisch und zivil genutzten Flughafen.

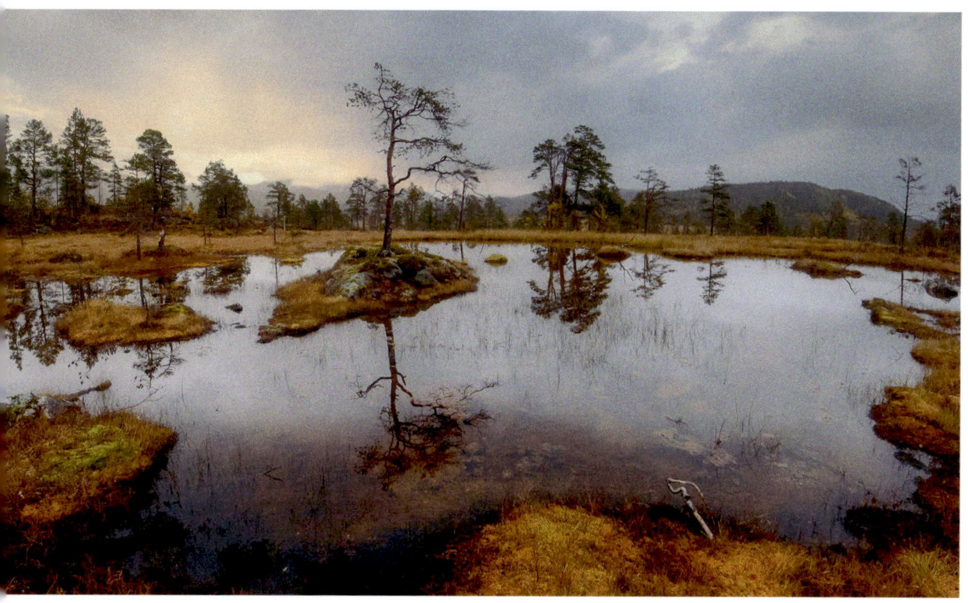

Moorlandschaft im Ånderdalen-Nationalpark fotografiert mit einer DJI Osmo Action | 2,66 mm · ISO 800 · Blende 2,8 · 1/15 s | GPS: 69°11'58.8187" N 17°23'6.7659" E

Beide Flughäfen werden sowohl von den Lofoten als auch direkt von Bodø (BOO) und Oslo (OSL) angeflogen. Auch aus Deutschland gibt es z. B. von Frankfurt (FRA) aus Direktflüge nach Tromsø, was die Anreise nach Senja besonders einfach macht.

Von Tromsø aus fährt man dann durch eine wunderschöne Landschaft über die E6, die Straße 855 und schließlich auf der Straße 86 nach Finnsnes. Bis dorthin sollte man knapp drei Stunden Fahrzeit kalkulieren.

Von Harstad/Narvik aus dauert die Anfahrt ebenfalls drei Stunden. Die Strecke führt zunächst entlang der E10, bis in Bjerkvik die E6 abzweigt.

Über die Straße 86 geht es weiter zum Versorgungsort Finnsnes, von wo Senja über eine Brücke mit dem Festland verbunden ist.

Wer die lange Fahrt scheut, kann alternativ mit dem Flugzeug nach Tromsø (TOS) oder auch nach Harstad/Narvik (EVE) fliegen und von dort in den Mietwagen umsteigen.

Hamn i Senja

Mefjord Brygge

UNTERKUNFT

Da Senja touristisch wenig erschlossen ist, ist die Auswahl an Unterkünften sehr beschränkt, die Übernachtungspreise sind außerdem sehr hoch.

Glücklicherweise gibt es einige Angebote von privaten Vermietern, die ihre Zimmer, Wohnungen und Häuser über Airbnb vermarkten. Insbesondere in der Nebensaison kann man hier gute Übernachtungsmöglichkeiten in schöner Lage finden.

Denjenigen, die nicht auf den Komfort eines Hotels verzichten wollen, möchte ich exemplarisch die Unterkünfte *Hamn í Senja* (*hamnisenja.no*) im an der Westküste gelegenen Hamn sowie *Mefjord Brygge* (*mefjordbrygge.no*) in Mefjordvær empfehlen. An die beiden Ressorts sind zudem jeweils Restaurants angeschlossen.

Besonders gut als Ausgangspunkte für die Erkundung Senjas sind meiner Meinung nach die Orte Bergsbotn, Steinfjord und Ersfjord geeignet, da sich von dort die schönsten Fotospots im Norden und im Südwesten gut erreichen lassen.

WETTER

Auch auf Senja gibt es häufig Niederschläge. Die Verteilung über die Monate entspricht dabei ungefähr der auf den Lofoten (siehe auch Seite 18), auch wenn die absoluten Niederschlagsmengen in der Regel niedriger sind als dort. Wie auf den Lofoten ist auch hier der Oktober der regenreichste Monat. Ansonsten ist das Klima auf Senja – begünstigt durch den Einfluss des Golfstroms – vergleichbar mit dem der Lofoten.

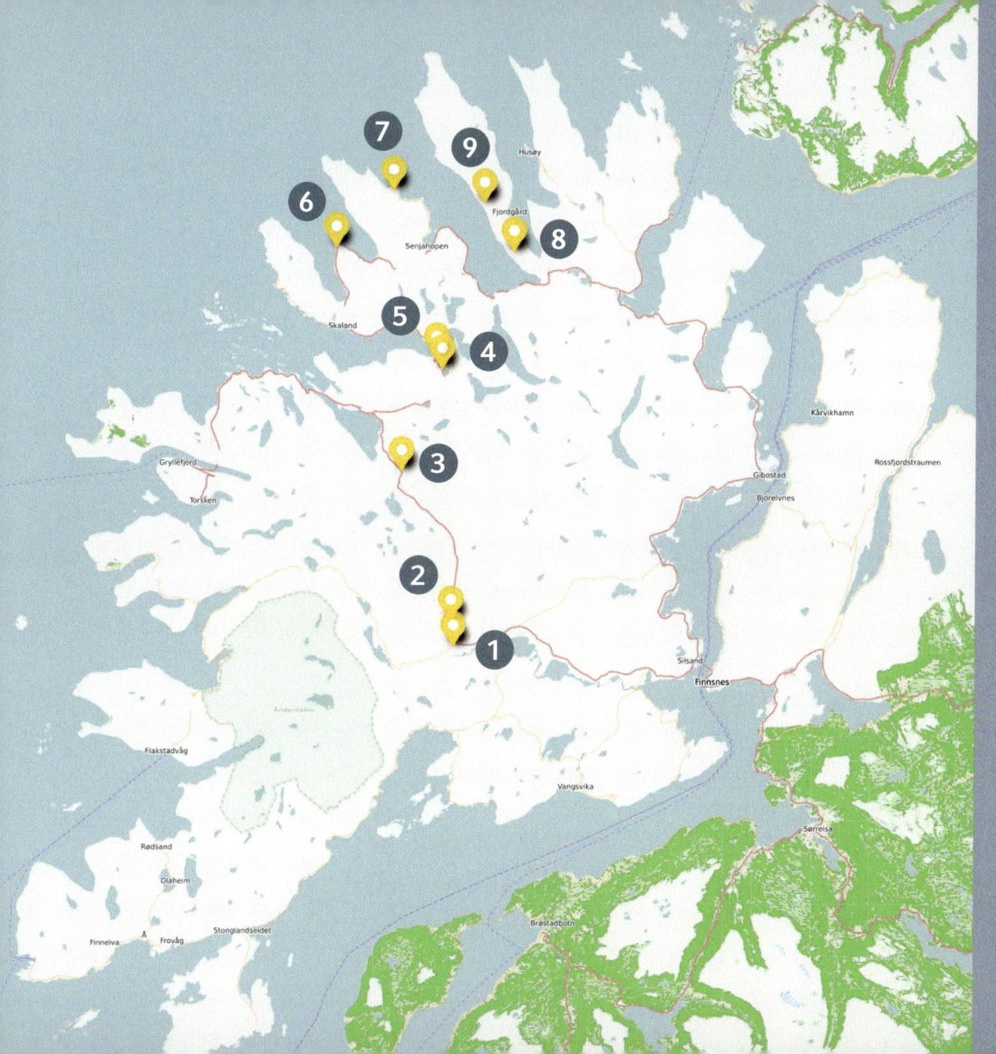

SENJA
TOUR 13

1 STORFORSEN

2 STRASSE 86

3 HÜTTE AM BACH

4 BOTNVATNET

5 BERGSBOTN

6 TUNGENESET

7 MEFJORDVÆR

8 MT. BARDEN

9 MT. HESTEN

Ånderdalen-Nationalpark

1 STORFORSEN

Entfernung: 20 Minuten (20 km) mit dem Auto von Finnsnes
Beste Tageszeit: Tagsüber
Beste Jahreszeit: Herbst
Koordinaten: 69°15'11.9724" N 17°32'1.7925" E

Fotogen präsentiert sich der Wasserfall Storforsen in herbstlicher Umgebung. | 50 mm · ISO 50 · Blende 14 · 0,4 s | GPS: 69°15'11.9724" N 17°32'1.7925" E

Wir erreichen die Insel Senja über die Brücke von Finnsnes und folgen der Straße 86 zunächst weiter entlang der Südküste. Schon bald zweigt links die Straße 860 ab, die in den Ånderdalen-Nationalpark führt. Wer den Nationalpark erkunden möchte, der findet beim direkt an der Straße gelegenen *Norwegian Wild/Camp Tranøybotn* einen Wanderparkplatz, der sich als perfekter Einstieg anbietet.

Wir fahren allerdings weiter geradeaus auf der 86, bis wir nach ca. 20 Minuten den Abzweig zur Straße Fv232 erreichen. Wir biegen links ab. Eine Brücke führt über den Fluss Svanelva; unmittelbar dahinter geht es linkerhand auf einen Wanderparkplatz. Unterhalb der Brücke befindet sich der fotogene Wasserfall Storforsen, der sich aus verschiedenen Perspektiven toll fotografieren lässt.

Folgt man der Straße weiter, passiert man zunächst mehrere landschaftlich schön gelegene Seen, bis die Straße auf den Sifjord trifft. Dort zweigt die Straße Fv243 nach rechts ab. Beide Straßen sind Sackgassen und führen entlang mehrerer Fjorde in abgelegene Teile der Insel.

Wir machen kehrt, fahren zurück zur Straße 86 und biegen nach links ab.

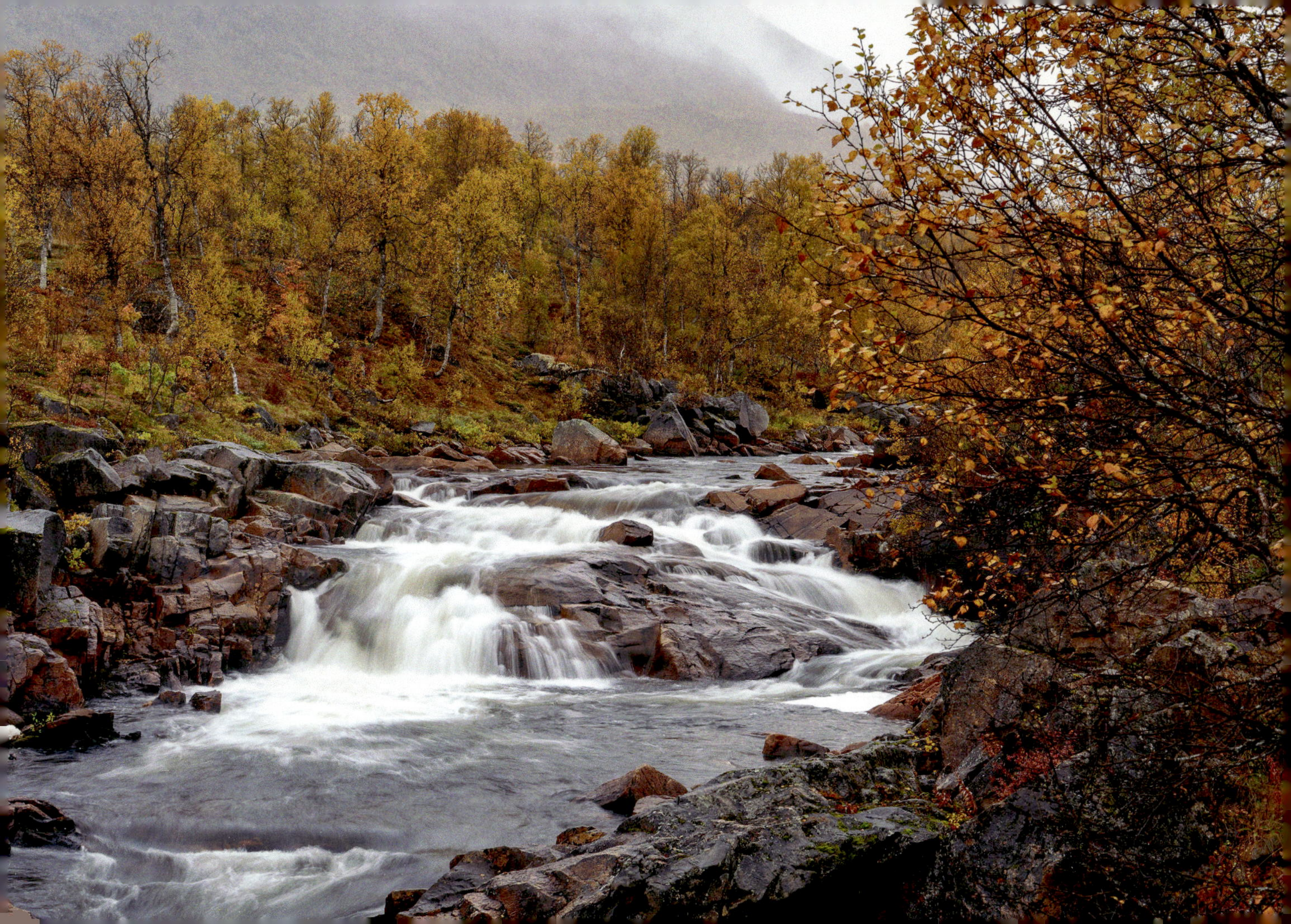

② STRASSE 86

Entfernung: 24 Minuten (23 km) mit dem Auto von Finnsnes
Beste Tageszeit: Sonnenauf- oder -untergang
Beste Jahreszeit: Ganzjährig
Koordinaten: 69°15'58.0379" N 17°31'45.5706" E

Schon nach wenigen Hundert Metern durchfahren wir eine Rechtskurve. An deren Ende blicken wir geradeaus auf die scheinbar endlos geradeaus verlaufende Straße, die über mehrere Anhöhen und Senken hinweg wie ein perfekter Strich durch die Landschaft führt.

Tatsächlich ist der vor uns liegende Straßenabschnitt fast 4 km lang. Beim Fotografieren der Straße ist besondere Vorsicht geboten, da sie verhältnismäßig stark befahren und schmal ist. Richtig plastisch wirkt die Straße, wenn die Sonne von der Seite kommt.

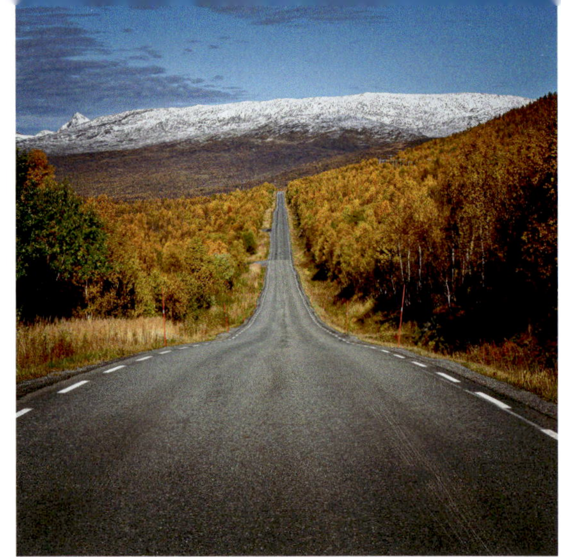

Leider stand bei dieser Aufnahme der Straße die Sonne hoch und in meinem Rücken, weshalb die plastische Wirkung der vielen Aufs und Abs nicht wirklich zur Geltung kommt. | 50 mm · ISO 100 · Blende 11 · 1/125 s | GPS: 69°15'58.0379" N 17°31'45.5706" E

Der Schattenwurf an den Stellen, an denen die Straße ansteigt oder abfällt, macht das Motiv erst richtig interessant.

Dieser Spot bietet sich auch für die Drohnenfotografie an.

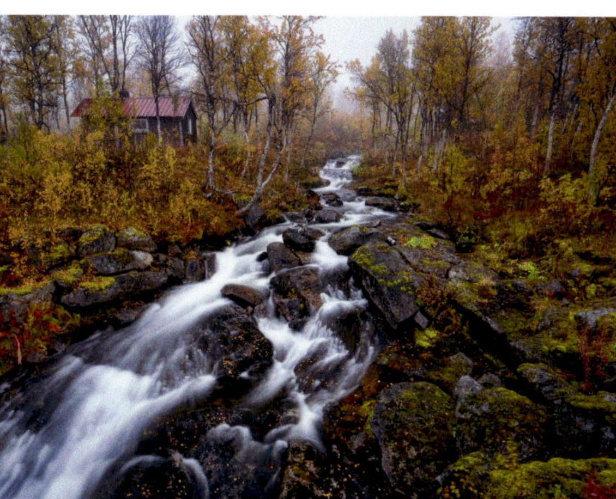

Herbstliches Laub, fließendes Wasser und Dunst bilden den Rahmen für das Hauptmotiv.
| 16 mm · ISO 100 · Blende 11 · 3,2 s
| GPS: 69°18'4.3322" N 17°32'27.0522" E

Nur wenige Kilometer weiter überquert die Straße einen kleinen Flusslauf – das Wasser fließt hier durch das starke Gefälle des Geländes mit großer Wucht bergab.

Flussaufwärts auf der linken Seite befindet sich etwas versteckt im Wald eine kleine Hütte, die sich als Hauptmotiv für ein Foto anbietet. Die herbstlichen Farben des Laubs und der zwischen den Bäumen hängende Dunst sorgen für die besondere Stimmung der Aufnahme.

Unsere Fahrt geht weiter entlang der Straße 86. Vor unseren Augen taucht ein erster Fjordausläufer auf. Kurz danach zweigt rechts die steil ansteigende Straße 862 in Richtung Bergsbotn ab. Wir nehmen den Abzweig und verzichten auf die Weiterfahrt entlang der 86, die im weiteren Verlauf Hamn í Senja und auch den Gryllefjord erschließt. (Von dort startet

3 HÜTTE AM BACH

Entfernung: 27 Minuten (27 km) mit dem Auto von Finnsnes
Beste Tageszeit: Tagsüber
Beste Jahreszeit: Herbst
Koordinaten: 69°15'58.0379" N 17°31'45.5706" E

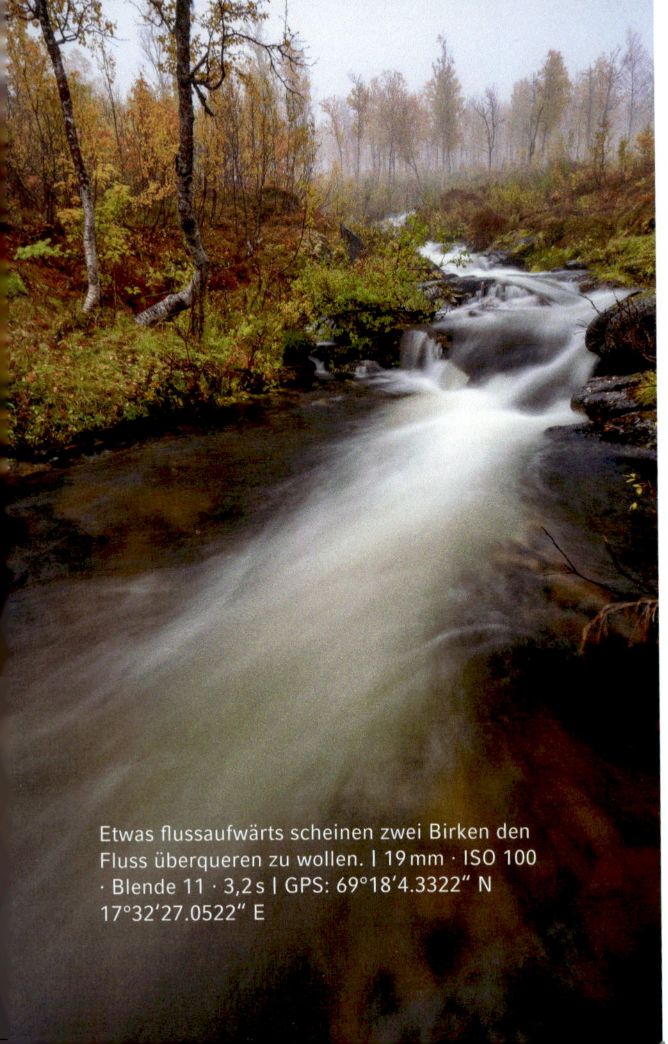
Etwas flussaufwärts scheinen zwei Birken den Fluss überqueren zu wollen. | 19 mm · ISO 100 · Blende 11 · 3,2 s | GPS: 69°18‘4.3322“ N 17°32‘27.0522“ E

auch eine Fährverbindung nach Andenes im äußersten Norden der Vesteralen.)

Nach dem Anstieg führt die Straße 862 durch einen Tunnel, an dessen Ende sich rechter Hand der See Botnvatnet befindet.

LUFTAUFNAHMEN

Im Meer nördlich von Hamn í Senja liegt eine Vielzahl kleiner Inseln. Durch die umliegenden Sandbänke schimmert das Wasser türkis bis smaragdgrün. Der Ort eignet sich perfekt, um mit der Drohne aus der Luft spannende Aufnahmen zu fotografieren. Mit einem Blickwinkel senkrecht nach unten lassen sich beispielsweise interessante Details und Strukturen einfangen.

Mit einer etwas flacheren, geschickt gewählten Perspektive ergeben sich durch die kleinen Inseln führende Linien, die in Richtung der Bergausläufer am Horizont oder auch in Richtung des offenen Meers weisen – hier lohnt es sich, zu verweilen und zu experimentieren!

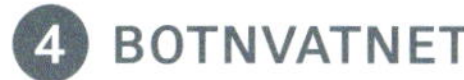

4 BOTNVATNET

Entfernung: 45 Minuten (45 km) mit dem Auto von Finnsnes
Beste Tageszeit: Tagsüber
Beste Jahreszeit: Herbst
Koordinaten: 69°24'57.138" N 17°30'52.517" E

Wir verlangsamen unsere Fahrt und suchen nach einer Parkmöglichkeit. Die Gegend rund um den See ist reich an Motiven, die es zu entdecken gilt.

Vom Seeufer aus erkennt man – falls es nicht zu dunstig ist – die Bergspitze des Botntinden. Bei wenig Wind ergeben sich

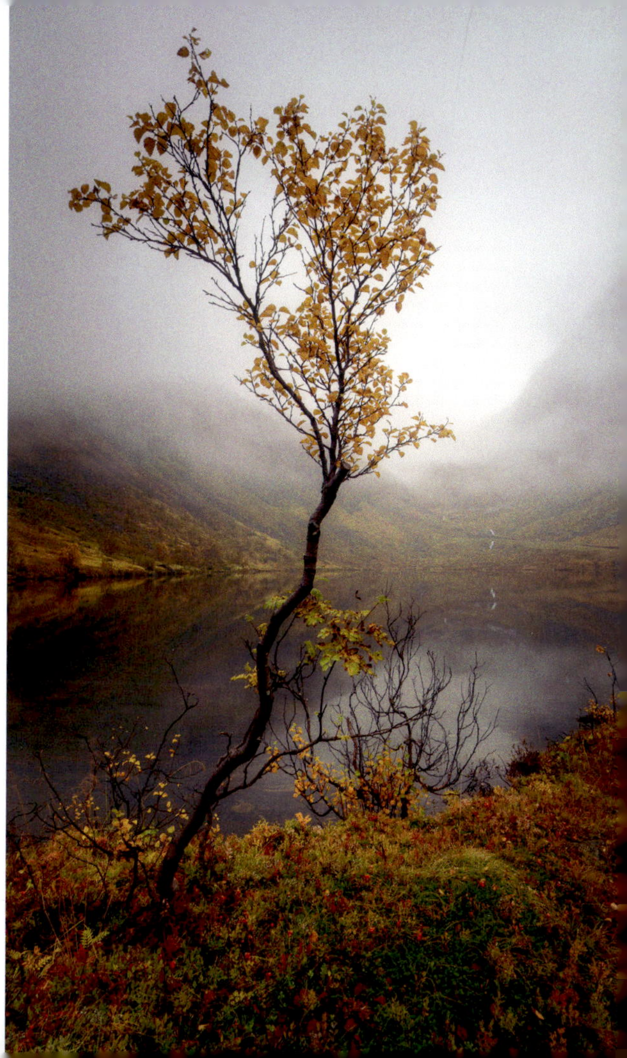

Weniger ist manchmal mehr: Eine einzelne Birke, der tief im Tal liegende Dunst und die Herbstfarben ergeben ein tolles Landschaftsmotiv.
| 18 mm · ISO 100 · Blende 11 · 6 s
| GPS: 69°25'0.48" N 17°30'50.46" E

Blick über den See in Richtung des Botntinden | 16 mm · ISO 100 · Blende 11 · 13 s | GPS: 69°24'57.12" N 17°30'53.88" E

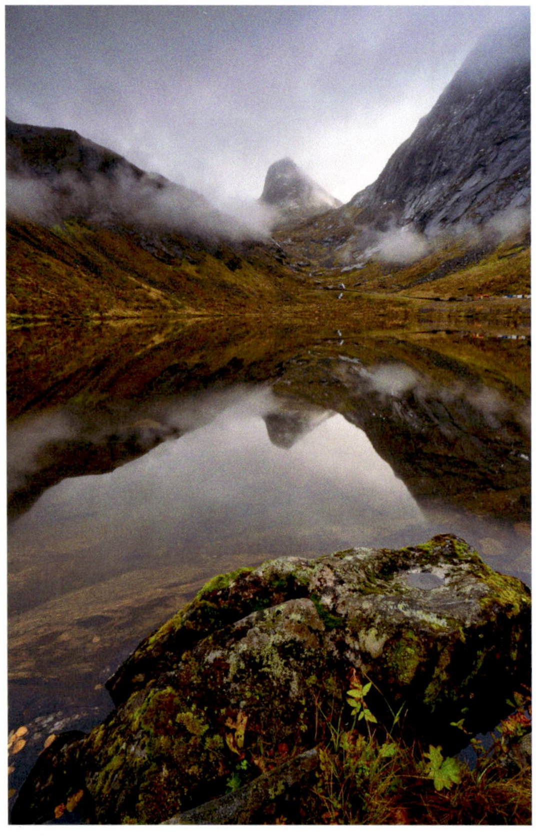

Mit starkem Gefälle und viel Kraft fließt das Wasser talwärts. | 16 mm · ISO 100 · Blende 11 · 1/3 s | GPS: 69°25'2.52" N 17°30'44.7" E

schöne Reflexionen, und besonders im Herbst leuchten die sich im Wasser spiegelnden Blätter der Birken in verschiedenen Gelbtönen.

Am Ende des Sees fällt das Gelände in nordwestlicher Richtung steil ab, und das Wasser des Sees fließt in mehreren kleinen Fallstufen talwärts. Der Boden hier ist sehr tief und feucht, weshalb Gummistiefel die Erkundung angenehmer machen.

Leicht kann man an diesem Ort die Zeit vergessen, aber nur wenige Minuten später wartet bereits der nächste landschaftliche Höhepunkt auf uns.

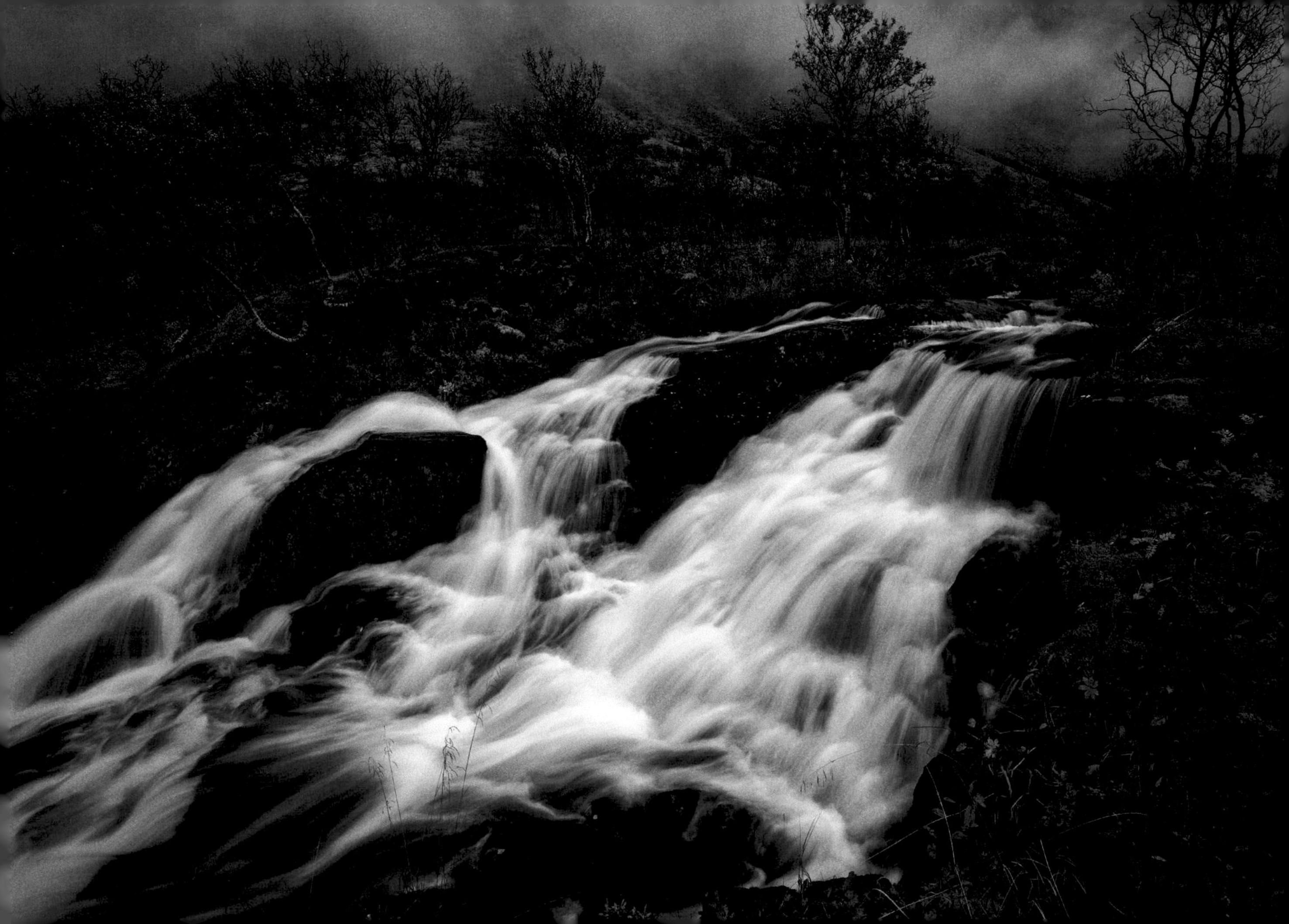

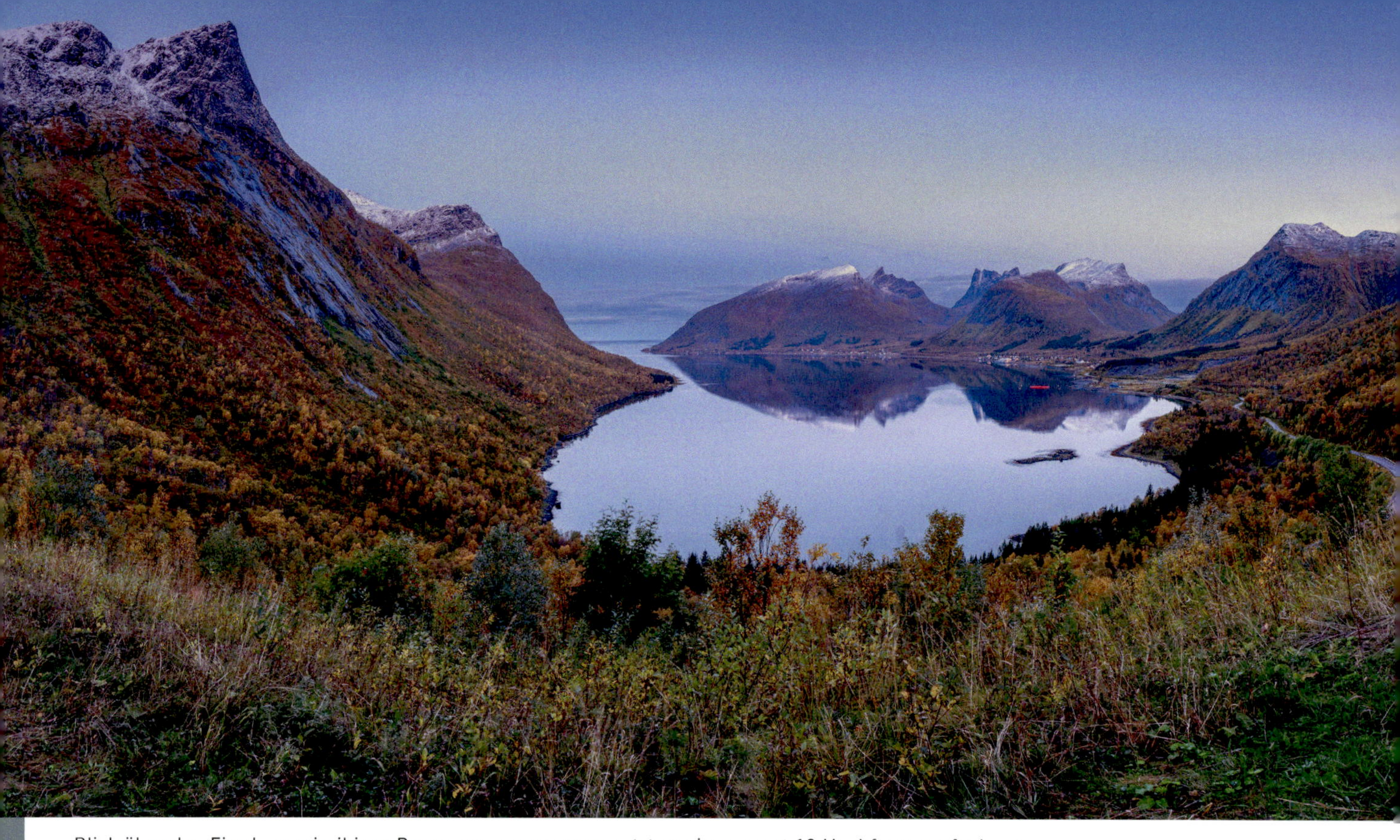

Blick über den Fjord – zweireihiges Panorama, zusammengesetzt aus insgesamt 10 Hochformataufnahmen | 16 mm · ISO 100 · Blende 11 · 3,2 s | GPS: 69°25'22.519" N 17°30'13.664" E

5 BERGSBOTN

Entfernung: 47 Minuten (47 km) mit dem Auto von Finnsnes
Beste Tageszeit: Sonnenaufgang, Sonnenuntergang, nachts
Beste Jahreszeit: Sommer, Herbst
Koordinaten: 69°25'22.7319" N 17°30'15.6663" E

Ein kleines Stück weiter sehen wir auf der rechten Seite einen Parkplatz mit einer spektakulären, 44 m langen Aussichtsplattform, die über dem Boden zu schweben scheint. Von der Holzkonstruktion aus, die bei Nässe sehr rutschig sein kann, blickt man hinab auf den Bergsfjord und den Ort Bergsbotn.

Durch die exponierte Lage oberhalb des Fjords ist der Blick einzigartig. Von diesem Standort aus kommen auch Panoramafotografen auf ihre Kosten. Die interessante Architektur der Plattform lädt außerdem zum Experimentieren ein. Zu guter Letzt ist dieser Parkplatz auch perfekt geeignet, um das nächtliche, über dem Fjord tanzende Polarlicht zu fotografieren.

Für Langzeitbelichtungen baue ich mein Stativ nicht auf der Plattform selbst, sondern etwas seitlich versetzt am Rand des Parkplatzes auf. So können mögliche Schwingungen der auf wenigen Stelzen gelagerten Plattform nicht zu unerwünschtem Verwackeln führen. Außerdem sind meine Kamera, mein Stativ und ich an dieser Stelle nicht so stark dem Wind ausgesetzt.

SERPENTINEN

Die Straße führt vom Parkplatz aus in Serpentinen hinab Richtung Fjord. Aus der Luft betrachtet, bieten sich deshalb auch an dieser Stelle wieder eindrucksvolle Motive und Kompositionsmöglichkeiten. Mit der Drohne kann man z. B. senkrecht nach unten fotografieren und den Verlauf der Straße durch den Wald abstrahieren. Aber auch eine flache Perspektive mit dem Straßenverlauf im Vordergrund hat ihren Reiz!

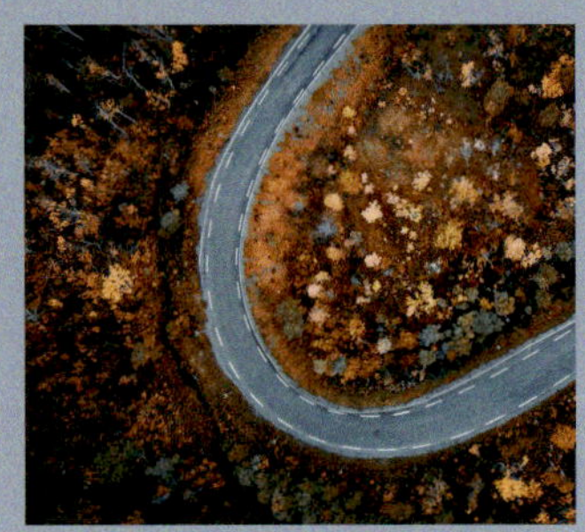

Senkrechter Blick nach unten auf die durch den Wald führende Kurve | 28 mm · ISO 1000 · Blende 2,8 · 1/100 s | GPS: 69°25'15.6798" N 17°30'2.8866" E

Wieder im Auto, folgen wir der Straße weiter bergab und passieren dabei einige Bachläufe und Wasserfälle, bis wir den Ort Bergsbotn erreichen.

Nach einigen Metern sehen wir auf der linken Seite eine markante, rot gestrichene Hütte am Wasser stehen. Mit dem Fjord und der dahinter liegenden Bergkulisse als Hintergrund lohnt es sich auch hier, Kamera und Stativ auszupacken.

Die Straße führt weiter entlang des Fjords. Geradeaus geht es auf der Fv251 weiter nach Skaland, wo es einen Supermarkt gibt. Wir folgen aber weiter der Straße 862, die nach rechts abzweigt, durch einen Tunnel führt und anschließend den Blick auf den Steinfjord mit der gleichnamigen Ortschaft freigibt. Wir passieren den Ort und folgen der Straße weiter entlang des Fjords.

Auch aus einer etwas flacheren Perspektive ergeben sich interessante Blicke auf den Fjord. Der tiefhängende Dunst verleiht der Aufnahme eine mystische Stimmung. | 35 mm · ISO 100 · Blende 11 · 6 s | GPS: 69°25'26.8892" N 17°30'8.3913" E

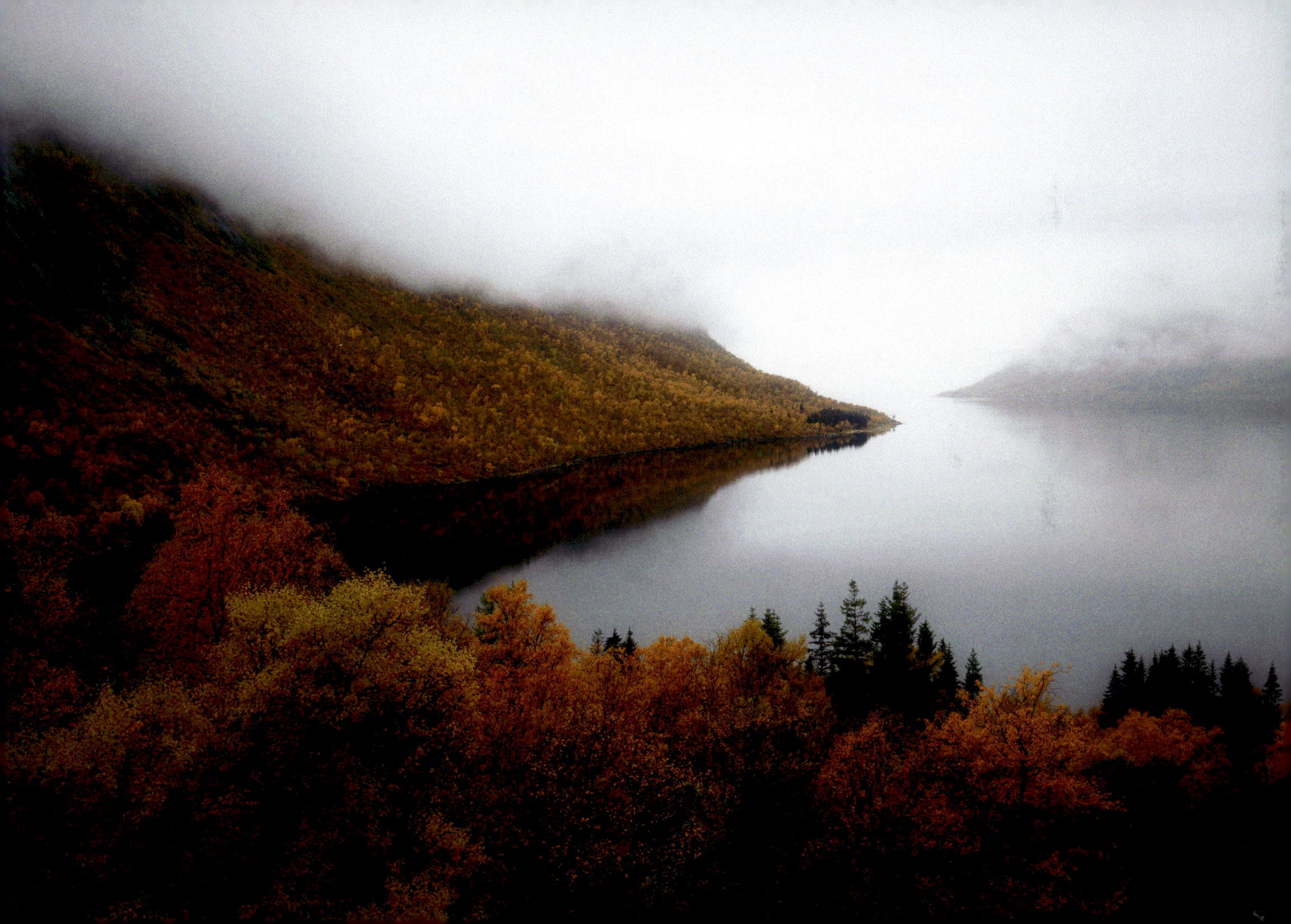

6 TUNGENESET

Entfernung: 65 Minuten (61 km) mit dem Auto von Finnsnes
Beste Tageszeit: Sonnenuntergang, nachts
Beste Jahreszeit: Herbst, Winter
Koordinaten: 69°29'15.117" N 17°19'55.6772" E

Fast am Ende des Fjords angekommen, liegt linker Hand mit dem Park- und Picknick-Platz *Tungeneset* der fürs Fotografieren vielleicht spektakulärste Ausgangspunkt.

Ähnlich wie am Parkplatz oberhalb von Bergsbotn gibt es auch hier eine architektonisch interessante, aus Holz gefertigte Plattform, die hinab zur steinigen Küste führt. Am Horizont erkennen wir die Silhouette der Bergformation des nächsten Fjords, die sogenannten »Teufelszähne«. Mit ihren steilen Zacken erinnern die Bergspitzen tatsächlich an eine Reihe scharfer Zähne.

Dieser Ort eröffnet Landschaftsfotografen eine Vielzahl an Möglichkeiten: Interessante bis spektakuläre Vorder- und Hintergründe, mit Meerwasser gefüllte Lagunen, in denen sich die Bergkulisse spiegelt, oder die dramatische Brandung in der Nähe der Wasserkante sind nur einige der Zutaten für großartige Landschaftsfotos, die hier entstehen können.

Die »Zähne des Teufels« prägen den Küstenabschnitt rund um Tungeneset.
| 16 mm · ISO 100 · Blende 14 · 30 s
| GPS: 69°29'15.117" N 17°19'55.6772" E

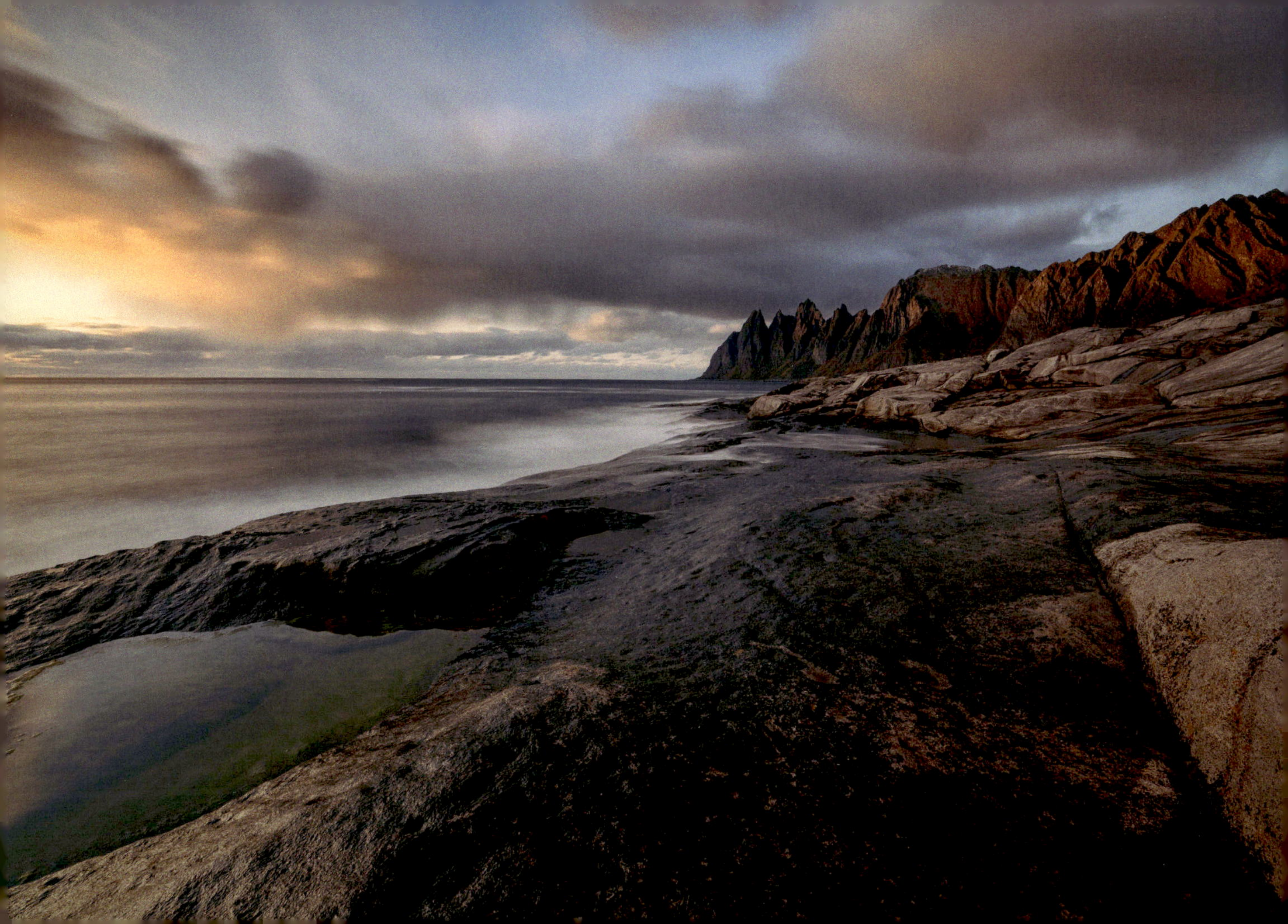

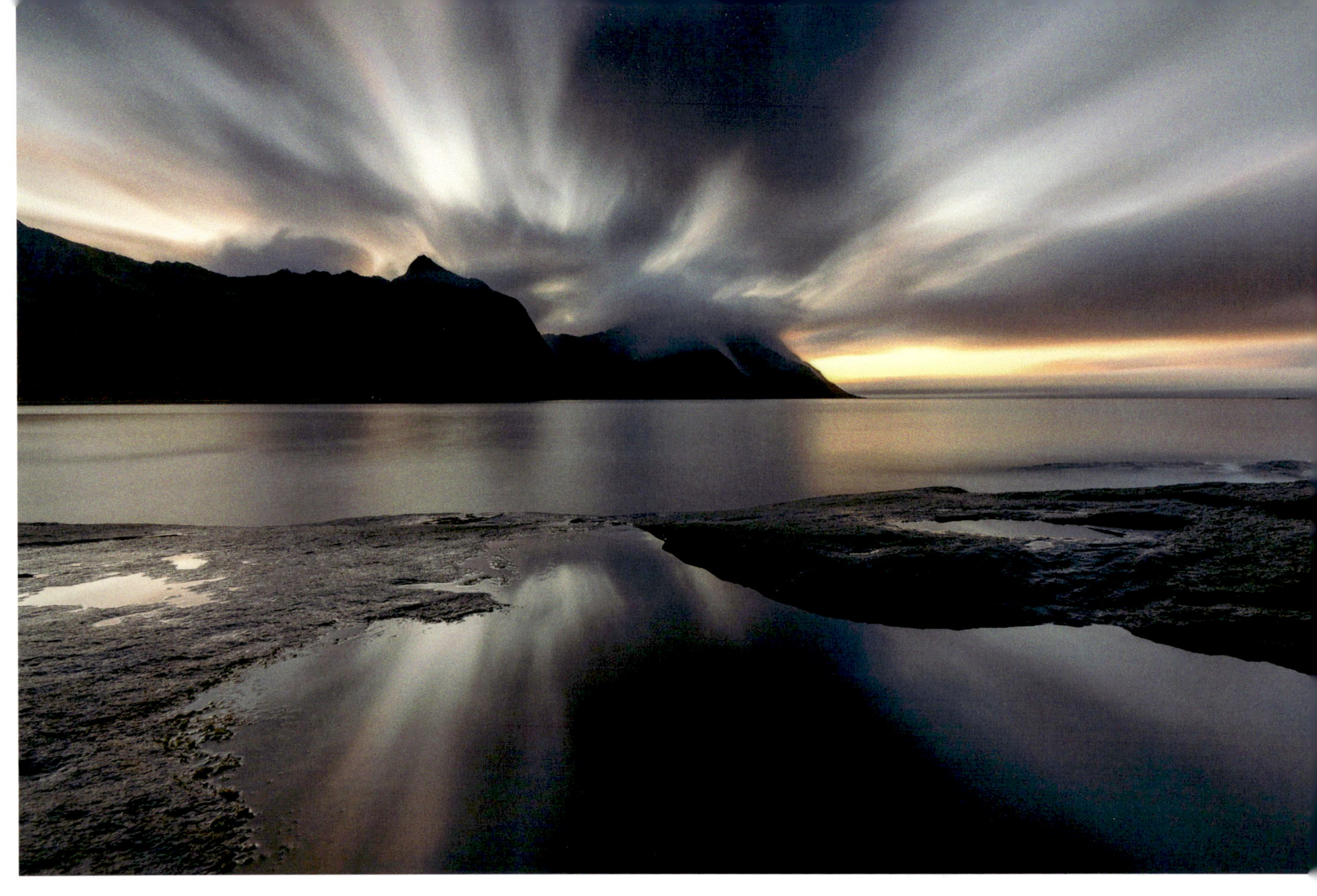

◀ Dramatisch ziehen die Wolken zum Sonnenuntergang über die Bergkette. | 16 mm · ISO 100 · Blende 11 · 240 s | GPS: 69°29'15.117" N 17°19'55.6772" E

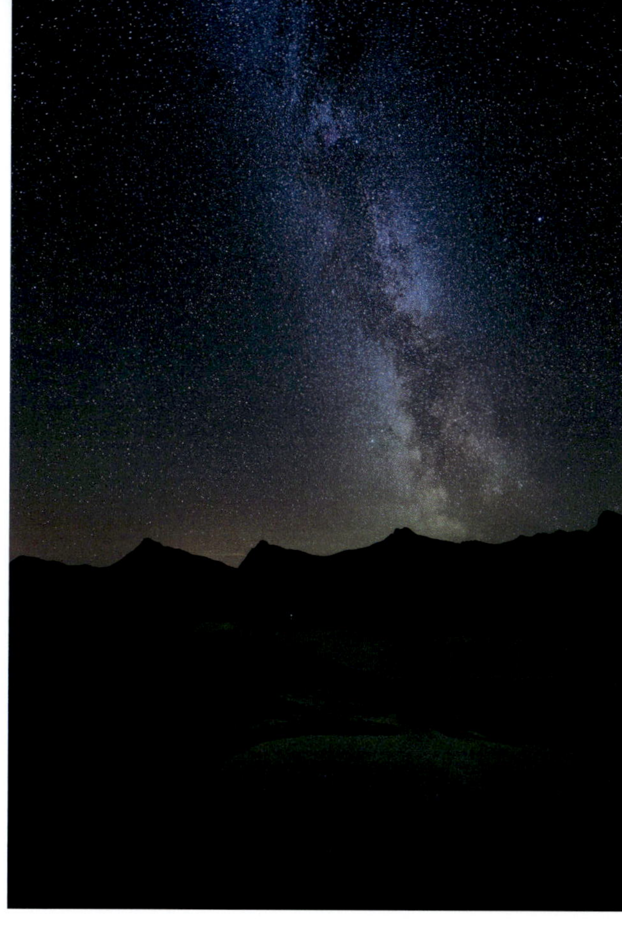

Für diese Aufnahme der Milchstraße am Tungeneset habe ich mehrere Einzelaufnahmen mit der Software *Sequator* verrechnet. | 14 mm · ISO 2500 · Blende 1,8 · 15 s | GPS: 69°29'15.117" N 17°19'55.6772" E

Auch nachts hat dieser Standort einiges zu bieten. Bei Neumond ist die Milchstraße dank der geringen Lichtverschmutzung von hier aus besonders gut zu fotografieren. Und natürlich ist dieser Spot gleichermaßen fürs Fotografieren von Polarlichtern geeignet.

Ich kann nur empfehlen, die Gegend zu verschiedenen Tages- und Nachtzeiten zu erkunden, da sich die Landschaft immer wieder anders präsentiert. Natürlich ist auch hier

Die »Zähne des Teufels« prägen den Küstenabschnitt rund um Tungeneset. | 35 mm · ISO 100 · Blende 13 · 1.3 s | GPS: 69°29'20.1787" N 17°19'56.1021" E

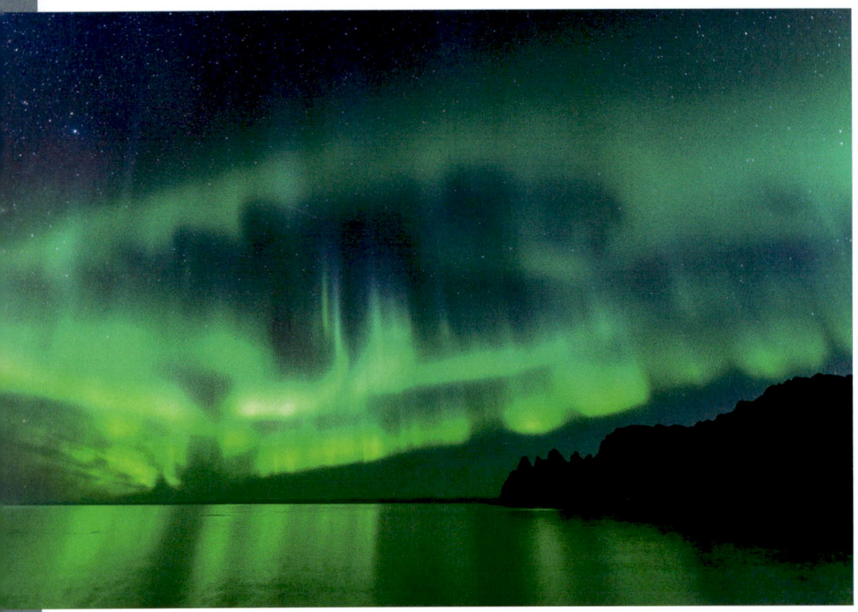

Die »Zähne des Teufels« sind eine perfekte Kulisse für die tanzenden Lichter. | 14 mm · ISO 2000 · Blende 1,8 · 8 s | GPS: 69°29'18.9065" N 17°20'38.6655" E

die notwendige Vorsicht geboten, da die vom Meer umspülten Felsen teilweise sehr rutschig sein können und die eine oder andere Welle mit großer Kraft auf die Küste prallt.

Die Straße 862 führt weiter Richtung Ersfjord. Dort gibt es neben einem schönen Sandstrand am Parkplatz *Gulldassen* als weiteren touristischen Höhepunkt ein goldenes Toilettenhäuschen.

Nach dem Durchfahren eines weiteren Tunnels erreichen wir den nächsten Fjord und biegen anschließend links ab auf die Straße Fv252.

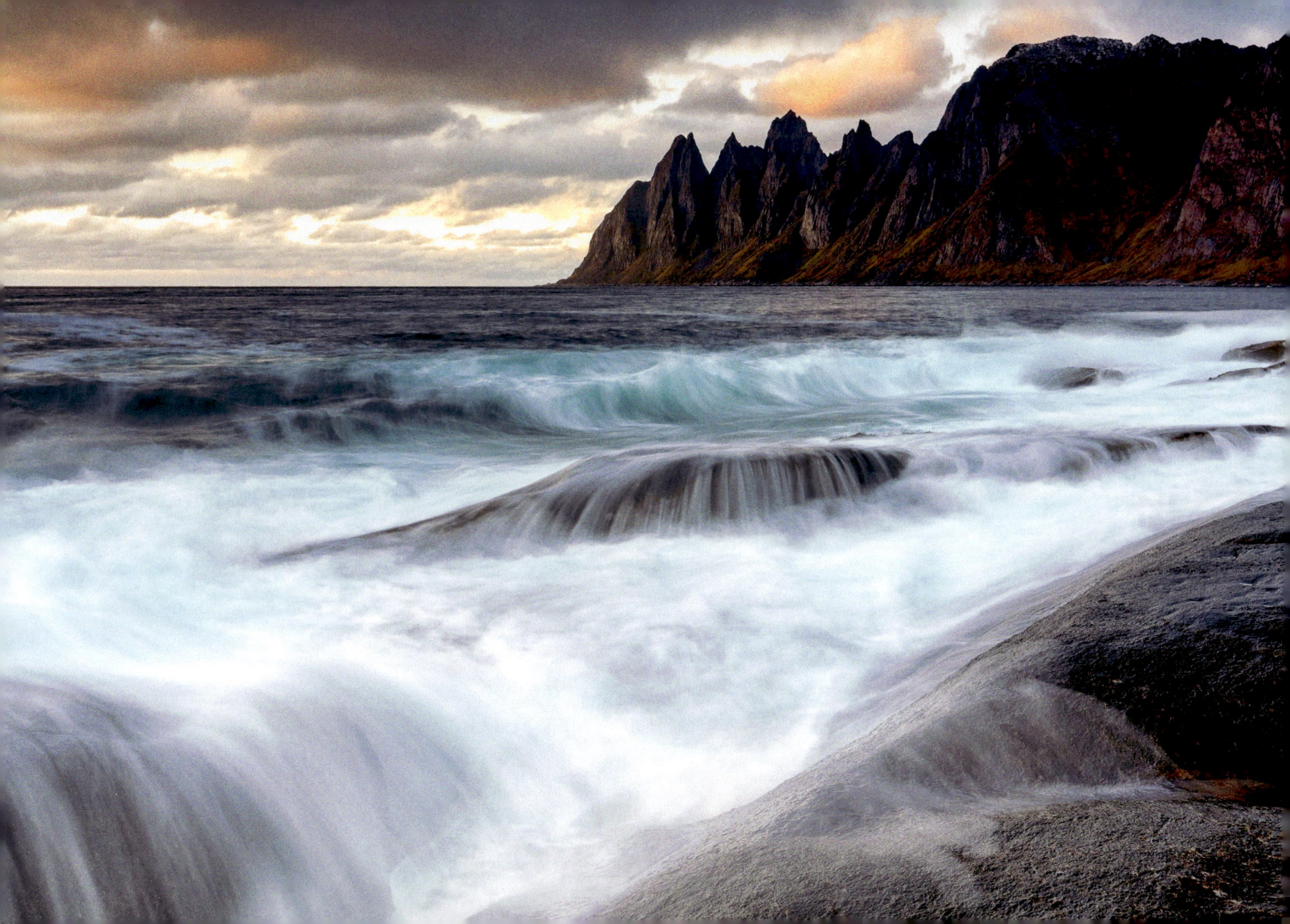

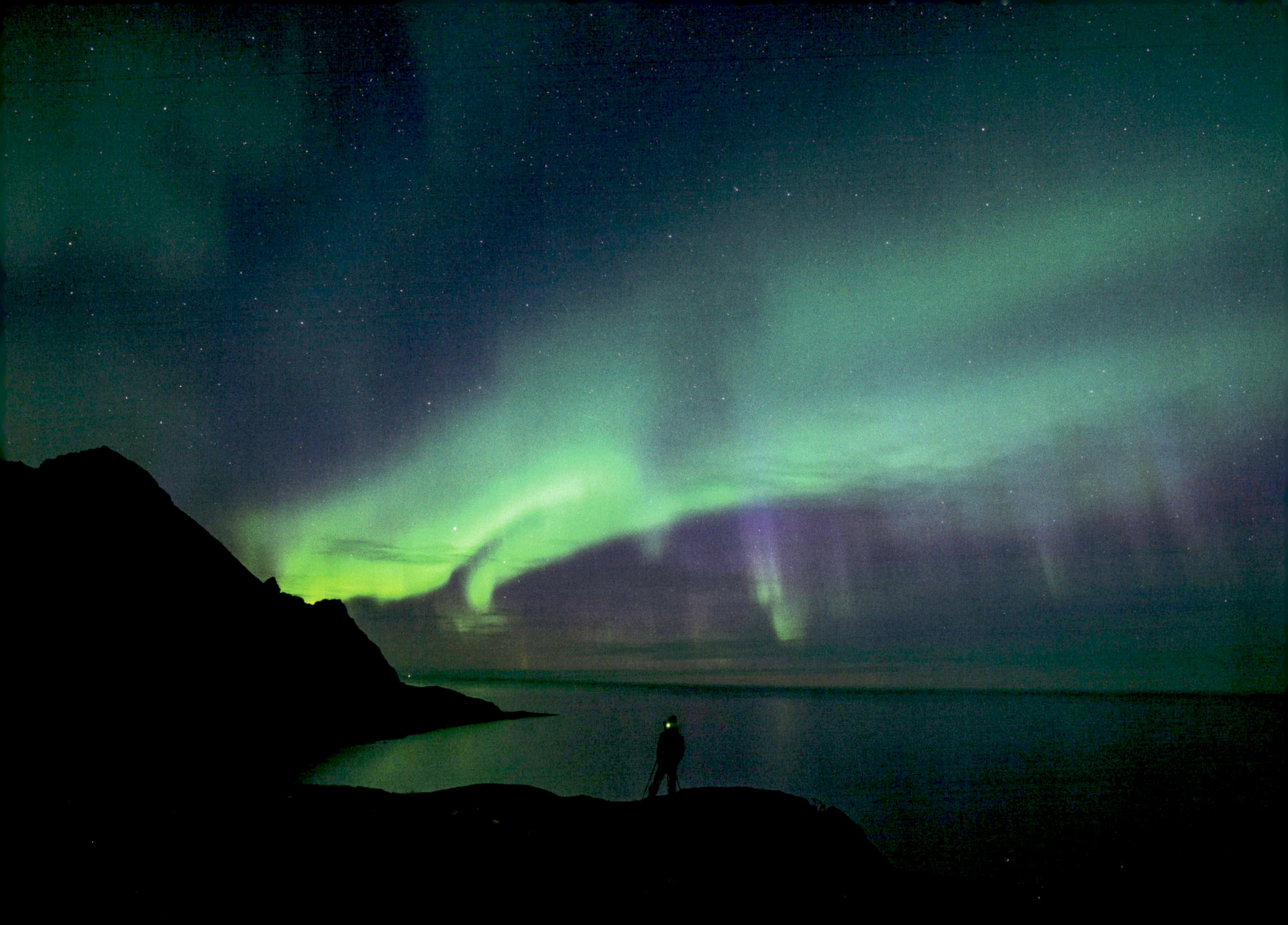

◀ Ein Fotograf genießt das nächtliche Polarlicht auf dem Knuten.
| 16 mm · ISO 1600 · Blende 2,8 · 10 s
| GPS: 69°31'26.82" N 17°25'57.24" E

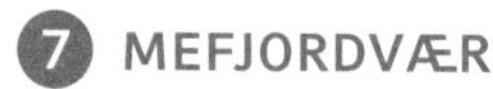

7 MEFJORDVÆR

Entfernung: 80 Minuten (74 km) mit dem Auto von Finnsnes
Beste Tageszeit: Vormittags, nachts
Beste Jahreszeit: Sommer, Herbst, Winter
Koordinaten: 69°30'47.562" N 17°26'7.4012" E

Die Straße führt zunächst in nördlicher Richtung durch den Ort Senjahopen. Dort gibt es eine Tankstelle, in der auch Hamburger und Hot Dogs angeboten werden.

Hinter einem Berg führt die Straße dann westwärts zum hübsch gelegenen Ort Mefjordvær.

Auf Höhe der Hafenmole ganz am Ende der Ortschaft führt die Straße in einer weiten Linkskurve zu einem großen Wanderparkplatz. Von hier aus lässt sich die Umgebung sehr gut erkunden.

Direkt vom Parkplatz aus kann man in wenigen Minuten den Gipfel des Bergs Knuten erreichen. Mit nur 110 m Höhe über dem Meeresspiegel lässt sich der Aufstieg auch mit mäßiger Kondition bewältigen. Belohnt wird der Wanderer durch einen wunderbaren Blick in die Fjordlandschaft. Besonders zur Zeit der Mitternachtssonne ist der Blick Richtung Norden spektakulär.

Aber auch Freunde der Polarlichtfotografie kommen hier oben auf ihre Kosten, da man in alle Richtungen einen freien Blick hat.

Wild fließt der kleine Fluss durch die herbstliche Landschaft. | 23 mm · ISO 100 · Blende 13 · 1 s | GPS: 69°30′47.562″ N 17°26′7.4012″ E

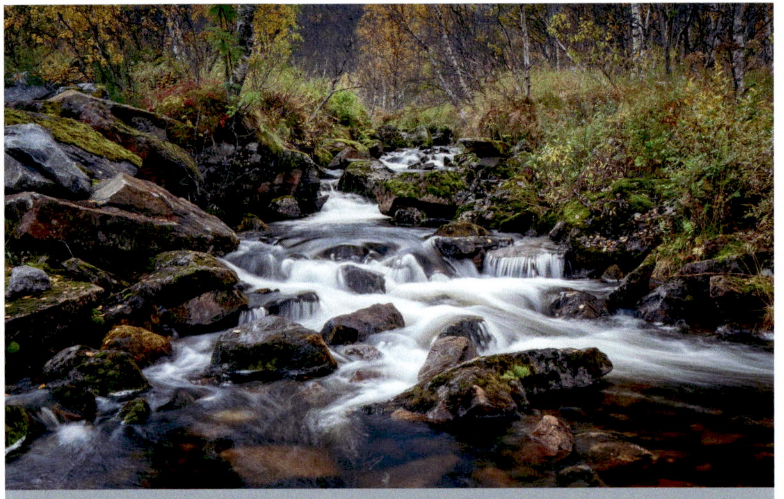

Ein malerisches Motiv ist der Ort Mefjordvær mit all seinen Lichtern am Fuß des Bergs.

Alternativ kann man vom Wanderparkplatz auch zur Knutevika-Bucht hinabsteigen, wo es fotogene Wasserlagunen gibt, in denen sich das Nordlicht mit etwas Glück spiegelt. Auch findet man hier entlang der Wasserkante – ähnlich wie an manchen Stränden der Lofoten – große, rund geschliffene Steine.

Eine fotografisch ergiebige Wanderung führt auch zu den drei Seen Store Skålbrekkvatnet, Storvatnet und Litjevatnet. In der etwas sumpfigen, von vielen kleinen Birken geprägten Landschaft kann man stundenlang auf fotografische Entdeckungsreise gehen. Bei Windstille spiegelt sich das Bergpanorama in den weiten Seen.

BJORELVA

Sehr hübsch fließt ab dem See Litjevatnet der wilde Fluss Bjorelva talwärts Richtung Mefjordvær, sodass man die Wanderung auch gut als Rundtour gestalten kann. Entlang des kleinen Flusses finden sich immer wieder stimmungsvolle Fotomotive und malerische Farbtupfer durch Pflanzen und Beeren.

Die Häuser von Mefjordvær leuchten mit dem Polarlicht um die Wette. | 16 mm · ISO 2500 · Blende 2,8 · 1 s | GPS: 69°31'26.82" N 17°25'57.24" E

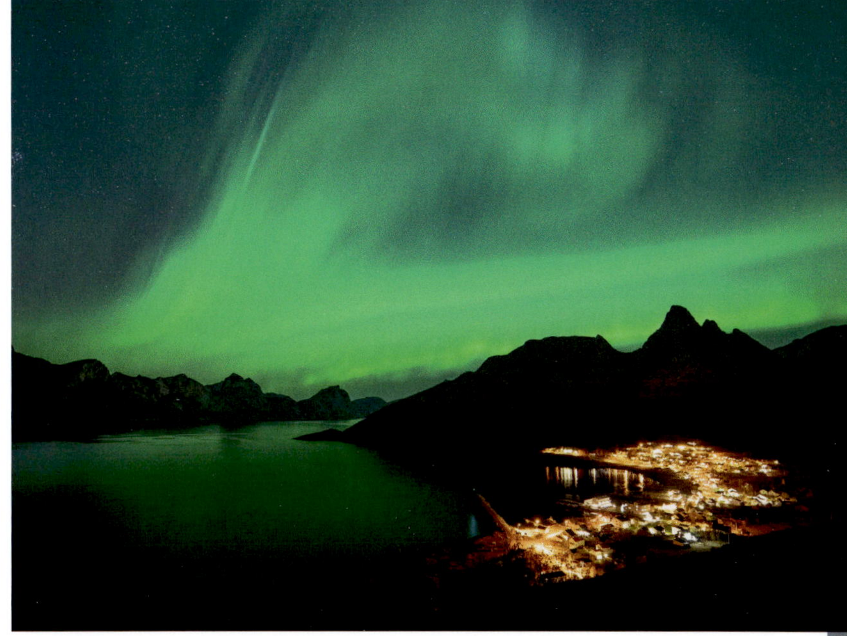

Nach der Erkundung der Umgebung setzen wir unsere Reise fort und fahren zunächst zurück nach Senjahopen. Dort folgen wir der Straße 862 weiter der Küste entlang. Nach einem weiteren kurzen Tunnel ergibt sich links ein weiter Blick in den Fjord, in dem oft kreisrunde Reusen und Aufzuchtbecken für die Fische ausgelegt sind. Auch die gezackte Bergkette mit dem berühmten Mt. Segla, der von den Gipfeln des Mt. Hesten und des Mt. Barden eingerahmt wird, lässt sich von hier aus gut erkennen. Rechts am steilen Berghang sehen wir einen interessanten Wasserfall, der aus dem See Breitindvatnet gespeist wird, welcher über uns im Berg liegt.

Nach kurzer Zeit passieren wir die Bucht von Pålen. Kurz vor dem nächsten Tunnel befindet sich rechter Hand ein weiterer Wanderparkplatz. Von hier startet die spektakuläre Wanderung hinauf zum Gipfel des Mt. Barden.

8 MT. BARDEN

Entfernung: 54 Minuten (51 km) mit dem Auto von Finnsnes über die 861, 90 Minuten (82 km) über die 86
Beste Tageszeit: Sonnenaufgang, Sonnenuntergang
Beste Jahreszeit: Sommer, Herbst
Koordinaten: 69°29'6.6584" N 17°38'4.5328" E

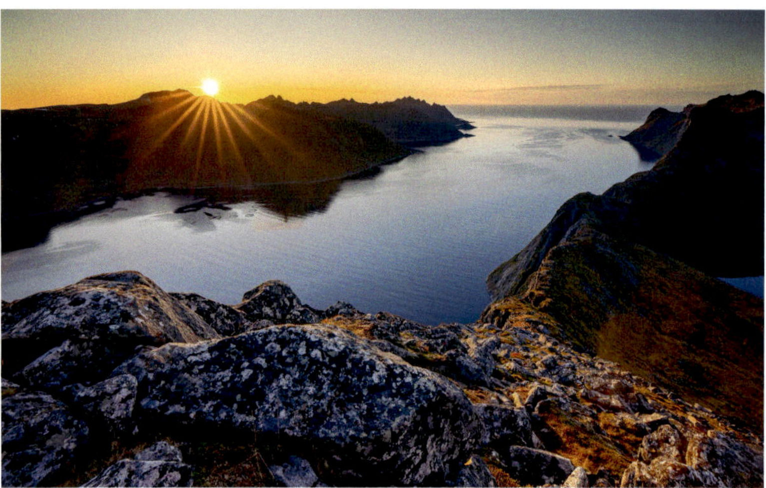

Blick vom Mt. Barden entlang des Fjords in Richtung der tiefstehenden Sonne | 16 mm · ISO 100 · Blende 13 · 1/8 s | GPS: 69°29'5.5912" N 17°38'6.9913" E

Die Wanderung auf den Mt. Barden zählt unter den Einheimischen zu den populärsten Touren auf der Insel.

Um den 659 m hohen Gipfel zu erreichen, steigt man zunächst steil durch feuchte Wiesen bergan, bis man den Sattel in Richtung des Ørnfjorden-Fjords erreicht. Schon von diesem Punkt hat man einen herrlichen Blick auf die Fjordlandschaft mit den umliegenden Bergen. Rechts zweigt ein Pfad zum Gipfel des Mt. Daven ab. Wer sich die anspruchsvolle Wanderung auf den Mt. Barden doch nicht (mehr) zutraut, kann jetzt diese weniger anstrengende Route Richtung Nordosten wählen.

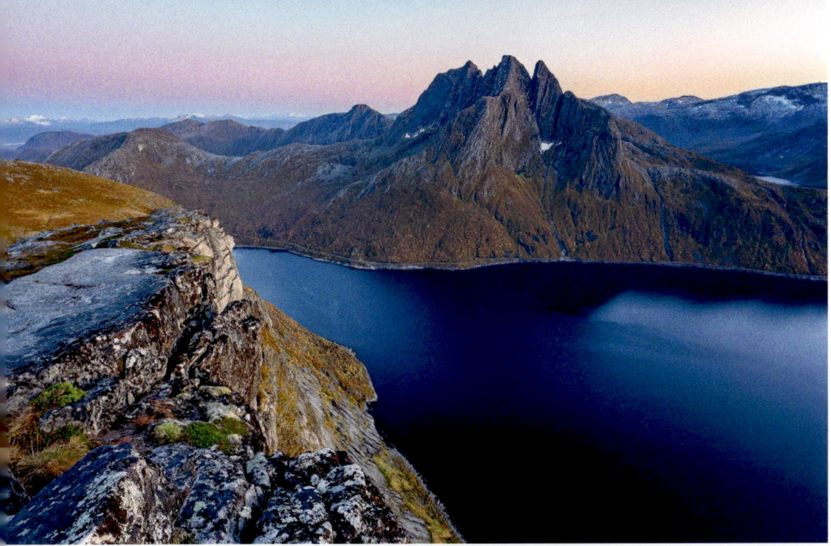

Blick in die Gegenrichtung – kurz nach Sonnenuntergang beginnt der Himmel pink zu leuchten.
| 16 mm · ISO 100 · Blende 13 · 1/3 s | GPS: 69°29'5.5912" N 17°38'6.9913" E

TRINKWASSER

Bei den Wanderungen zu den Berggipfeln Senjas sollte man immer ausreichend Wasservorräte mit sich führen, da man auf der Strecke nur selten auf Bäche oder Flüsse trifft, an denen man die Trinkflasche auffüllen könnte.

Zum Mt. Barden führt der teilweise abenteuerliche Wanderweg mit kleinen Kletterpassagen immer weiter entlang des Kamms, bis man schließlich nach ca. 2 Stunden den Gipfel erreicht. Herrlich ist der Blick auf den ikonischen Berg Mt. Segla und die umliegenden Fjorde. In einiger Entfernung liegt zu unseren Füßen die Ortschaft Fjordgård, zu der man vom Mt. Barden durch recht steiles Gelände in ca. 90 Minuten absteigen kann. Auf den letzten Kilometern wird das Gelände dabei immer sumpfiger. Über präparierte Holzbretter, die über mehrere Hundert Meter entlang des Pfads verlegt sind, gelangt man trotzdem einigermaßen trockenen Fußes hinab.

Alternativ wählt man für den Rückweg denselben Weg, den man für den Aufstieg genutzt hat. Zurück am Ausgangspunkt fahren wir durch den Tunnel, halten uns links und folgen der Straße weiter, bis wir Fjordgård erreichen.

9 MT. HESTEN

Entfernung: 60 Minuten (57 km) mit dem Auto von Finnsnes über die 861, 95 Minuten (87 km) über die 86
Beste Tageszeit: Sonnenaufgang, Sonnenuntergang
Beste Jahreszeit: Sommer, Herbst
Koordinaten: 69°30'49.9521" N 17°35'5.5256" E

Von Fjordgård aus gibt es gleich mehrere interessante Wanderungen auf die umliegenden Gipfel. Die jeweiligen Einstiege sind innerhalb des Orts gekennzeichnet.

Direkt oberhalb des Restaurants am Ortseingang befinden sich die Einstiege für die Wanderungen zum Mt. Segla und eben zum Mt. Barden, falls man die Wanderung umgekehrt gehen möchte.

Wir fahren allerdings ein paar Meter weiter bis zum Beginn der Wanderroute zum Mt. Hesten, da man vom Gipfel dieses Bergs den berühmten Blick auf den Mt. Segla hat.

FISH & CHIPS

Gleich am Ortseingang befindet sich eines der wenigen Restaurants der Insel, das *Segla grill og pub*. Hier gibt es vor allem sehr leckere, wenn auch nicht gerade günstige Fish & Chips. Auch sollte man ein Auge auf die saisonalen Öffnungszeiten des Restaurants haben – im Herbst zum Beispiel hat das Restaurant nur an wenigen Tagen stundenweise am Nachmittag geöffnet.

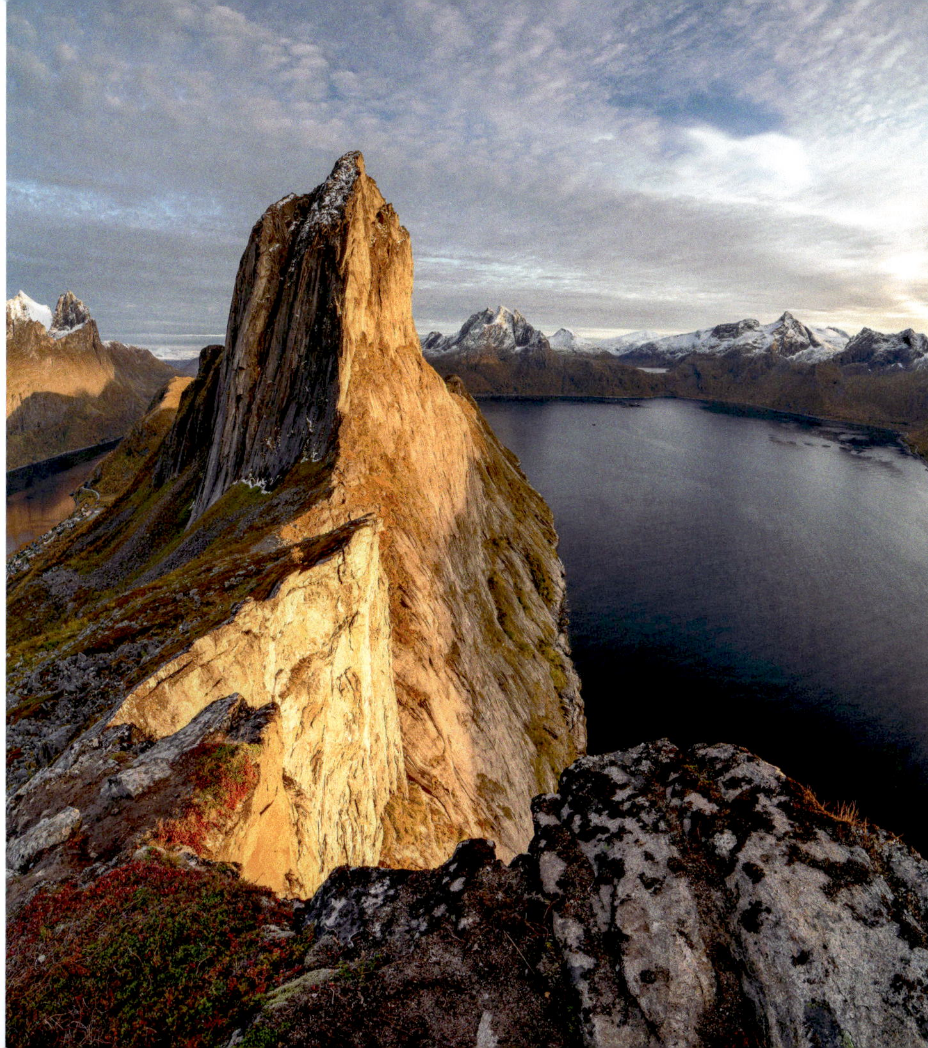

Der Mt. Segla thront majestätisch über dem Fjord – vertikales Panorama, zusammengesetzt aus drei horizontalen Aufnahmen.
| 16 mm · ISO 100 · Blende 13 · 1/3 s
| GPS: 69°30'46.8787" N 17°35'5.8971" E

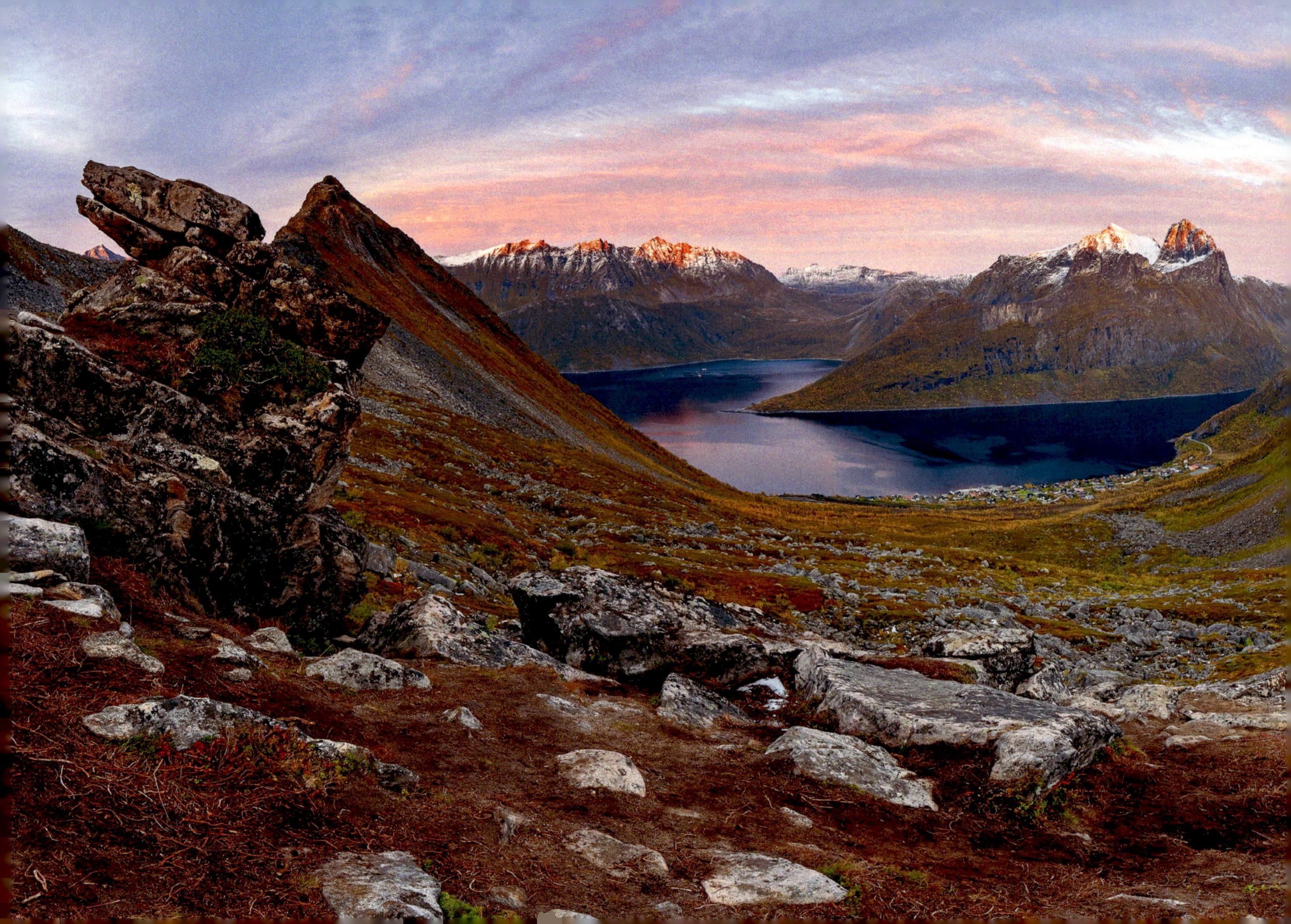

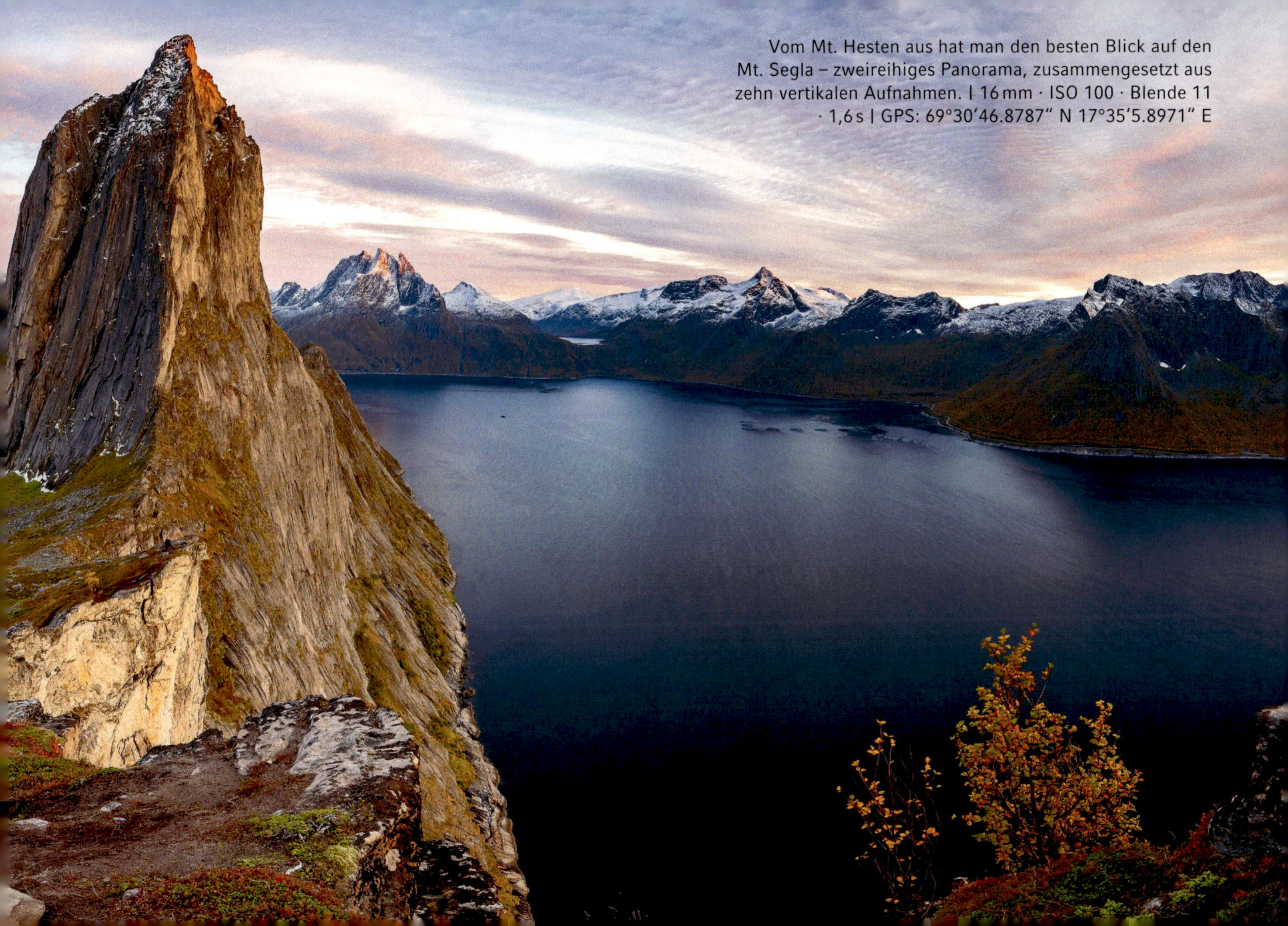

Vom Mt. Hesten aus hat man den besten Blick auf den Mt. Segla – zweireihiges Panorama, zusammengesetzt aus zehn vertikalen Aufnahmen. | 16 mm · ISO 100 · Blende 11 · 1,6 s | GPS: 69°30'46.8787" N 17°35'5.8971" E

Für die Wanderung auf den 546 m hohen Gipfel sollte man bei guter Kondition ca. 90 Minuten einplanen. Die Route ist deutlich weniger anspruchsvoll als die im letzten Abschnitt beschriebene zum Mt. Barden.

Oben angekommen, hat man einen herrlichen Blick auf den Gipfel des Mt. Segla. Aber auch der Blick in alle anderen Himmelsrichtungen ist absolut lohnend. Tief unter uns liegt in westlicher Richtung der Merfjorden-Fjord. Im Norden befinden sich der Mt. Inste Kongen und das Korkedalen-Tal. Richtung Nordosten erkennt man in einiger Entfernung die pittoreske, auf einer kleinen, vorgelagerten Insel im Fjord liegende Ortschaft Husøy.

Die Felskante fällt Richtung Westen fast senkrecht ins Meer ab, weshalb man die Schritte dort mit Bedacht setzen sollte. Besonders zum Sonnenuntergang oder zur Zeit der Mitternachtssonne können sich hier wunderbare Stimmungen ergeben.

Dieser Ausblick ist ein würdiger Abschluss unseres fotografischen Ausflugs nach Senja!

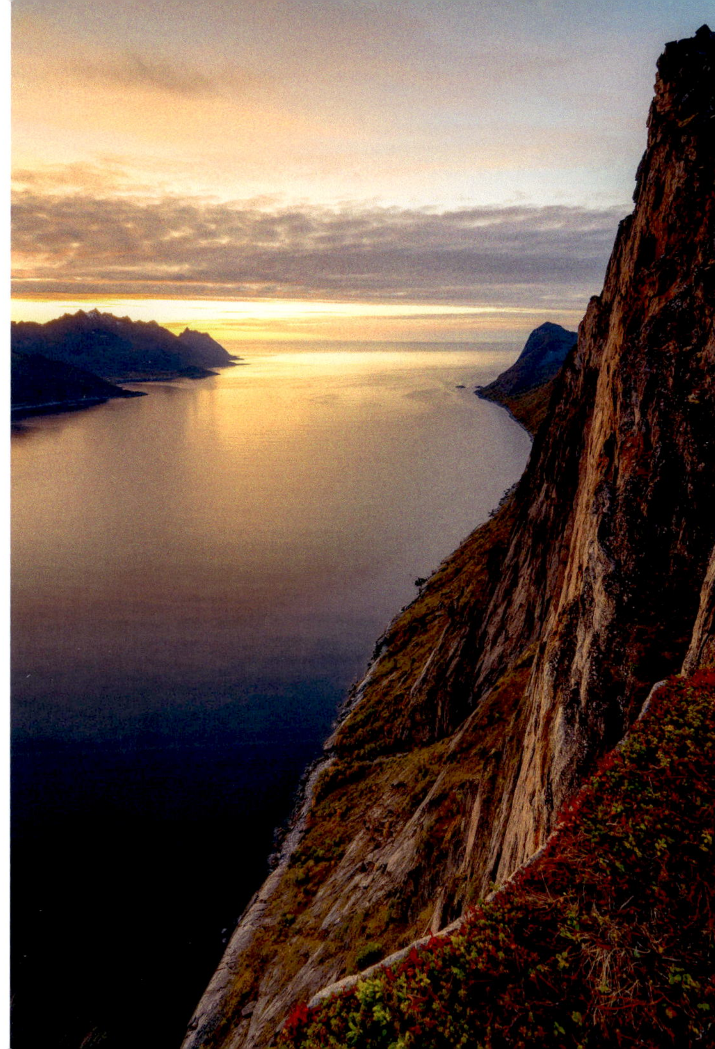

Blick entlang der steil abfallenden Felskante
| 16 mm · ISO 100 · Blende 11 · 2,5 s
| GPS: 69°30'46.8787" N 17°35'5.8971" E

Polarlichter fotografieren

Viele Fotografen bereisen die Lofoten mit der Absicht, Polarlichter zu fotografieren. Die geografische Lage in Kombination mit den dunklen und oft sternenklaren Nächten macht die Lofoten zu einem idealen Ausgangspunkt, und auch an interessanten Vordergründen herrscht hier kein Mangel.

POLARLICHT

Polarlichter können sowohl in nördlichen Breiten (Nordlichter, Aurora borealis) als auch auf der Südhalbkugel (Südlichter, Aurora australis) beobachtet werden. Ausgelöst werden sie durch elektrisch geladene Teilchen in der Magnetosphäre, die auf schwere Sauerstoff- und Stickstoff-Ionen in den oberen Schichten der Erdatmosphäre treffen.

Von den Lofoten aus lassen sich auftretende Polarlichter von Mitte September bis Anfang April in sternenklaren Nächten besonders gut beobachten, da die Inselgruppe – geografisch gesehen – genau auf dem sogenannten Polarlichtoval liegt und die Nächte dann ausreichend dunkel sind.

Die grandiose Landschaft der Lofoten erlaubt außerdem außergewöhnliche Kompositionen: An vielen Stränden lassen sich Polarlichter mit reizvollen Spiegelungen fotografieren, und die Bergkulisse entlang der Fjorde bietet wunderbare Vordergrundmotive für die geheimnisvolle Himmelserscheinung.

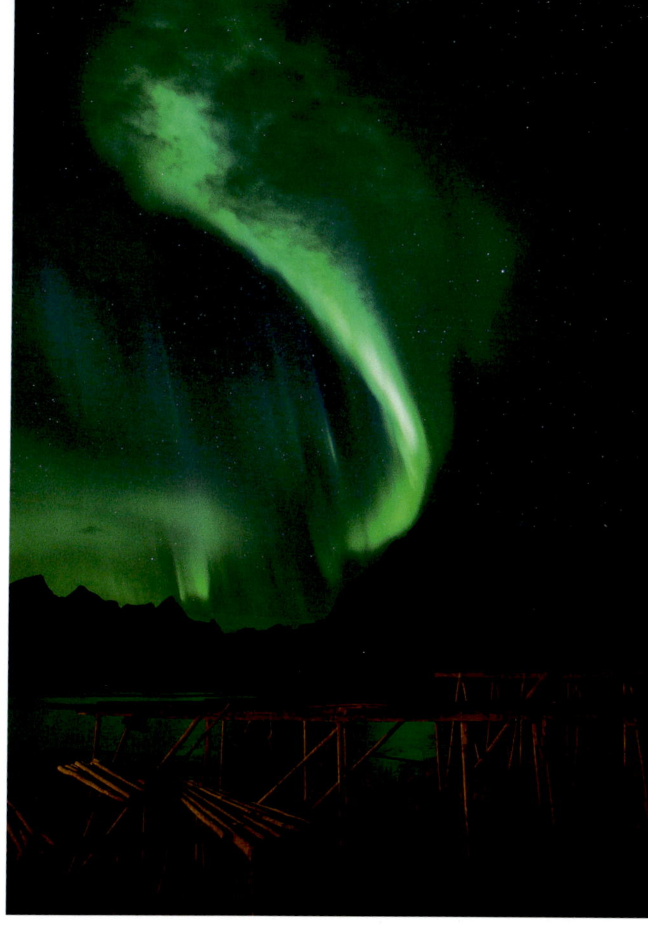

Polarlicht über dem Mt. Olstinden, Hamnøy, bei leicht bewölktem Himmel. Die Trockengestelle für den Kabeljau bilden ein interessantes Motiv im Vordergrund.
| 24 mm · ISO 2000 · Blende 1,4 · 2 s
| GPS: 67°56′49″ N 13°7′50″ E

Polarlichter können in verschiedenen Farben und Formen auftreten. Grünes Licht wird dabei – wegen der hohen Empfindlichkeit des menschlichen Auges für grünes Licht – am häufigsten beobachtet, aber auch rotes, violettes oder blaues Licht kann auftreten. Bei den Formen wird zwischen Corona (ringförmigen Strahlen), Vorhängen, Bögen und Bändern unterschieden.

Erste Anzeichen für auftretendes Polarlicht sind meistens milchige, wolkenartige Gebilde, die sich in Form und Größe verändern. Sind hinter den Schleiern noch Sterne erkennbar, handelt es sich mit großer Wahrscheinlichkeit um Polarlicht. Im Zweifel lohnt sich eine Probebelichtung mit der Digitalkamera – im Display lässt sich schnell eine Farbüberprüfung vor-

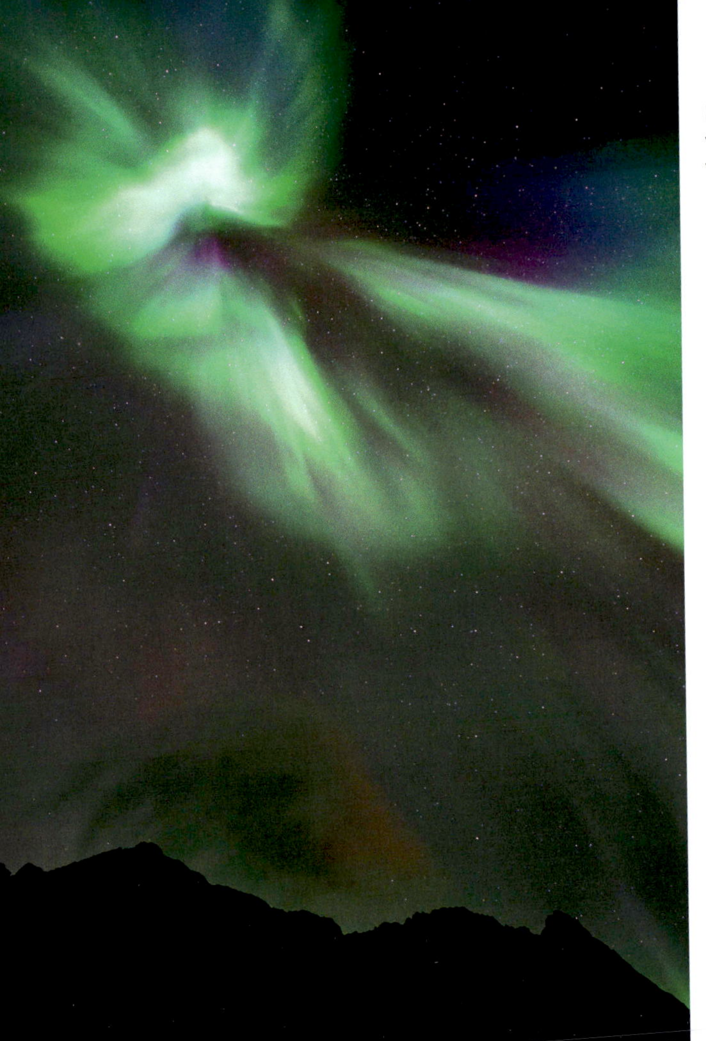

Eine Corona, aufgenommen in der Nähe von Skagsanden. Hier sind auch deutlich violette Lichtanteile zu erkennen.
| 21 mm · ISO 3200 · Blende 2,8 · 6 s
| GPS: 68°6'16" N 13°17'13" E

nehmen. (Auf die passenden Einstellungen gehe ich in den nächsten Abschnitten ein.) Schimmert der Schleier grünlich, handelt es sich um Polarlicht; ist er eher orange oder weiß, deutet alles auf eine Wolke hin.

Die tanzenden Polarlichter sind ein unvergessliches Naturschauspiel. Aber wie lassen sich Polarlichter am besten fotografieren?

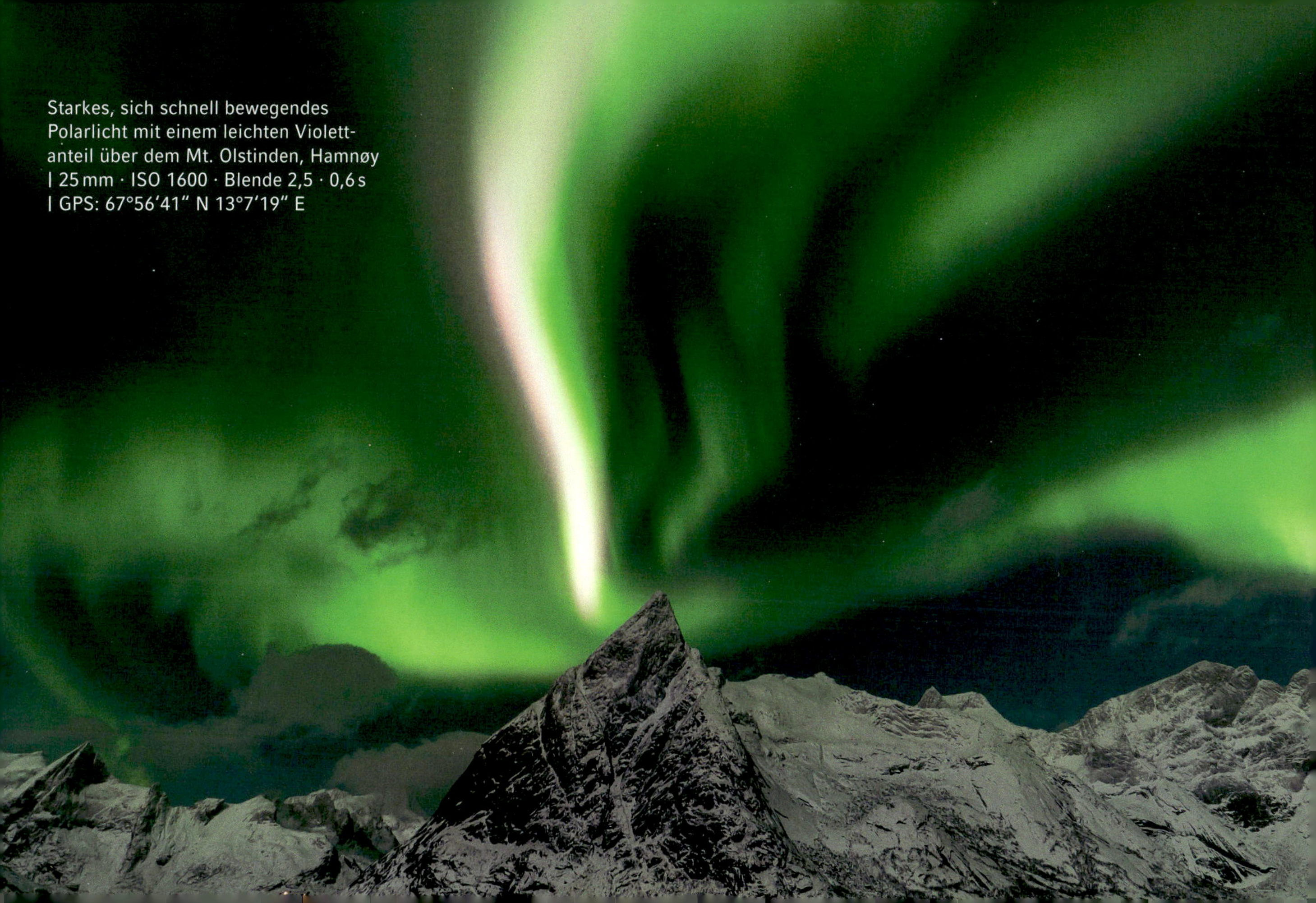

Starkes, sich schnell bewegendes Polarlicht mit einem leichten Violettanteil über dem Mt. Olstinden, Hamnøy | 25 mm · ISO 1600 · Blende 2,5 · 0,6 s | GPS: 67°56‘41“ N 13°7‘19“ E

PLANUNG

Um Polarlichter sichten und fotografieren zu können, müssen verschiedene günstige Umstände eintreten. In der Regel brauchen Sie:

- ausreichende Dunkelheit,
- wolkenfreien Himmel,
- Sonnenaktivität,
- Geduld und Glück.

Das Glück lässt sich bekanntlich nicht erzwingen, aber mit den geeigneten Hilfsmitteln ist es wenigstens möglich, die anderen Parameter im Auge zu behalten.

Auf den Lofoten sind die Nächte von Mitte September bis Anfang April ausreichend dunkel – gute Standorte mit wenig Lichtverschmutzung sind im Abschnitt »Beste Standorte« ab Seite 263 beschrieben.

Zur Prognose des Wetters und der Sonnenaktivität gibt es hilfreiche Webseiten und Apps, die sich auf dem Smartphone installieren lassen.

WOLKEN UND WETTER

Auf der norwegischen Wetterseite *yr.no* finden Sie alle wichtigen Informationen rund ums Wetter. Die Seite, die vom *Norwegian Meteorological Institute* in Zusammenarbeit mit der *Norwegian Broadcasting Corporation* betrieben wird, ist in englischer Sprache verfügbar.

Am interessantesten für die Polarlichtfotografie sind aus meiner Sicht die detaillierten Wolkenprognosen (unterschieden nach niedrigen, mittelhohen und hochstehenden Wolken sowie Gesamtbewölkung) und die animierten Wolkenbewegungen.

Auf der Seite suchen wir zunächst nach dem passenden Ort, z. B. Reine. Die detaillierten Vorhersagen stehen dann etwas versteckt unter *Hour by hour > Detailed*. Der rechte Abschnitt der erscheinenden Tabelle widmet sich der voraussichtlichen Wolkendichte.

Ruft man die Seite über ein mobiles Endgerät auf, ist der angebotene Informationsumfang zunächst weniger umfangreich. Aber im unteren Abschnitt der Seite kann man über den Schalter *Yr on other platforms > Desktop version* auf die nicht für mobile Endgeräte optimierte Seite wechseln.

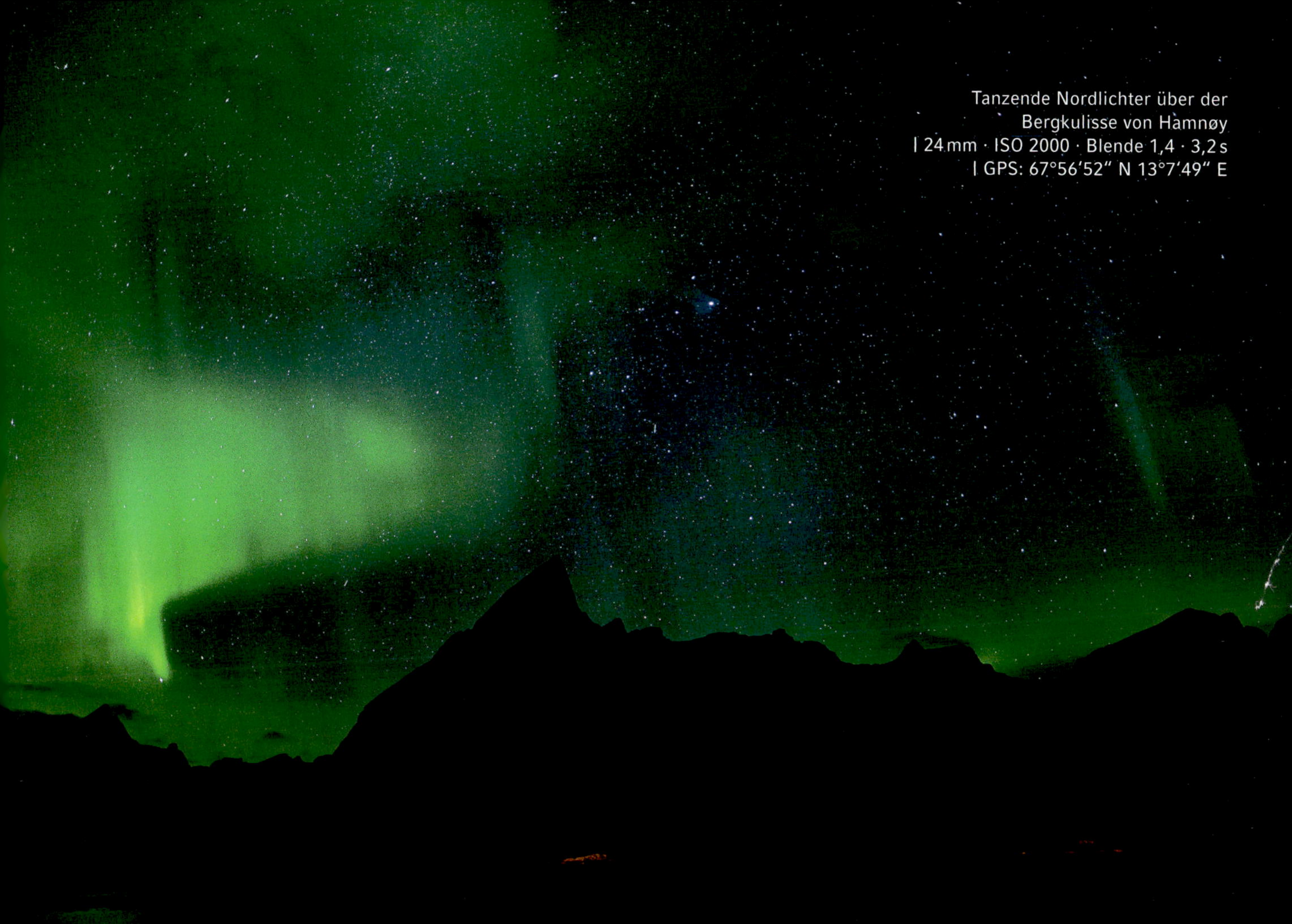

Tanzende Nordlichter über der Bergkulisse von Hamnøy
| 24 mm · ISO 2000 · Blende 1,4 · 3,2 s
| GPS: 67°56'52" N 13°7'49" E

Herzförmiges Polarlicht am Strand von Skagsanden
| 24 mm · ISO 3200 · Blende 1,4 · 5 s
| GPS: 68°6′16″ N 13°17′13″ E

SONNENAKTIVITÄT

Es gibt eine Vielzahl von Apps, die die Wahrscheinlichkeit prognostizieren, bei wolkenfreiem Himmel Polarlichter sehen zu können.

Aus meiner Sicht ist die App *My Aurora Forecast* von Jake Ruston (*jrustonapps.com/apps/my-aurora-forecast*) die zuverlässigste.

In der App gibt es eine genaue Prognose des maximalen KP-Potenzials.[1] Die ganzzahligen Werte von 0 (am niedrigsten) bis 9 (am höchsten) geben Ihnen einen Anhaltspunkt, ob am jeweiligen Standort noch mit Polarlichtern zu rechnen ist. In einer Weltkarte ist außerdem die aktuelle Lage und Intensität des Polarlichtovals dargestellt. In den Einstellungen lassen sich zusätzlich Benachrichtigungen aktivieren, sodass der »Polarlicht-Jäger« beim Erreichen bestimmter KP-Werte rechtzeitig informiert wird.

1 Der KP-Index ist eine planetarische Kennzahl und wird vielfach bei Untersuchungen und Beobachtungen des Erdmagnetismus verwendet. Außerdem ist er ein Gradmesser für eventuelle Polarlichterscheinungen.

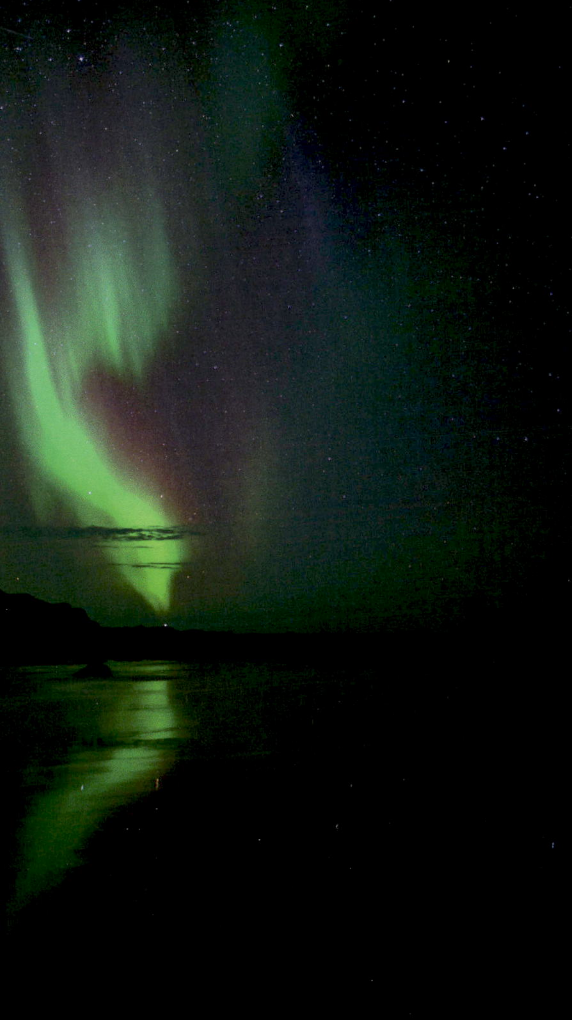

TECHNIK

Beim Fotografieren von Polarlichtern benötigen Sie in der Regel Belichtungszeiten von mehreren Sekunden, weshalb Sie auf jeden Fall ein Stativ verwenden müssen, wenn Sie ansprechende Ergebnisse erzielen wollen. Ausgelöst wird mit einem Fernauslöser oder mit dem Selbstauslöser, um unnötige Erschütterungen zu vermeiden. Lichtstarke Weitwinkelobjektive sind am besten geeignet, um einen möglichst großen Ausschnitt des Himmelsspektakels festhalten zu können. Für eine gelungene Polarlichtaufnahme sind drei Parameter entscheidend:

- die richtige Belichtung
- die richtige Schärfe
- idealerweise ein schönes Vordergrundmotiv

BELICHTUNG

Die Belichtung der Polarlicht-Aufnahme steuern Sie im manuellen Modus der Kamera über drei Parameter: Blende, Belichtungszeit und Empfindlichkeit (ISO).

Polarlichter lassen sich am besten mit offener Blende fotografieren, sodass möglichst viel Licht auf den Sensor fallen kann. Blendenwerte um Blende 2,8 oder kleiner eignen sich am besten.

Die Belichtungszeit wählen Sie so, dass die Strukturen des Polarlichts noch gut zu erkennen sind. Bei sich schnell bewegendem Polarlicht sollten Sie eher etwas kürzer belichten (0,5 bis 4 Sekunden). Falls sich die Strukturen nur langsam verändern, erlaubt dies entsprechend auch eine etwas längere Belichtungszeit (ca. 4 bis 20 Sekunden).

Nach meiner Erfahrung sind Belichtungszeiten von einer halben Sekunde bis zwanzig Sekunden am besten geeignet. Bei Belichtungszeiten von bis zu zwanzig Sekunden läuft man außerdem nicht Gefahr, dass die Sterne aufgrund der Erdrotation zu verwischen beginnen.

Haben Sie Blende und Belichtungszeit entsprechend vorgewählt, erfolgt zum Abschluss die Wahl eines geeigneten ISO-Werts. Über das Histogramm der jeweiligen Aufnahme beurteilen Sie die korrekte Belichtung, um sich von unten an die richtige ISO-Einstellung heranzutasten. Wenn Sie eine aktuellere Kamera verwenden, können Sie ISO-Werte bis 6400 wählen, ohne dass die Aufnahmen zu stark verrauschen.

Es ist sehr wichtig, die Belichtung der Aufnahmen immer wieder über das Histogramm zu überprüfen. Das hell leuchtende Display der Kamera allein hat in der Nacht keine ausreichende Aussagekraft, um die Belichtung der Aufnahmen zu beurteilen, da sich Ihre Augen schnell an die Dunkelheit der Nacht gewöh-

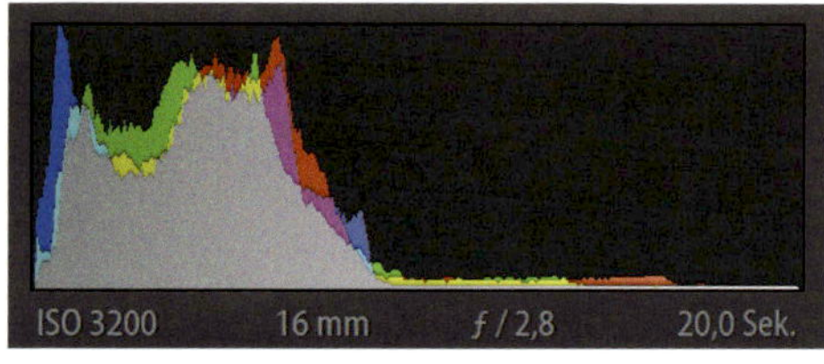

Histogramm einer knapp unterbelichteten Nachtaufnahme bei schwachem Polarlicht. Das Histogramm reicht links bis an den Rand heran, was auf rein schwarze Bereiche ohne Farbinformation hindeutet. Auf der rechten Seite verläuft die Kurve flach ebenfalls bis fast an den Rand, was auf wenige helle Lichter hindeutet – im konkreten Fall stammen die Lichtspitzen von beleuchteten Rorbuer, die Teil der Komposition sind.

nen. Die Intensität des Nordlichts kann in kurzer Zeit schnell zu- oder abnehmen, was dementsprechend zu Über- oder Unterbelichtungen führen würde.

In sehr dunklen Nächten mit wenig Mondlicht kann es außerdem sinnvoll sein, eine weitere Aufnahme der Szene mit längerer Belichtungszeit aufzunehmen, um die Details des Vordergrunds sichtbar zu machen. Eine solche Aufnahme können Sie im Anschluss bei der digitalen Nachbearbeitung am Computer mit der eigentlichen Polarlichtaufnahme kombinieren.

SCHÄRFE

Da Polarlichter in der Regel mit offener Blende fotografiert werden, ist es von entscheidender Wichtigkeit, dass der Schärfepunkt auf der richtigen Ebene liegt. In der dunklen Nacht kann das Fokussieren leicht zur Herausforderung werden. Automatisches Fokussieren ist meistens nicht möglich, sodass die Kamera manuell scharfgestellt werden muss.

Bei Weitwinkelaufnahmen mit großem Blickfeld bietet es sich an, manuell auf den Mond – falls er scheint, ist er immer die erste Wahl – oder auf einen hellen

MONDLICHT – FLUCH ODER SEGEN?

Je dunkler die Nacht ist, desto leichter lassen sich Polarlichter mit bloßem Auge am Himmel wahrnehmen.

Aus meiner Sicht interessanter sind allerdings Aufnahmen mit Mondlicht, das den Vordergrund beleuchtet und so Konturen sichtbar macht, während die Lichter am Himmel tanzen. Der Mond hilft außerdem dabei, mögliche Lichtverschmutzung zu überstrahlen. Sind ca. 70 % der Mondfläche oder mehr zu sehen, verschwinden die unschönen orangefarbenen Verfärbungen auf den Fotos komplett.

Meine Foto-Workshops auf den Lofoten finden deshalb – falls es sich zeitlich einrichten lässt – immer rund um den zu- oder abnehmenden Vollmond statt.

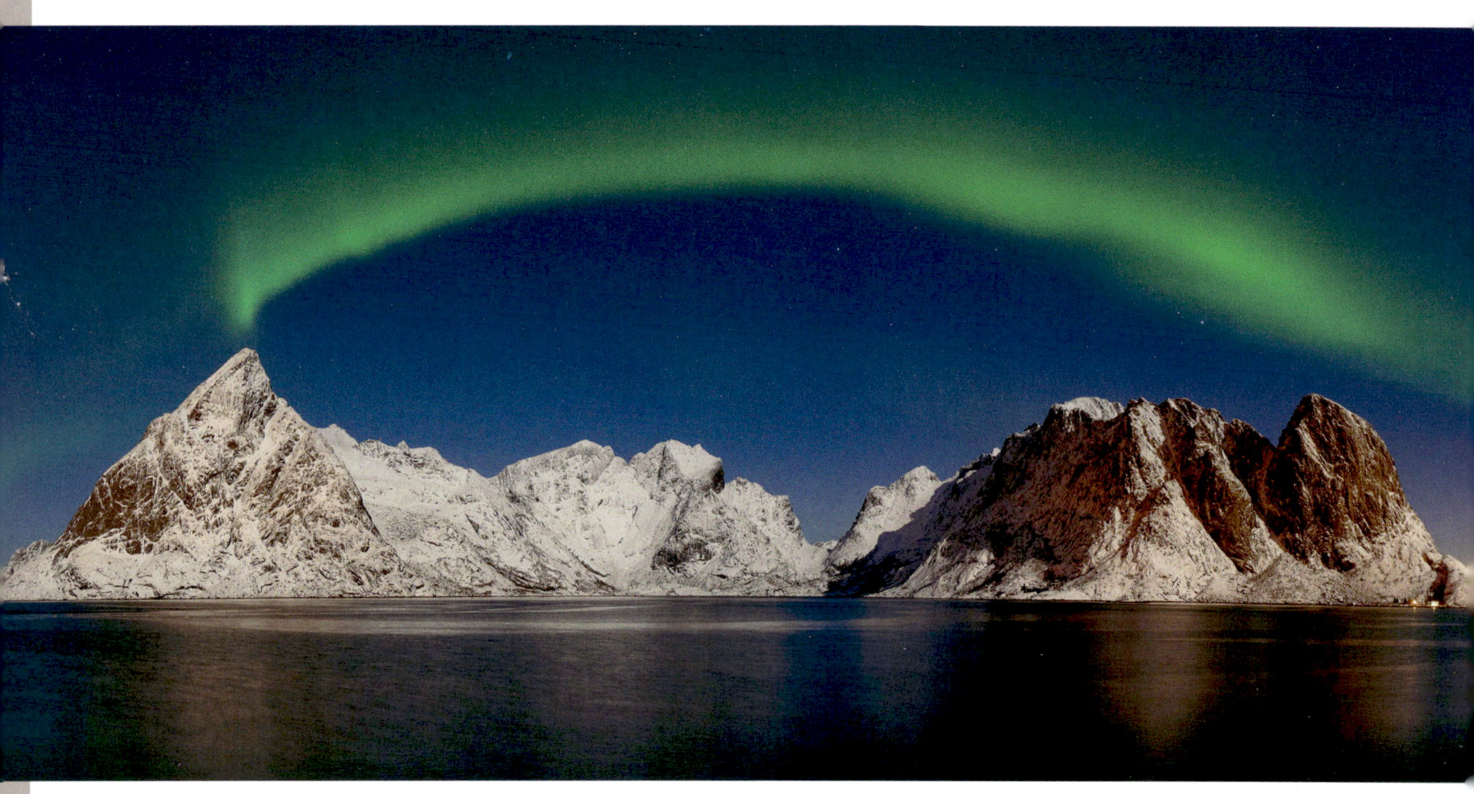

Im Licht des Vollmonds kommt der schneebedeckte Mt. Olstinden unter dem Polarlichtbogen besonders gut zur Geltung.
| 18 mm · ISO 2000 · Blende 2,8 · 5 s · Panorama aus fünf Hochformataufnahmen | GPS: 67°56‘32“ N 13°6‘38“ E

Stern (oder auf ein anderes helles Licht in ausreichender Entfernung) zu fokussieren. Dazu sollten Sie die Vergrößerungsfunktion der Kamera nutzen, um den Mond (oder Stern) als Ausschnitt möglichst groß im Sucher oder auf dem Display sehen und scharfstellen zu können.

Alternativ können Sie den Fokus-Ring des Objektivs auf das ∞-Zeichen stellen, falls die entsprechende Skala vorhanden ist. Einige moderne Objektive[2] verfügen auch über eine OLED-Anzeige des Schärfebereichs, die sich bei Nacht besonders gut ablesen lässt. Bei ihnen wählen Sie die Einstellung so, dass der angezeigte Fokusbereich gerade bis ∞ reicht.

Gibt es ein bildgestaltendes Motiv im Vordergrund, sollte bevorzugt dieses scharf abgebildet werden.

Eventuell können Sie auch in diesem Fall mehrere Aufnahmen mit verschiedenen Schärfeebenen erstellen, die Sie im Anschluss in der digitalen Nachbearbeitung (z. B. in *Adobe Photoshop CC* oder *Zerene Stacker*) zu einem einzigen Bild zusammensetzen, in dem dann sowohl der Vordergrund als auch die am Himmel tanzenden Nordlichter gleichermaßen scharf dargestellt werden.

2 z. B. Objektive aus der Zeiss-Batis-Serie für den Sony-E-Mount-Anschluss (Vollformat)

POLARLICHTER FOTOGRAFIEREN – KURZ GEFASST

Polarlichter lassen sich am besten im manuellen Modus unter Nutzung eines lichtstarken Weitwinkelobjektivs und eines Stativs fotografieren. Empfohlene Einstellungen sind Blendenwerte im Bereich von Blende 1,4 bis Blende 3,2, ISO-Werte von 1000 bis 6400 und Belichtungszeiten von 0,5 bis 20 Sekunden. Scharfgestellt wird idealerweise auf den Mond oder auf einen hellen Stern. Bei der Komposition sollten Sie auf interessante Vordergründe oder Spiegelungen achten. Mondlicht hilft, den Vordergrund zu konturieren und auftretende Lichtverschmutzung zu minimieren. Ist der Vordergrund bildbestimmend, sollten Sie bevorzugt auf diesen scharfstellen.

AUSRÜSTUNG

Außer einem Stativ, einem lichtstarken Weitwinkelobjektiv und einer modernen Kamera, deren Sensor über einen rauscharmen Sensor verfügt, sollten Sie auch ausreichend Ersatzakkus einpacken, wenn Sie auf die Jagd nach Polarlichtern gehen.

In den oft kalten Nächten lässt die Leistung der Akkus nach mehreren Langzeitbelichtungen schnell nach. Es empfiehlt sich, die Ersatzakkus nah am Körper zu tragen und sie so warm zu halten.

STIRNLAMPE

Auch eine Stirn- oder Taschenlampe ist sehr hilfreich, um in der Dunkelheit den Weg finden und die Einstellungen der Kamera kontrollieren zu können. Bei den Stirnlampen gibt es Modelle, die sich auf Rotlichtbetrieb umschalten lassen. Dieses Licht ist nicht ganz so hell und störend wie das normale Licht einer Taschenlampe. Es ist aber trotzdem ausreichend hell, um die Einstellungen an der Kamera vornehmen zu können.

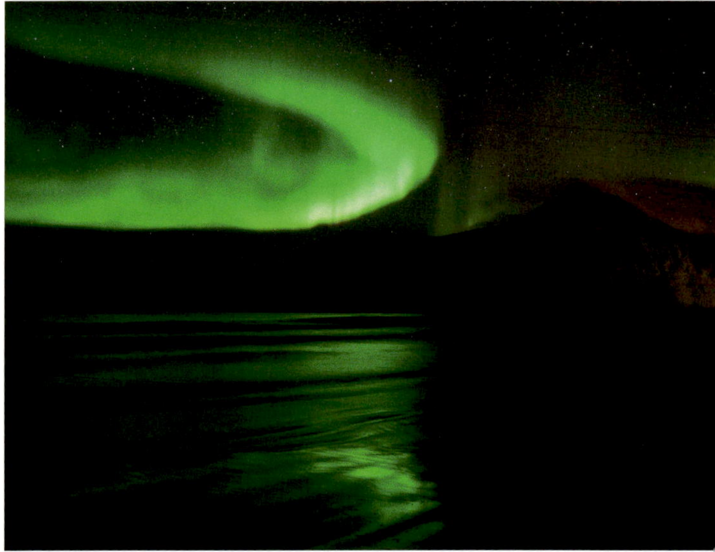

Der Strand von Skagsanden ist ein perfekter Standort zum Fotografieren der Nordlichter.
| 24 mm · ISO 2000 · Blende 1,4 · 3,2 s | GPS: 68°6′16″ N 13°17′13″ E

Allgemein gilt, dass Sie die Stirn- oder Taschenlampe immer nur bei Bedarf und so kurz wie möglich einschalten sollten, um nicht die Aufnahmen anderer Fotografen zu beeinträchtigen, die vielleicht auch vor Ort sind.

FILTER GEGEN LICHTVERSCHMUTZUNG

Verschiedene Hersteller haben inzwischen auch Filter im Angebot, mit denen sich die Wellenlängen üblicher Kunstlicht-Quellen eliminieren lassen sollen[3].

In meinen Tests mit dem »Natural Night Filter« des Herstellers NiSi konnte ich feststellen, dass die unschöne Lichtverschmutzung wirkungsvoll reduziert und gleichzeitig die Details in den Lichtern verbessert wurden. Aufnahmen, die ich mit diesem Filter angefertigt habe, zeigten eine leichte Farbverschiebung in Richtung Magenta, die sich aber leicht in der digitalen Nachbearbeitung korrigieren ließ.

3 z. B. Haida (Clear Night Filter), NiSi (Natural Night Filter), Star Trails – Matt Aust (°nachtlicht)

BESTE STANDORTE

Die weiten Küstenabschnitte, Strände und Fjorde der Lofoten bieten endlose Möglichkeiten, um stimmungsvolle Polarlichtaufnahmen zu komponieren.

Da die meisten Bewohner der Lofoten in Küstennähe wohnen, ist es notwendig, bei der Standortwahl auf mögliche Lichtverschmutzung zu achten und sich einen Platz abseits der Siedlungen zu suchen.

Auch der Horizont von Nordwesten nach Nordosten (in dieser Richtung zeigen sich die Nordlichter üblicherweise) sollte vom gewählten Standort ausreichend frei und nicht durch hohe Berge verstellt sein, damit auch tiefstehende Nordlichtbögen sichtbar werden. Von wo lassen sich Nordlichter auf den Lofoten am besten fotografieren?

- **Reine (Moskenesøy)** – Rund um Reine gibt es eine Vielzahl möglicher Perspektiven, die allerdings teilweise durch Lichtverschmutzung beeinträchtigt werden. Bei ausreichend Mondlicht ist der Blick vom

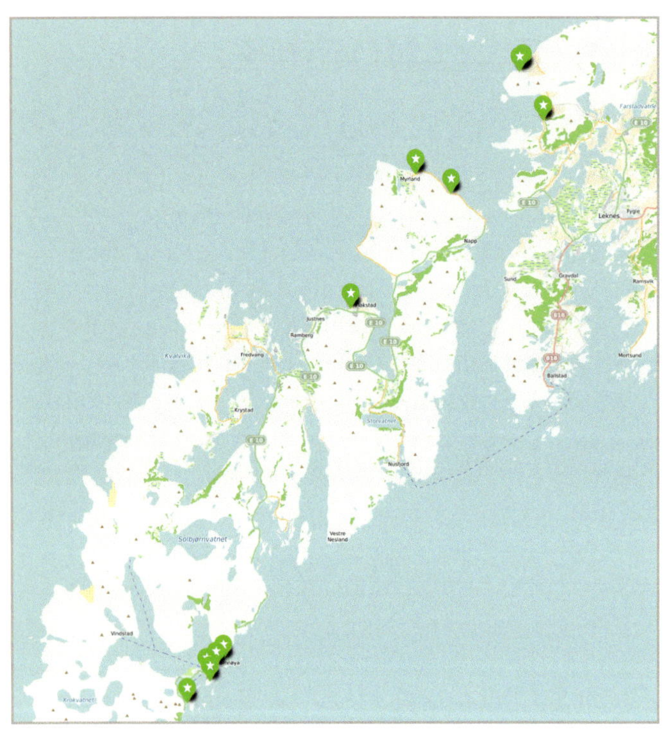

Touristenaussichtspunkt Richtung Hafen empfehlenswert: Bei Windstille werden Sie hier außerdem durch schöne Spiegelungen verwöhnt.

- **Sakrisøy/Toppøy/Hamnøy (Moskenesøy)** – Entlang der Straße zwischen Sakrisøy und Hamnøy gibt es viele wunderbare Aussichtspunkte in Richtung des markanten Mt. Olstinden, der die Landschaft bestimmt. Auch hier hilft Mondlicht dabei, mögliche Lichtverschmutzung zu überdecken. Kompositorisch lassen sich hier Trockengestelle für den Kabeljau, traditionelle Fischerhütten oder auch einfach Wasserflächen und Felsen in den Vordergrund einbauen. Wer mag, kann auch den Hausberg von Sakrisøy erklimmen, um die gelb gestrichenen Fischerhütten in den Vordergrund zu integrieren.

Extreme Weitwinkelaufnahme am Strand von Skagsanden. ▶
Der umspielte Fels im Vordergrund macht die Aufnahme interessant.
Am rechten Bildrand ist leichte Lichtverschmutzung zu erkennen.
| 12 mm · ISO 2000 · Blende 2,8 · 10 s | GPS: 68°6′19″ N 13°17′28″ E

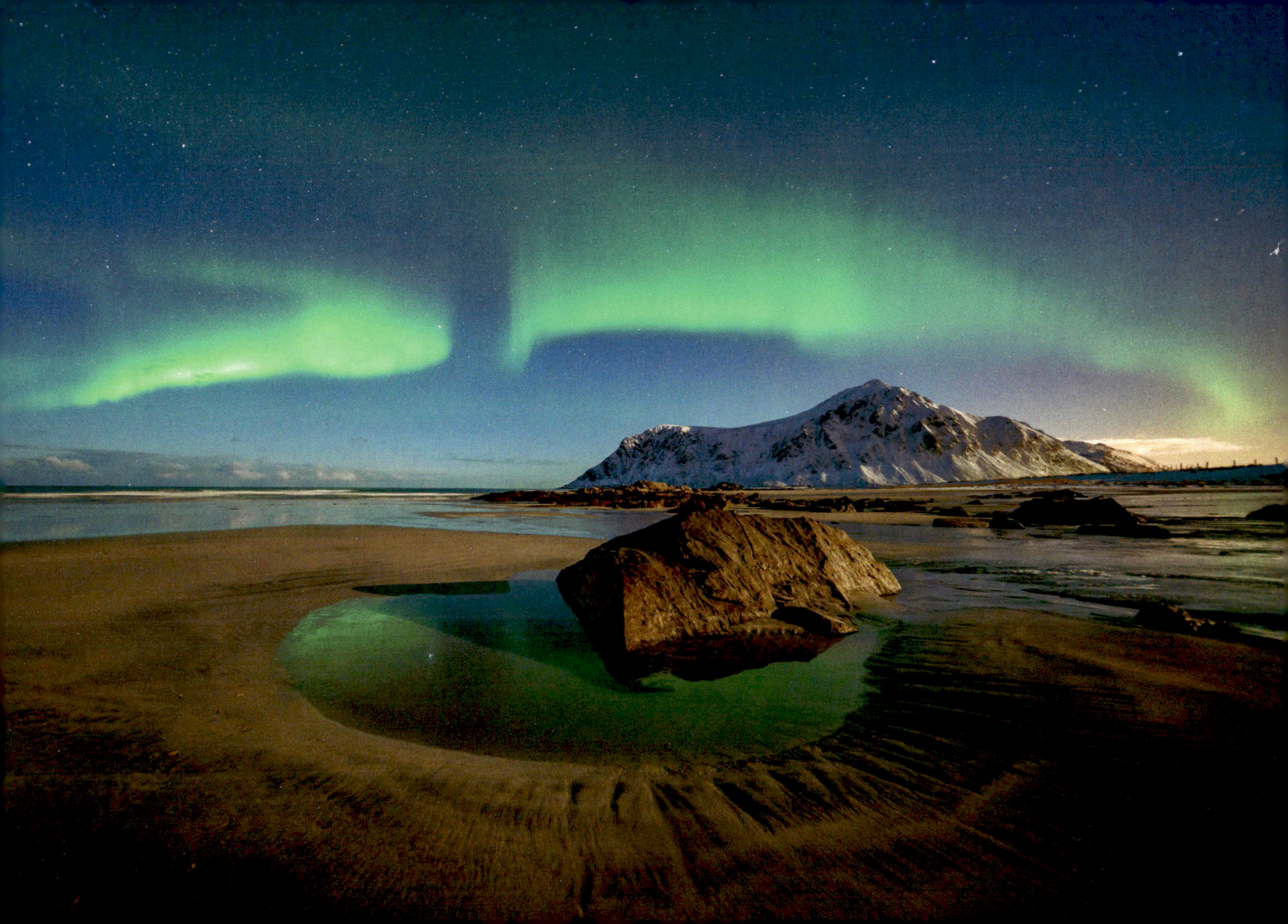

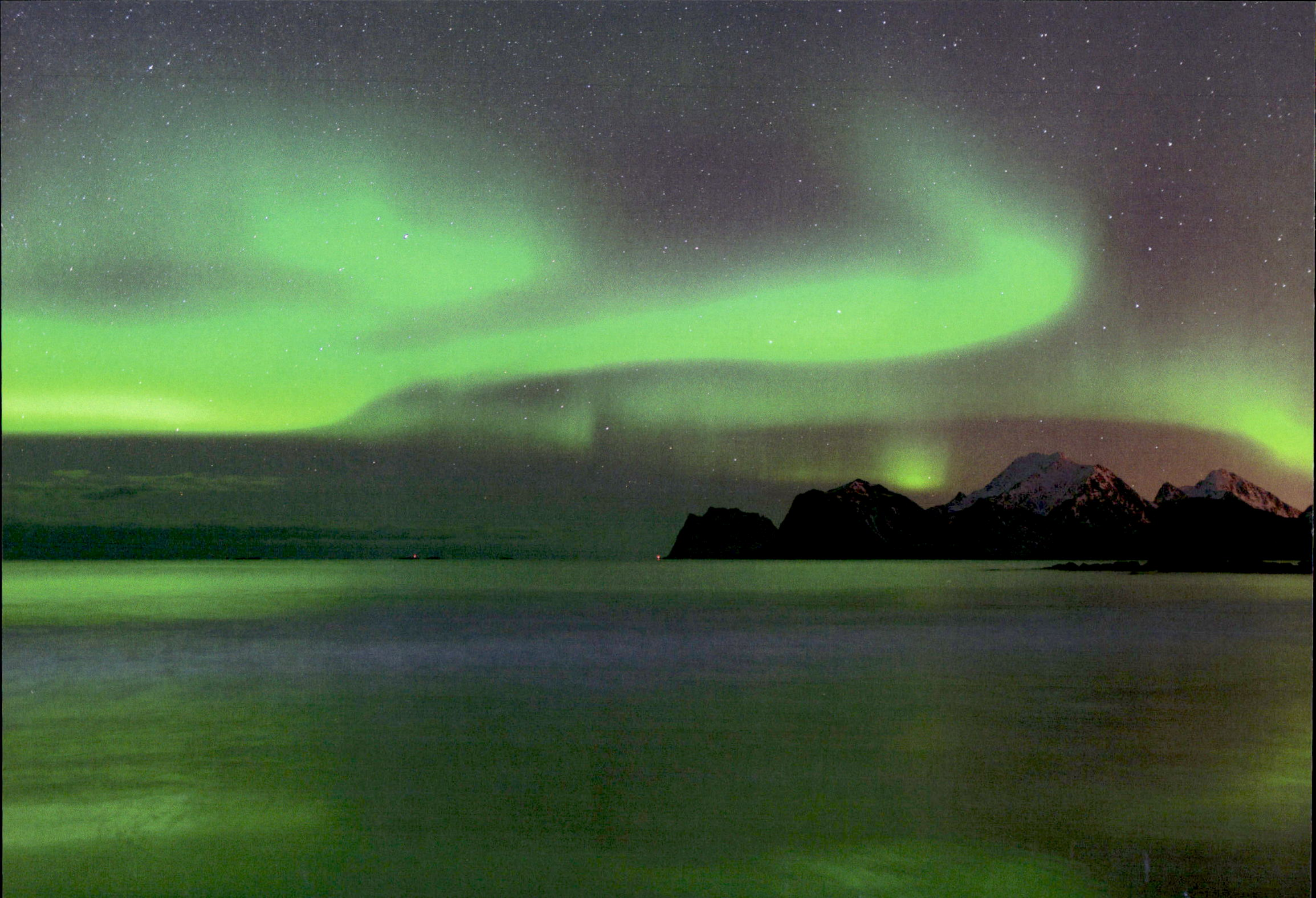

- **Skagsanden (Flakstadøy)** – Der Strand von Skagsanden ist bei Polarlichtfotografen sehr beliebt. Der ausgedehnte, flache Sandstrand bietet schöne Spiegelungen, und die markante Silhouette des Hustinden bildet einen idealen Vordergrund für die Polarlichter. Wegen des seichten Wassers sind Gummistiefel äußerst empfehlenswert, und manchmal lassen sich hier Nordlichtfotografen wie an einer Perlenschnur aufgereiht beobachten.
- **Storsandnes/Myrland (Flakstadøy)** – Die Strände von Storsandnes und Myrland zeichnen sich durch wenig Lichtverschmutzung und freie, weite Sicht in Richtung Nordwesten aus. Hierher verirren sich nur selten andere Fotografen, sodass Sie in dunklen Nächten in Ruhe fotografieren können. Die Berge im Hintergrund sind zwar einige Kilometer entfernt, ihre Silhouette wirkt aber trotzdem gut in verschiedenen Kompositionen.

◀ Nordlichter am Strand von Storsandnes
| 24 mm · ISO 1000 · Blende 1,4 · 13 s
| GPS: 68°9'20.104" N 13°24'52.044" E

- **Vik (Vestvågøy)** – Von Leknes aus sind die Parkbuchten rund um den Strand von Vik ein beliebtes Anlaufziel, um mit freiem Blick Richtung Norden auf einsetzendes Polarlicht zu warten. Der in Nordwest-Richtung gelegene Berg Veggen (489 m) und die in südwestlicher Richtung vorgelagerte Insel Tåa (118 m) bilden gemeinsam einen wunderbaren Vordergrund.
- **Uttakleiv (Vestvågøy)** – Der Strand von Uttakleiv bietet einen freien Blick von Nordwest bis Nord. Wenn Sie vom Parkplatz aus ein paar Schritte Richtung Strand gehen, finden Sie mit etwas Glück Wasserpfützen, die noch von der letzten Flut zeugen und bei flacher Perspektive die **Nordlichter** spiegeln. Auch das »Auge von Uttakleiv« können Sie als Vordergrundmotiv unter den tanzenden Lichtern wählen. Dafür müssen Sie aber in jedem Fall mit einer Belichtungsreihe arbeiten.

Ich wünsche Ihnen viel Spaß und Erfolg bei der Jagd nach Polarlichtern und beim Erleben dieses unvergleichlichen Naturphänomens!

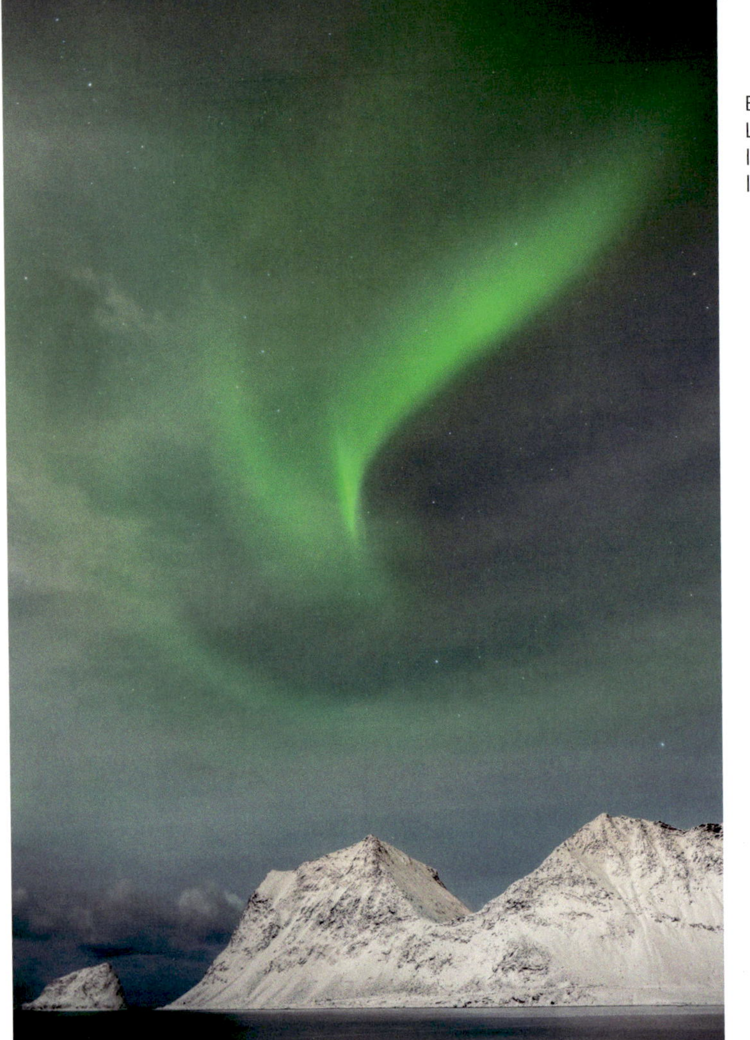

Blick von einer der Parkbuchten kurz vor Vik. Links ist die Silhouette der Insel Tåa zu erkennen.
| 14 mm · ISO 1250 · Blende 2,2 · 4 s
| GPS: 68°11'17" N 13°31'44" E

Blick vom Strand von Uttakleiv Richtung Norden. Durch den Einsatz eines extremen Weitwinkelobjektivs erhält die Aufnahme eine starke Dynamik.
| 12 mm · ISO 3200 · Blende 2,8 · 20 s
| GPS: 68°12'36" N 13°30'1" E

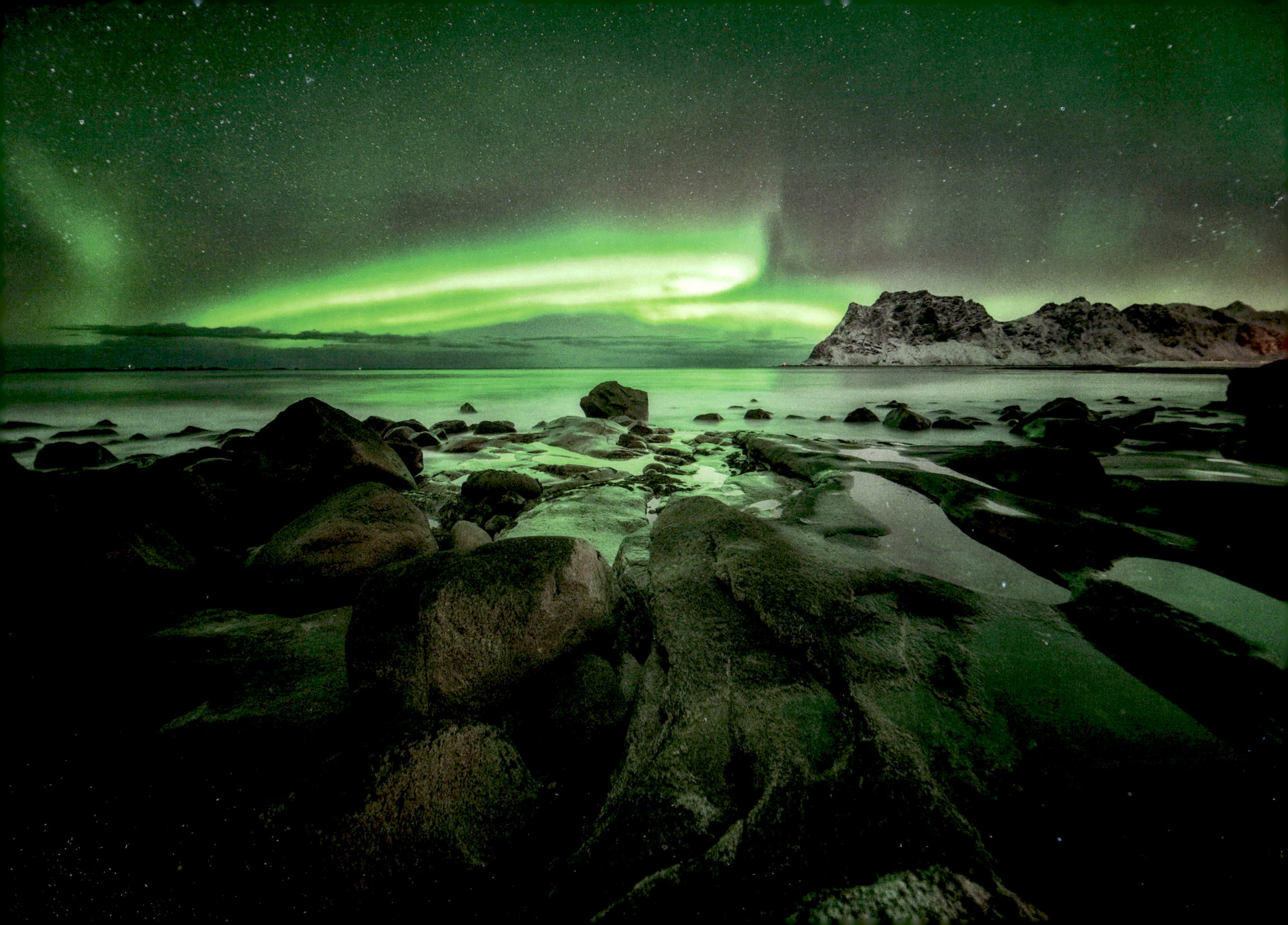

Optische Filter in der Landschaftsfotografie

Durch den Einsatz von optischen Filtern haben Landschaftsfotografen ein mächtiges Instrument an der Hand, um schon während des Fotografierens kreativ Einfluss auf die Bildgestaltung zu nehmen. In bestimmten Lichtsituationen lassen sich so ausgewogenere oder sogar künstlerisch veränderte Ergebnisse erzielen.

Die meisten Landschaftsaufnahmen zeigen neben einem Vordergrund auch Teile des Himmels, der dabei in der Regel sehr viel heller als der Vordergrund ist. Das menschliche Gehirn hilft dabei, diese Helligkeitsunterschiede so auszugleichen, dass der Betrachter in der Natur dennoch ein stimmiges Bild mit vielen Details und Abstufungen wahrnimmt.

Der Sensor einer Kamera ist zu dieser Transferleistung (Stand heute) nicht in der Lage, sodass entweder der Himmel zu hell oder der Vordergrund zu dunkel dargestellt wird. Hier helfen Grauverlaufsfilter, die Teile des Bilds schon beim Fotografieren abdunkeln, siehe Abschnitt »Grauverlaufsfilter« ab Seite 276.

Und wer kennt sie nicht: Landschaftsaufnahmen, bei denen Wasser seidig zu fließen scheint oder stilisiert verschwommene Wolken einen Hinweis auf die vorherrschende Windrichtung während der Aufnahme geben? Mithilfe von Graufiltern sind auch bei Tageslicht Langzeitbelichtungen von mehreren Sekunden bis Minuten möglich, die diesen Effekt bewirken.

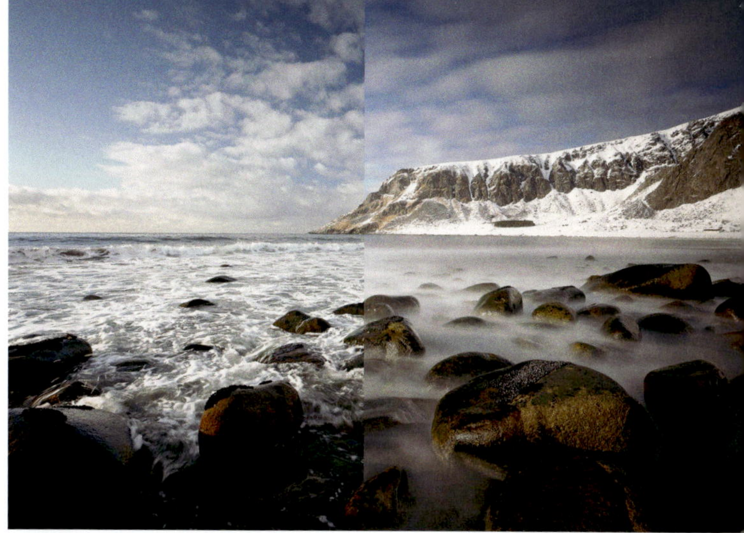

Strand von Unstad. Die linke Hälfte der Aufnahme wurde mit 1/20 s belichtet, die rechte unter Zuhilfenahme eines Graufilters mit 60 s | 16 mm · ISO 100 · Blende 11 · 1/20 bzw. 60 s | GPS: 68°16'2.584" N 13°34'32.405" E

Aus meinem eigenen Umfeld weiß ich, dass nicht jeder Betrachter solcher Aufnahmen gleichermaßen begeistert ist. Die Darstellung kann – vor allem bei Wasserfällen – wenig natürlich und künstlerisch überhöht wirken und entspricht somit nicht immer der erinnerten (oder vorgestellten) Wahrnehmung.

Im richtigen Maß eingesetzt, kann der Effekt der Langzeitbelichtung aber Bildergebnisse hervorbringen, die zu einer Neuinterpretation von Natur und Landschaft führen.

Eine besondere Spannung entsteht, wenn scharf abgegrenzte, starre Objekte inmitten von durch Bewegungsunschärfe weich gezeichneten Bereichen dargestellt werden. So erzielen beispielsweise wasserumspülte Felsen eine traumhafte Wirkung, wenn das Wasser verschwommen dunstig abgebildet wird. Dieser gegensätzliche Effekt lässt sich durch eine lange Belichtungszeit erzielen, die bei normalen Lichtverhältnissen tagsüber wiederum nur durch den Einsatz von Filtern möglich wird, siehe Abschnitt »Graufilter« ab Seite 282.

Polfilter schließlich erlauben es dem Fotografen, Spiegelungen an Wasseroberflächen gezielt zu reduzieren oder zu verstärken, siehe Abschnitt »Polarisationsfilter« ab Seite 287.

Die Lofoten sind perfekt geeignet, um diese kreativen Werkzeuge bei der Bildgestaltung zu erproben: Fast überall trifft der Fotograf auf Kombinationen von sich bewegendem Wasser und starrem Fels, oft ziehen Wolken dramatisch über den Himmel, an windstillen Tagen spiegelt sich die Bergkulisse in Fjorden oder Seen.

In den folgenden Abschnitten möchte ich Ihnen einige theoretische Grundlagen zur Verwendung optischer Filter näherbringen und auch den einen oder anderen Praxistipp mit auf den Weg geben.

Lassen Sie sich auf das Fotografieren mit Filtern ein – es lohnt sich!

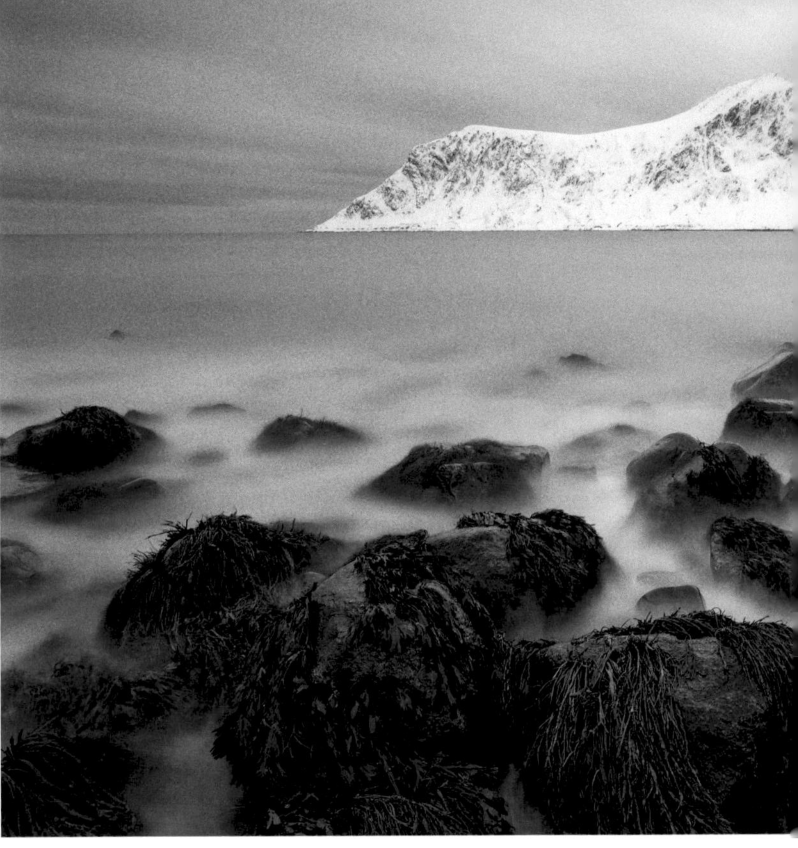

Langzeitbelichtung am Strand von Skagsanden
| 21 mm · ISO 100 · Blende 11 · 303 s | GPS: 68°6′17″ N 13°16′60″ E

ÜBERBLICK

Die am häufigsten gebrauchten Filter sind:

- **Grauverlaufsfilter**[1], um Helligkeitsunterschiede des Motivs auszugleichen, damit beispielsweise der Himmel nicht ausbleicht, wenn der Vordergrund gut durchzeichnet sein soll
- **Graufilter**[2], um längere Belichtungszeiten zu ermöglichen, damit beispielsweise Wasserfälle dynamisch oder besonders traumhaft dargestellt werden können
- **Polarisationsfilter** (kurz: Polfilter), um unerwünschte Spiegelungen zu reduzieren

Die Graufilter – mit und ohne Verlauf – gibt es in verschiedenen Dichten und Größen. (Je höher die Dichte, desto stärker der Effekt.)

Auch die Bauart unterscheidet sich: Es gibt Filter, die man auf das Filtergewinde des Objektivs aufschraubt, oder Steckfilter für geeignete Filterhaltersysteme, die sich mithilfe eines Adapterrings am Objektiv befestigen lassen.

Graufilter lassen sich auch kombinieren, der Effekt der einzelnen Filter addiert sich entsprechend auf.

Bei fast allen Aufnahmen in diesem Buch kam mindestens eine der drei genannten Filterarten zum Einsatz – oft auch eine Kombination aus mehreren.

FILTERSTÄRKEN

Die Stärke der Graufilter wird von verschiedenen Herstellern unterschiedlich angegeben. Gebräuchlich sind:

- **Dichte** – die Dichte des Filters in Abstufungen von in der Regel 0,3 bis 3,0
- **Blendenstufen** – die Anzahl der Blendenstufen, die durch das Filter abgedunkelt werden. Die Skala reicht entsprechend von −1 bis −10.
- **Verlängerungsfaktor** – der Faktor, um den sich die Belichtungszeit bei Einsatz des Filters verlängert.

1 Auch GND-Filter genannt; GND steht dabei für den englischen Begriff *Graduated Neutral Density*.

2 Auch ND-Filter genannt; ND steht dabei entsprechend für *Neutral Density*.

Die Werte sind Potenzen der Zahl 2 und reichen bei den genannten Stärken von 2 bis maximal 1024. Oft wird zur Vereinfachung 1000 statt 1024 angegeben, was das Berechnen der korrigierten Belichtungszeit erleichtert.

Die Bezeichnungen entsprechen einander und lassen sich ineinander überführen.

Dichte	0,3	0,6	0,9	1,2	1,5	1,8	2,1	2,4	2,7	3,0
Blenden	-1	-2	-3	-4	-5	-6	-7	-8	-9	-10
Faktor	2	4	8	16	32	64	128	256	512	1.024

Verschiedene Bezeichnungen für Filterdichten und ihre Entsprechungen

STECKSYSTEM

Wer Langzeitbelichtungen in der Landschaftsfotografie ernsthaft betreiben will, sollte auf jeden Fall zu einem der flexiblen Stecksysteme eines der namhaften Hersteller[3] greifen. Zwar sind diese Systeme im Vergleich zu Schraubfiltern etwas teurer in der Anschaffung, dafür lassen sie sich beliebig erweitern und über Adapterringe auch an verschiedenen Objektiven benutzen.

Außerdem lassen sie sich mit einem einzigen Handgriff vom Objektiv wegklappen, sodass Sie leicht den Fokus der Aufnahme korrigieren können, ohne erst umständlich mit klammen Fingern ein vielleicht verkantetes Schraubfilter vom Objektiv entfernen zu müssen.

Auch lässt sich der horizontale Verlauf des Grauverlaufsfilters durch einfaches Verschieben oder Drehen der Halterung an die natürlichen Gegebenheiten des Motivs anpassen.

3 Modulare Systeme gibt es z. B. von LEE, Haida, NiSi oder Rollei. Für Objektive ab 16 mm Brennweite (ohne gewölbte Frontlinse) genügt in der Regel ein System, das 100 mm breite Filter aufnehmen kann.

Ein solches System besteht aus drei Komponenten:

- **Adapterring fürs Objektiv** – Auf diesen Adapter wird die eigentliche Halterung aufgesteckt. Den Adapterring gibt es mitunter in einer speziellen Weitwinkelausführung, um Vignettierung durch das Filtersystem bei kurzen Brennweiten zu vermeiden. Bei den Produkten mancher Hersteller lässt sich außerdem ein zirkulares Polarisationsfilter direkt in den Adapter einschrauben oder magnetisch befestigen.
- **Filterhalterung** – Die Halterung wird auf den Adapterring am Objektiv aufgesteckt und enthält Führungsschienen für ein oder mehrere quadratische oder rechteckige Steckfilter.
- **Filter** – Die eigentlichen Graufilter werden in die Halterung eingeschoben. Dabei ist darauf zu achten, dass das dunkelste Filter immer am nächsten am Objektiv eingesteckt wird.

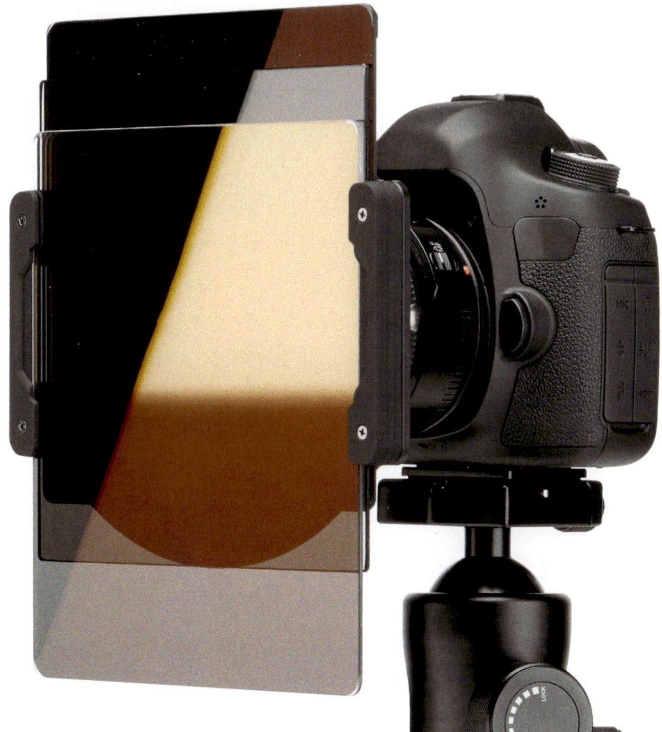

Das Filtersystem von Rollei mit drei hintereinander eingesteckten Filtern (Bildnachweis: Rollei)

Der große Vorteil des Stecksystems, dass es sich mit einem einzelnen Handgriff vom Adapterring entfernen lässt, birgt leider auch eine Gefahr: Bei Unachtsamkeit kann es passieren, dass sich die Halterung – z. B.

beim Tragen während eines Positionswechsels – ungewollt vom Adapterring löst, sodass die teuren Filter beschädigt oder zerstört werden. (Bei meinen Foto-Workshops sind zersprungene Filter die häufigsten Verluste – dicht gefolgt von Timer-Fernbedienungen, die ins Wasser gefallen sind.) Ich habe mir angewöhnt, die Filterhalterung bei jedem Positionswechsel abzunehmen und sicher zu verstauen.

KEIN POSITIONSWECHSEL MIT AUFGESTECKTER FILTERHALTERUNG

Bei jedem Positionswechsel im Gelände und dem damit verbundenen Transport der Kamera, des Stativs und der Fotoausrüstung sollten Sie die Filterhalterung vom Adapterring nehmen und sicher verstauen. Diese Empfehlung gilt auch für kürzeste Distanzen.

GRAUVERLAUFSFILTER

Grauverlaufsfilter helfen dabei, Helligkeitsgefälle im Motiv auszugleichen. Oft kommt es in der Landschaftsfotografie vor, dass Vorder- und Hintergrund unterschiedliche Belichtungszeiten erfordern würden.

Meistens ist dabei der Himmel so viel heller als der Vordergrund, dass der Dynamikumfang des Kamerasensors nicht mehr ausreicht, um alle Helligkeitswerte korrekt abgestuft darzustellen. Stattdessen kommt es zu Ausreißern in den Tiefen (rein schwarze Bereiche, die keine Farbinformation mehr enthalten) oder in den Lichtern (rein weiße Bereiche ohne Farbinformation).

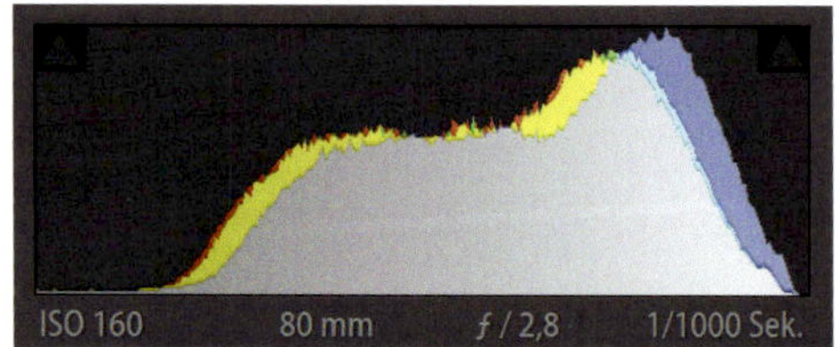

Beispielhistogramm einer korrekt belichteten Aufnahme: Die Kurve reicht weder links noch rechts über den Rand hinaus, die Mitteltöne sind gleichmäßig verteilt mit einer Häufung in den Lichtern.

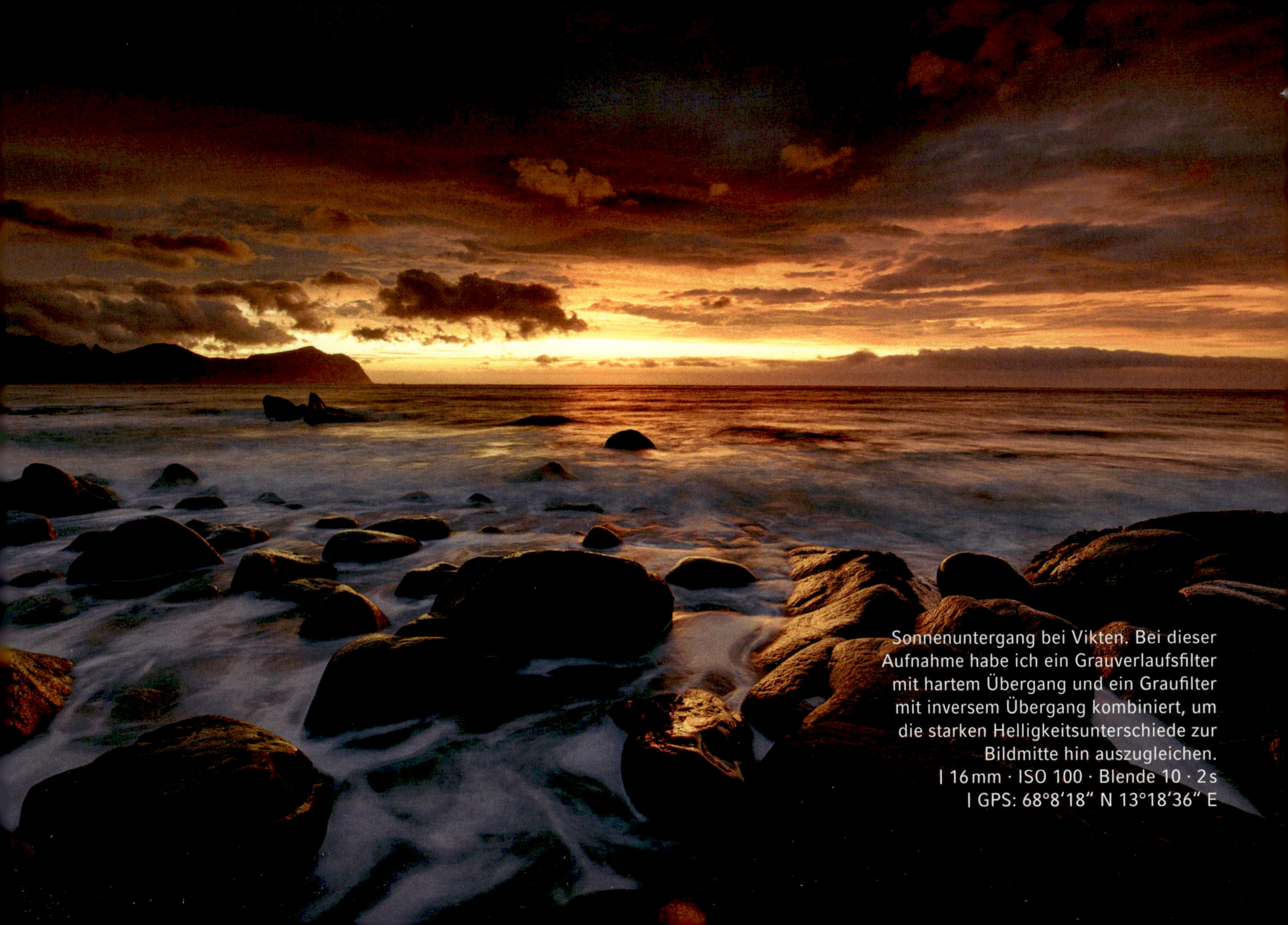

Sonnenuntergang bei Vikten. Bei dieser Aufnahme habe ich ein Grauverlaufsfilter mit hartem Übergang und ein Graufilter mit inversem Übergang kombiniert, um die starken Helligkeitsunterschiede zur Bildmitte hin auszugleichen.
| 16 mm · ISO 100 · Blende 10 · 2 s
| GPS: 68°8′18″ N 13°18′36″ E

Diese Ausreißer in den Tiefen oder in den Lichtern kann man leicht am Histogramm der Aufnahme erkennen: Drängt sich die Kurve an den linken Rand, sind Teile der Aufnahme rein schwarz; drängt sich die Kurve an den rechten Rand, sind Teile der Aufnahme rein weiß. In solchen Bereichen kann man auch mit Mitteln der digitalen Bildbearbeitung keine Details mehr herausarbeiten.

Durch den Einsatz eines Grauverlaufsfilters lässt sich dieser Unterschied ausgleichen, sodass Sie mit nur einer Einstellung ein korrekt belichtetes Foto aufnehmen können.

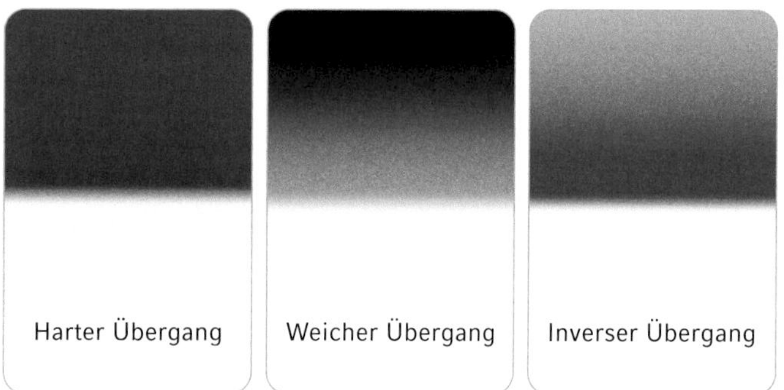

VON GRAU ZUR TRANSPARENZ

Grauverlaufsfilter werden meist mit verschiedenen Übergängen angeboten.

- **Harter Übergang** – Der Übergang von neutralem Grau zu transparent ist abrupt. Dieser Übergang ist gut geeignet, wenn Vorder- und Hintergrund klar voneinander abgegrenzt sind (z. B. bei einem durchgängigen Horizont am Meer)
- **Weicher Übergang** – Der Übergang von neutralem Grau zu transparent ist sanft. Dieser Übergang bietet sich immer dann an, wenn Vorder- und Hintergrund nicht klar voneinander abgegrenzt sind.
- **Inverser Übergang** – Diese Spezialfertigung ist besonders zum Fotografieren von Sonnenuntergängen bei durchgängigem Horizont geeignet: Das Filter hat den dunkelsten Bereich im mittleren Abschnitt.

(Bildnachweis: Rollei)

WELCHES FILTER IST DAS RICHTIGE?

Welche Stärke des Grauverlaufsfilters Sie wählen sollten, hängt von der jeweiligen Aufnahmesituation ab. Mit etwas Erfahrung lässt sich die benötigte Anzahl an Blendenstufen durch bloßes Betrachten der Lichtverhältnisse gut abschätzen.

Wer sich unsicher ist, nimmt die Belichtungsautomatik der Kamera zu Hilfe: Im Blendenautomatikmodus stellen Sie bei gewählter Spotmessung des Himmels eine passende Belichtungszeit ein. Anschließend lesen Sie die vorgeschlagene Blende ab. Richten Sie nun die Kamera auf den Vordergrund aus und führen eine zweite Spotmessung (bei unveränderter Belichtungszeit) durch, sodass die Belichtungsautomatik der Kamera wieder die – diesmal für den Vordergrund – passende Blende ermittelt.

f	1,4	2	2,8	4	5,6	8	11	16	22

Übersicht der gängigsten Blendenwerte in vollen Stufen[4]

Die Differenz der beiden Blendenwerte in Blendenstufen entspricht dann der Stärke des zu wählenden Filters. Wird für den Himmel beispielsweise Blende 11 und für den Vordergrund Blende 4 ermittelt, sollten Sie ein Verlaufsfilter der Stärke 0,9 (entspricht 3 Blendenstufen) verwenden.

Weiterführende Informationen zur Ermittlung der Filterstärke finden Sie in Abschnitt »Wie dunkel soll das Filter sein?« ab Seite 284.

GRAUVERLAUFSFILTER

Durch den Einsatz eines Grauverlaufsfilters lassen sich Helligkeitsunterschiede zwischen Vordergrund und Hintergrund ausgleichen. Das Ergebnis sind gleichmäßig korrekt belichtete Aufnahmen.

4 Mathematisch wird jede Blendenzahl k aus der vorhergehenden durch Multiplikation mit $\sqrt{2}$ berechnet. Die Blendenzahl wird dann auf eine oder zwei Stellen gerundet.

Verschneite Eisskulptur am Vikvatnet. In der grellen, direkten Mittagssonne sind Himmel und Bergkette im Hintergrund deutlich heller als der nicht von der Sonne beschienene weiße Schnee im Vordergrund. Durch Einsatz eines Grauverlaufsfilters mit weichem Übergang und einer Dichte von 1,2 ließ sich hier der Helligkeitsunterschied ausgleichen.
| 12 mm · ISO 100 · Blende 11 · 1/15 s
| GPS: 68°11′28.47″ N 13°34′54.537″ E

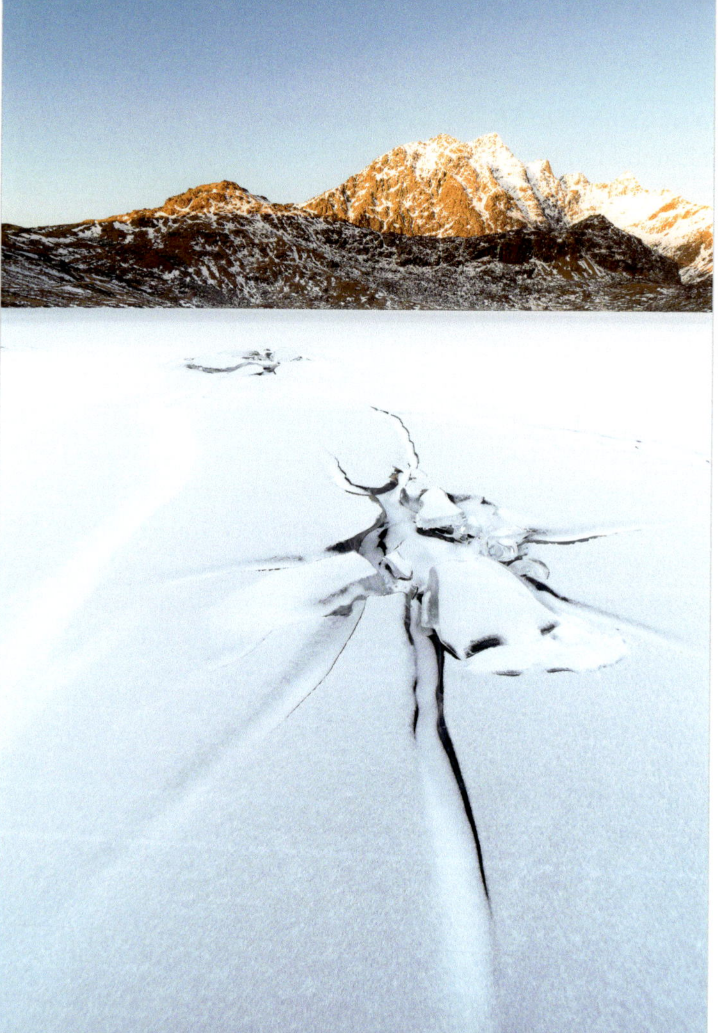

In normalen Lichtsituationen kommen nach meiner Erfahrung meistens die Dichten 0,6 oder 0,9 zum Einsatz. In Ausnahmefällen braucht man eine Dichte von 1,2.

Für den Einstieg ist ein Filter mit weichem Übergang am besten geeignet, da es universeller einsetzbar ist und Fehler in der Exaktheit der Ausrichtung eher verzeiht.

Wer kein Grauverlaufsfilter besitzt oder einsetzen möchte, kann alternativ eine Belichtungsreihe anfertigen, die anschließend in der digitalen Nachbearbeitung zu einer korrekt belichteten Aufnahme zusammengesetzt wird. Viele moderne Kameras verfügen über eine entsprechende Einstellung (meistens BKT oder AEB[5] genannt), die automatisch eine Belichtungsreihe mit definierten Blendenabstufungen durchführt.

ZUSAMMENFÜGEN EINER BELICHTUNGSREIHE IN ADOBE PHOTOSHOP LIGHTROOM CLASSIC CC

Nutzer von Lightroom Classic CC von Adobe können die Belichtungsreihe bequem zu einer einzelnen Aufnahme zusammenfügen. Die einzelnen Aufnahmen der Belichtungsreihe werden dazu bei gedrückter Steuerungstaste (STRG) mit der linken Maustaste markiert. Anschließend kann man die gewählten Aufnahmen durch den Tastaturbefehl STRG+H zu einer *High Dynamic Range*-Aufnahme zusammenfügen lassen. (Alternativ: *Rechte Maustaste > Zusammenfügen von Fotos > HDR…*)

In dem Vorschaufenster, das dann erscheint, lassen sich noch einige Parameter anpassen, um die einzelnen Aufnahmen z. B. automatisch ausrichten oder eine automatische Tonwertkorrektur vornehmen zu lassen. Außerdem lassen sich sogenannte Geistereffekte eliminieren.

5 BKT = Bracketing, AEB = Auto Exposure Bracketing

GRAUFILTER

Durch den Einsatz von Graufiltern lassen sich auch in heller Umgebung lange Belichtungszeiten wählen, sodass fließendes Wasser oder auch ziehende Wolken weichgezeichnet werden. Starre, abgegrenzte Objekte ergeben einen spannenden Kontrast zu umgebenden, weichgezeichneten Elementen.

Die Weichzeichnung kann auch helfen, den Blick des Betrachters ins Bild hineinzuführen oder wesentliche Elemente hervorzuheben.

Ein anderer positiver Nebeneffekt der Langzeitbelichtung ist die Entschleunigung des eigentlichen Vorgangs des Fotografierens: Wer Langzeitbelichtungen anfertigt, nimmt sich meiner Erfahrung nach mehr Zeit für die Komposition und die eigentliche Aufnahme. Auch Umwelt und Natur werden bewusster wahrgenommen – besonders dann, wenn Belichtungszeiten mehrere Minuten lang sind: Hier muss die Aufnahme perfekt geplant werden.

Während der Belichtung der Langzeitaufnahme bleibt außerdem Zeit, nach weiteren interessanten Motiven Ausschau zu halten oder einfach nur Natur und Landschaft zu genießen, was bei der ganzen eingesetzten Technik ansonsten manchmal zu kurz kommt.

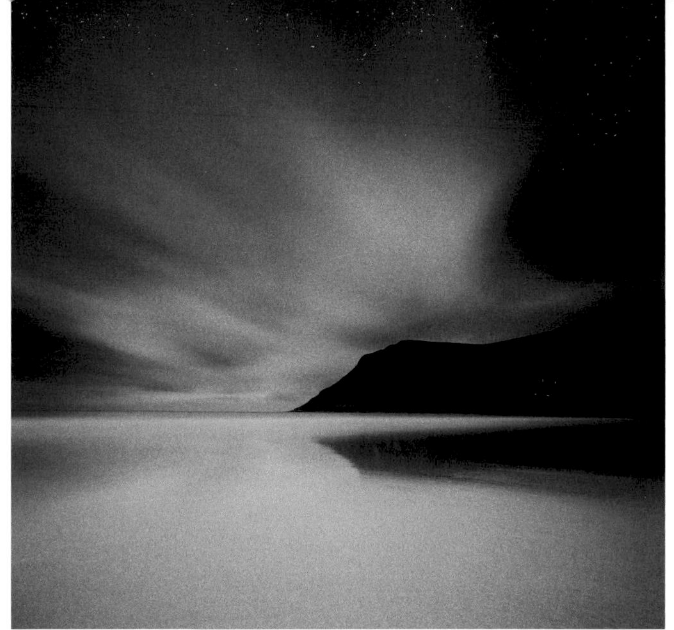

Die extreme Langzeitbelichtung (ca. 13 Minuten), kombiniert mit der Schwarz-Weiß-Umsetzung, abstrahiert Wolken, Berg und Strand. | 16 mm · ISO 200 · Blende 10 · 786 s | GPS: 68°6′16″ N 13°17′13″ E

ND-1000-Graufilter (Bildnachweis: Rollei)

Wer in der Landschaftsfotografie lange belichten und trotzdem eine korrekt belichtete Aufnahme erzielen möchte, muss sicherstellen, dass trotz der langen Belichtungszeit nicht *zu viel* Licht auf den Sensor fällt.

Eine weitgehend geschlossene Blende (etwa Blende 11 bis Blende 16) und eine niedrige ISO-Einstellung (50 bis 100) helfen dabei, die Aufnahme dunkler zu machen, sodass im Gegenzug länger belichtet werden kann.

Ist dies nicht ausreichend, lässt sich die einfallende Lichtmenge durch den Einsatz von Graufiltern weiter reduzieren, sodass auch bei Tageslicht mehrere Sekunden (oder sogar Minuten) belichtet werden kann.

GRAUFILTER

Graufilter (auch Neutraldichte- oder ND-Filter genannt) können genutzt werden, um beim Fotografieren die einfallende Lichtmenge zu reduzieren. Das bedeutet im Umkehrschluss, dass Sie beim Einsatz eines Graufilters längere Belichtungszeiten wählen können, um eine ähnliche Belichtung wie ohne Verwendung des Graufilters zu erzielen. Idealerweise sollte das Graufilter dabei keinen Einfluss auf Farbgebung und Kontrast der Aufnahme haben.

Langzeitbelichtung (ca. 6 Minuten) am Strand von Haukland. Durch die lange Belichtungszeit wirkt das brandende Meer wie ein geheimnisvoller Dunst zwischen den Felsen im Vordergrund. Neben einem ND-3,0-Filter kam zusätzlich ein Grauverlaufsfilter GND 0,9 zum Einsatz, um den hellen Himmel abzudunkeln. | 18 mm · ISO 160 · Blende 10 · 363 s | GPS: 68°11′18″ N 13°31′42″ E

WIE DUNKEL SOLL DAS FILTER SEIN?

Wie schon bei den Grauverlaufsfiltern hängt auch bei Graufiltern ohne Verlauf die zu wählende Stärke von der jeweiligen Aufnahmesituation ab und richtet sich in erster Linie nach der Belichtungszeit, die durch den Einsatz des Filters ermöglicht werden soll. Die ideale Belichtungszeit gibt es dabei leider nicht – situativ muss entschieden werden, welcher Effekt erzielt werden soll.

Ein Einflussfaktor kann z. B. die Fließgeschwindigkeit des Wassers sein. Je schneller die Bewegung des Wassers ist, desto weniger muss die Belichtungszeit verlängert werden – hier reichen oft zwei bis vier Sekunden, sodass im langzeitbelichteten Wasser noch Strukturen erkennbar sind.

Soll hingegen das tosende Meer geglättet und beruhigt werden, haben sich nach meiner Erfahrung Belichtungszeiten von 90 Sekunden und länger bewährt – ziehende Wolken benötigen eine noch etwas längere Belichtungszeit von 120 Sekunden aufwärts.

Als Filtergrundausstattung empfehle ich die Stärken ND 0,9, ND 1,8 (die Bezeichnung *Little Stopper* des Herstellers LEE Filters wird heute oft synonym für Filter dieser Stärke verwendet) und ND 3,0 (Bezeichnung bei LEE Filters: *Big Stopper*).

Bei Verwendung sehr dunkler Filter (wie z. B. dem Big Stopper) versagt in der Regel der Autofokus der Kamera, auch lässt sich das Motiv beim Blick durch den Sucher oft nicht mehr ausreichend gut erkennen. Deshalb ist es empfehlenswert, bei solchen Aufnahmen prinzipiell manuell zu fokussieren und den Ausschnitt vorab *ohne* montierte Filter zu wählen. Wenn Sie ein Stecksystem einsetzen, ist dies problemlos möglich.

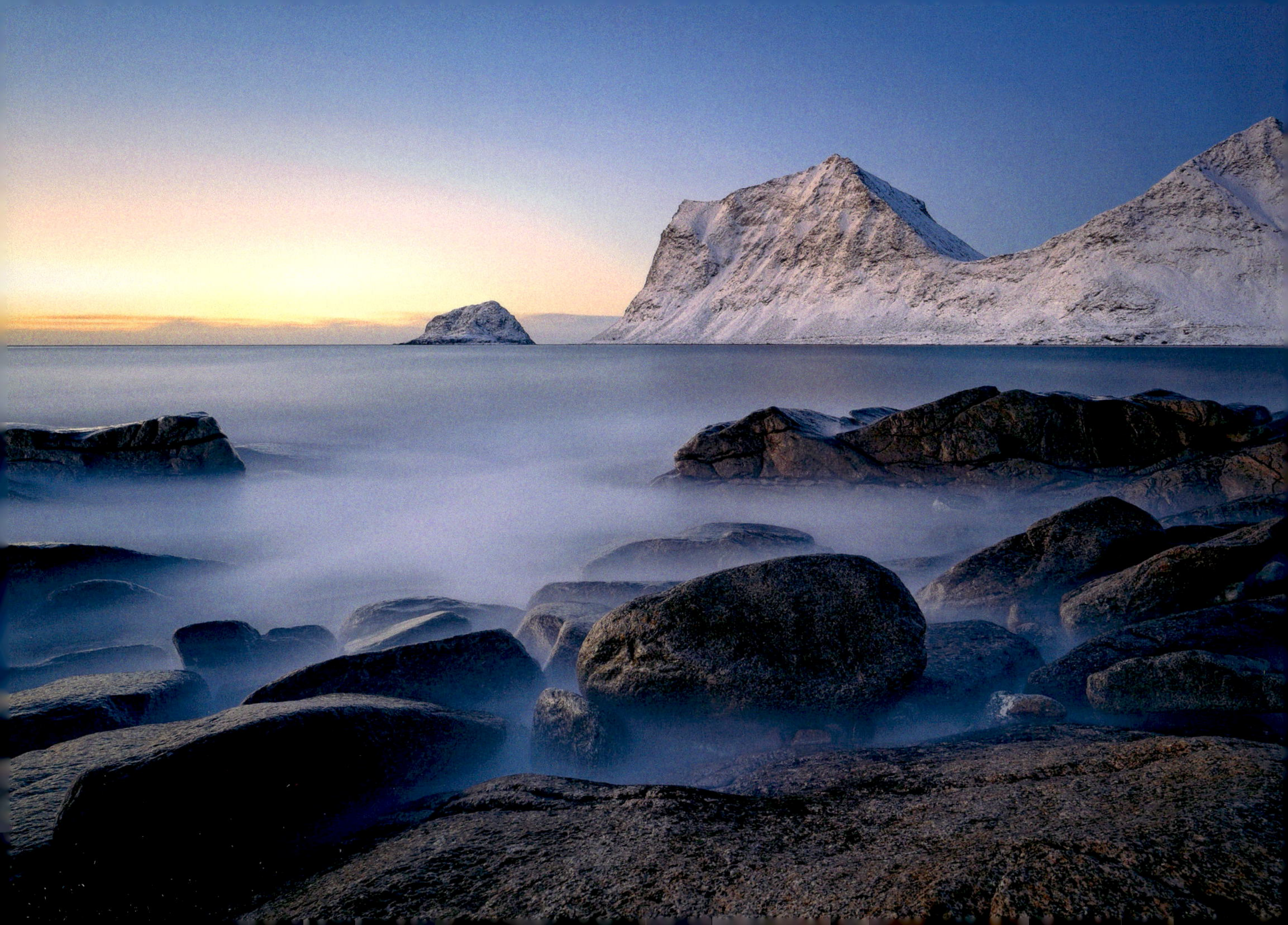

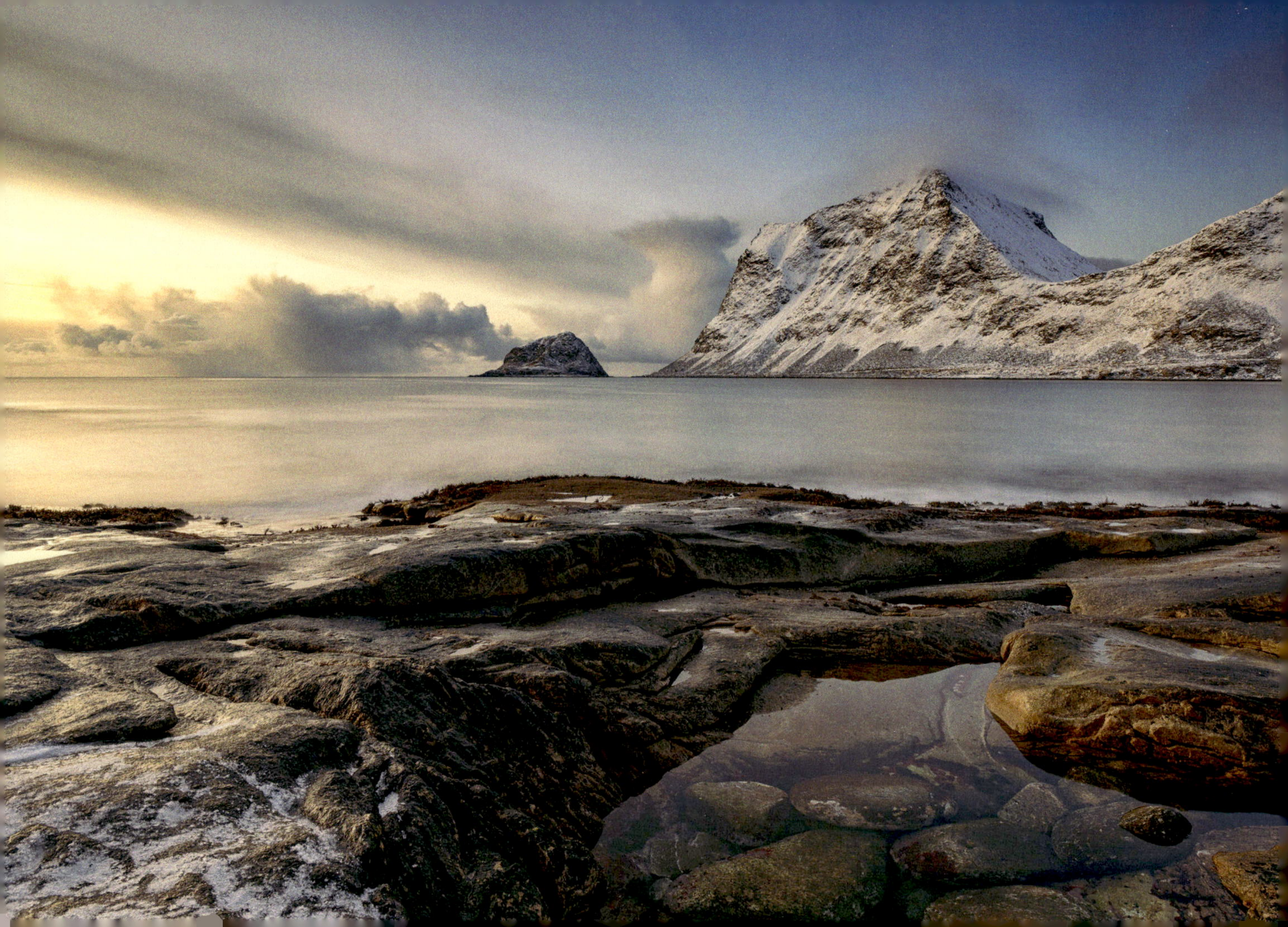

◀ Küstenlinie von Haukland. Durch den Einsatz eines Polfilters, der die Spiegelung auf der Wasseroberfläche reduziert, lassen sich im Vordergrund die im Wasser liegenden Steine gut erkennen.
| 21 mm · ISO 100 · Blende 13 · 30 s
| GPS: 68°11‘8“ N 13°36‘32“ E

POLARISATIONSFILTER

Abgerundet wird die Filterausstattung durch ein Polarisationsfilter (kurz Polfilter), mit dem sich störende Spiegelungen reduzieren lassen. Ein klassisches Anwendungsbeispiel ist das Fotografieren einer spiegelnden Wasserfläche, die durch den Einsatz des Polfilters teiltransparent wird und so einen interessanteren Vordergrund für das Foto ergeben kann.

Auch kann durch den Einsatz eines Polfilters die Grünwiedergabe von Laub und Gräsern verbessert werden – das Polfilter unterdrückt teilweise störende Reflexe des blauen Himmels, was dem Grün zugutekommt.

POLFILTER

Unerwünschte Reflexionen von glatten, nichtmetallischen Oberflächen (z. B. Wasser) lassen sich durch den Einsatz eines Polfilters unterdrücken. Das Polfilter absorbiert dabei circa zwei bis drei Blendenstufen Licht, was durch eine entsprechend längere Belichtungszeit ausgeglichen werden kann. Die stärkste Wirkung entfaltet das Polfilter, wenn es in einem 90°-Winkel zur einfallenden Sonne verwendet wird.

Vorsicht ist geboten, wenn ein Polfilter in Kombination mit einem Weitwinkelobjektiv bei blauem Himmel verwendet wird: Die Wirkung des Polfilters kann in manchen Bereichen des Himmels deutlich stärker sein als in anderen, sodass es zu unnatürlich wirkender Fleckenbildung kommt. In solchen Situationen verzichte ich deshalb auf den Einsatz eines Polfilters.

FOTOGRAFIEREN MIT FILTER

Je nach Aufnahmesituation haben wir uns jetzt für den Einsatz eines Grauverlaufsfilters, eines Graufilters, eines Polfilters oder einer Kombination dieser Filterarten entschieden. Aber wie wird die eigentliche Aufnahme erstellt?

Prinzipiell sollte man in der Landschaftsfotografie immer – sofern dies von der verwendeten Kamera unterstützt wird – im RAW-Modus fotografieren. So lässt sich im Nachgang in der digitalen Bildbearbeitung (z. B. in Adobe Photoshop Lightroom Classic CC) der Weißabgleich der Aufnahmen problemlos anpassen. Insbesondere bei Verwendung von Filtern mit hoher Dichte kann es zu Farbstichen kommen, die mit der Software bequem korrigiert werden können.

Ansonsten ist es wichtig, die angepasste Belichtungszeit korrekt zu ermitteln.

BESTIMMUNG DER NEUEN BELICHTUNGSZEIT

Ausgehend von der ermittelten Belichtungszeit der Aufnahme *ohne* Verwendung der ND-Filter[6] und des Verlängerungsfaktors der Belichtungszeit, der sich aus der Kombination der verwendeten Filterdichten ergibt, lässt sich die neue Belichtungszeit bestimmen.

Für den Einstieg empfehle ich die Verwendung einer Tabelle mit korrigierten Belichtungszeiten, wie sie auch manchem Filter beiliegt. Um die Korrekturtabelle zu verwenden, misst man erst die vorgeschlagene Belichtungszeit ohne Verwendung des Filters und wählt dann über die gewünschte Zielbelichtungszeit ein passendes Filter (oder eine Kombination von Filtern). Natürlich ist auch der umgekehrte Weg möglich, die neue Belichtungszeit bei Verwendung einer bestimmten Filterstärke abzulesen.

6 Grauverlaufsfilter und Polfilter können bei der Ermittlung der originalen Belichtungszeit schon montiert sein.

Dichte	ND 0,3	ND 0,6	ND 0,9	ND 1,2	ND 1,5	ND 1,8	ND 2,1	ND 2,4	ND 2,7	ND 3,0
Blendenstufen	**-1**	**-2**	**-3**	**-4**	**-5**	**-6**	**-7**	**-8**	**-9**	**-10**
Verlängerung	**2×**	**4×**	**8×**	**16×**	**32×**	**64×**	**128×**	**256×**	**512×**	**1000×**
Belichtungszeit										
1/1000 s	1/500 s	1/250 s	1/125 s	1/60 s	1/30 s	1/15 s	1/8 s	1/4 s	1/2 s	1 s
1/500 s	1/250 s	1/125 s	1/60 s	1/30 s	1/15 s	1/8 s	1/4 s	1/2 s	1 s	2 s
1/250 s	1/125 s	1/60 s	1/30 s	1/15 s	1/8 s	1/4 s	1/2 s	1 s	2 s	4 s
1/160 s	1/80 s	1/40 s	1/20 s	1/10 s	1/5 s	0,4 s	1 s	1,6 s	3,2 s	6 s
1/125 s	1/60 s	1/30 s	1/15 s	1/8 s	1/4 s	1/2 s	1 s	2 s	4 s	8 s
1/100 s	1/50 s	1/25 s	1/13 s	1/6 s	1/3 s	2/3 s	1,3 s	2,5 s	5 s	10 s
1/80 s	1/40 s	1/20 s	1/10 s	1/5 s	0,4 s	1 s	1,6 s	3,2 s	6 s	13 s
1/60 s	1/30 s	1/15 s	1/8 s	1/4 s	1/2 s	1 s	2 s	4 s	8 s	15 s
1/30 s	1/15 s	1/8 s	1/4 s	1/2 s	1 s	2 s	4 s	8 s	15 s	30 s
1/15 s	1/8 s	1/4 s	1/2 s	1 s	2 s	4 s	8 s	15 s	30 s	1 min
1/8 s	1/4 s	1/2 s	1 s	2 s	4 s	8 s	15 s	30 s	1 min	2 min
1/4 s	1/2 s	1 s	2 s	4 s	8 s	15 s	30 s	1 min	2 min	4 min
1/2 s	1 s	2 s	4 s	8 s	15 s	30 s	1 min	2 min	4 min	8 min
1 s	2 s	4 s	8 s	15 s	30 s	1 min	2 min	4 min	8 min	15 min
2 s	4 s	8 s	15 s	30 s	1 min	2 min	4 min	8 min	15 min	30 min
4 s	8 s	15 s	30 s	1 min	2 min	4 min	8 min	15 min	30 min	1 h
8 s	15 s	30 s	1 min	2 min	4 min	8 min	15 min	30 min	1 h	2 h

Korrekturtabelle: Neue Belichtungszeiten bei Verwendung von Graufiltern bezogen auf die ursprüngliche Belichtungszeit in der linken Spalte

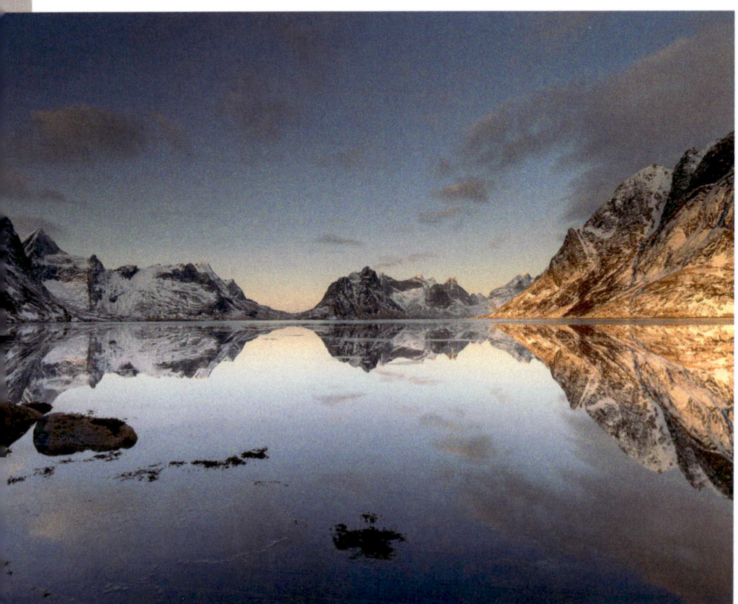

Bei dieser Aufnahme wurde ein Grauverlaufsfilter der Stärke 0,6 ND mit einem Graufilter der Stärke 1,8 ND kombiniert, um eine etwas längere Belichtungszeit zu ermöglichen.
| 18 mm · ISO 100 · Blende 11 · 8 s
| GPS: 67°56'25.14" N 13°4'23.63" E

BELICHTUNGSZEIT

Wenn Sie die angepasste Belichtungszeit nicht im Kopf ausrechnen möchten, können Sie den neuen Wert einer Umrechnungstabelle entnehmen oder auf eine der zahlreichen Smartphone-Apps[1] zurückgreifen, die die Berechnung basierend auf originaler Belichtungszeit und der verwendeten Filterdichte vornehmen.

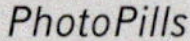

PhotoPills

NDCalc

1 z. B. *PhotoPills* oder *NDCalc*

SCHRITT-FÜR-SCHRITT-ANLEITUNG

Für mich persönlich hat sich folgende Vorgehensweise bei Langzeitbelichtungen bewährt:

- Kamera auf Stativ ausrichten, Bildstabilisator der Kamera und/oder des Objektivs deaktivieren, Ausschnitt und Blende bei niedriger ISO-Zahl passend vorwählen, gegebenenfalls Spiegelvorauslösung aktivieren, um Vibrationen beim Start der Aufnahme zu vermeiden
- Autofokus deaktivieren und manuell fokussieren
- korrekte Belichtungszeit mit montiertem Grauverlaufs- und/oder Polfilter ermitteln (z.B. über Zeitautomatik)
- korrigierte Belichtungszeit ermitteln (Tabelle, App oder Kopfrechnen)
- Kamera auf Bulb-Modus umstellen, falls länger als 30 s belichtet werden soll
- ND-Filter montieren
- Sucher abdecken, um auf den Sensor einfallendes Streulicht zu vermeiden (nicht nötig im Live-View-Modus)
- Aufnahme über Fernbedienung/Timer auslösen und gemäß ermittelter Belichtungszeit belichten
- Kontrolle des Ergebnisses (Histogramm) und gegebenenfalls Anpassung der Belichtungszeit und weitere Aufnahme

Bei Langzeitbelichtungen, die während des Sonnenauf- oder -untergangs angefertigt werden, verändert sich das Umgebungslicht kontinuierlich. Eventuell müssen Sie deshalb die Belichtungszeit verkürzen (bei Sonnenaufgang) oder verlängern (bei Sonnenuntergang), damit die Aufnahme wie erwartet gelingt.

Einsatz eines Stativs

Bei den langen Belichtungszeiten in der Landschaftsfotografie kommen Sie nicht um die Verwendung eines Stativs herum. Die ohnehin in der Regel weit geschlossene Blende, die eine große Schärfentiefe bei Landschaftsaufnahmen ermöglicht, führt auch schon ohne Verwendung von Filtern zu Belichtungszeiten, die das verwacklungsfreie Fotografieren aus der Hand sehr schwer machen.

Bei den Teilnehmern meiner Workshops ist das Stativ oft der neuralgische Punkt: Zwar sind sie mit guter Kamera- und Filtertechnik ausgestattet, das Stativ ist aber häufig wenig stabil oder zumindest in Kombination mit dem Stativkopf nicht für das Gewicht ausgelegt, das sich aus Kamera und Objektiv ergibt.

Aus diesem Grund möchte ich Ihnen gern ein paar Tipps zur Auswahl und zur Verwendung eines geeigneten Stativs geben.

Die wichtigsten Faktoren bei der Auswahl des Stativs für die Landschaftsfotografie sind (neben Preis und Packmaß) die Stabilität, das Gewicht und die unterstützte Arbeitshöhe. Bei der Stabilität sollte man keine Abstriche machen. Alle anderen Faktoren sind aus meiner Sicht verhandelbar.

- Eine verbesserte Stabilität lässt sich beispielsweise durch den Verzicht auf eine Mittelsäule erzielen. Zwar verliert man hierdurch ein paar Zentimeter an Arbeitshöhe und auch an Flexibilität, gewinnt dafür aber an Stabilität – die Mittelsäule ist ein neuralgischer Punkt in der Stativkonstruktion. Weiterhin gilt: Je weniger Auszüge die Stativbeine haben, desto besser ist die Stabilität. (Achtung: Die Anzahl der Beinsegmente hat in der Regel auch Einfluss auf Packmaß und maximale Arbeitshöhe – hier muss man gegebenenfalls einen bewussten Kompromiss eingehen.) Zuletzt muss die Tragfähigkeit des Stativs (vgl. Herstellerangaben oder Testberichte) ausreichend sein, um den Stativkopf, die Kamera und das schwerste Objektiv, das verwendet werden soll, sicher tragen zu können.

- Ein höheres Gewicht führt in der Praxis dazu, dass man das Stativ seltener mit sich führt und so mehr Aufnahmen ganz ohne Stativ fertigt. (Mein persönlicher Ansatz in der Landschaftsfotografie: Jede Aufnahme sollte unter Verwendung eines Stativs entstehen!) Als Material für das Stativ bietet sich deshalb Carbon an. Stative, die aus hochwertigen Kohlefasern gefertigt werden, verfügen neben dem Gewichtsvorteil auch über eine bessere Steifigkeit und Tragfähigkeit. Leider gibt es auch hier einen Nachteil: Stative aus Carbon sind teuer.
- Das Stativ sollte in ausgezogenem Zustand ein bequemes Arbeiten unterstützen. Bei den meisten Stativen geben die Hersteller sowohl die maximale als auch die minimale Arbeitshöhe an. Hier muss man jeweils noch die Höhe des Stativkopfs und des Kameragehäuses (eventuell mit Batteriegriff) addieren. (Die maximale Arbeitshöhe des von mir verwendeten Stativs liegt bei 177 cm. Damit komme ich bei meiner Körpergröße von 183 cm sehr gut zurecht.)

Ergänzen Sie das so ausgewählte und angeschaffte Stativ um einen geeigneten Stativkopf (idealerweise mit standardisiertem Schwalbenschwanz[1]-Anschluss).

1 Der sogenannte Schwalbenschwanz-Anschluss beruht auf dem Quasi-Industriestandard des Herstellers Arca Swiss, der inzwischen von vielen anderen Anbietern unterstützt wird.

Dann ist es einsatzbereit. Für die Kamera empfiehlt sich die Anschaffung eines stabilen L-Winkels, der das schnelle Ummontieren von Quer- auf Hochformat ermöglicht und außerdem verdrehsicher unter dem Gehäuse sitzt – einfache Kamera-Bodenplatten neigen dazu, sich mit der Zeit zu lockern.

Wenn Sie die folgenden Punkte bei der Verwendung des Stativs berücksichtigen, können Sie die Stabilität während des Fotografierens weiter erhöhen:

- Beginnen Sie beim Auszug der Stativbeine immer mit den oberen, dickeren Segmenten, wenn nicht die komplette Arbeitshöhe benötigt wird. Die unteren Beinsegmente sind bauartbedingt dünner als die oberen und deshalb weniger stabil. Zuletzt sollte die Mittelsäule (falls vorhanden) ausgezogen werden, falls zusätzliche Höhe benötigt wird.
- Wählen Sie den Ausstellwinkel der Stativbeine eine Stellung flacher als die erste Einrastposition, falls Sie nicht die größte Arbeitshöhe benötigen – durch den flacheren Winkel verteilen sich die Kräfte besser, die Stabilität wird erhöht. Stellen Sie dabei bitte sicher, dass die Stativbeine bis zum entsprechenden Anschlagpunkt ausgeklappt sind.
- Das Stativ lässt sich bei Bedarf mit einem zusätzlichen Gewicht beschweren. Die meisten Stative verfügen über einen entsprechenden Haken am Stativteller, an den man z. B. einen mit Sand oder Steinen gefüllten Beutel anbringen kann.
- Beim Arbeiten mit Stativ an einem schrägen Hang stellt man die Stabilität durch verschiedene Auszugslängen der Füße her. Bei einem Dreibein-Stativ sollten Sie dabei das am längsten ausgezogene Bein immer Richtung Tal platzieren.
- Je nach Untergrund bietet sich die Verwendung von Spikes an. Diese sind für gute Stative als Zubehör erhältlich und lassen sich einfach aufschrauben. Wegen des geringen Gewichts und der geringen Größe lassen sie sich einfach mitführen.

Und wie schaut es vor und nach dem Fotografieren aus?

- Auf einer Foto-Tour sollte man immer das passende Werkzeug (in der Regel Inbus-Schlüssel in verschiedenen Größen) dabeihaben. Nichts ist ärgerlicher, als wenn sich während des Fotografierens eine Schraube löst und das Stativ nicht mehr stabil zu verwenden ist.

- Das wertvolle (Carbon-)Stativ dankt eine gute Pflege: Insbesondere nach dem Einsatz in sandiger, staubiger oder feuchter Umgebung (speziell bei Kontakt mit Salzwasser) ist eine sorgsame Reinigung des Stativs unabdingbar. Hierzu genügt es in der Regel, die Stativbeine komplett auszuziehen und die Beinsegmente mit einem feuchten Lappen zu reinigen, bis Sand und Salz vollständig entfernt sind. Hochwertige Stative lassen sich meist komplett in ihre Einzelteile zerlegen, sodass eine noch gründlichere Reinigung möglich ist. Nach der Reinigung sollten die Gewinde der Beinauszüge wieder geschmiert werden. Ich verwende dafür ein Spezialschmiermittel des Herstellers Gitzo.

Eisskulptur am Flakstadpollen
| 18 mm · ISO 160 · Blende 11 · 30 s
| GPS: 68°5‘1.806“ N 13°20‘27.625“ E

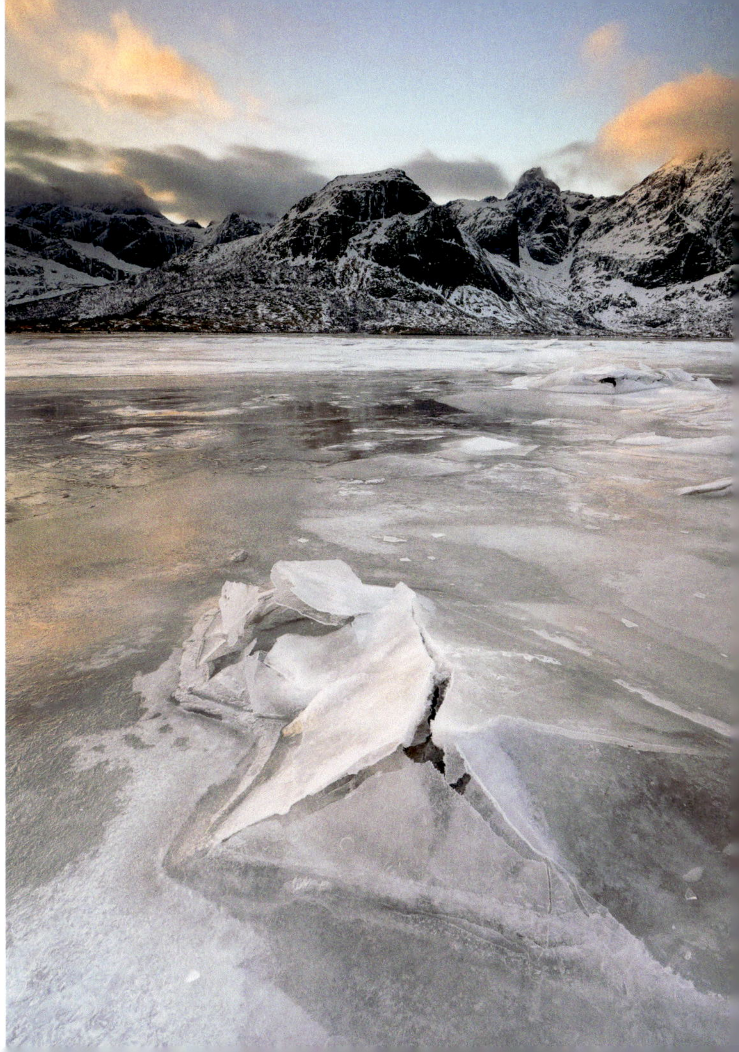

Index

A

Å 209
Anreise
  Auto 23, 216
  Fähre 23
  Flugzeug 23, 217
  Zug 23
Apps
  AyeTides 34
  My Aurora Forecast 34, 256
  Skyfire 33
  The Photographer's Ephemeris 32
  The Photographer's Ephemeris 3D 32
Aurora Borealis *Siehe* Polarlicht
Ausrüstung
  Fotoausstattung 29
  Kleidung 28
Austvågøya 44
AyeTides *Siehe* Apps

B

Bardufoss 216
Berge
  Barden 241, 242
  Botntinden 225
  Daven 242
  Hesten 244
  Hesten 241
  Høgskolmen 66, 81
  Hoven 50
  Hustinden 128, 267
  Inste Kongen 248
  Kleivheia 64
  Knuten 239
  Kollfjellet 113
  Moltinden 113
  Mt. Olstinden 173, 180, 186, 206, 264
Berge (Fortsetzung)
  Offersøykammen 93
  Reinebringen 188, 198
  Ryten 150
  Sautinden 113, 114
  Segla 216, 241
  Stabben 113
  Stjerntinden 114
  Stortinden 113
  Vågakallen 71
  Volandstinden 145
Bergsbotn 229
Bjorelva 240
Bodø 23, 54
Botanik 56
Bunes 203, 206

C

Cafés
  Bringen Kaffebar 204

D

Drohne 145, 222, 224, 230

E

E10 *Siehe* Straßen
Eggum 53, 55, 56, 58
  Leuchtfeuer 58
  Naturreservat 56
Einkaufen
  Alkohol 25
  Bezahlen 25
  Leknes 25, 54
  Ramberg 133
  Reine 183
Eliassen Rorbuer *Siehe* Unterkünfte

F

Fähre 23, 206
  Bodø 209
  Fährplan Reine 203

Farstadvatnet *Siehe* Seen
Filter 270
  Filterstärken 273
  Graufilter (ND-Filter) 30, 282, 283, 288
  Grauverlaufsfilter (GND-Filter) 30, 273, 276, 279, 288
  Langzeitbelichtung 270
  Lichtverschmutzung verringern 263
  Polfilter 30, 131, 186, 272, 273, 287, 288
Finnsnes 217
Fjorde
  Bergsfjord 229
  Flakstadpollen 112, 126
  Gryllefjord 223
  Kirkefjord 203
  Mærvollspollen 55, 61
  Ørnfjorden 242
  Sifjord 220
Fjorde (Fortsetzung)
  Steinfjord 230
Fjordgård 243
Flakstadøy 37, 38, 95, 109, 123, 137, 147
Flakstadpollen *Siehe* Fjorde
Flughafen
  Harstad/Narvik 217
  Leknes 54
  Tromsø 217
Forsvatnet *Siehe* Seen
Fortbewegung 25
  mit dem Auto 26
  mit dem Bus 27
Fotoausstattung 29
Fotografieren mit Filter 288
Fredvang 137
  Brücken 145
  Flussschleife 140

G

Geld 25
Gezeiten 31, 34
Gimsøy 37, 41
  Gimsøysand 44
  Gimsøystraumenbrua 44
  Hoven 50
  Hovsvika 49
  Kirche 41
  Strände 38
GND-Filter *Siehe* Filter
Golfstrom 18, 215
Graufilter *Siehe* Filter
Grauverlaufsfilter *Siehe* Filter
Gulldassen 236

H

Hamnøy 161
  Hafen 166
  Hamnøytunnelen 158
  Polarlicht 173
Hattvika Lodge *Siehe* Unterkünfte
Haukland 71, 84, 93,
Høgskolmen *Siehe* Berge
Horseidvika 203
Hotels *Siehe* Unterkünfte
Hoven *Siehe* Berge
Hovsvika 49
Husøy 248
Hustinden *Siehe* Berge

I

Inseln 37

J

Jahreszeiten 21

K

Kabeljau 180
Kirkefjord *Siehe* Fjorde
Kleidung 28

Kleivheia *Siehe* Berge
Kollfjellet *Siehe* Berge
Komposition 100, 128
  Führende Linien 102, 193
  Panorama 121
  Vordergrund 133, 140, 150, 186
Kong Olav Vs vei *Siehe* Straßen
KP-Index 31, 34
Kvalvika 147, 150

L

Langzeitbelichtung 142, 262, 270, 271, 274, 282, 291
Leknes 14, 23, 24, 45, 53
  Einkaufen 54
  Flughafen 54
  Unterkünfte 24
Licht 20
  Blaue Stunde 166, 193
  Lichtverschmutzung 31, 90, 131, 140, 263
Licht (Fortsetzung)
  Mondlicht 259
  Sonnenstunden 20
Litlvatnet *Siehe* Seen
Luminance Coating *Siehe* Grauverlaufsfilter

M

Mærvollspollen *Siehe* Fjorde
Medvollen 150
Mefjordvær 239
Milchstraße 235
Mitternachtssonne 53, 56, 103, 147
Moltinden *Siehe* Berge
Mondaufgang 142
Moskenes 209
Moskenesøy 37, 38, 153, 155, 161, 162, 165, 183, 219
Mt. Olstinden *Siehe* Berge
My Aurora Forecast *Siehe* Apps
Myrland 100

N

Nappstraumen *Siehe* Tunnel
Nationalparks
  Ånderdalen 216, 220
ND-Filter *Siehe* Filter
Nedredal 73
Nedre Heimredalsvatnet *Siehe* Seen
Nordlicht Siehe Polarlicht
Nusfjord 109, 111, 114, 119
  Straße nach 114

O

Offersøy
  Offersøyveien 91
Offersøykammen *Siehe* Berge
Olenilsøy 176, 178
Optische Filter *Siehe* Filter
Orte
  Å 209
  Bardufoss 216
  Bergsbotn 218, 229
Orte (Fortsetzung)
  Bodø 23
  Eggum 58
  Ersfjord 218, 236
  Finnsnes 217
  Fjordgård 243
  Fredvang 137
  Hamnøy 161
  Husøy 248
  Leknes 14, 23, 24, 45, 53
  Medvollen 150
  Mefjordvær 239
  Moskenes 209
  Napp 95
  Nedredal 73
  Nusfjord 109, 114, 119
  Olenilsøy 176, 178
  Reine 14, 24, 183, 188
  Sakrisøy 161, 176, 180
  Senjahopen 239
  Skaland 230
  Skreda 75, 92, 93

Orte (Fortsetzung)
Steinfjord 218, 230
Toppøy 161, 174
Vikten 103
Vindstad 203

P

Planung, fotografische 31, 32
Polarlicht 31, 84, 90, 98, 100, 123, 131, 166, 173, 180, 229, 235, 239
Ausrüstung 262
Belichtung 257
KP-Index 31, 34, 256
Lichtverschmutzung 140, 263
Mondlicht 259
My Aurora Forecast 34
Planung 254
Polarlicht fotografieren 261
Schärfeeinstellung 259
Standorte 263
Technik 257
Polfilter *Siehe* Filter

R

Ramberg 125, 133
Einkaufen 133
Hafen 137
Rote Hütte 133
Reine 14, 24, 30, 183, 188
Aussichtspunkt 197
Einkaufen 183
Fjordblick 190
Holzschuppen 190
Holzsteg 193
Reinehalsen 200
Sonnenaufgang 30
Sonnenuntergang 30
Unterkünfte 24
Reinebringen *Siehe* Berge
Reinefjorden Sjøhus *Siehe* Unterkünfte
Reinehalsen 200
Reinevatnet *Siehe* Seen
Reisezeit
Beste 18
Restaurants
Bringen Kaffebar 204
Segla grill og pub 244
Underhuset 178
Rorbuer 13, 24, 161, 166, 169, 176, 178, 210, 92
Ryten *Siehe* Berge

S

Sakrisøy 161, 176, 180
Sakrisøy Rorbuer *Siehe* Unterkünfte
Sautinden Siehe Berge
Scandic Leknes Lofoten Hotel *Siehe* Unterkünfte
Seen
Botnvatnet 224
Farstadvatnet 72
Forsvatnet 150
Litjevatnet 240
Litlvatnet 103
Nedre Heimredalsvatnet 57
Reinevatnet 194
Skålbrekkvatnet 240
Storvatnet 103, 116, 240
Vikvatnet 76
Seevögel 56
Senja 215
Skagsanden 123, 125, 128
Skoren 147
Skreda 75, 92, 93
Skreda Rorbusuiter *Siehe* Unterkünfte
Skyfire *Siehe* Apps
Sonnenaufgang 30
Å 212
ausschlafen zum 162
Farbigkeit 33
Flakstadpollen 113
Sonnenstand 12, 20, 30

Sonnenuntergang 30
Å 212
Farbigkeit 33
Haukland 78
Senja 216
Vikten 103
Sprache 25
Stativ 30
Am Sandstrand 87
Steinfjord 230
Stjerntinden *Siehe* Berge
Storforsen 220
Storsandnes 98
Stortinden *Siehe* Berge
Storvatnet *Siehe* Seen
Strände 31
Bunes 203, 206
Eggum 53, 55, 56, 58
Gimsøy 31, 41
Haukland 71, 84, 93
Horseidvika 203
Strände (Fortsetzung)
Hovsvika 49
Kvalvika 147, 150
Myrland 100
Ramberg 125, 133
Skagsanden 123, 125, 128
Storsandnes 98
Surferstrand 53, 63, 123
Unstad 53, 55, 63
Uttakleiv 71, 81
Vareid 106
Vik 87
Westküste 31
Ytresand 140
Straßen
86 217, 220, 222
804 103
805 98
807 112
814 140
815 45, 71
Straßen (Fortsetzung)
825 72, 74
855 217
860 220
862 223
Befestigung 91
E6 216, 217
E10 216
E10 (Kong Olav Vs vei) 14, 23, 26
Fv243 220
Fv251 230
Fv252 236
Fv861 44
Fv862 49
Holandsveien 74
Leiteveien 72
Offersøyveien 91
Strandveien 140
Vikveien 74
Surferstrände *Siehe* Strände

T

Teufelszähne 232
The Photographer's Ephemeris *Siehe* Apps
The Photographer's Ephemeris 3D *Siehe* Apps
Toppøy 161, 174
TPE *Siehe* Apps: The Photographer's Ephemeris
Tungeneset 232
Tunnel
Fjøsdalen 158
Hamnøytunnelen 158
Nappstraumen 91

U

Unstad 53, 55, 63
Kapelle 67
Unterkünfte 24
Airbnb 25, 218
Eliassen Rorbuer 24, 169

Unterkünfte (Fortsetzung)
Hamn í Senja 218, 223
Hattvika Lodge 24
Mefjord Brygge 218
Reinefjorden Sjøhus 166
Sakrisøy Rorbuer 24, 176, 178
Scandic Leknes Lofoten Hotel 24
Skreda Rorbusuiter 24
UT.no *Siehe* Webseiten
Uttakleiv 71, 81
Das Auge von 82

V

Vågakallen *Siehe* Berge
Vareid 106
Verkehr 27
Verwaltungsbezirke 37
Vestvågøy 10, 37, 38, 53, 55, 71
Vik 87
Vikten 103
Vikvatnet *Siehe* Seen
Vindstad 203
Volandstinden *Siehe* Berge
Vollmond 142

W

Wandern
Barden 242
Bunes 30, 206
Hesten 244
Hoven 50
Karte 34
Kvalvika 150
Offersøykammen 93
Reinebringen 198
Reinevatnet 194
Ryten 150
Senja 216
Ytresand 142
Webseiten
UT.no 34
Webseiten (Fortsetzung)
Wandern 34
Wetter 34
Yr.no 34
Wetter 18, 34, 215, 218

Y

Yr.no *Siehe* Webseiten
Ytresand 140

Z

Zimtschnecken 204, 210